汤之《盘铭》曰：苟日新，日日新，又日新。

《康诰》曰：作新民。

《诗》曰：周虽旧邦，其命维新。

是故，君子无所不用其极。

——《大学》

政治与法律思想论丛
SERIES OF POLITICAL AND LEGAL THOUGHTS

主　　编：高全喜
学术委员：李　强　季卫东　王　焱　高全喜
　　　　　张千帆　曹卫东　杨立范　陈　明
　　　　　谢鸿飞　刘海波

论相互承认的法权
——《精神现象学》研究两篇

高全喜 著

图书在版编目(CIP)数据

论相互承认的法权:《精神现象学》研究两篇/高全喜著. —北京:北京大学出版社,2004.12

(政治与法律思想论丛)

ISBN 7-301-08135-9

Ⅰ.论… Ⅱ.高… Ⅲ.法哲学-研究 Ⅳ.D90

中国版本图书馆 CIP 数据核字(2004)第 110303 号

书　　名:论相互承认的法权——《精神现象学》研究两篇
著作责任者:高全喜　著
责 任 编 辑:王小娟
标 准 书 号:ISBN 7-301-08135-9/D·0999
出 版 发 行:北京大学出版社
地　　　址:北京市海淀区中关村北京大学校内　100871
网　　　址:http://cbs.pku.edu.cn　电子信箱:pl@pup.pku.edu.cn
电　　　话:邮购部 62752015　发行部 62750672　编辑部 62757785
排　版　者:北京高新特打字服务社　51736661
印　刷　者:三河新世纪印务有限公司
经　销　者:新华书店
　　　　　650 毫米×980 毫米　16 开本　20.75 印张　309 千字
　　　　　2004 年 12 月第 1 版　2005 年 6 月第 2 次印刷
定　　　价:32.00 元

未经许可,不得以任何方式复制或抄袭本书之部分或全部内容。
版权所有,翻版必究

自　　序

我的专业是德国古典哲学，博士论文是有关黑格尔《精神现象学》的自我意识问题研究，然而愧对我的导师自昭先生，自从1988年写完那篇毕业论文之后，由于诸多原因，自己的旨趣便不在黑格尔身上了。先是由于身染沉疴而游思于艺术，后来沉湎于基督神学，一过就是十余年，至于1998年重新进入学术领域之后，又致力于英美政治与法律思想的研究，一直到2003年底写完《休谟的政治哲学》，自己的文字绝少涉及德国古典哲学，特别是黑格尔。之所以如此，固然有身体、旨趣等方面的原因，但思想价值的取向也是一个重要的因素，直到我的休谟研究结稿完成而重新拾起德国古典哲学，特别是写完《论相互承认的法权》这篇文章之后，我彷徨多年的内心才略感安宁，总算可以对仙逝多年的自昭师有所交待了。

近几年的研究使我大致打通了一条从英美古典自由主义到德国古典自由主义的路径，这不但使我心中的一个重大的疑难问题获得了解决，而且自己的所学也有了一种贯通。我发现英美思想与德国思想虽然在形态、气质、风格和论述等方面确实有很大的差别，但也并非像哈耶克等人所指出的那样截然对立，实际上在休谟、斯密的古典自由主义和康德、黑格尔的古典自由主义之间并没有不可逾越的鸿沟。所以，当我在休谟的研究结束之后，感到黑格尔的法权思想值得重新做一番考察，对我来说，研究英美思想和研究德国思想并不存在学术上的分裂，它们都是为解决中国问题探索一条理论的路径，或者说都具有着一个中国问题的语境，尽管哈耶克、休谟和黑格尔的思想理论是不同的，然而我对他们的问题意识却别无二致，这也是我之所以要出版目前这本书的缘由。

说起来我的博士论文早在1990年就由上海的学林出版社出版发行

了,只是印的很少,只有 1500 册,坊间早就见不到了,读的人也不多。记得我在"后记"中是这样写的:"早在大学读书时,就喜欢《浮士德》和《精神现象学》,师从贺麟先生攻读德国古典哲学,便选择了《精神现象学》作为博士论文的研究课题。三年寒暑,写就了这篇论文。其间贺先生多方施教,悉心指导。此外,在东北读书时,导师邹化政先生对我的指教,也使我受益匪浅。德国精神博大深邃,在论文中,我虽然力图从一个侧面展现它的风貌,但犹感不足,真正地把握和展现德国的精神,还有待于我的进一步努力。"显然,我的论文受到了上个世纪 80 年代那个历史时期社会风潮的影响,对于黑格尔哲学的理解与研究主要是从文化哲学的角度来展开的,把《精神现象学》与 19 世纪的德国文化联系在一起,强调的是一种历史精神与文化精神的统一。现在看来,这种倾向与当时我们处在一个类似于西方的文艺复兴和人文主义的学术环境密切相关,从某种意义上来说,它是感受于东西方两种时代境况的产物。虽说从文化哲学的维度研究黑格尔的《精神现象学》并没有什么不妥,但毕竟与我现今关注的社会政法问题相去较远,这既是由于当时自己的知识结构的局限所致,也是由于那个时代思想的局限所致。现在回过头来重读一下这本书,回顾上个世纪 80、90 年代中国社会文化思想的大致状态,心中的感受颇为复杂,一方面为那个时期的如火如荼的激情和乐观的启蒙精神所感动,另一方面也看到了那种人文主义批判的幼稚和可笑。在经历了近 20 年的风雨苍黄,特别是在经过了法学、政治学的知识补习,乃至对于自由主义的社会政治理论有了一番研究之后,我一直没有勇气把这本书拿出来再版。

2003 年下半年我在中国社科院研究生院打算为法学和哲学等专业的研究生开设一门选修课,考虑再三,还是决定讲授黑格尔的《法哲学原理》,因为此时我的思想经过了休谟的洗礼之后已日趋保守,而黑格尔的《法哲学》恰恰投合了我的心意。在整整一学期的时间里,我每周用一个晚上与同学们一起一节一节地研读黑格尔的理论,感到受益匪浅,自己以前对于黑格尔《法哲学》所谓保守与反动的恶感消失殆尽,反而一个庄严的保守的自由主义的形象凸显于我的面前。后来我又分别在北京大学法学院和清华大学法学院做了黑格尔《法哲学》的讲座,同学们的提问使我深思。教学相长,一学期的研读使我获得了意外的收益，我感到自己过去对于黑格尔哲学的一些认识囿于传统观点的束缚，多有偏颇，很成问题，有待于彻底的清理。这一点特别表现在如何看待《精神现象学》上，一般的观点都认为，《精神现象学》代表着黑格尔思想的精华，是革命的，富有积极性的内容，而《法哲学》则是保守的，倒退的，体现了晚年黑格尔思想的落伍。可我近来的教学与研读却得出了与此相反的观点，而这也是与我以前的博士论文的观点相左的。我认为通过黑格尔的《法哲学》开启了一条贯通英美古典自由主义与德国古典自由主义的路径，黑格尔晚年的法哲学思想可以说集西方古典自由主义或保守的自由主义之大成，对于我们今天的政治理论仍然具有十分重大的启发意义。

本来我是想彻底研究一番黑格尔的《法哲学》的，但科耶夫近期在中国学界的粉墨登场刺激了我，我感到有必要对此有所回应，因为科耶夫是拿黑格尔的《精神现象学》说事的，可国内懂《精神现象学》而又搞法权理论的人并不多，因此，批判性地考察科耶夫对于黑格尔思想的解读，有助于澄清中国政法学术领域的思想路线之争。写到此还有一个小插曲，记得在18年前的一个傍晚，我在先生家翻看他书架上的书籍，偶然发现了科耶夫那本粉红色书皮的《黑格尔导读》，贺先生在旁边说，那是前几年他从外文书店随手买来的，他只是翻了翻。贺先生并不认为此书有多重要，不过他还是提醒我科耶夫的有些观点值得注意，不妨一读。随后，我把书带回宿舍读了一遍之后，感到科耶夫对于主奴意识的见解还是比较高明的，于是在博士论文中吸收了他的思想，论文中的两章"主奴意识"和"时间与历史主体性"便是一个见证。后来，科耶夫在我的脑子里也就淡淡地忘掉了。没想到18年之后，当我写完《休谟的政治哲学》，发现科耶夫竟然变成了一种显学，在我国学术界开始掀起波澜。我感到要重新研究黑格尔必须重视这个科耶夫，于是把他的《法权现象学》以及有关的资料设法从国内外搞到家里，进行了系统的解读和分析。

对于我来说，这项工作还有另外一层意义，那就是乘机清理一下自己过去对于黑格尔《精神现象学》与《法哲学》的观点，重新阐释自己对于黑格尔的政治理论乃至古典自由主义的认识。出于上述考虑，我决定从科耶夫有关黑格尔解读的批判性考察开始我的新一轮黑格尔研究，用了大致半年的时间写出了《论相互承认的法权》这篇长文。我以为，眼下的这本书，其中心内容是上篇《论相互承认的法权》，它不仅集中地反映了我的研究心得，而且还为我重新进入自由主义取向的德国古典思想研究开启了一个新的起点。当然，黑格尔哲学中的很多思想观点以及它们之间的内在关系在上篇中我没有展开论述，因为我感到在下篇的论文中已经有了一个较为客观的分析和考察，读者对于《精神现象学》的逻辑结构及其各个意识阶段的了解，大致可以从本书的下篇中得到（为了便于读者更为准确地理解《精神现象学》，我把原先的博士论文中有关文化内容的最后一章删掉了）。所以，本书的上下两篇虽然是分别写于18年前后的两篇论文，且文中的观点已经发生了很大的变化，但就其主题思想和知识结构来说仍然具有密切的关联，把它们视为一部专门的学术著作还是成立的，我不想给读者留下一个论文集的印象。

不过，上篇《论相互承认的法权》从内容上看与下篇的博士论文还是有很大的出入的，它并不是以黑格尔的《精神现象学》文本为研究对象，而是一个委婉曲折的论文，是通过对于科耶夫《精神现象学》解读的批判性考察，来展示我对于黑格尔政法思想的理解，其中涉及科耶夫的理论。这些年来，我每每从事于英美古典自由主义的思想研究，心中总有不安，所谓的德国思想犹如一块巨大的阴影笼罩着，使我沉闷郁结，直到《论相互承认的法权》这篇文章写出来之后才得到了某种缓解，至少我才有勇气可以重新面对德国古典哲学。就西方现代社会政治思想来看，黑格尔在上个世纪初新黑格尔主义的短暂热闹之后似乎被打入了冷宫，直到科耶夫对于《精神现象学》的独创性解读，引起了重大的反响，并开启了一个西方马克思主义的左派路径。然而，应该指出，科耶夫挖掘出的黑格尔《精神现象学》的理论遗产，包含着很大的毒素，如果我们沿着他的阐释路径一路走下去，将不知伊于胡底，其实科耶夫本人在他的《法权现象学》中对于自己的左派思想就有不同程度的校正。因此，对于我来说，从科耶夫回到黑格尔，并不是追溯左派政治思想的根源，而是重新挖掘我所认同的黑格尔思想中有价值的东西，而它们又集中地体现在黑格尔的《法哲学》乃至科耶夫的《法权现象学》之中。

回到康德、黑格尔的法权哲学，这是我在研究了一番英美古典自由主义的思想之后在下一阶段将要进行的工作。在我看来，中国问题与德国问题有着很大的相似性，要解决这些问题，思想资源方面的一个理论前提应该是黑格尔的法哲学与康德的法权科学，所以，我更愿意把本书视为是一种问题之作，而不是学问之作。屈指算来，从1985年开始研习《精神现象学》到今天已经有近二十年的时间了，我的学习与研究开始于《现象学》又小结于《现象学》，其中的曲折、艰辛与孤独，惟有自知。现在，兀立于我面前的是英美的古典自由主义和德国的古典哲学这两座看似对立的大山，而我要把它们调整在一个路径上，爬起来是相当艰难的，这一点我心中有数。然而，面对与德国问题相似的中国问题，这些大山又不得不爬，至于究竟何日才能爬上，只能冀望于将来了，但我为自己能够选择这份挑战性的工作并有所担当，而感到庆幸。

高全喜
2004年4月8日于北京寓所

CONTENTS 目 录

上篇 论相互承认的法权
——关于科耶夫《现象学》解读的批判性考察

一、欲望辩证法与主奴关系　　4
二、"美好的"贵族制城邦国家　　15
三、自身异化了的教化世界　　28
四、僭主拿破仑与智慧之人黑格尔　　36
五、相互承认的法权：从《现象学》到《法哲学》　　48
六、普遍同质国家：从《黑格尔导读》到《法权现象学》　　68
七、历史终结之后的"政治"消解了吗？　　81

下篇 《精神现象学》中的自我意识论

导论 19世纪德国文化精神　　103
一、时代的精神状况　　103
二、文化精神　　105
　　1. 绝对本质　　106
　　2. 矛盾冲突　　111
　　3. 历史过程　　114

第一章 自我意识的结构　　119
一、精神、现象与自我意识　　119
二、自我意识的结构　　122
　　1. 实体与主体　　123
　　2. 理性与生命　　128

3. 心灵与世界	134
三、自我意识结构的功能：行动—反思	137
第二章 主奴意识	**141**
一、欲望、生命搏斗和相互承认	141
1. 欲望和生命	142
2. 生命搏斗和相互承认	145
二、主奴冲突	151
1. 双重的自我意识	151
2. 主人和奴隶及其转变	154
三、劳动的辩证法	165
第三章 自由意识	**174**
一、自由意识概述	174
二、自由意识的发展形态	179
1. 抽象玄思的自由意识	180
2. 实践理性的自由意识	184
3. 狭义的自由意识	192
4. 绝对自由和恐怖	196
第四章 心灵世界	**203**
一、心路历程：《浮士德》和《精神现象学》	203
二、心灵的冲突	214
1. 苦恼意识和分裂意识	215
2. 悲剧意识和喜剧意识	221
三、心灵的辩证法	225
第五章 伦理和教化世界	**232**
一、自我意识的双向运动	232
二、希腊伦理社会	238
三、教化世界	242
1. 教化和异化	242
2. 现实王国	245
3. 信仰和启蒙	252

　　　　4. 法国大革命　　　　　　　　　　257
第六章　道德世界与绝对精神　　　　　259
　　一、道德世界　　　　　　　　　　　259
　　　　1. 道德世界观　　　　　　　　　261
　　　　2. 道德世界观的倒置　　　　　　264
　　　　3. 良心,优美灵魂,恶及其宽恕　267
　　二、绝对精神　　　　　　　　　　　274
　　　　1. 宗教意识　　　　　　　　　　275
　　　　2. 绝对知识　　　　　　　　　　288
第七章　时间与历史主体性　　　　　　291
　　一、时间　　　　　　　　　　　　　292
　　二、历史主体性　　　　　　　　　　307

附录　主要参考书目　　　　　　　　　316

上 篇

论相互承认的法权

——关于科耶夫《现象学》
解读的批判性考察

上 篇

合约是怎么回事

——关于科斯的《厂商论》
兼论现代契约经济学

20世纪以来,黑格尔哲学随着马克思主义在世界范围内的广泛流行,特别是社会主义的实践所经历的曲折变化,其影响非但没有消失,反而受到了思想家们的重视。如果说黑格尔的自然哲学和辩证逻辑已经成为明日黄花的话,那么,他的历史政治哲学,特别是他的《精神现象学》却在西方乃至中国社会产生了普遍性的影响,甚至成为某些执政党的意识形态的有机组成部分。因此,在步入21世纪之际,我们有必要重新探讨黑格尔哲学留下的遗产,进而梳理西方政治思想史中这条重大的理论路径。在此值得特别一提的是,20世纪30年代俄裔法国思想家科耶夫对于黑格尔《现象学》的原创性解读,可以说这个孕育于二战之际的法国政治浪漫主义思想氛围中的有关黑格尔政治哲学的阐释,其意义是相当深远的。科耶夫——这位卓越的黑格尔—马克思主义者,他对于《现象学》的创造性解读不但启发了整整一代法国思想家,而且对于欧美的传统政法思想构成了巨大的挑战,即使是在今天,当我们面对中国日渐凸显的政法理论的新开展时,这位法国思想家的影响依然存在。[①]鉴于此,对于科耶夫的黑格尔《现象学》解读给予一种自由主义的批判性考察,有助于我们清除苏俄马克思主义的政治遗产,确立宪政自由主义的政法理论。本文便是基于上述背景而对科耶夫《现象学》解读的考

[①] 关于科耶夫的广泛性影响,Shadia B. Drury 在她的 Alexandre Kojève: The Roots of Postmodern Politics(St. Nartin Press 1994, New York)一书中曾有过较为详细的论述,德鲁丽指出,科耶夫1933年至1939年期间在法国高师的《精神现象学》讲座,影响了一大批法国思想家,如 Raymond Queneau、Georges Bataille、Merleau-Ponty、Andre Breton、Jacqes Lacan、Raymond Aron、Nichel Foucault、Jacques Derrida 等。至于科耶夫在美国的影响,则是通过他对施特劳斯的美国弟子们产生的,特别是 Allan Bloom 和 Francis Fukuyama 对于科耶夫思想的解释与传播。值得注意的是,科耶夫的思想理论目前已经传到了中国学界,对此我们不应盲目接受,而是要有批判地分析。此外,关于科耶夫的影响,还可参阅:The End of History: An Essay on Modern Hegelianism, Barry Cooper, University of Toronto Press 1984; Hegel After Derrida, edited by Stuart Barnett, Routledge 1998.另外,为了简便,本文参照西方学者的研究文本,一概把《精神现象学》简称为《现象学》,有时根据语境简称为现象学,把《法哲学原理》简称为《法哲学》或法哲学。对此,请读者注意。

察分析,并通过剖析有关相互承认的法权这一内在的理论支点,从而试图展示出一条有别于科耶夫《现象学》左派解读的黑格尔之保守自由主义的思想路径。

一、欲望辩证法与主奴关系

思想史中有关人性状况的分析可以说是不绝于缕,古希腊哲人对于人的内在欲望就有过深入的考察,如柏拉图就把欲望视为劳动阶级的本性,认为政治德性便是克服感性肉体的欲望,以实现城邦的正义[①],基督教的政治神学显然也是把欲望视为一种内在的罪恶而力图加以抑制。不过现代性的思想转变,使得欲望具有了非同寻常的意义,自文艺复兴以来受到了人们的普遍重视,早期启蒙思想家们已经开始把人性的自然欲求上升为普遍的自然权利,17世纪以来的政治哲学无论是在欧洲大陆还是在英伦三岛,思想家们更为关注欲望对于一个政治社会的形成所具有的重要意义。例如,霍布斯的国家学说便以人的求生欲望为立足点,黑格尔的政治理论无疑受到了霍布斯的影响,他的《现象学》从历史哲学的高度把欲望辩证法的内在逻辑突出地展示出来。[②]关于黑格尔《现象学》有关欲望辩证法的内容,我在本书的下篇"《精神现象学》中的自我意识论"的第二章"主奴意识"中已经给予了较为细致的论述,在此不再赘述。值得注意的是,黑格尔的欲望辩证法是与他的理性辩证法和历史辩证法相互关联的,就黑格尔的政治理论来说,欲望辩证法并不是

[①] 参见福山:《历史的终结及最后之人》中有关柏拉图的分析:"获得认可的欲望乍看起来也许是一个鲜为人知的概念,但它却与西方政治哲学体系同样历史悠久,而且构成一种我们最熟知的人格。柏拉图在《理想国》中第一次对它进行了描述,他认为,人的灵魂由欲望、理性和他所说的'精神'这三个部分构成。人类的行为大多可以解释为前两个部分——欲望和理性的组合;欲望唆使人们去追求自己没有的东西,而理性或盘算则告诉他们获得这些东西的最佳方法。但是,人并不满足于此,他还渴望自己的价值或者他用价值所投资的人民、事物或原则获得认可。"黄胜强等译,中国社会科学出版社2003年版,第7页。另参见 Shadia B. Drury 在她的 *Alexandre Kojève*: *The Roots of Postmodern Politics*, p.253. 注释29。

[②] 施特劳斯和科耶夫曾经打算合作写一本书。参见刘小枫编:《驯服欲望》,华夏出版社2002年版,第50页。关于黑格尔与霍布斯有关欲望和国家学说的关系的研究,参见前揭,伯恩斯的"现代性的非理性主义"一文,Barry Cooper, *The End of History*: *An Essay on Modern Hegelianism*, University of Toronto Press 1984, pp.13—45。

惟一根本性的内容，它只是黑格尔《现象学》思想体系的一个重要环节，并非黑格尔政法思想的关键。① 科耶夫在他的《黑格尔导读》和后来发表的"黑格尔、马克思和基督教"一文，乃至《法权现象学纲要》等重要著述中，却对于黑格尔的欲望概念给予了创造性的发挥，从某种意义上来说，科耶夫有关《现象学》欲望辩证法的解读已经脱离了黑格尔哲学体系的原意，更多的是借着黑格尔的概念而把自己的理论阐发出来。②所以，在此我们首先要搞清楚这样一个问题，即黑格尔的欲望辩证法与科耶夫的解读究竟是怎样的一种关系。

我们知道，"欲望"是《现象学》第四章"自我意识"中的一个重要概念，指的是自我在其意识的直接性中表现为一种欲望之我，而且这个欲望之我在达到自我意识的时候必然经历了一个辩证的双重运动，由此产生了主人和奴隶两种自我意识的形态。黑格尔在《精神现象学》中这样写道："在直接的自我意识里那单纯的自我是绝对的对象，不过这种对象就我们说来或者就它本身说来是绝对的中介，并且以实体性的独立存在为它的主要环节，那种单纯的统一性之解体是初次经验的结果，通过这次经验一个纯粹的自我意识和一个不是纯粹的自为的，而是为他物的

---

① 例如，黑格尔在《法哲学》一书中，就把法权基于理性的自由意志之上，而很少谈及欲望问题，只是在第57节附释中谈到承认的斗争和主奴的关系，认为它们是"自由的概念和自由的最初纯粹直接的意识之间的辩证法"，并非客观精神或法者的本质。当然，如何看待黑格尔的《法哲学》，历来多有争论，科耶夫显然属于贬抑的一派，他在"黑格尔、马克思和基督教"一文的一个注释中认为，《法哲学》主要是由黑格尔的学生在其死后编辑出版的讲稿所构成，从严格的意义上不能视为黑格尔的真品，以此为基础解释黑格尔的思想之整体是不可接受的。参见《驯服欲望》，前揭，第13页。科耶夫贬抑《法哲学》以抬高《现象学》是必然的，在这方面他继承的是马克思的路径，马克思就是贬《法哲学》抬《现象学》，这从他的《1844年经济学—哲学手稿》和《黑格尔法哲学批判》两部名篇中可以明显看出。不过，从马克思和科耶夫对于黑格尔两部重要著作的截然不同的态度上，我们或许反而能够得到某种启发，即一方面，在黑格尔的《现象学》和《法哲学》之间确实存在着某种原则性的分歧，另一方面，在马克思和科耶夫贬此褒彼的阐释路径之外，或许也存在着一种相反的阐释路径。对此，施特劳斯的弟子古热维奇在"哲学与政治"一文中有一个看法值得注意，他写道："应该指出，普遍同质的国家这一概念在科耶夫自己的黑格尔式哲学思想中占据中心位置，但他的这一观点却又没有严格与黑格尔的学说保持一致，甚至也许与其后来学说的精神也不见得一致。"见《驯服欲望》，前揭，第82页。

② 参见 Leo Rauch and David Sherman, *Hegel's Phenomenology of Self-consciousness: Text and Commentary*, 作者指出，科耶夫通过给予黑格尔的主奴意识一种霍布斯式欲望的解读，开辟了一个社会学的解释维度，相互承认的欲望之我需要的是社会的承认，人类历史是被欲望的欲望的历史。不过，科耶夫重视欲望忽视思维，实际上是误读了黑格尔。State University of New York, 1999, pp. 127—131.

意识就建立起来了。这就是说,作为一个存在着的意识或者以物的形态出现的意识就建立起来了。两个环节都是主要的,因为它们最初是不等同的并且是正相反对的,而它们之返回到统一里还没有达到,所以它们就以两个正相反对的意识的形态而存在着。其一是独立的意识,它的本质是自为存在,另一为依赖的意识,它的本质是为对方而生活或为对方而存在。前者是主人,后者是奴隶。"①

欲望概念在黑格尔那里具有如下几个方面的特征:第一,欲望是自我意识的直接性,或者说当自我作为一个主体在起点必然地表现为一个欲望的自我。"自我意识就是欲望。确信对方的不存在,它肯定不存在本身就是对方的真理性,它消灭那独立存在的对象,因而给予自身以确信,作为真实的确信,这确信对于它已经以客观的方式实现了。"② 第二,黑格尔把欲望的自我放到一个追求自由的历史过程之中,通过欲望对象的转换从而形成了一种双重的欲望之间的为了承认的斗争,这样就把相互承认这一有关人类政治共同体的核心概念表述出来了。也就是说欲望的对象同样也是一个欲望,这样一来满足欲望的机制就被置换为一种相互承认的内在需要,所谓欲望就被提升为一种欲望着另一个欲望的欲望。"自我意识只有在一个别的自我意识里才获得它的满足。"③第三,正是在相互承认的欲望辩证法的基础上,黑格尔展示了一个主人与奴隶的历史运动,令人困惑的是,这一现实的历史运动恰恰是以相互承认的悖论为前提的,正是因为不可能达到相互承认,才有了双重的欲望主体之间的生命斗争,从而构成了一个主人与奴隶人类起源学意义上的

---

① 《精神现象学》上,贺麟、王玖兴译,商务印书馆1981年版,第127页。
② 《精神现象学》上,前揭,第120—121页。
③ 同上书,第121页。对于这一点,科耶夫给予了前所未有的发挥,他反复写道:"人的欲望必然指向另一个欲望。为了成为一个人的欲望,必定首先存在着一些动物的欲望。或者说,自我意识从自我感受中产生,人的存在从动物的存在中产生,这种存在本质上是多种多样的。人仅仅是作为一个群体才可能存在,这就是为什么人的本性必须是社会的原因。一旦群体成为一个社会,多种多样的欲望便不可能由自身来满足。另外,群体中的任何一个欲望都指向或潜在地指向另一个欲望。如果人本性上是社会的,那么,这个社会只有在人作为欲望而指向另一个欲望时,才会如此。人的欲望,或更恰当地说,人类起源学意义上的欲望,产生了一个自由、历史的个体,产生了对于它的个体性、自由、历史乃至历史性的意识。因此,人类起源学上的欲望不同于动物的欲望,它不是一个被动的实在的物体,而是指向另一个欲望的欲望。"Alexandre Kojève, *Introduction to the Reading of Hegel*, Basic Books, Inc., Publishers, 1969, pp.5—6.

(anthropogenetic)地位的历史转变。① 第四,我们看到,主人与奴隶的辩证法是一种政治哲学意义上的历史辩证法,黑格尔在其中描述了一个起始于主人而成长于奴隶的人类追求相互承认的自由历史过程,以及各种各样的自我意识的形态。②上述四个方面是黑格尔《现象学》欲望辩证法的主要内容,科耶夫对于《现象学》的解读从某种意义上来说也是从这四个方面极力展开的,其原创性并不是离开《现象学》的文本而加入一些其他的内容。科耶夫的高明之处也正在于此,他在解读和阐发黑格尔《现象学》时把自己的理论融会于其中,并尽可能地把欲望辩证法抽取出来,视为《现象学》的理论支点,这样一来,科耶夫笔下的黑格尔《现象

---

① 值得指出的是,黑格尔死后出现的青年黑格尔派与老年黑格尔派的争论,其中的一个中心问题就是黑格尔思想中的基督教问题,青年马克思无疑属于青年黑格尔学派的人学路径,他在早期文章中继续了甘斯、费尔巴哈等人的无神论和人本主义的哲学倾向,指出"所谓彻底,就是抓住事物的根本。但人的根本就是人本身。——对宗教的批判最后归结为人就是人的最高本质这样一个学说"。见《马克思恩格斯全集》,中文版第一卷,第460—461页。另参见麦克莱伦:《青年黑格尔与马克思》,商务印书馆1982年版。由此看来,科耶夫强调《现象学》的人类起源学意义,其承继的显然是青年黑格尔、青年马克思一路下来的传统。

② 对于黑格尔《现象学》的研究,往往偏重于从社会意识(知识)论的角度看待主奴意识,乃至后来的斯多葛意识、怀疑主义和苦恼意识等。黑格尔在《现象学》导言中曾指出:"意识在这条道路上所经历的它那一系列意识形态的发展史,可以说是意识自身向科学发展的一篇详细的形成史。"(第55页),此外,《黑格尔和他的时代》的作者R.海谟和恩格斯等人关于这方面都有过精彩的论述。我的博士论文《〈精神现象学〉中的自我意识论》也是从这个角度来讨论自我意识问题的。总的来说,这种研究多是在(社会)知识论的框架内展开的。不过,应该看到,对于黑格尔的《现象学》确实还存在着一种政治哲学的阐释路径,马克思对于《现象学》的批判性研究(集中体现在《1844年经济学—哲学手稿》《黑格尔法哲学批判导言》和《黑格尔法哲学批判》等作品中)就是如此,科耶夫的解读也是如此,至于自由主义派的学者西克莱尔也是如此,不过,她"讨论黑格尔是把他视为卢梭和康德的继承者,而非马克思和尼采的先驱,尽管黑格尔确实具有上述两个方面的意义"。见 Judith N. Shklar, *Freedom and Independence: A Study of the Political Ideas of Hegel's Phenomenology of Mind*, Prece, Cambridge University Press 1976.

学》就变成了一种基于欲望辩证法的历史政治理论。①

按照科耶夫的解读，黑格尔的《现象学》有三个部分的内容值得特别重视，一个部分是第四章"意识自身确定性的真理性"，特别是其中的第一节"自我意识的独立与依赖"；第二个部分便是第六章"精神"，对此科耶夫曾写道："关于黑格尔哲学的起源，可以说整部现象学，特别是从第一章到第六章，不过是对那个在现象学达到最后完成的哲学本质的描述，它自我描述自己，并通过理解而使自己成为现实。从第一章到第六章，显示了人怎样和为什么最终能够达到绝对的知识，并且在第七章完成了对于基督教或绝对宗教的分析。对于黑格尔来说——借助于马克

---

① 科耶夫作为一位20世纪的卓越思想家，其一生的经历迥异于其他思想家。他的作品并不多，其发表与出版也大多非他所为，其中最著名的两部书：《黑格尔导读》不过是他1933—1939年在巴黎高师的讲课笔记，由学生其格诺整理，于1947年出版法文版，1969年由布鲁姆翻译并写了导言出版了英文版；至于另一部他完成于1943年的《法权现象学纲要》(本文以下简称为《法权现象学》)，则是在他去世后多年才于1982年出版的，2000年由霍斯和弗洛斯特两人翻译成英文出版，他生前发表的仅有"黑格尔、马克思和基督教"等寥几篇文章。尽管对于黑格尔《现象学》的解读是科耶夫整个思想的核心，贯彻了他一生的全部著述乃至实践，但细究起来，他的理论还是可以分为两个方面的内容：一个方面是紧扣黑格尔《现象学》解读的主要体现在《黑格尔导读》和"黑格尔、马克思和基督教"一文中的思想，另一方面则是围绕着建构自己的法权思想体系而集中体现在《法权现象学》一书中的思想，至于他与施特劳斯和施米特两人的大量通信，则基本上可以划归上述两个方面。相比之下，科耶夫有关《现象学》的解读由于与施特劳斯的争论、布鲁姆的英文版前言和福山的论述，而受到西方学界的普遍重视，而《法权现象学》以及与施米特的通信则还没有引起广泛关注。例如，德鲁丽的《科耶夫——后现代政治思想的起源》一书，就其书名和章节结构来看，显然是对于科耶夫思想观点的系统研究，但竟然对于《法权现象学》不置一辞，不能不说是重大的遗漏。而福山的所谓历史终结理论，"从未试图去把握《法权现象学纲要》，无视该著作对'普遍和均质国家'更为综合、更为缜密的处理。这导致福山推出的有关历史终结的整个辩论显得贫瘠单薄。"见《驯服欲望》，前揭，第90—91页。引文见霍斯和弗洛斯特为其翻译的英文版《法权现象学》所写的"导言论文"。当然，本文主要是围绕着黑格尔的《现象学》来考察科耶夫的解读，并不是对于科耶夫法权思想的全面研究，不过在本文的论题中，我试图把《法权现象学》的相关内容放在一个与科耶夫《现象学》的解读加以比较的背景下来讨论，与此相关，本文触及黑格尔的《法哲学》也就不显得多余了。在此我同意霍斯和弗洛斯特两个人的观点："科耶夫在第二次世界大战后的公开形象是马克思主义的存在主义知识分子，但《纲要》的运思与此形象决然有别。我们也不要忘了科耶夫在二战后的其他形象，他是国际贸易和经济一体化进程(包括欧共体和关贸总协定)的谈判代表；《纲要》的运思与此形象相当一致。对我们来说，把《纲要》严格地视为科耶夫思想的可能核心，最重要的考虑很简单：这是以他的名字发表的对普遍均质国家的可倡导性进行艰难而全面的哲学论证的惟一著作。""《纲要》所提出的普遍和均质的国家是有待实现的东西，实现的途径不是通过僭政或帝国，而是通过国家间的法律整合(或一体化)，由此产生某种超国家的宪政秩序，由单一而明确的法权概念所渗透和联合。"见《驯服欲望》，前揭，第91页。另参见 Alexandre Kojève, *Outline of a Phenomenology of Right*, Translated, with an introductory essay and notes, Bryan-Paul Frost and Robert Howse, Published in the United States of America, 2000, pp. 1—27.

思的术语,宗教不过仅是依赖于现实基础之上的意识形态。这个既支撑着宗教又支撑着哲学的现实基础,只能是在普遍历史过程中实现的人类行为的总体性,只有在历史中并通过历史,人才能创造出一系列本质上不同于自然世界的人类世界。正是上述人类社会的世界在宗教和哲学的意识形态中得到反思,因此,那个在存在的总体性中才能展示出来的绝对知识,只有在历史的终结,在由人创造的最后的世界中,才能得到实现。要理解绝对知识是什么,就是理解这个知识是怎样的和如何可能的,因此必须理解总的普遍历史,而这恰是黑格尔在第六章所揭示的。"①第三个部分是第八章"绝对知识",在《黑格尔导读》中科耶夫有二章论述这个问题,他与施特劳斯的争论所涉及的也是这个问题。②

现在我们先来分析第一个部分,其他两个部分放在下面论述。有关欲望的辩证法以及主奴关系是科耶夫对于黑格尔《现象学》挖掘的原创点,它把基于欲望之上的相互承认的政治凸显了出来,由此主人与奴隶的历史悖论被放到了一个绝对重要的位置,正像他指出的:"主人与奴隶之间的关系并不是真正的承认关系。让我们先从主人的角度分析这个关系。主人并非仅仅自视为主人,奴隶同样把他视为主人,因此他的人性本质和尊贵得到承认。但这个承认是单方面的,因为主人反过来并不承认奴隶的人性本质和尊贵。这样,他是被一个他不承认的存在所承认。这种情况是不令人满意的,甚或悲剧性的,主人的生命搏斗对于他来说是为了一个无价值的承认。因为他只有从一个他也值得承认的人那里获得的承认才能使他满足。因此,主人的状态是人生存在的死胡同。一方面,主人作为主人,仅仅是因为他的欲望指向的不是物,而是另一个欲求着承认的欲望。另一方面,当他实际上成为主人的时候,作为主人他必然欲求着被承认,然而他只能被一个作为他的奴隶的对方承认,但奴隶对于他来说只是一个动物或者物,因此他只是被一个物所承

---

① Kojève, *Introduction to the Reading of Hegel*, pp. 31—32.
② 从《黑格尔导读》的目录来看,科耶夫分别在1938—1939年期间有两次集中探讨了第八章"绝对知识"的问题,其中有关哲学与智慧、哲学与政治、智慧之人与政治统治者之间的关系问题,引发了他与施特劳斯的争论,施特劳斯为此而写了《僭政论》,而科耶夫则另写了一文"僭政与圣贤"作为回复。关于这个问题的有关资料,参见古热维奇编辑的《僭政论》2000年英文版,其中收录了施特劳斯与科耶夫的通信。

认。这样最终他的欲望指向一个物,而非指向一个人的欲望。因此,主人处于歧路之中,通过生死搏斗成为主人后,他没有达到开始为之战斗的目标:一个被另一个他人承认的人。因此,如果人仅仅通过承认获得满足,那作为主人并不能得到满足。这样在开始的时候,人如果不是主人就是奴隶,那么使人满足的必然是奴隶,更恰当地说,人只有成为一个奴隶并通过奴隶,才能辩证地克服它的奴隶地位。——也就是说,主人的真理是奴隶和奴隶的劳动。——如果说无所事事的主人是一条死胡同,那么反过来,劳动的奴隶才是所有人类社会历史进步的起源。历史是劳动奴隶的历史。"①

科耶夫在如何看待欲望辩证法的关系时,他对于奴隶地位的强调与重视显然受到了马克思的巨大影响。不过马克思对于黑格尔《现象学》的批判性理解,着重点是放在劳动的辩证法上,并且通过对于劳动异化的本质性揭示,提出了一个克服劳动异化的无产阶级的政治经济学。当然,马克思的政治经济学是以作为现代奴隶的工人阶级的解放为前提的。②科耶夫当然注意到马克思有关工人阶级的解放理论,但是,他把这种解放放到了一个更为深广的历史背景之中,在他那里,问题的关键已经不是现代市民社会的资产阶级与无产阶级的阶级斗争,不是剩余价值理论所揭示的剥削问题,而是一个有关人性的相互承认的政法问题,是一个围绕着平等承认的主奴之间的生死斗争问题。科耶夫把这个问题追溯到人类文明和政治共同体的逻辑起点,他关注的政治问题便不再是马克思所说的资产阶级与无产阶级的阶级斗争问题,而是主人与奴隶的阶级斗争问题,是追求相互承认的人性尊严问题,而他所赖以为基础的理论也不再是政治经济学,而是相互承认的政治历史理论以及后来的法权现象学。

科耶夫所走的理论路径是从马克思的经济学回归到黑格尔的《现象学》,在他看来,《现象学》中有关主人与奴隶的辩证关系要比资本家与无产者的辩证关系更为根本,如果说后者只是一个在现代市民社会才出

---

① Kojève, *Introduction to the Reading of Hegel*, pp.19—20.
② 马克思的著名论断是:无产阶级只有解放全人类,才能彻底解放自己。马克思的历史唯物主义是现代市民社会的产物,其逻辑支点是剩余价值理论,其未来的共产主义是建立在工人阶级与资本家的阶级斗争之上的。参见《共产党宣言》、《关于费尔巴哈的提纲》、《资本论》等。

现的政治问题,那么,前者则是人类社会从一开始就必须面对的中心问题。科耶夫对于《现象学》的创造性阐发隐含着这样一种态度,那就是,他并不认同黑格尔哲学中的那个重要的"理性机巧"的观点,并不认为有关相互承认的悖论能够被理性简单地加以克服,在科耶夫眼中,主人与奴隶追求平等承认的斗争不但在历史的起点上一开始就赤裸裸地呈现出来,而且从来就没有被克服过,甚至随着现代市民社会和政治国家的出现,变得更加突出,其内在的矛盾更加尖锐,只是到了以法国大革命和拿破仑帝国为代表的政治斗争达到了高潮并且导致了历史的终结之时,所谓相互承认的斗争才告完结。"历史,即那个拥有绝对知识的思想家或黑格尔所理解的普遍的人类历程(这个历程在尚未在'体系科学'达到绝对的知识之前,只能在《现象学》之中并通过《现象学》来理解),作为普遍历史,不过是主奴关系的辩证的或现实的历史。这个历史也只有在主人与奴隶实现了综合统一时,才能得到完成,这个综合统一所成就的是个完人,即由拿破仑创造的普遍同质国家的公民。"①因此,科耶夫有关《现象学》的解读完全是在一个追求相互承认的主人与奴隶的欲望辩证法之中展开的,这一考察的视角显然是对于黑格尔《现象学》的一个片面性发挥,黑格尔并没有把这种关系视为他的社会政治理论中的根本性关系。在黑格尔那里,那个双重的追求相互承认的自我意识并没有被提高到一个绝对的高度,它们只是构成了主观精神阶段中的一个抽象环节,并且很快就被理性所克服。黑格尔写道:"精神是这样的绝对的实体,它在它的对立面之充分的自由和独立中,亦即在互相差异,各个独立存在的自我意识中,作为它们的统一而存在:我就是我们,而我们就是我。"②

  当然,黑格尔的《现象学》蕴涵着深厚的社会现实背景,它是一种有关人类社会及其历史演变的理论表述,在这个方面马克思和科耶夫基本上与黑格尔是一致的,他们的理论都涉及一个人类社会的历史政治哲学

---

① Kojève, *Introduction to the Reading of Hegel*, p.44.
② 《精神现象学》上,前揭,第122页。在黑格尔看来,独立与依赖的自我意识尽管没有达到历史的终极和解,但在不同的发展阶段,其内在的矛盾冲突便会被更高一级的精神形态所扬弃。对此,黑格尔写道:"意识的扬弃是这样的:它保存并且保持住那被扬弃者,因而它自己也可以经得住它的被扬弃而仍能活下去。"《精神现象学》上,前揭,第127页。

问题。只不过相对说来，马克思和科耶夫两人对于上述人类政治历史的侧重点有所不同。马克思显然把理论的重心放在了现代市民社会及其以阶级斗争为核心的政治层面上，因此，他关注于现代资本主义社会的制度演变，关注于无产阶级的历史使命。而科耶夫则与黑格尔的《现象学》更为贴近一些，他们更重视古典古代的政治社会及其理论形态，在他们看来，人类历史是一个自我主体追求正义价值的政治历史。黑格尔的《现象学》提出了一个追求相互承认的欲望之我在历史演变中所面临的困境，这个困境在于：每一个自我都以达到相互的承认为欲望的目的，因为这种相互承认是在一个平等原则下的相互承认，但是，人们追求平等的相互承认这样一个正义价值的必然结果，却是导致了绝对的主人与奴隶之间的不平等，这不能不说是人类政治原则的悖论，而恰恰是这种悖论反而构成了古典政治的基础，也就是说，没有这种悖论也就不可能有人类政治社会。这一点被普遍认为是黑格尔《现象学》思想中最深刻的地方，也是科耶夫在解读黑格尔时所着重发挥的地方。

要理解上述思想，有必要对照一下思想家们有关自然状态的理论假设。按照黑格尔—科耶夫的看法，自然状态的前提假设是错误的，因为在自然状态之下不可能自发地产生出一个政治国家出来。正像现代以来的一系列思想家们所描述的那样，自然状态下的人们必然追求欲望的满足，而且由于自然资源的匮乏，他们之间必然会发生争夺财物的斗争，这种斗争尽管使人们基于理性的考虑而同意结成一个社会共同体，甚至产生出一个政府或国家这样的机构，但是，这种政治社会的建立缺乏一种人类学的价值意义。[①] 因为在自然状态下人们所追求的只是满足人的欲望的物质对象，即使是产生出了政治社会，使得人们能够相互合作，并较为合理地实现了欲望的满足，但是，人并没有因为这种欲望的满足而成为人，人依然是一个猪一样的存在，由此构成的政治社会也依然只能是柏拉图所谓的"猪的城邦"。黑格尔在《现象学》中可谓第一次打破了自然世界的欲望之我的逻辑关系，展示出了一个有关相互承认的新型的欲望关系。黑格尔写道："那第一个自我意识所遇着的对象并

[①] 关于这方面的文献甚多，除了参阅霍布斯、洛克等人的经典论述外，请参阅拙著《休谟的政治哲学》(北京大学出版社 2004 年版)中的有关内容。

不仅仅是被动的像欲望的对象那样,而乃是一个自为地存在着的独立的对象,对于这样一个对象,因此,如果这对象自己本身不做它(前者)对它所做的事,则它对它的对象再也不能为所欲为。所以这个运动纯全是两个自我意识的双重运动。每一方看见对方作它所作的同样的事。每一方作对方要它做的事,因而也就作对方所做的事,而这也只是因为对方在作同样的事。单方面的行动不会有什么用处的,因为事情的发生只有通过双方面才会促成的。"①

相互承认使得生命的尊严和价值凸显出来,也就是说,由于相互承认是被一个与自己一样的平等主体所承认,这种承认显然就超越了欲望的直接的自然对象,而把欲望提升到了一个自由的高度。追求自由,这是相互承认的平等原则的本性所在,也是体现了人的尊严与价值的地方所在,科耶夫认为这是古代贵族制的高贵原则。但是,贵族制的平等原则存在着一个悖论,即相互承认导致了人与人之间的生命斗争,产生了主人与奴隶两个阶级。由此可见,这种高贵的超越自然的自我意识所付出的代价是惨痛的,主奴的政治社会尽管从本质上要高于自然社会,高于自由主义的那种"猪的城邦",但它所提供给人的却并不是一个幸福的天堂,而是一个历经劫难的生命斗争的场所,是死亡和牺牲,是劳动和苦役。不过,黑格尔和科耶夫所看重的恰恰是这样一种否定的辩证法,他们认为人的生命只有经历了生死的搏斗,经历了死亡的洗礼才能获得所谓的高贵与尊严,才能达到真正的历史性的解放。"从根本性上而言,历史是以纯粹威望为目的的血肉战争,人们总想获得普遍承认,从而进行这场战争。一方面,每一个主人都追求获得一切人的承认。因此,他作为其公民的那个'国家'本质上就是好战的,并渴望[成为]普遍帝国。另一方面,奴隶也并不会永远甘于艺术和宗教彼岸给予他的想像式满足。奴隶千方百计要让主人们承认他。因此,奴隶试图像主人那样去压迫自己的主子。这就是为什么存在任何种类之奴隶(亦即'阶级')的国家,都是血肉战斗的角斗场,斗争的目的便是建立社会同质性(homogeneity)。因此,历史或多或少就是外战和血腥革命的不间断过程。但这一过程有一个目标,且因此有一个目的。因为,历史生于对承认的

---

① 《精神现象学》上,前揭,第123—124页。

欲望,它必将在该欲望得到完全满足的那一刻止步。当每一个人都在其实在和人性尊严中被一切他人所承认,这些他人中的每一个人又在其实在和尊严(被承认为存在者的一种实在和尊严)中被承认,该欲望就会被满足。也就是说,当人将完全满足于作为一个普遍且同质国家(或者说一个构成全部人性的无阶级社会)中一个被承认的公民这一事实,历史就将止步。"①

《现象学》作为一部政治哲学,它揭示出来的有关上述这种相互承认的悖论是非常关键的,本来一个人需要他人承认其作为人的价值,这是一个基本的自由平等原则,这个原则曾经在罗马法中以法律的形式表述了出来。但是,《现象学》的深刻在于,它并没有简单止步于这个社会政治共同体的基本原则,而是通过自我意识的人性分析,揭示了其所包含的一个重大的悖论,那就是,人相互之间的作为人的价值的平等承认并不是自然而然就产生的,在罗马法的背后隐藏着一个更为深刻的欲望的辩证法。按照黑格尔—科耶夫的分析,之所以会产生主人对于奴隶的政治奴役,并非简单地因为通过奴隶可以满足主人的需要,通过奴隶的劳动可以为城邦提供物质性的享受。这一点只是一个结果,在此背后的关键在于,主人与奴隶的发生学是围绕着人的尊严与价值的相互承认这样一个人类文明的核心问题而展开的。如果没有这一政治上的高贵诉求,那么,主人和奴隶的关系也就没有什么意义了,而且也不可能持久地存在。自然状态的假设之所以缺乏理据,其原因便在于它们根本就没有存在过。从来就不曾有过人的自然状态,要么是纯粹的动物世界,要么是人的城邦或政治社会,不可能存在一种未经主奴关系而从自然状态向文明世界的转变,或一种自由主义语境中的契约论的国家生成。②

---

① 见《驯服欲望》,前揭,第 16 页。
② 参见黑格尔在《法哲学》中对于社会契约论的批判,"契约是从人的任性出发,在这一出发点上婚姻与契约相同。但就国家而论,情形却完全不同,因为人生来就已是国家的公民,任何人不得任意脱离国家。生活于国家之中,乃为人的理性所规定,纵使国家尚未存在,然而建立国家的理性要求却已存在。入境或出国都要得到国家许可,而不系于个人的任性,所以国家绝非建立在契约之上,因为契约是以任性为前提的。如果说国家是本于一切人的任性而建立起来的,那是错误的。毋宁说,生存于国家中,对每个人来说都是必要的。现代国家的一大进步就在于所有公民都具有同一个目的,即始终以国家为绝对目的,而不得像中世纪那样就国家问题订立私人条款"。见《法哲学》,范扬、张企泰译,商务印书馆 1982 年版,第 83 页。

二、"美好的"贵族制城邦国家

科耶夫认为,黑格尔《现象学》的第六章"精神"十分重要,他所指的不仅包括第六章第二节"自身异化了的世界;教化"部分,这个部分的内容集中体现了黑格尔对于市民社会的批判性认识,而且还包括《现象学》第六章的第一节"真实的精神;伦理"部分,按照科耶夫的分析路径,这个古代的城邦国家真正体现了贵族制的伦理精神,是前资产阶级(市民)社会的一种美好国家形式的展现。① 关于这个古代的城邦国家,黑格尔1805年的《耶拿时期实在哲学》中曾有过这样的描述:"在古代,美是所有人的公共生活中的习俗,美作为普遍与个别的直接统一,乃是一个艺术品,其中任何一个部分都不能从整体中分离出来,它是自知的自我和自我表现的独创性的统一。"②

仔细研读,我们会发现黑格尔《现象学》在对于主奴关系的论述中包含着两个层次:一个是抽象的自我意识层次,前面分析的欲望辩证法揭示了这个层次的平等原则,这个平等原则被科耶夫视为贵族制的基本原则,并在《法权现象学》中给予了更为精深的论述。"人类起源学意义上的生命斗争,从定义上说是平等的,所以是正义的,因为它把交战的双方约定在同一种状态之下。这个平等原则通过相互的同意而在一个第三方的意识中表现出来,它也存在于同意的参与者的意识中。正是在这

---

① 关于这个古希腊的城邦国家,科耶夫有时又称之为异教徒(pagan)的主人国家,它是与所谓的市民社会(civil society)相对立的。在黑格尔—科耶夫的语境中,资产阶级(bourgeois)社会与市民社会基本是等同的,但内涵ாரவ比一般的理解广阔,不仅仅是指发端于13—15世纪的现代意义上的资产阶级的市民社会,古希腊与罗马城邦国家衰落之后的整个社会形态都属于此范畴。

② 参见中国社会科学院哲学所西哲室编:《国外黑格尔哲学新论》,中国社会科学出版社1982年版。对此,普兰特在"黑格尔政治哲学中的经济和社会的整体性"一文中曾经指出:"对黑格尔思想中的这些理想的形成、而且对黑格尔这一代的其他人的思想起决定性影响的,是对古希腊,特别是雅典城邦的一种浪漫化的理想化的图景。人们相信,在这样一个社会里,曾经建立一个真实意义上的共同体。社会实践和社会制度如宗教、道德和政治等等都紧密地交织在一起,这样就使社会制度成为一种纯一的东西。个别公民都能亲自参加所有一切相互交织在一起的社会活动,因此他能够使自己的个性得到全面的、完全的发展,而这种个性的完整是近代人所得不到的。对许多人来说,特别是对早期的黑格尔来说,希腊曾经是理想,甚至当他对希腊典范的热情已经多少有点消失的时候,他仍然从希腊的政治文化中外推出这样一个深刻的持久的信念,这就是认为社会需要去恢复某种意义上的希腊式的和谐,虽然是用它自己的改变了的方式去恢复这种和谐,并认为需要去恢复曾经作为希腊文化的最重要部分的人的完整性那样的东西。"见第271—272页。

种方式下,同意以及它们的相互关系才是正义的标志。对于参与者来说,斗争惟有是平等的,所以才是正义的,因为它对于第三方或我们来说也是平等的,实际上它客观上便是正当的。"① 但这个平等原则并不是绝对惟一的,它仅仅是双重自我意识相互之间的一种纵向逻辑关系,而且还有一个限度,也就是说,两个自我之间的为赢得承认的生命斗争不可能完全彻底地进行到底。如果这样的话,只会战斗到最后一个高贵的士兵,那所谓的政治社会或贵族制城邦也就不复存在了,真实的情况是,其中总有一方,为了存在下去而放弃斗争。"既然从定义上说,对承认的欲望强于自我保存的动物本能,那么,要求单边承认的欲望所激发的两个人就会战斗到其中一个人死去为止。但是,死的人不存在了,这样,另一个人明显不能被那个不存在的人所承认。为了有现实的承认以及人性的客观实在(因为人不仅仅是人性的,并且同时是被'承认'为'客观的'),敌对双方必然要一方愿意承认另一方而不被其承认:一个必须臣服于另一个。这一由臣服来打断战斗的决定,虽然是立足于对死亡的恐惧才发生,但它同样是'自由的'(=不可预测的)或'非自然的',与决定开战并战斗到底是一样的。没有什么能够预测未来的胜利者会胜利,正如没有什么能够预测未来的被征服者会失败。正是通过一个绝对自由的行动,敌对双方被造就为败者和胜者——在一个为名誉而自由开始的战斗中且借助这个战斗[才得以完成]。"② 由此出现的主人与奴隶及其相互关系,构成了《现象学》第四章所论述的内容。

但需要指出的是,主奴辩证法并不是平等的贵族制原则的现实关系,它只是贵族制政治社会的逻辑基础,真正现实的相互承认的平等原则还有另外一个层次,即贵族成员之间的政治关系,它属于横向的关系,黑格尔称之为"真实的精神",并在第六章的第一部分展开了具体的论述。他写道:"当它处于直接的真理性状态时,精神乃是一个民族——

---

① Kojève, *Outline of a Phenomenology of Right*, p.222.
② 见科耶夫的《黑格尔、马克思和基督教》一文,《驯服欲望》,前揭,第13—14页。科耶夫在《法权现象学》中指出,奴隶只是 Homo Sapiens(自然人),还不是权利的主体,见 Kojève, *Outline of a Phenomenology of Right*, p.52. 黑格尔在《法哲学》中曾经指出:"从罗马法的所谓人格权来看,一个人作为具有一定身份而被考察时,才成为人。所以在罗马法中,甚至人格本身跟奴隶对比起来也只是一种等级、一种身份。因此,罗马法中所谓人格权的内容,就是家庭关系,其他如对奴隶(儿童也几乎包括在内)的权利以及无权状态都不在内。"见《法哲学》,前揭,第49页。

这个个体是一个世界——的伦理生活。它必须继续前进以至对它的直接状态有所意识,它必须扬弃美好的伦理生活并通过一系列的形态以取得关于它自身的知识。不过这些形态与以前所经历的形态不同,因为它们都是些实在的精神、真正的现实,并且它们并不仅仅是意识的种种形态,而且是一个世界的种种形态。"①

如此看来,作为平等承认的现实原则,其真实的形态是在贵族制城邦的个体公民之间实现的。由于主奴关系的悖论,它们之间缺乏现实的平等关系,但城邦国家的公民却不同,他们都是高贵的贵族之成员,在追求生命尊严和价值的斗争中,他们付出了鲜血和生命,从而赢得了自己的自由身份。按照科耶夫的《现象学》解读,黑格尔在第六章第一节为我们大致勾勒了城邦国家的起源。城邦的一个本质特征在于,它是一个主人的国家和社会,此时的主人是现实的主人,而非示范性的主人,"他们既是奴隶的主人,同时也是贵族国家的公民和家庭的成员。——城邦仅仅为那些士兵公民的主人所承认,或者更恰当地说,士兵公民就是城邦。在城邦国家,劳动由奴隶和那些因为贫穷而失去了公民权的非公民承担,事实上,劳动业已被排除在公共领域之外。在黑格尔看来,城邦国家只承认普遍性的因素,特殊性被忽视,保存在家务的幽暗和社会的边缘中。或者说,意识被分化为二,由于主人对应的是普遍性,劳役对应的是特殊性,因此这种分化是根本性的。与此相应,普遍与特殊的概念性的辩证法补充了主奴关系的示范性的或神话性的辩证法。"②在此,科耶夫挖掘出了一个平等的政治原则,他写道:"人并非在孤立中成就其人性。在一个追求承认的殊死战斗中并通过这一战斗,人创造了自身,这使得人必然要么作为一个奴隶的主人要么作为一个主人的奴隶而出现。这意味着,这场斗争将人的实在创造为一种本质上是社会的实在,就'社会的'这个词的精确意义而言。但它也将其创造为一种政治的实在,因为那个在人的实在和尊严中被他人承认的人,就因这一事实而获得了政治上的承认:他是国家的公民,这个国家由那些承认他而他

---

① 《精神现象学》下,第4页。
② Barry Cooper, *The End of History: An Essay on Modern Hegelianism*, pp.137—138.

反过来也承认的人组成。"①

城邦国家的法律作为地上的精神占据着主导地位,国家的伦理行为在与个人意识的关系中表现为一种命运的必然性,而个人在对敌战斗的死亡之前,在遭到毁灭的打击之前,对于这样一个城邦国家是普遍认同的。个人在那里依然是把城邦国家视为为之奋斗和奉献的主体,认为城邦的法律和习俗便是个人行动的指南,在城邦的服务中个人的尊严得到了满足和实现,个人作为公民获得了自己的自由。因此,这样一个城邦国家可以说是一个奴隶主的政治共同体,个人相互之间的追求承认的斗争被置换为城邦之间的政治关系,特别是置换为城邦之间的战争。战争是一种使得国家公民为之奋斗的力量,战争是贵族公民的普遍行为,它打破了城邦公民围绕着世俗关系而形成的矛盾冲突,并把他们集合成为一个统一的力量,通过与其他城邦的战争而获得了伦理存在的价值与意义。②在黑格尔的《现象学》中,作为伦理世界的真实的精神是一个典型的古典政治社会,相互承认的平等原则在主人与奴隶之间是不存在的,黑格尔并没有考察主奴之间的关系,在古典的城邦国家作为社会中心问题的并不是奴隶和主人的关系问题,城邦国家的奴隶制并没有被当时的思想家们所质疑。

由此可见,黑格尔—科耶夫意义上的贵族制国家,不同于一般政治学意义上的贵族制,后者指的是一种与民主制、共和制、君主制等并列的政体形式,它们涉及国家公共权力的组织分配机制,例如,亚里士多

---

① 见科耶夫的"黑格尔、马克思和基督教"一文,《驯服欲望》,前揭,第14页。关于这个方面的论述,在《黑格尔导读》中是大量的,并集中体现在该书的导论部分。值得注意的是,对于上述主奴斗争的辩证法,科耶夫在《法权现象学》中却做了某些修正,霍斯和弗洛斯特在《法权现象学》的"导言论文"中正确地指出了这一点,他们写道:"科耶夫(以及黑格尔)怎么可能既把斗争视为对人性的出现是根本的,却又提出这样一个终极国家——在那里,实际实现人性满足要在这种斗争被明确取消之后? 其实,科耶夫在《纲要》中提出了比他在《黑格尔哲学导读》中的表述更为清晰和丰富的主—奴辩证法。如果细读,这一论述能让我们更准确地理解斗争在人类中的位置。人(man)通过否认其动物生存而成为人性的人(human)。主人在斗争中以其动物性生存为赌注,他寻求的是声张其人性,并要让其人性获得承认。他只是因为斗争中对手的生存态度而成为主人,因为对手决定放弃殊死斗争,让自己听凭主人摆布。并没有天生的主人或奴隶——事实上,斗争本身,准确说是寻求公正的人间意义,在霍布斯的意义上已隐含了这样的预设:人在与他人的肉搏战中有大致的平等能力去捍卫自己的生命,在这个意义上,人是平等的。"见《驯服欲望》,前揭,第105页。

② "国家或异教徒社会的本质特征由这样一个事实所决定,即它是一个奴隶主的国家和社会。异教徒国家仅仅把主人视为公民,只有在他从事战争的时候,他才是公民,他仅仅是作为公民在从事战争。"Kojève, *Introduction to the Reading of Hegel*, p.57.

德认为,贵族制指的是由少数人而不是一人或多数人统治社会,其依据的政治原则是德性。① 黑格尔—科耶夫的贵族制指的是与奴隶制相对立的政治体制,其关键在于敌友的政治划分原则。在这个问题上,科耶夫对于黑格尔《现象学》的阐释吸收了施米特的有关"政治即区分敌友"的重要观点,在他看来,所谓的贵族制指的是,在对共同敌人的斗争中组成的奴隶主或贵族的政治共同体。② 按照这种观点,古代希腊的所有政体都是贵族制国家,它们在对外关系上采取的都是敌友的政治原则,战胜者成为主人,失败者沦为奴隶,主奴关系是城邦国家对外关系的产物,奴隶属于自然人,是主人的财产,在城邦国家内部的政治关系中不具有任何意义。而在城邦国家内部,则不能滥用敌对的政治原则,因为国家公民之间是朋友关系,尽管这种朋友的公民关系并不关涉城邦国家采取何种政体。对此,亚里士多德曾经指出:"在主奴关系的统治之外,另有一类自由人对自由人之间的统治,被统治者和统治者的出身相同,这类治理的方式就是我们所谓城邦政治家的治理体系(宪政)。"③ 在《法权现象学》一书中,科耶夫对于这类政治国家有过论述,他的观点与亚里士多德和施米特大体一致,他写道:"作为一个国家,它必须满足下述两个原则性的条件:第一,它必须是一个社会群体,在其中所有成员都是'朋友',而对于非社会成员,无论他们是谁,都应视为'敌人';第二,在社会内部,'统治者'阶层必须与那些'被统治者'的阶层明确地区分出来。上述两个条件的任何一个都是必需的,虽然它们单独地看都是不充分的。只有当两个条件都被满足时,国家才存在。'敌友'意味着'政治上的朋友'和'政治上的敌人',最终地说,'朋友'是'战场上的兄弟','敌人'则是军事上的敌人,要么屈服要么死亡,一个人既不投降又

---

① 参见《政治学》第三卷,吴寿彭译,商务印书馆1997年版。
② 尽管在《黑格尔导读》一书中,科耶夫没有提及施米特,但在《法权现象学》中,施米特成为他的一个最为重要的理论对手,科耶夫一方面接受了施米特的敌友政治论的观点,但另一方面,他的普遍同质国家的法权理论又与施米特的政治敌友论存在着重大的分歧,关于这个方面的问题,本文下面将会进一步展开论述。
③ 《政治学》,前揭,第124页。

不战死,就只能是自杀。"①

依照黑格尔—科耶夫的理论路径,现实的贵族制平等原则所面临的挑战来自贵族社会内部,在这个由奴隶主组成的政治团体内,平等原则从来也不是绝对的,而是相对的,只赋予作为男性公民的个人。男人是合格的国家公民,对外战争的士兵,他们为着城邦国家的安危和公民的尊严而战。相互平等的原则表现为"人的规律",国家的法律被视为"白日的规律",黑格尔写道:"在普遍性的形式下,它是众所熟知的规律和现成存在的伦常习俗,在个别性的形式下,它是一般的个体对其自身所具有的现实确定性,而就它之为一个单一的个体性对其自身的确定性而言,它乃是政府;它的真理性在于它的公开明显的有目共睹的有效准性[或权威性];它是这样一种实际存在(Existenz):对于直接确定性来说,它是以一种不受约束的独立自由的特定存在(Dasein)的形式出现的。"②但是,在这些合格的公民士兵之外,还有一些非奴隶的准公民,那些儿童、老弱病残和智力不全者,特别是那些妇女,他们与公民士兵的关系又是怎样的?是否享受同样的平等原则呢?虽然像斯巴达国家那样为了维护城邦国家的安全、持续与繁荣,可以把老弱病残者抛弃和杀死,但即便如此,在黑格尔—科耶夫的眼中,家庭原则却无论如何也是排除不了的,至少它为城邦公民提供着生物性生命的来源。在《现象学》中,黑格尔对于上述与国家原则相对立的家庭原则给予了特别的重视,认为

---

① Kojève, *Outline of a Phenomenology of Right*, p.134. 另参见施米特《政治的概念》,刘宗坤译,上海人民出版社2003年版。值得注意的是,亚里士多德在对于奴隶的看法上,并没有完全遵循敌友的政治观点,一方面,他认为,在现实的政治关系中,奴隶是被排除在外的,但另一方面,从自然体系的角度看,主奴之间也存在着"友爱"。他在《尼格马可论理学》卷八章·十一中指出:"奴隶作为奴隶,和主人异格,不讲友爱;但主奴既同为人类,自然存在着人间之爱。"参见《政治学》,第19页。此外,上述有关城邦国家的观点还存在着另外一个问题,对此,黑格尔的《现象学》和施米特的《政治的概念》都没有给予解决,科耶夫在"黑格尔、马克思和基督教"一文的一个注释中指出了这个问题,并在《法权现象学》中试图回答这个问题,而黑格尔的《法哲学》其实也在回答这个问题。科耶夫这样写道:"事实上,黑格尔并没有解释一个主人如何被另一个主人承认。换言之,他并没有解释国家的起源。这是其现象学中的重要沟壑。然而,人们可以接受这种[说法]:国家起源于为承认而进行的集体战斗中胜利者的相互承认。如果许多人一同与'共同的'对手战斗并最终使其受奴役,则他们每一个人都可以相互承认为主人,而不会相互开战。因此,'公民同伴'起初就等同于'战斗兄弟'。但仍然存在政治'领袖'(Chief)的现象,黑格尔在其作品中并未加以分析:主人中某一个人的优越性(=权威)可由其他人承认,但他们并不因此而成为他的奴隶。"见《驯服欲望》,前揭,第14页。

② 《精神现象学》下,前揭,第7页。

对城邦国家构成真正威胁的是代表特殊性的家庭原则,他称之为"黑夜的法律"或"神的规律"。在黑格尔看来,家庭属于天然的伦理共同体,"家庭,作为无意识的,尚属内在的概念,与概念的有意识的现实相对立,作为民族的现实的元素,与民族本身相对立,作为直接的伦理的存在,与通过争取普遍目的的劳动以建立和保持其自身的那种伦理相对立,——家庭的守护神与普遍精神相对立。"① 为此,在城邦国家内部,分别由男人与女人、兄弟与姊妹所代表的两种不同的政治法则产生了尖锐的矛盾冲突,它们构成了希腊悲剧的主题。黑格尔在"真实的伦理"一节,重点分析了几部具有代表性的希腊悲剧,其用意在于揭示家庭原则对城邦国家所带来的日益严峻的挑战。②

在古代的城邦国家尽管存在着人的规律和神的规律、男人和女人的对立,尽管也有人的知识与神的知识、罪过与命运的矛盾,但黑格尔仍然认为,此时的城邦国家是和谐美好的政治共同体,在后来的《历史哲学》和《艺术讲演录》中,他多次指出:"到了希腊人那里,我们马上便感觉到仿佛置身于自己的家里一样,因为我们已经到了精神的园地。"③ 为什么这样说呢?因为,相比于所谓的东方野蛮社会或异化了的资产阶级市民社会,希腊的城邦国家最为集中地体现了"美的个性形态",国家结合了主观与客观两个方面的因素,成为"政治的艺术作品"。精神在国家之中,不仅是像有生命的普遍的精神,而且是个别的个人自觉的精神,体现了平等原则的高贵和个体自由的美好。④

---

① 《精神现象学》下,前揭,第 8 页。
② 库伯分析道:"从主奴辩证法中我们知道,一旦他们各自的行为没有在一个单一的人格那里获得综合,那就不可能存在人的满足,现在,在城邦和异教徒社会,必然表现出这个矛盾,并且在本质上是无法满足的。这个矛盾明显地存在于国家与家庭的对立上面。由于家庭的男性成员从事战斗,他是一个人,而非一个动物群体,由于在家庭内部逻辑上看人的价值不可能获得实现和承认,所以也就不存在战斗。家庭承认生物性的或动物性生活的价值,在父亲的自然生物的行为中实现他的权能和雄性本能,即滋养家庭的能力。而女性繁衍生命的创造行为则仅仅蕴涵在宗教性的想像之中。"Barry Cooper, *The End of History: An Essay on Modern Hegelianism*, p.138.
③ 关于这个希腊世界,黑格尔在《历史哲学》中写道:"在希腊的原则里,我们看到了精神性的快乐——欢欣和享受,精神还没有退化到抽象化,它仍然包含有自然的元素——个人的特性——中间。""雅典人所表现的一个国家,它生存完全是为了美的目的,对于各种公共事务、人类精神和生命的各种兴趣,都具有彻底的认识,并且坚忍的勇气和实践的能力又同这种认识联合起来。"见《历史哲学》,王造时译,上海书店出版社 1999 年版,第 287、270 页。
④ 参见《历史哲学》,前揭,第二部"希腊世界"。

我们看到，黑格尔对于人类政治历史的理解具有独特的视野，不同于现代的很多思想家，他认为，人类政治历史大致可以分为两个主要的历史形态，一个是以古希腊城邦国家（也包括罗马的城邦国家）为代表的古典城邦政治社会，另一个则是自罗马帝国以来直到拿破仑帝国时期的资产阶级社会，后者包括了罗马帝制、整个基督教的中世纪以及文艺复兴以来的现代市民社会。显然，这一历史划分与现代思想家们所津津乐道的所谓现代性问题迥然有别，像施特劳斯所谓的有关现代性的三期浪潮，最早也不过是上溯到马基亚维里[①]，对于黑格尔来说，如果有所谓现代性问题，那它的上溯也要早得多。按照黑格尔—科耶夫的理论路径，可以说，古典城邦国家的解体或者希腊化时期的意识形态就已经是现代性问题的开始，至于整个中世纪不过是这个问题的积累，而现代市民社会及其资产阶级的民族国家形态，则不过是这个问题的进一步深化而已，黑格尔在《现象学》中把它们统统称之为"自身异化了的精神；教化"，这个教化世界的问题要比现代思想家们所说的现代性问题深刻得多。

为什么黑格尔在他的《现象学》、《历史哲学》等一系列著作中要这样区分两种历史的政治形态呢？这是基于他有关政治的看法。[②] 古代的城邦国家是一个个体公民与城邦国家天然联合在一起的美好社会，在那里还没有分化出一个市民社会的个体性原则。相互承认的原则是以战争的胜负为依据的，因此还不是法权关系，而是一种战争伦理，是一种生命的超越关系，对于生命的直接性的克服，是这个美好国家的价值基础。因此，在美好的古典社会还不存在法权问题，存在的只是生命斗争，世界属于斗争的胜利者，即作为主人的城邦公民。相比之下，奴隶在城邦国家是没有独立的政治地位的，他们是依赖性的存在，在死亡的恐惧下而成为主人的附属品，并通过他们的劳动为整个城邦国家的公民提供物质财富的享受。但是，黑格尔又指出，在这个美好的古典城邦国家中，潜伏着一种促使其解体的内在必然性，它不是奴隶的反抗，而是

---

① 参见施特劳斯：《自然权利与历史》，彭刚译，北京三联书店2003年版。
② 黑格尔曾经说他"对政治有一种特殊的偏好"，在《现象学》、《历史哲学》等著作中，黑格尔把这种政治偏好用在了对于历史的分析上。见《黑格尔政治著作选》，薛华译，商务印书馆1981年版。

城邦公民之间的冲突,或者更准确地说,是城邦公民的两种归属——国家与家庭之间的冲突。伴随着城邦国家的消亡,士兵公民也就成为了一个个偶然的个体性的存在,这些偶然的个体由于失去了与和谐美好的城邦国家的关联,因此只有寻求另外一种基础,那就是法权的基础,黑格尔认为,罗马法为个人提供了一个"有效性"的存在依据。"普遍物已分裂成了无限众多的个体原子,这个死亡了的精神现在成了一个平等[原则],在这个平等中,所有的原子个体一律平等,都像每个人体一样,各算是一个个人。"①

黑格尔在《现象学》中把"法权状态"置于"真实的伦理"之列,其用意并不在于通过这个法权原则来确立城邦国家的真实性,恰恰相反,在他看来,罗马法的法权状态不但没有为个人提供一种作为国家公民的主人的权利资格,相反,它是一种偶然性的个人之间的平等原则,是空洞的抽象形式。"个人的这个空虚的一,就其实在性而言,乃是一种偶然的特定存在,一种无本质的运动或行动,它不会有持续存在的。"② 显然,黑格尔在此为未来的异化世界埋下了一个伏笔,法权的个人并不比战争的个人更加自由和高贵,一个由法权维系的政治国家不但不是一个美好的伦理国家,反而是一个自身异化了的世界。按照科耶夫的《现象学》解读,城邦国家的衰落是一种必然的命运,它的根子在于自我意识的自觉上。在《现象学》中又表现在两个方面:一方面,家庭的守护神使得城邦国家的士兵公民在战死的沙场上获得了灵魂的抚慰,由此激活了一个沉睡的宗教精神;另一方面,奴隶也在漫长的劳动中使得主人变异为虚假的主人,并自身取得了独立的价值,斯多葛意识、怀疑主义和苦恼意识便是城邦国家解体之际所产生的奴隶的自由意识。这样一来,"这个没有主人的奴隶和没有奴隶的主人,他们成为黑格尔所谓的市民(Bourgeois),即私有财产的所有者。正是由于变成了一个私有财产的所有者,希腊的主人,既城邦国家的公民,变成了和平的罗马市民,即帝国

---

① 《精神现象学》下,前揭,第33页。
② 同上书,第35页。应该指出,黑格尔《现象学》中对于罗马法的看法与《法哲学》中的看法是有变化的,前者主要是从批判性的否定角度来看待的,而在后者那里,罗马法的一些基本原则成为一个现实的法权社会(包括家庭、市民社会和政治国家三个伦理方面)的元规则。参见本文下面的分析。

的主体,这个市民只是一个资产阶级,私有财产的所有者,他的帝国就是他的祖业。同样,奴隶的自由也恰恰实现在这个私人所有权的关系上面,奴隶像他们的前任主人一样变成了财产所有者,资产阶级。与希腊城邦国家相对,罗马帝国是一个资产阶级的世界,并且最终变成了一个基督教的世界。"①黑格尔所谓的异化世界包括了自罗马帝国以来直到黑格尔所处的19世纪这样一个如此漫长的过程,它是《现象学》第六章"自身异化了精神;教化"所论述的主要内容。在黑格尔看来,教化世界又包含了两个形态,一个是现实的政治异化,另一个是现实的精神异化,前者构成了世俗社会的现实王国,后者构成了基督教的信仰王国。

西克莱尔对于《现象学》中的这个从美好城邦到异化世界的转变有过深入的分析,她认为,希腊城邦国家的公民并没有享受到现代国家的公民所拥有的那些自由,他们还不是享有法律所赋予的多种权利的市民社会的成员,在黑格尔讨论亚里士多德的《政治学》时,黑格尔并没有提及希腊人还未有"市民社会"这一概念。这个概念只有在一个市场经济的社会中才会出现,在那里,个人不再是士兵公民,而是资产阶级,他们是独立的拥有个人权利的市民。罗马法权状态是这个市民社会的开始,黑格尔已经注意到罗马社会与现代社会具有明显的一致性。"在《现象学》中,黑格尔并没有直接论述市民社会或现代国家,他当时并没有给予政治和法律以特别明确的考虑,甚至有关现代法律和政治哲学的基础,有关自由意志问题的探讨,在《现象学》中仍然付之阙如。所有这些问题只是在《法哲学》中才得到论述。但早期的有关'意识经验'的考察对于政治现象来说并非无关紧要。"②

黑格尔在《现象学》的"自我意识"一节曾指出奴隶是主人的真理,在主奴关系中奴隶代表着历史进步的方向,科耶夫为此在他的解读中也多次指出"主人是一条死胡同。"③现在我们来看古代贵族奴隶主之间的平等原则是如何伴随着城邦国家的解体而遭到颠覆的。按照第一个层面

---

① Kojève, *Introduction to the Reading of Hegel*, p.63. 另参见 Barry Cooper, *The End of History: An Essay on Modern Hegelianism*, p.144.

② Judith N. Shklar, *Freedom and Independence: A Study of the Political Ideas of Hegel's Phenomenology of Mind*, p.75.

③ Kojève, *Introduction to the Reading of Hegel*, p.50.

的分析,平等原则是欲望之我的基本原则,并且在贵族社会的公民之间得到实现,获得胜利的主人们之间是平等的,城邦国家的美好和谐也正是体现在这个原则之中。古代国家为贵族们的战斗提供了相互联合的共同体,并用荣誉、财富和鲜花欢迎胜利归来的士兵公民,而士兵公民也正是在城邦国家中感受到其生命价值的归属。如此看来,国家是战争共同体,是对于敌人的征服,这种敌友的斗争关系就是政治,平等原则只是存在于城邦国家内部,是公民之间的关系,是友人的关系,它的前提是共同对付外部的敌人。科耶夫后来在《法权现象学》中曾经对这种古代的政治国家有过简明扼要的分析:"假如 A 是一个公民,B 是一个外族人,即敌人,国家在所有的情况下显然是站住 A 一边。因此,并不存在不偏不倚和无私公正,它不是一个法院,而是一个党派,这种情况就是政治的,而非司法的。与此相反,在 A 和 B 两方是朋友的情况下,则在一切情况下必然是司法的。因为如果国家在政治上把 A 和 B 视为朋友,那么,他们在作为朋友而非敌人的意义上是平等的。"①看上去导致美好的城邦国家衰落的是宗教性的家庭原则,实质上与它相关的是另外一种原则,即市民社会的交换原则,科耶夫将其称之为对等的原则。

在《现象学》的第六章,黑格尔在描述"真实的伦理"的进程时曾经指出,在古希腊城邦国家的解体中,法权社会是一个重要的转折点。在他看来,罗马法的个体平等的法权原则是与自由的自我意识相互对应的,诸如斯多葛意识、怀疑主义和苦恼意识等自由意识恰恰是来自奴隶的精神努力,是一些奴隶的意识形态,因此,在奴隶与罗马法权之间就出现了一种内在的关联。不过,黑格尔基于他的具体统一的辩证法,并没有在法权状态下把奴隶主之间的平等原则加以摈除,而是予以扬弃,即认为罗马法权包含了主奴关系的原则在其中。科耶夫在他的《现象学》解读中发挥了黑格尔的这一观点,他认为,"对承认概念的分析向我们揭示了人性或历史实存之法律、政治与社会的构成环节的起源和本质。"②按照黑格尔—科耶夫的路径,从城邦国家到罗马法权社会,乃至整个教化世界,或所谓以拿破仑帝国为转折点的人类历史社会,都是一个奴隶

---

① Kojève, *Outline of a Phenomenology of Right*, p.137.
② 见《驯服欲望》,前揭,第 15 页。

的追求自由与独立的历史时期,在此阶段,罗马法的个人平等原则与贵族制的公民平等原则实质上已经发生了根本性的变化,即从平等原则转变为对等原则。或者说,作为奴隶主的城邦公民之间的平等原则根本就不是罗马法意义上的个体平等原则,前者是一种政治原则,后者则是市民原则,前者属于政治法,后者属于市民法。城邦国家的平等是一种政治意义上的贵族之间的平等,对此,科耶夫也试图从法权上揭示它的意义,他写道:"为承认而战所建构的实在也是法律的实在。因为,如果这个战斗起源于一个事物或一个女人,进行战斗也不是纯粹和仅仅为了占有这个事物或女人(否则就成为纯粹动物式的战斗)。一个人对另一个人开战,是为了另一个人'承认'他对这个事物或这个女人拥有'独享的权利':说到底,人是为了权利(pour le droit)而战。这就是为什么,在追求承认的战斗结束时,不仅人被创造为所有者(丈夫)或普遍"法人"(sujet juridique),而且事物被创造为法定财产(合法妻子)。"①

但上述基于战斗的法权只是罗马法的政治上的意义,并非罗马法的法律意义,罗马法的关键在于它的私法原则,"按照黑格尔的看法,市民世界创造出了市民法——罗马人独一无二的原创品。罗马法律思想的基本概念,即法人的概念,对应的是斯多葛的人的实存的观念,正像它对应着家庭的特殊原则一样。"②因此,罗马私法意义上的平等,显然不是政治意义上的公法平等,而是一种交换的平等,是市民之间的利益互换的平等。科耶夫进一步分析道:"资产阶级的问题似乎是不可解决的:它必须为他人工作然后才能为自己而工作。事实上,人们致力于解决这个问题,并且通过资产阶级的私人财产权原则解决了这个问题。资产阶级不为他人工作,但也不为作为生物存在的自己而工作,他为作为法人、私有财产所有者的自己而工作:他为财产而工作,这个财产已经变成了货币,他为资本而工作。"③

由此看来,罗马法的平等原则,实质上是一种市场交换的对等原则。所谓对等原则,科耶夫在《法权现象学》中曾经有过专门的论述,他认为

---

① 见《驯服欲望》,前揭,第15页。
② Kojève, *Introduction to the Reading of Hegel*, pp.63—64.
③ Ibid., p.65.

对等(equivalence)与平等(equality)是不同的,后者指的是应得权利上的形式平等,前者指的是权利与义务的对应(reciprocity)以及对社会的贡献与自己利益之间的对应。相对说来,贵族制的古代城邦国家的原则是平等的原则,现代资产阶级市民社会的原则是对等的原则。[①] 其实,按照黑格尔—科耶夫的路径,对等原则早已蕴涵在欲望的辩证法之中,主奴关系既是一种平等原则,也是一种对等原则。说它是平等的,在于双重的自我意识在追求相互承认的努力中创造出一种高贵的超越性,即欲望着一个平等自我的承认,贵族的本性或人类有别于自然的高贵和优越也正在于此,正是这个平等的政治原则使不惜生命的战斗胜利者获得了主人公民的地位,并由此产生了一个贵族政治社会,或古代的城邦国家。但主奴关系还有另外一个方面,即对等的一面,奴隶之所以成为奴隶,实际上在于他已经与主人实现了一种交换,即他用臣服于一个主人的代价换取了免于死亡的结果,以劳动交换生命,而且是他主动自愿的,这恰恰是对等原则的体现。

不过,在古代的城邦国家或科耶夫所谓的贵族社会,对等的原则还是潜在的,并没有获得法权的地位,占据主导地位的是士兵公民的平等原则。但是,美好的城邦国家只是一个直接的天然和谐的共同体,在那里,士兵公民尚没有达到自由的自我意识,也就是说他们在与敌人的斗争中固然经历了生命的搏斗,获得了作为主人的高贵品质,但是,他们对于自己的主人身份所包含的超越价值并没有深刻的自我意识,因此他们除了战斗之外便是享受。而当时的城邦国家恰恰为主人的享受提供了一种政治上的满足机制,士兵公民并不从事生产,也不进行劳动,只是在战斗之外坐享国家提供给他们的一切福利待遇。相比之下,奴隶在城邦国家虽然没有地位,但他们却通过劳动为自己赢得了独立与自由的意义,尽管这一历史性的意义在古希腊的戏剧中并没有表现出来,但在罗马法的法权原则中却悄悄地体现出来了。当然,罗马法对于奴隶政治身份的认同上还是极其有限度的,只是从自然法的角度确立了主奴关系的平等原则,在现实的法权领域还是不存在的,但是,由奴隶所体现的

---

① 参见 Kojève, *Outline of a Phenomenology of Right*, p.178. 另参见《驯服欲望》, 前揭, 第96页。

平等交换的原则或对等原则却被罗马法实质性地接受。这样一来,基于罗马法权之下的社会,就不可能再是一个贵族制的公民社会了,而是一个新的社会,黑格尔称之为"自身异化了的精神;教化",科耶夫称之为资产阶级的市民社会。

三、自身异化了的教化世界

科耶夫关于《现象学》解读的一个重要的原创观点在于,他提出了一个有关普遍同质国家(Universal and Homogenous State)的理论,关于这个理论我在下面将专门分析。科耶夫之所以提出这个理论是有所针对性的,因为与普遍同质国家相对的是存在着一个特殊异质的国家,普遍同质国家之所以要在历史的终结之后才出现,实际上所针对着的是在此之前存在的一个历史上现实的特殊异质的社会形态,在《黑格尔导读》一书中,科耶夫虽然没有明确提出这个概念,实际上他心目中已经有了一个相应的对象,那就是黑格尔《现象学》中的"自身异化了的世界;教化",后来在《法权现象学》中,科耶夫对于这个特殊异质的资产阶级社会,曾给予了详细的论述。①

黑格尔的《现象学》从三个方面描述了这样一个异化的伦理社会形态:一个是教化的现实王国,一个是启蒙的意识形态,最后一个是法国大革命的绝对自由与恐怖。按照黑格尔—科耶夫的路径,上述三个形态中的行为主体都是奴隶,随着罗马法权社会的出现,贵族制的美好城邦国家已经解体,士兵公民或主人作为一个政治阶级已经退出历史舞台,奴隶以及其现代的政治身份——市民或资产阶级成为历史的主体力量,这个阶级正以其孜孜不倦的劳动,既改变着客观世界,也改变着主观世界。当然,需要指出的是,黑格尔—科耶夫意义上的劳动,指的是一种主动性的活动,并不单纯是指物质上的生产劳动,并不单纯只是创造物质财富,同时甚至更主要地体现为一种精神的劳动,一种意识所编织的精神世界的罗网。奴隶之所以从事着各种各样的劳动,其根本原因是为了推翻他们身上的奴隶制政治绳锁,而实现一种自由的独立的价值与尊

---

① 参见 Kojève, *Outline of a Phenomenology of Right*, pp. 427—480.

严,是劳动使得奴隶克服了自身对于主人的依赖性。科耶夫指出:"正是由于劳动,奴隶才能发生变化,不再是奴隶,成为一个他所不是的人。劳动是教化,具有双重意义:一方面,它改造世界,使其更好地适应于人而得到人化;另一方面,它改造、教化人,并通过使人与一个更高的有关人的观念相一致而进一步人化自身——在开始时,这个人的观念只是一个抽象的概念,或理想。在起初那个给定的世界,奴隶具有一个恐怖的本性,并从属于主人,从属于强有力的人。但情况并非总是如此。由于他的劳动,他变成了另外一种人,由于劳动,世界也变成了另外一个世界,这就是为什么现实地产生了普遍的历史,并最终出现法国大革命和拿破仑的原因。"①

奴隶的劳动活动在现代的资产阶级社会表现为两个层次,一方面,在现实的世俗领域,现代的奴隶——市民资产阶级不断追求财富和利益,另一方面,在法权领域,他们也要获得自己的政治地位和公民权利,这两方面构成了黑格尔《现象学》中所谓"教化世界"的基本内容。值得注意的是,黑格尔在《现象学》中一再把教化世界视为一个自身异化了的伦理世界,这一点是《现象学》思想的一个关键,并且在后来受到了马克思的高度重视,马克思的异化理论以及他对于整个资本主义的批判均系于黑格尔的这个关键思想上。所以,马克思把《现象学》称之为黑格尔哲学的"真正诞生地和秘密",认为"黑格尔《现象学》及其最后成果——作为推动原则和创造原则的否定的辩证法——的伟大之处就在于,黑格尔把人的自我创造看作一个过程,把对象化看作非对象化,看作外化和这种外化的扬弃;因而他抓住了劳动的本质,把对象性的人,真正的因而是现实的人理解为他自己的劳动的结果。"② 然而,黑格尔有关异化的思想观点在后来的《法哲学》中却有了很大的修正,他对于劳动

---

① Kojève, *Introduction to the Reading of Hegel*, p. 52. 在"黑格尔、马克思和基督教"一文中,科耶夫写道:"正是这种本质上属人的工作,改造了自然世界的本质,此乃通过自然界中创造一个技术世界——世界历史展开于其中——而得以完成。"参见《驯服欲望》,前揭,第 15 页。另参见 Shadia B. Drury, *Alexandre Kojève: The Roots of Postmodern Politics*, pp. 29—31. 德鲁丽写道:"奴隶的活动是历史的推动力,经由奴隶的劳动,人类才得以进步。因此,历史是奴隶的历史,是他的劳动的历史,是他对自然的征服,他的意识形态和他的在奴役中寻求解放的斗争的历史。并在最后的分析中,历史以奴隶的胜利而告终。"

② 《1844 年经济学—哲学手稿》,人民出版社 1979 年版,第 112、116 页。

的分析不再从否定性的方面,而是从占有的法权方面,即通过劳动以实现自由意志的人格占有方面来理解,这就与马克思—科耶夫的《现象学》解读有着很大的区别,关于这个问题,我在下面将专门讨论。

黑格尔指出:"自我意识把它自己的人格外化出来,从而把它的世界创造出来,并且把它创造的世界当作一个异己的世界来看待,因而,它现在必须去加以占有。"① 按照黑格尔—科耶夫的路径,这种"占有"说到底又是一种意识的批判原则,或反对迷信的启蒙。② 启蒙意识对于政治社会的理解与古代城邦国家相比有了根本性的转变,它不再把主奴之间的斗争放在首要位置,认为奴隶完全可以通过自己的劳动创造出一个属于自己的世界。因此,启蒙意识不但反对古代的主人意识,它也同样反对现代的奴隶意识,即基督教的迷信,这种奴隶意识把现实世界拱手让给了奴隶主,只是单方面地在彼岸的精神王国寻求自己的自由。奴隶意识企图在一个想像的世界建立一个理想的王国,以满足在现实世界尚未实现的欲望,这也正是艺术和宗教产生的根源。在黑格尔—科耶夫看来,基督教作为一种奴隶的宗教意识,所建造的便是这样一种虚幻的理想世界。"对于黑格尔来说,内在的普遍性只能是一个国家。被假设为由上帝在天上王国实现的本质,必须在地上王国经由一个国家来实现。这就是为什么黑格尔说绝对的国家(他心目中的拿破仑帝国)是基督教天上王国的现实化。因此,基督教世界的历史是理想国家不断现实化的进步史,在其中人自身通过作为个体性——普遍性与特殊性的综合、主人与奴隶的综合、战斗与工作的综合——的实现而最终获得满足。为了实现这个国家,人必须从彼岸转向此岸,在地上劳作耕耘,换言之,他必须消除基督教的超验观念。这也就是为什么对于基督教世界的革命是双重的原因:一方面,它是现实的革命,为绝对国家的行将到来提供社会和政治的条件;另一方面,它是精神的革命,正像黑格尔所言,它消除超验的观念,把它从天上转入地上。"③

在黑格尔看来,能够摧毁基督教意识形态的精神革命,只能是资产

---

① 《精神现象学》下,前揭,第42页。
② 关于从教化世界到启蒙的自我意识的否定性运动,参见本书下篇的有关分析,在此不赘述。
③ Kojève, *Introduction to the Reading of Hegel*, p.67.

阶级的知识分子,因此他在《现象学》第六章中的"启蒙"一节给予了重点论述。①在启蒙意识看来,只有把现实社会作为一个实实在在的社会接受下来,并且通过自己的批判性活动占为己有,才能够真正克服主人的偏见和迷信的逃避,从而实现属于自己的相互承认的尊严与价值。当然,在历史的进程中,这样一种对于主人世界和迷信王国的批判不单纯是局限在语言和口头上,而是要最终演化为一场现实的革命,这就是法国大革命。黑格尔之所以把法国大革命作为一个单独的章节来论述,也正是因为他看到了奴隶们追求自我确定性的努力,最终是要通过铁和血的洗礼来实现的。法国大革命看上去摧毁的是一个旧的王权国家和基督教的宗教迷信,但在黑格尔看来,这只是一个表面现象,因为此时的王权和迷信并不是革命所要斗争的真正对手,革命的真正所指乃是一个奴隶主的古代国家,尽管这个古代国家形态已经消亡了,但是,它的精神遗产依然附着在旧的王权和基督教身上,因此,这场革命采取了一种绝对剧烈的形式,对所谓旧制度进行了轰轰烈烈的破坏和否定,其高潮就是"绝对的自由与恐怖"②。

在科耶夫看来,黑格尔的教化世界实际上就是一个异质的国家形

---

① 参见《精神现象学》下第六章中的"启蒙"和 Kojève, *Introduction to the Reading of Hegel*, p. 68.

② 《精神现象学》下,前揭,第118—119页。关于《现象学》与法国大革命的关系,历来存在着不同的两种观点。一种观点认为,黑格尔对于法国大革命的看法是批判性的,因此体现了他的政治思想的保守性,这种观点以 A. 海谋为代表,他在《黑格尔和他的时代》一书中把黑格尔视为"官方复辟的普鲁士的国家哲学家"。此外,苏联时期的一些苏联学者从马克思主义的角度也认为黑格尔对于法国大革命的批判是反动的,代表着贵族阶级的利益。另一种观点与此相反,认为黑格尔哲学与法国大革命具有内在的联系,如利特尔在其名噪一时的《黑格尔和法国大革命》一书中就认为:"对黑格尔而言,法国大革命是哲学在与其时代的关系问题上,从正反两个方面的分析和判断来说,都集中于此的事件。而且没有其他别的哲学在如此程度和直到其最内在的动因深处,像黑格尔的哲学那样是革命的哲学。"参见 J. Ritter, *Hegel and the French Revolution*, Cambridge: The NIT Press 1982, p.43. 不过,在我看来,尽管上述两种观点是对立的,但在如何看待黑格尔对于法国大革命的态度问题上,却是一致的,都认为黑格尔对大革命的批判本身是值得质疑的,它们的分歧只不过在于,有的人认为黑格尔是反对大革命的,有的认为黑格尔是拥护大革命的,并以此来评定他的保守与激进、反动与进步与否。我的观点与上述两种观点都不同,黑格尔反对大革命并不意味他的保守,拥护大革命也不说明他的进步,而且,黑格尔的《现象学》与《法哲学》在对于法国大革命的看法上,还有很大的转变。我认为,黑格尔在《现象学》中对于大革命批判性的欢迎态度,并不意味着真正的进步,反而为后来近两个世纪的新旧左派政治思想提供了理论的资源,例如科耶夫、法兰克福学派就是法德两国思想中的例子,这一所谓的革命性值得警惕。相反,体现在《法哲学》中的对于大革命的接受性的排斥态度,虽然是多少有些反动,但反而蕴涵着保守自由主义的积极价值。

态，所谓的异质性在于，资产阶级社会存在着一个作为政治国家的公民之身份与心灵关系的颠倒、矛盾与分裂。①教化社会中的主体是一个处于双重分裂的自我意识，从历史上来看，教化的自我依然是奴隶的心态，在其背后一直存在着一个主人国家在制约着他，或者说，通过劳动寻求主人国家的认同是教化世界的一个政治出发点。但是，由于主人在历史的进程中早已失去了本质性的作用，作为奴隶的个人在进行各种各样的奋斗时，所获得的承认只能是现代奴隶——资产阶级市民相互之间的承认，而不是主人的承认。这样一来，教化世界的主体就处在了一个矛盾的状态，它一方面寻求成为主人，但同时又不知道主人在哪里，教化世界已经在它的活动中没有了对手，人们在相互的斗争中尽管打得你死我活，但仍不可能赢得主人的地位。为什么呢？因为美好的贵族制国家已经不复存在了，教化世界如果是所谓国家的话，那它也是完全异质的国家。此时的国家不可能像古代城邦那样把个人和谐地结为一个共同体去对付共同的敌人，在他们之间已无法凝聚成共同的政治目的和共同的利益，教化世界的个人不再是古代的奴隶主那样的士兵公民，他们是一些有着特殊性的工商社会的市民，他们只会是为了各自不同的目的和利益而工作，特别是从事赚钱的经济活动。这样一来，国家在现代奴隶的手中就变成了工具，黑格尔写道："对其自己的概念有所意识了的精神，就是现实和思想两者的绝对而又普遍的颠倒和异化；它就是纯粹的教化。人们在这种纯粹教化世界里所体验到的是，无论权力和财富的现实本质，或者它们的规定概念善与恶，或者，善的意识和恶的意识、高贵意识与卑贱意识，统统没有真理性；毋宁是，所有这些环节都互相颠倒，每一环节都是它自己的对方。——普遍的权力，它由于通过个体性原则取得了自己的精神性，它就是实体，而它虽是实体，当它接受自己所具有的自我[主体]时，它是只把这个自我[主体]当作它的空名字看待的，而且它虽是现实的权力，却毋宁是毫无力量的、必须自我牺牲的本质；——但是这种被牺牲了的、无自我[无主体]的本质，换句话说，这

---

① 科耶夫在《黑格尔导读》一书中并没有正面论述异质国家问题，对这个问题的论述是在《法权现象学》，当然，在那里，科耶夫集中阐释的是普遍同质国家问题，不过，我们仍然可以从他对于资产阶级市民社会的多样性与自主性的探讨中，勾勒出他有关特殊异质国家的看法。参见 Kojève, *Outline of a Phenomenology of Right*, pp.427—480。

种变成了事物的自我,事实上反倒是本质向其自己本身的返回;它是自为存在着的自为存在,是精神的特定存在。——同样,属于这些本质的思想,善的思想和恶的思想,它都在这个运动中颠倒了,被规定为好的成了坏的,被规定为坏的成了好的。这些环节的意识,即人们称之为高贵意识和卑贱意识的,真正说来也同样都变成它们这些规定的应有含义的反面,高贵的意识变成卑贱的和被鄙弃的意识,反之,被鄙弃的和卑贱的意识变成高贵的,变成最有教化的、自由的自我意识。——从形式方面看,一切事物,就其外在而言,也都是它们自为的内在之反面;而且反过来,它们内在地自以为是某种东西,实际上并不是那种东西而是不同于它们所愿望的某种别的东西;自为存在倒反是自身丧失,而自身异化倒反是自我保全。——因此,在这里出现的情况是这样:所有的环节彼此之间都在进行着普遍的公平对待,每一环节都是一方面就其本身实行自身异化,另一方面又把自己注入于它的对方使对方也颠倒为其自己的对方。"①

由于缺乏古代城邦国家那样透明美好的共同体,异化世界的自我无论怎样活动,都得不到他们想要的真正自由,于是他们的言行就表现为一种分裂,这也正是黑格尔多次论述的小拉摩的精神状况,这个狄德罗笔下的人物被黑格尔视为法国大革命时期社会意识状况的写照。②在黑格尔看来,正是在这个人物身上集中反映了处于分裂状态的奴隶意识,这种奴隶意识的深刻性在于,它不同于古代城邦国家的奴隶,因为那时的奴隶意识尚还没有自觉,还只在巨大的恐怖之下或者完全埋头于艰苦的劳动,或者沉湎于斯多葛主义、怀疑主义和苦恼意识的玄思和忧伤之中。但教化世界的现代奴隶却与古代完全不同了,且不说古代主人的高

---

① 《精神现象学》下,前揭,第65—66页。
② 西克莱尔写道:"黑格尔对狄德罗的名篇心存感激。这部著作被歌德最先于1805年翻译出版,当时黑格尔正在准备《现象学》。按照歌德的说服,当时的德国没有一个人愿意读狄德罗,高涨的民族主义使人们对于法国的一切东西都抱有敌意。显然,歌德告诫大家要分辨真伪,而黑格尔这位狄德罗的德国知音,从来没有动摇过对于法国和法国文学艺术的尊崇。不过,有一点值得注意,黑格尔并没有遵从歌德在对话录中的解释,认为它是所谓知名的巴黎人的心理肖像描绘,而是把它视为一种普通的精神现象的写真。这两种观点直至现在也不失为两个主要的解释路径。" Judith N. Shklar, *Freedom and Independence: A Study of the Political Ideas of Hegel's Phenomenology of Mind*, p.163.

贵没有了,它连古代奴隶的憨直也没有了,剩下的只是嘲弄一切的自暴自弃。在古代城邦国家虽然存在着相互承认的悖论,但是承认的价值基础却是惟一的,那就是超越性的平等原则,而在教化世界,小拉摩作为市民资产阶级的自我意识虽然被承认,但对于这种承认所具有的价值连他自己都表示怀疑,都感到没有意义,都可以肆意嘲讽和贬损,这种承认又有什么价值呢?所以,正是这种丧失尊严的资产阶级的自我意识为法国大革命提供了精神的酵母,也从一个侧面揭示了法国大革命的无奈。

现在的问题在于,像法国大革命这样一场以恐怖结束的革命,它所带给历史的究竟是怎样的一种社会状态?对此黑格尔并没有给出正面的解答。其实在这里隐含着一个问题,那就是,所谓主奴之间的斗争以及恐怖所导致的历史过程,最终看来不过是一种历史的循环,不会带来新的东西,法国大革命的恐怖宣告了主奴关系的破产,宣告了建立在否定性辩证法基础之上的政治哲学和历史哲学的破产。相比之下,自由主义的政治哲学因为没有这样一种否定性的相互承认的主奴辩证法,反而在一个所谓的精神动物的王国,发现了一个虽然世俗功利但仍可以维系一个基本的人类社会共同体的制度结构。① 然而,对此黑格尔—科耶夫的《现象学》阐释却没有看到也不愿看到,相反他们沉湎于政治浪漫主义的喜悦之中,以为这场大革命的恐怖所带来的是一个主观的道德世界(黑格尔)或一个历史终结之后的普遍同质国家(科耶夫)。

当然,黑格尔在《现象学》中也有某种警觉,他认为恐怖下的革命狂潮只能是摧毁一切的否定性的力量,并没有为革命者带来福音,所实现的解放并非真正意义上的解放,相反是对社会犯下的罪恶,因此也才有了"道德世界观"中的"恶及其宽恕"。在黑格尔看来,对法国大革命的克服是由德国精神来完成的,德国精神超越了世俗的政治,是一种主观的道德精神,依据的是良心的法则,"道德世界观"超越了《现象学》的历史进程。值得注意的是,科耶夫对于《现象学》的解读,在有关从法国大革命到德国精神的转变这一逻辑进程中撕开了一个重大的口子,他把自己的政治理论塞进了黑格尔的《现象学》,以一种完全新的方式解读了

---

① 参见拙著《法律秩序与自由正义——哈耶克的法律与宪政思想》(前揭)与《休谟的政治哲学》(北京大学出版社 2004 年版)中的有关论述。

黑格尔对于"道德世界观"的认识，并由此提出了一个拿破仑帝国与现代智慧之人黑格尔相互关联的历史终结理论。科耶夫写道："这里的'恶'就是拟想中拿破仑的政治'罪行'，宽恕则是由黑格尔哲学，更确切地说，便是用他的《现象学》使拿破仑的功业称义。'行动的意识'便是拿破仑——作为普遍历史之'结果'；'判断的意识'则是黑格尔即拿破仑及历史的'法官'——作为德国哲学，因此也就是全部哲学史之'结果'。"①

在黑格尔的《现象学》中，拿破仑及其帝国并没有明确地出现于字里行间，但是在黑格尔的政治思想中，拿破仑这个"马背上的世界精神"确实占据着一个重要的位置，而且《现象学》也是在拿破仑的军队进攻普鲁士的战争背景下完成的，这一点在黑格尔写给好友尼塔麦的信中，说得很清楚。② 在对于法国大革命乃至拿破仑帝国的态度问题上，黑格尔与歌德的观点大体上一致，他们从骨子里对于法国的革命精神是欢迎的，这与当时的费希特以及德国政治浪漫派有很大的不同。德国知识界在短暂的对于法国大革命的欢呼之后，随着拿破仑军队的入侵，很快就转变为一场声势浩大的反抗运动。黑格尔的思想却复杂得多，他对于当时的德国政治与现实很是失望，寄希望于拿破仑的征服能为衰败的德国社会注入新的生机，这一想法在他的后来的《法哲学》和《历史哲学》中通过对于普鲁士国家的赞扬而得到了证实，他欢迎拿破仑，但他更欢迎经过拿破仑洗礼之后重新焕发出来的德意志精神。黑格尔的上述观点被有的评论家视为保守主义的政治思想，是对《现象学》所体现出的革

---

① 见《黑格尔、马克思和基督教》一文，《驯服欲望》，前揭，第21页。
② 黑格尔在信中是这样写的："我看见拿破仑，这个世界精神，在巡视全城。当我看见这样一个伟大人物时，真令我发生一种奇异的感觉。他骑在马背上，他在这里，集中在这一点上他要达到全世界、统治全世界。"(转引自《精神现象学》中文版译者导言)在这段话中，有一处值得特别注意，对此，科耶夫在"黑格尔、马克思和基督教"一文的一个注释中曾有过辩疏。他写道："黑格尔说《现象学》杀青时，他清晨看见窗下骑在马背上的'世界灵魂'。这一文本很有启示性。耶拿(Jena)的胜利者在文本中被叫做'世界灵魂'：他是世界灵魂(Welt-seele)，而非人民灵魂(Volks-seele)；这胜利者所体现的并不是法国人民的历史，而是全人类的历史。但他是世界灵魂(Welt-seele)，而非世界精神(Welt-geist)。这胜利者不是精神，因为他不是全然[具有]自我意识；通过他的行动，他在事实上完成了历史，但这胜利者并不知道自己在完成历史，也不知道自己的这种行动是在实现绝对精神。正是黑格尔知道这一点，并在《现象学》中说出来了。因此，绝对精神或'上帝'既不是拿破仑也不是黑格尔，而是黑格尔所理解的拿破仑(Napoleon-understood-by-Hegel)或理解拿破仑的黑格尔(Hegel-understanding-Napoleon)。"见《驯服欲望》，前揭，第22页。

命精神的一种反动。① 在我看来,恰恰相反,黑格尔《法哲学》中的国家理论是对法国大革命偏激精神的一种真正卓有成效的克服,通过对于一个建立在市民社会之上的国家法的强调,黑格尔为西方的社会政治理论提供了一种立宪主义的君主制(宪政国家)的新的理论说明,这种权威的宪政自由主义与以休谟和博克等人为代表的英国保守主义的宪政自由主义有着异曲同工之妙,它们都为克服法国大革命的僭主专制,为克服晚近以来的极权国家的政治制度,提供了理论的依据。

四、僭主拿破仑与智慧之人黑格尔

尽管《现象学》是在拿破仑精神的氛围之下完成的,但黑格尔并没有明确勾勒出一个法国大革命之后由拿破仑帝国所带来的历史终结的世界图景,而这恰恰是科耶夫在黑格尔的解读中所要告诉我们的,科耶夫赋予了《现象学》以全新的内容。对此,布鲁姆在他为科耶夫的《黑格尔导读》英文版所写的"前言"中指出:"科耶夫思想最显著的特点就是他坚持认为,对于黑格尔和所有黑格尔的追随者而言,历史已经完整了,再也没有真正新颖的事情会在这个世界上发生了。对于我们多数人,这样的一个立场似乎是完全悖谬和极不合理的。但是科耶夫轻松地向任何认为人类生活是被历史地决定的人,任何相信思想乃相对于时代的人、也即多数的现代人,表明了这一结果无法逃脱的必然性。——科耶夫以此视角解释了我们的处境;他刻画了一幅饱满的画面,在其中,我们的问题就是成了一种'后历史'的人,没有任何古典的历史任务需要去履行,我们生活在一个普遍的、同质性的状态,那里已经就科学、政治

---

① 与 R.海谋、G.普兰蒂—邦斯、H.克拉姆佩尔等人不同,科耶夫认为:"我并不想细述拿破仑倾落后黑格尔在其思想中不得不作的重要修正。诸如他在某个特定时刻认为,可以以奥地利大公来替代他的'拿破仑',以及他最后假装相信由拿破仑开始的完满且最终的国家为普鲁士王国(然而它既不'普遍'也不追求普遍性)所实现[等事实],则并不重要。重要的乃是,照他的说法,拿破仑消失了,因为他已(事实上)完成了自己的工作,这一工作最终完成了严格意义上的历史(即作为)新的历史'诸世界'之创造力(的历史)。因而无论如何,正是那纯粹的人,而非人—神,实现了完满。"见《驯服欲望》,前揭,第23页。在我看来,虽然如科耶夫所言,黑格尔《法哲学》对于"普鲁士国家"的辩护并不重要,但重要的并非科耶夫所谓拿破仑之后的历史终结问题,而是黑格尔对于一个基于资产阶级市民社会之上的政治国家的合理性辩护。黑格尔在《法哲学》中所描绘的法权国家并不是当时的普鲁士王国,但也不是科耶夫式的普遍同质国家,而是他理想中的资产阶级的普遍国家。

和宗教的所有基本原则达成了实质性共识。他描绘了那种自由的、没有工作要做、没有世界需要去征服、没有国家需要去建立、没有神需要去敬畏、没有真理需要去发现的人的生活。"①

按照科耶夫的解读,《现象学》"道德世界观"的用意便是,对于拿破仑帝国的世间功业(或罪行)给予一种宽恕式的理解,它表明了人类意识对于历史的终结这一现状的接受。② 在他看来,人类历史在法国大革命之后的拿破仑帝国那里走到了尽头,因为拿破仑帝国既是特殊异质国家的完成,同时也是一个新的普遍同质国家的开始。为什么科耶夫要对拿破仑帝国给予如此高的评价呢?对此,西克莱尔的观点值得注意,她不赞成科耶夫、布鲁姆对于《现象学》的解读,并不认为拿破仑在《现象学》中具有如此重要的地位。她写道:"《现象学》从没有提到拿破仑,但是这个为了自己的目的但却实现了普遍目的的'人物',他的卓有成效的伟业使他似乎成为一个政治领域中的英雄。或许是黑格尔和他的市民思想的敌手两者之间的冲突导致了他对于后者的摈除,但为什么我们非要赞扬拿破仑的胜利却是不清楚的。显然,伟大的人物征服了世界,但为什么要不加批判地尊崇他们呢?黑格尔从没有真正回答这个问题。他不知其所然地崇拜成功,事实上,德国的失败与屈辱之痛是黑格尔真正的主题,他生动地指出,对于个人来说沉溺于命定失败的噩梦是多么的危险和破烂不堪。黑格尔确实是对的,但他纯然是以个人主义的论辩来反对个人主义。他实际上是激励我们摈除那个不能给我们带来任何益处的主观性。"③在西克莱尔看来,黑格尔告别古典共和主义的政治思

---

① Kojève, *Introduction to the Reading of Hegel*. 参见《巨人与侏儒》,张辉编,华夏出版社2003年版,第35—36页。另参见 Barry Cooper, *The End of History: An Essay on Modern Hegelianism*, p.63.

② 科耶夫为此在"黑格尔、马克思和基督教"一文中特别解读了《现象学》"道德世界观"中的一段话,他认为:"黑格尔'和解了'德国——他自己是德国人——和拿破仑。在这一'和解'之后,黑格尔的我不再实在地'对立于'拿破仑的我。一方面,因为在普遍且同质国家中黑格尔公民与拿破仑皇帝不再是德国人和法国人,而是成为纯粹的人。另一方面,因为黑格尔的哲学变成了[对]拿破仑的意识。通过将拿破仑理解为历史之完成,黑格尔理解了人自身并因此理解了他自己所是的那个人;对外部世界的意识于是就与自我意识相一致。正是在拿破仑身上,黑格尔发现了'自我确定性'。他相信[自己]是个拥有绝对知识的智慧之人,因为——多亏拿破仑——他所描述的实在最终完成了。"见《驯服欲望》,前揭,第21—22页。

③ Judith N. Shklar, *Freedom and Independence: A Study of the Political Ideas of Hegel's Phenomenology of Mind*, p.119.

想，并不是因为它们错误，而是看到了他同时代的德国知识界的软弱无力，他们政治上还不成熟，除了无休止的道德激情之外，做不出任何事情，因此，黑格尔对于在拿破仑身上所体现的行动原则给予了肯定和支持，以唤起德国人的实践热情，但对于拿破仑的僭主政治，黑格尔未必真的认同。我们看到，西克莱尔在有关拿破仑问题上与科耶夫、布鲁姆等人的争论，不仅仅是文本之争，而是涉及自由主义与左派思想有关政治与历史、市民社会与政治国家的本质性之争，因此，从某种意义上说，这场争论并不逊色于下文将讨论的科耶夫与施特劳斯之争，遗憾的是它并没有深入地继续下去。①

拿破仑是现代社会的僭主，这一点科耶夫似乎也并无疑义，所谓僭主(Tyrannt)指的是以军事强权的手段而实施对于一个国家的非法性个人占有(未经合法程序取得政权的人)②，法国思想家贡斯当在他的那部

---

① 德鲁丽曾经指出："无疑黑格尔的观点是乐观主义的，但这并不意味着每一个历史进步都必然优越于它们之前的阶段。正像西克莱尔指出的，黑格尔对于历史的理解也可能是退步式的。按照她的看法，黑格尔的历史观念开始于希腊的黄金时代和它们的道德共同体，而蜕变于18世纪欧洲文明的异化和启蒙时代的理想预设，并最后在法国大革命趋于极致。希腊是他们的家园，他们生活在一个真实的共同体之中，没有现代社会的异化痛苦和相应的苦恼意识。个人主义的崛起导致了原初幸福的结束。以西克莱尔之见，黑格尔把历史视为一个漫长的痛苦经历——个人意识从苏格拉底到现在的经验的结果。个体意识的崛起是人的毁灭，并阻碍了未来幸福的可能，或回归希腊神圣生活的可能。西克莱尔的论证是雄辩的，但不全面。黑格尔为他的时代状况所侵扰这似乎无可争议，他把恐怖视为异化个人对于绝对自由诉求的逻辑结果。西克莱尔的著作对于那些把黑格尔的历史思想描写为激进的进步主义和僵硬的决定论的解读者，包括科耶夫，是一付有效的解毒剂。对于科耶夫来说，历史是一系列仅仅为后来更好的形态所取代的政治体制，整个过程最终结束于一个永远持久的世界秩序。西克莱尔著作的价值在于她提醒我们这样一个事实，这些解释完全是一种误读。"见 Shadia B. Drury, *Alexandre Kojève: The Roots of Postmodern Politics*, p.7. 应该指出，德鲁丽上述对于西克莱尔的论述同样也是不全面的，她忽视了西克莱尔有关市民社会的分析，而这是她分析《现象学》的不同于希腊生活的另一个视角，并以此与《法哲学》联系在一起，市民社会显然是自由主义理论的一个立足点，西克莱尔与哈耶克等自由主义不同的是，她在肯定市场秩序与个人主义的同时，更关注道德问题，并在黑格尔《现象学》的研究中，试图用希腊的公民道德来克服经济个人主义的潜在危机。当然，西克莱尔的这一观点也是隐含着危险性的，如果像现代社群主义那样片面地强调古代的公民德性，自由主义的个人主义基础将不知伊于胡底了。关于这个问题的进一步讨论，参见我的《休谟的政治哲学》一书，前揭。

② 参见刘小枫："施米特论政治的正当性"一文。"'僭'就是非礼非法地超逾身份而推翻原初的统治秩序，在人民群众的拥戴下另立统治正当性的政治行为，而且似乎多与'小人'行为相干。这让人想到古希腊的 Tyranny。Tyranny 这个词在汉语辞典和通行的翻译中，大多被译成'暴君制'或'专制'。然而，在希腊古文献中，Tyrannt 是指'一种新型君主'，也就是'那些领导革命反对贵族政体的 Tyrannt'，'在最早和最自发的这类革命中，群众运动授政权于 Tyrannt'。按照这种并不带贬意的原初理解，20世纪初三大革命中的政党就像古代的 Tyrannt，人民民主专政就是僭政。"见《施米特：政治的剩余价值》，上海人民出版社2002年版，第8—9页。

《征服的精神和僭主政治及其与欧洲文明的关系》一书中曾尖锐地揭露了拿破仑这位现代僭主的本来面目。在贡斯当看来，拿破仑是一个现代意义上的专制僭主，他以个人的军事独裁攫取了国家的权力，并以不断的对外征服战争维系他的统治。"坦率地说，我认为提示这一点尤为重要，即法国蒙受苦难的原因就是波拿巴的权力堕落为僭主政治。因此，应当加以谴责的是僭主政治本身，而不是某个独特的，并非由于必然性或者利己心而作恶或犯罪的个人。""简而言之，专制政治靠沉默的手段统治，并且它留给了人们沉默的权利；僭主政治则强迫人们讲话，它一直追查到他的思想最隐秘的栖身之处，迫使他对自己的良心撒谎，从而剥夺了被压迫者最后这一点安慰。"① 显然，拿破仑作为现代僭主与古代僭主相比，既有相同的地方，也有不同的方面，相同之处在于他们都凭借强大的军事力量实施个人的独裁统治，其对国家权力的占有并不具有正当性的依据。但不同之处在于，现代的僭主越来越为他们的统治赋予了意识形态的意义，例如，法国大革命的意识形态话语成为拿破仑帝国征服世界的口实，从某种意义上说，20世纪以来的披着政党意识形态外衣的极权统治也属于这种现代的僭主制，只不过古代僭主的个人统治由一个政党所代替，但就其实质并没有什么根本性的不同，因此贡斯当的剖析仍然具有现实的意义。

不过，科耶夫并没有沿着贡斯当的自由主义路径展开他对于拿破仑帝国的分析，相反他赋予拿破仑的僭主制帝国一种新的意义。他沿着解读《现象学》的一贯路径，把拿破仑的僭主制视为一种现代奴隶的占有教化世界的政治方式，在他看来，黑格尔揭示出来的所谓教化世界的市民阶级的意识分裂只有在拿破仑马背精神的统辖之下才能得到有效的解决。过去的奴隶反抗方式，不是囿于劳作或玄思，就是限于阿谀或嘲讽，像法国大革命最多也只是在一个社会内部进行恐怖的革命斗争。因此，总是没有确立真正的敌人，也就不可能实现现代奴隶的富有成效的政治变革。但是，一代僭主拿破仑却改变了这一局面，他通过战争与征服，为现代奴隶树立了真正的敌人，并由此把特殊异质的个人市民凝聚

---

① 见贡斯当：《古代人的自由和现代人的自由》，阎克文等译，商务印书馆1999年版，第397、294页。

在一个共同的政治目标之下,使他们成为堪与古代贵族制士兵公民比肩的现代帝国的士兵公民。

按照黑格尔—科耶夫的解释,现代僭主拿破仑担当了一个新的历史使命,从根本上颠覆了古代的主奴关系,通过帝国的对外征服,现代市民资产阶级的特殊异质性得到了克服,使他们一跃成为新帝国的士兵公民,从而建立起一个与古代城邦国家相类似的现代政治国家,那就是科耶夫一再重申的普遍同质国家。与拿破仑帝国的这个历史性的伟大业绩相比,通过军事手段非法攫取权力的僭主制,它所具有的不义和造成的诸多罪恶也就完全可以得到宽恕了。因此,科耶夫认为,黑格尔的《现象学》之所以在"教化"的结尾留下"恶及其宽恕"一节,正是基于这样的考虑。库伯分析道:"拿破仑被普遍地接受,在于他适应于这样一个简明的需要:他个人的行为同样是国家的行为。'拿破仑使每个人都知晓了他的虚荣,并且知晓国家是他的虚荣的展示和实现。这样在拿破仑那里虚荣不再是自负和罪恶',应该被成功所原谅,如此看来,拿破仑适合于他创造的国家。这是他的工作,他知道如此。'这样一来,在意志和知识之间就存在着绝对的重叠,拿破仑把自己抬高到存在之上,但他并没有超越于它;他现实到存在于世界(国家)'。拿破仑知道自己是自由的,因为他通过自己的行动向自己和向他人证明他的自由。但是,科耶夫补充说,'拿破仑并不知道最终使人满足的不是行动,而是知识(虽然知识以行动为前提)'。这也是为什么科耶夫把黑格尔而非拿破仑称为纯粹公民的原因。"①

在人类历史的起点上,基于欲望辩证法的主人与奴隶之间的相互承认的失败,在于胜利者主人所欲求的承认者是一个依赖的奴隶,由一个奴隶来承认主人的独立性只会导致这个承认原则的失效。于是,平等的承认原则只能在主人之间进行,由此产生了贵族制的古代城邦国家,而依赖的奴隶转而寻求另外一种对等的交换承认原则,并通过它们的劳作建立起一个市民社会的异质国家。因此,在拿破仑帝国之前,主奴之间的对立关系一直没有得到有效的解决,拿破仑帝国对于世界的征战改变了这一局面,它对于这个问题的解决并不是单方面的,也就是说,既不

---

① Barry Cooper, *The End of History: An Essay on Modern Hegelianism*, pp.265—266.

是以现代奴隶为一方来反对古代的贵族制,也不是以贵族制为另一方来摧毁现代的市民社会,而是在一个新的高度上对于古代贵族制和现代市民社会的双重克服。①在科耶夫看来,这种克服最终导致的结果不但不是把奴隶变为主人,而是相反,它把主人和奴隶都给予解除,使它们变成为一个共同的没有任何区分的个人,那就是拿破仑帝国的士兵公民。只不过此时的拿破仑帝国的士兵公民已不同于古代城邦国家的那种士兵公民,而是现代意义上的由《拿破仑法典》所给予了法权地位的士兵公民。这个把士兵与公民合为一身的拿破仑帝国在征服世界的过程中,并不是去建立一个古代的贵族制国家,也不寻求把他人转变为奴隶,而是进行着一场历史终结的解放斗争,或一场深刻的政治革命,这场革命即不是把主人变成奴隶,也不是把奴隶变成主人,而是变成一个新的既非奴隶也非主人,既是士兵也是公民的新人。这个拿破仑帝国的新人在科耶夫看来既不是基督教的那种神学新人,也不是康德意义上的道德新人,而是一个世俗化了的现代社会的新人,这个经过拿破仑帝国所改造过来的新的主体被《拿破仑法典》在法权上给予了认定,从而具有了现实的有效性。②此后便再也不会有欲望的辩证法,不会有主人与奴隶的生死斗争,不会有真正的历史,拿破仑帝国标志着历史的终结,一个新的普遍同质国家从此开始。科耶夫写道:"事实上,只有经由普遍同质国家,个体性才能够真正地实现,追求承认的欲望才会得到充分的满足。——由于个体性获得了圆满的实现,普遍同质国家便结束了历史,在国家那里获得满足的人将在现实中没有东西要否定,没有新的东西要

---

① 在《法权现象学》中,科耶夫进一步从法权的角度论证了这个平等与对等综合为一的公正的法权原则。霍斯和弗洛斯特解释说:"法国大革命和拿破仑之后,一个逐渐被稳固确立的观念是:让人类满意的社会秩序根本不可能简单地基于主人间的静态平等,而不考虑权利与义务、利益与负担的对等。拿破仑创立的国家的基石是(资产阶级的)对等这一革命性公正,因此可以看出,如果没有贵族制的平等(aristocratic equality)所包含的一些因素,现代国家本身也不会成功。在科耶夫眼里,所有公民在法律面前地位平等这样一个平等理念,源于贵族制,源于主人地位的相同性,即主人们平等地互相承认其为主人。但是,迄今为止,这两个要素还没有在任何一个国家内实现稳定的综合。一旦这样一种综合得以实现,就体现为公正概念的最终形式——地球上任何地方都不会基于权利(right)来对抗一个基于这一公正概念的第三方的干涉。"见《驯服欲望》,前揭,第97页。另参见Kojève, *Outline of a Phenomenology of Right*, pp.270—273.

② 参见 Leo Rauch and David Sherman, *Hegel's Phenomenology of Self-consciousness: Text and Commentary*, p.168.

创造。"①

上述有关拿破仑帝国的宏论可谓是科耶夫对于《现象学》第六章的一种崭新的解读,这恐怕是黑格尔做梦也没有想到的,科耶夫的解读是典型的六经注我,源于《现象学》但又大大地超出了《现象学》。② 在科耶夫笔下,拿破仑的僭主身份已经不重要了,它的伟大意义在于彻底地克服了主人与奴隶的二元对立,把这个世界推到了历史的尽头。③历史如此进行,哲学又何为呢?一位现代的政治哲学家施特劳斯在60年代曾对古希腊著名思想家色诺芬的一篇小文《希耶罗》,给予了经典性的深度阐释,按照施特劳斯弟子的理解,这篇论文揭示了一个重要的理论难题,即古已有之的哲学与政治的关系问题。从某种意义上来说,五千多年前色诺芬的这篇文章好像是针对科耶夫而写的,色诺芬在《希耶罗》这篇朴质的文章中,展示了一个古代的诗人西蒙尼德斯与当时的僭主希耶罗的对话。在施特劳斯看来,哲学家(在此是以诗人的身份出现的)与政治家(僭主希耶罗)有关美好生活的理解是完全不同的,哲学家可以试着把他的理解以一种委婉的方式转告给统治者,至于统治者是否言听计从,那则是另外一回事情了。在古典政治哲学的语境中,哲学与政治并不具有同构性。据说施特劳斯之所以写这篇微言大义的文章,隐含着现实的针对性,即回应科耶夫在黑格尔《现象学》的解读中提出的有

---

① Kojève, *Introduction to the Reading of Hegel*, p.237.
② 颇有意思的是,布鲁姆在那篇著名的《黑格尔导读》的"前言"中曾说:"科耶夫从来不追求原创,他的原创性就内含于他对过去时代那些智慧者思想中的真理的追寻。他的阐释已使黑格尔再次成为一个重要的替代选项(alternative),并表明在一个似乎他已不再有鲜活意义的时代里,我们是多么需要从他那里获得教益。科耶夫能够让人们复燃对黑格尔的兴趣,并不是通过个修改他而使他显得似乎恰当,而是通过表明这一点来达到的——即在黑格尔教诲的永恒之光下,当代人的关切能够被最好地理解。科耶夫的书是文本阐释的典范;此书贯穿着一种意识:最迫切的事情是弄清楚这样一个思想家所说的到底是什么意思,因此对于我们所需要知道的东西,他可能比我们了解的多得多。在这里,学术的方法乃服务于哲学。科耶夫让我们瞥见了伟大心灵的力量,也让我们对姿态谦恭、不趋时务的皓首穷经肃然起敬。他自己的教学也就是用六年多时间完全致力于逐行逐行地阅读一本书而产生的结晶。《黑格尔导读》构成了对黑格尔最为权威的阐释。"见《巨人与侏儒》,前揭,第33页。对此,我们只能视为施特劳斯学派的修辞,实际上,科耶夫对于黑格尔《现象学》的解读充满了原创性的阐发,与黑格尔的原意相去甚远,当然,按照解释学的观点,也许根本就没有客观性的原意。
③ 科耶夫写道:"现在这样一个国家,这样一个普遍性与特殊性的综合,完全可以在主人与奴隶之间的对立得到克服后而出现,因为普遍性与特殊性的综合也就是主人与奴隶的综合。" Kojève, *Introduction to the Reading of Hegel*, p.58.

关哲学与政治之关系的主张。①

我们看到，科耶夫的《现象学》解读与色诺芬—施特劳斯的古典政治哲学大异其趣，他遵循的是传统正宗的柏拉图—马基亚维里—黑格尔的哲学王的理论路径，从这个意义上说，科耶夫有理由把他对于《现象学》的解读视为黑格尔思想的显白表述。说起来，类似色诺芬《希耶罗》中诗人（哲学）与僭主（政治）这样的对话场景在西方政治史上并非偶见，亚里士多德与亚历山大王，马基亚维里与梅迪奇家族的洛伦佐，黑格尔与拿破仑，科耶夫与斯大林（以及戴高乐），等等，古往今来，哲学与政治的关系从来就是一个思想史的核心问题。施特劳斯有关《希耶罗》的解经疏义展示了哲学与政治关系的一种趣向，而科耶夫笔下黑格尔与拿破仑的关系，却是另外一种趣向。按照科耶夫的看法，《现象学》一直笼罩在两个虽没有现身但却是核心性人物的身影之下：一个是拿破仑这位马背上的精神，另外一个则是黑格尔这位写作的精神。在科耶夫看来，政治与哲学完全是同构的，它们拥有一个共同的主题，那就是黑格尔《现象学》所展示的人类精神的历史演变，哲学家与政治家都是这个精神运动的参与者与创造者，只不过政治家忙于现实的劳作，对于自己从事的事业成就及其性质和意义，尚没有达到自觉的意识，因此还属于自在的精神，而哲学家则在知识的创造活动中达到了自我意识。为此，科耶夫提出了一个极其大胆的论断，他认为："是黑格尔这位《现象学》的作者，他才是拿破仑的自我意识。由于那个纯粹的为他的所是所充分满足的人只能是一个知道其所是的人，只能是自我意识的人，所以，只有通过《现象学》而向所有人展示的拿破仑的存在才是人类存在的理想性的实现。这就是为什么基督教的历史阶段（第六章第 A 部分）在拿破仑达到顶端之后，必然由第三个历史阶段，一个短暂的阶段（第六章第 C 部分），即德国哲学来完成，并结束于黑格尔——这位《现象学》作者身上

---

① 关于科耶夫与施特劳斯理论之争的详细内容，参见《驯服欲望》（前揭）中的几篇文章，以及 Shadia B. Drury: *Alexandre Kojève: The Roots of Postmodern Politics*. 德鲁丽对这个问题的研究是比较透彻的。

的原因。"①

为了进一步阐述他的观点,也是对于施特劳斯的一个回应,科耶夫在"黑格尔、马克思和基督教"一文中,提出了有关理解"真理"的三个维度的观点,在他看来,对于普遍的人类精神,黑格尔提供了三种解释的维度。第一个维度是本体论的,它构成了黑格尔《逻辑学》研究的对象。黑格尔的《逻辑学》以其纯粹的逻辑概念把一个世界历史的内在真理揭示出来,所谓有、无、变异,存在论、本质论、辩证论等等,并不是针对于自然的辩证法,而是针对于政治历史的辩证法,是历史哲学演变中的逻辑形态。科耶夫这样写道:"那个整体、真正的具体存在,既是被揭示了的客体,也是揭示的主体。而且,正因为如此,具体存在是整体,或者说——其实是一回事——它是真或概念或绝对理念。"②

黑格尔提供的第二维度是形而上学的维度,它构成了黑格尔客观精神的内容。作为人类历史的形而上学的理论阐释,黑格尔早在耶拿的《伦理体系》等著作就开始构造了,后来的《法哲学》和《历史哲学》等,则是形成了一个完整的体系。形而上学的解释是黑格尔哲学的中心内容,它们论述的是人类精神在不同历史时期的客观形态,从古代的城邦社会直到19世纪的普鲁士国家,黑格尔为我们提供了一个"形而上的人学"。"整个形而上学问题就归结为认识精神到底真正地是什么、或客观地是什么的问题——也就是如何向自身揭示自身的问题。"③ 在此科耶夫集中讨论了神学问题,在他看来,黑格尔本体论的哲学就是一种无神论,在形而上学阶段,那个向自身揭示自己的主体不是外在彼岸的神,而只能是人自身。"世界精神就是历史进化中的人性,这历史进化是处于自然世界之中的。在这进化的终点,在黑格尔其人这里,人'将自身把握为绝对精神',这个绝对精神早先被称为'上帝':黑格尔理解并且宣称了,曾被称为'上帝'者,其实就是从历史进化之完成了的整体

---

① Kojève, *Introduction to the Reading of Hegel*, pp. 69—70. 另请参见 Shadia B. Drury: *Alexandre Kojève: The Roots of Postmodern Politics*, pp. 155—157. Barry Cooper, *The End of History: An Essay on Modern Hegelianism*, pp. 265—266.
② 《黑格尔、马克思和基督教》一文,见《驯服欲望》,前揭,第3页。
③ 同上书,第7页。

性来理解的人性。"①

在论述了上述两个维度之后,科耶夫进而讨论了第三个维度,即《现象学》的维度。在科耶夫看来,《现象学》既不同于逻辑学,也不同于形而上学,它是一种完全独立的、以追求绝对知识为对象的科学形态。《现象学》关注的既不是逻辑的概念和体系,也不是客观的政治国家的法权与制度,而是通过对于人类政治历史的经验的展示,达到绝对的知识,因此《现象学》又可以称之为一种走向绝对知识的智慧之学。通过对于人类历史不同的阶段及其环节的体验与认识,而达到一种绝对自由的真理性的认识,这是《现象学》的主要内容,因此,黑格尔把"绝对知识"视为《现象学》的完成。逻辑与历史的统一,行动与知识的统一,这是黑格尔在《现象学》的最后才达到的,在认识了这个辩证法之总体框架之后,科耶夫认为黑格尔在此后活着的32年间,不过是补充和完善他在青年时代结束时所发现的上述真理。"起初,他在《精神现象学》中描述了现象学这一方面的整体。然后,他在《逻辑学》中彻底地分析了本体论这一方面。最后,《哲学全书》给我们呈现了整个形而上学这一方面。至于此后的出版物,黑格尔在其中同时描述了这同一个将自身实现为世界历史的辩证法整体之不同'构成环节'(Momente)之现象学、形而上学及本体论的方面;这些构成环节是政治的、法律的、美学的、宗教的,最后是哲学的。"②

在分析了黑格尔哲学的三个不同的解释维度之后,科耶夫进而把拿破仑与黑格尔的关系放到了他解读《现象学》的一个中心位置加以讨论。在他看来,《现象学》作为一种认识精神现象的知识体系,它与有关客观精神的形而上学解释维度之最大的不同在于,它是一个自我意识的知识路径,寻求的是精神的自我意识,并在自我意识中达到一种最高的自由。而这就是"智慧",作为《现象学》解释的哲学家就是"智慧之人","绝对知识"的科学只能由哲学家来完成。科耶夫一再指出:"那个结束了历史进化并使绝对知识成为可能的《现象学》,是由黑格尔提出了拿

---

① 《黑格尔、马克思和基督教》一文,见《驯服欲望》,前揭,第7页。
② 同上书,第12—13页。另有关科耶夫揭示的三个维度的讨论,参见 Barry Cooper, *The End of History: An Essay on Modern Hegelianism*.

破仑的观念。这个拿破仑和黑格尔形成的二重结构就是纯粹的人,它在是其所是和知其所是两个方面都得到了充分和确实的满足。它是由耶稣基督或神—人的神话所启示的理想的实现,这也是为什么黑格尔在第六章以下面一段话结尾的原因:'这个我,就是出现于知道自己是纯粹知识的那些自我之间的上帝',它是真正的、真实的上帝。"①

科耶夫由此认为,随着政治历史经验的进程,在拿破仑帝国所完成的历史终结这样一个关键点上,哲学家与政治家的关系也就突出地展示出来。如果说拿破仑作为马背上的世界精神,他通过帝国的征服活动而克服了主奴意识的对立关系,从而实现了一个普遍同质国家,那么,这种历史的终结在拿破仑那里还只是自在的,还没有达到自我意识的形态,或者说这个世界历史进程的最后完成虽然由拿破仑实现出来了,但拿破仑并没有认识到他自己所做的事情究竟意味着什么。黑格尔可以说是拿破仑帝国业绩的自我意识,他通过一种《现象学》的阐释描述和对经验历程的总结,而在"绝对知识"那里达到了对于这个帝国精神的自觉和理论上的完成。因此,从这个意义上来说,拿破仑是用马背刀枪征服世界的黑格尔,黑格尔是用哲学语言写作的拿破仑,拿破仑是自在的黑格尔,黑格尔是自觉的拿破仑,他们两者具有着历史政治的同构性。

为什么在科耶夫眼中黑格尔要高于拿破仑呢?这涉及到哲学的本性问题,在科耶夫看来,哲学从来就不是自然科学那样的知识系统②,它给予我们的是一种有关智慧的学问,黑格尔根本就不是一个资产阶级的知识分子(Bourgeois Intellectual),而是一个智慧之人(Wise Man)。科耶夫写道:"黑格尔写《现象学》是为了回答这样一个问题:我是什么?——回答'我是什么?'必然要谈到哲学家。或者说《现象学》所涉及的人不是简单的人,而是哲学家。无疑,黑格尔努力去证明的是,读了《现象学》的人正像该书所描写的那样,将达到智慧的理想境界并最终实现之。因此对于'我是什么?'给予了彻底回答的人肯定无疑的是

---

① Kojève, *Introduction to the Reading of Hegel*, p.70.
② 这也是科耶夫批评黑格尔《自然哲学》的原因所在,他指出:"涉及到'现象',我们说只有向人展示的才是辩证的:只有人的现象存在才是辩证的,自然现象学只是在如下意义上才可能是辩证的,即它们蕴涵在人的'现象学'之中(如自然科学)。"参见 Kojève, *Introduction to the Reading of Hegel*, pp.210—225.

一个智慧之人,这样一来,对于这个问题的回答者必然会说:'我并非一个哲学家,'而是'我是一个智慧之人'。"①智慧之人对于社会政治历史的进程具有着敏锐的觉察,他把握的不是历史动变中纯属偶然性的东西,而是历史的命运,并把其内在的真理言写出来。柏拉图、亚里士多德便是古典时期的智慧之人,黑格尔无疑是现代政治时代的亚里士多德,他所对应的已经不再是古代的贵族制城邦国家,而是拿破仑的帝国。科耶夫写道:"人们如果不知道智慧之人必定是普遍同质国家的公民,就不会理解只有在智慧之人到来之际,历史才会终结。……对于黑格尔来说,智慧的实现有一个双重的衡量标准:一方面是智慧之人生活于其中的普遍同质国家,另一方面是他的知识的圆圈体系。我们看到,一方面,黑格尔在《现象学》中描绘了一个纯粹的国家:为了看到这个国家是真实的,或至少相信它的即将实现,读者只需要观察一下历史的现实便可知晓;另一方面,通过《现象学》黑格尔展现出他的知识是一个圆圈。这也就是为什么黑格尔确信在他身上确实地实现了所有哲学的理想——即智慧的理想的原因。"②

在科耶夫写上述这段话时,或许在他的心里也有这样一个情结:他自己何尝不是这样的智慧之人呢?尽管作为俄国的资产阶级,他的家族受到了迫害,年轻的科耶夫曾有过被逮捕的经历,但他对于共产主义并不敌视,在1920年离开祖国之后,他一直把自己视为一个共产主义者和一个斯大林主义者。对此德鲁丽曾有过分析,尽管她忽视了科耶夫与欧共体的关系以及对于他的理论特别是《法权现象学》的意义。德鲁丽写道:"在科耶夫解释黑格尔与拿破仑之间的关系时,使人们感兴趣的是它反映了科耶夫自己对于斯大林的感情。斯大林之于科耶夫如同他

---

① Kojève, *Introduction to the Reading of Hegel*, pp.92—93.
② Ibid., p.96. 上述黑格尔—科耶夫的解释也曾遭到了质疑,对此,库伯曾经指出:"对于科耶夫和所有的智慧的黑格尔主义者来说,圆圈是黑格尔智慧的证明:没有什么在它之外,没有什么被它遗弃,任何东西都包容其中。对此,黑格尔学者中毕竟有人提出了反对意见。例如,西克莱尔在最近的著作中就写道:'对于有关他的意识经验理论的筛取、选择和非难,黑格尔并没有给予赞同和反对的论证,我们能够随意取舍。'她批评黑格尔把我们'推给时代的尽头'。这无疑是一个错误,因为'知识的实现,社会活动中的统一性的创造,归于将来的世界精神。现实的行为根本无法把握这个知识,这意味着无所事事'。科耶夫显然不同意西克莱尔的上述观点。"参见 Barry Cooper, *The End of History: An Essay on Modern Hegelianism*, p.5.

所说的拿破仑之于黑格尔,正像科耶夫告诉观察者的,他感到黑格尔有关历史终结的思想误算了大约150年,是他科耶夫命中注定了要来宣称,不是拿破仑而是斯大林标志着历史的终结。或者说,是他科耶夫命定要成为斯大林的自我意识,并通过他的论述完成斯大林的事业。二战之后,科耶夫认识到还是黑格尔是对的,1806年才是历史终结的标志。当然,斯大林并非毫无意义,他不过是试图完成拿破仑开始的事业——创造一个普遍的帝国,在既没有主人又没有奴隶的意义上它是同质的,在那里每个人被平等地承认为具有绝对的价值。科耶夫的传记作者告诉我们,当斯大林1953年死去时,他曾极度悲伤,不消说这使得他在法国财政部的同事们感到困惑不解。"①

五、相互承认的法权:从《现象学》到《法哲学》

相互承认问题是黑格尔法权思想的一个中心问题,也是科耶夫阐释《现象学》的一个中心问题,从某种意义上来说,它也是现代政治哲学所要处理的一个关键问题,特别是20世纪以来,随着传统自由主义在应对民族主义、全球化、新殖民主义等问题方面出现的理论危机,有关"承认的政治"便成为各派政治理论所关注的一个焦点。值得注意的是,上述有关承认问题的理论往往又都追溯到黑格尔,特别是他的《现象学》。②但是,相互承认究竟意味着什么?其法权地位何在?相互承认的价值基础又在哪里?其正当性又是如何?这一系列问题直接关系着我们对于黑格尔社会政治思想的解读。

本文在此所要指出的是,黑格尔《现象学》中的追求超越价值的相互承认理论,包含着多个方面的意义,按照黑格尔—科耶夫的《现象学》解读,相互承认的法权基础在于政治,或敌友斗争的政治,并由此产生了超越性的价值原则。但是,从《现象学》到《法哲学》以及科耶夫的《法权现象学》,却存在着另外一条阐释的路径,即相互承认的法权孕育于市

---

① Shadia B. Drury: *Alexandre Kojève: The Roots of Postmodern Politics*, p.36.
② 例如,哈贝马斯、罗尔斯、泰勒、麦金泰尔等人对此都有专门的论述,国内文献参见汪晖编:《文化与公共性》,北京三联书店1998年版。

民社会的保守自由主义的阐释路径。^①尽管这条路径是曲折的,甚至不排除重大的理论裂痕,但是,我们不能否认,黑格尔在《法哲学》中所提出的市民社会与宪政制度的法权学说是一条可以与英美的古典自由主义相互沟通的理论路径,它们两者在保守主义政治哲学的原则之下是可能走到一起来的。保守的自由主义又可谓权威的自由主义,在英美和法德都有其理论形态和代表人物,它们既维护传统秩序,强调国家权威,但也主张法治与权利,赞同自由经济,特别是支持宪政主义,认为强大的国家与繁荣的市民社会是可以统一在一起的。博克、休谟、黑格尔等是这种保守的或权威的自由主义的代表人物。^②应该指出,这派理论对于我们仍然不失为一个可资利用的理论资源,因为今天的中国很难有像英美国家那样的历史幸运,从某种意义上来说,现代中国与德国的政治历史具有着很大的相似性。一方面,我们迫切需要培育一个法治的充满活力的市民社会,另外一方面,我们又不得不依靠一个强大的国家体制来保护和完善市民社会。如此看来,怎样处理市民社会与政治国家的两难,而寻求一个自由的混合政治体制,也是我们今天中国所面临的一个重大难题,它呼唤着一个民族的"政治成熟"^③。

我们知道,《现象学》相互承认的理论支点在于追求一种作为人的普遍价值,这种普遍价值从一开始就表述为一种自由独立的本性,自由被

---

① 关于《现象学》与《法哲学》的关系,历来是黑格尔学界争论的一个要点,至于科耶夫的《法权现象学》与他的《黑格尔导读》思想的差别,则尚未为人所注意。不过,在我看来,《现象学》与《法哲学》之间的差别是显然的,后者在理论上基本属于保守的自由主义谱系,参见 Tony Burns, *Natural Law and Political Ideology in the Philosophy of Hegel*, Antony Rowe Ltd, Chippenham, Wiltshire 1996. 至于科耶夫的《法权现象学》是否隐含着一种自由主义的思想脉络,似乎难说,但它毕竟与《黑格尔导读》有所区别,强调法权,给市民社会以充分的考虑,对此,霍斯和弗洛斯特两位英文译者在"导言论文"中有所论述。

② 参见拙著《休谟的政治哲学》,前揭。另外,波恩斯在 Tony Burns, *Natural Law and Political Ideology in the Philosophy of Hegel* 一书中对于黑格尔学界有关黑格尔是否自由主义的争论有一个简要的概括,虽然他自己认为黑格尔是一位保守主义者,但他所理解的保守主义是博克式的,因此,把黑格尔视为博克式的保守自由主义,大致也符合他的意思,不过,总的来说,波恩斯该书的论述稍显肤浅。见 pp.75—162.

③ 上述问题是黑格尔一生所关注的问题,在《德国法制》和《论英国改革法案》等文章中,黑格尔就是围绕着上述问题展开的,至于《法哲学》的中心内容也是市民社会与政治国家以及它们之间的法权关系,黑格尔在此提出了一个系统的法权理论。当然,如果说黑格尔的《法哲学》和一系列政治论文为我们提供了一条能够走通的道路,这未免过于乐观了,但至少我们看到,德国的大思想家们早就触及到他们德国的实质问题。在这方面,19世纪德国经济学的新老历史学派,20世纪韦伯的社会学,施米特的公法哲学等等,都是从不同的领域,基于不同的理论,对同一个"德国问题"提出了他们各自的观点。德国政治思想的"政治成熟"或许对于我们不无启发。

表述为独立的自我意识,而非依赖的自我意识。只不过在《现象学》中所展示的这种有关个人的自由价值是不能通过一个动物的承认而获得的,必须是由人而获得的,也就是说人的自由只有被另外一个同样自由的人所承认,这种自由才具有根本性的意义,而这正是相互承认的难点所在,也是它的悖论所在。[①]但是问题在于,《现象学》所提出的这个相互承认的基本原则虽然是一个自由的高贵原则,可是却不能一下子就在人们的相互关系中得到确认,而是要放到历史的进程中,并通过主人与奴隶的相互斗争,特别是通过奴隶的劳动与革命的历史来完成。这一点是《现象学》相互承认的理论基础,也正是沿着这一点发展到极致,科耶夫提出了历史终结的观点,并构造出一个普遍同质国家的理论。

上述只是《现象学》的黑格尔—马克思—科耶夫式的左派阐释路径,黑格尔在他后来的政治法权理论中并没有沿着这样一个《现象学》的路径彻底走下去,他在《法哲学》中却提出了一个与《现象学》的斗争原则虽然也有关系但仍然存在着重大区别的法权理论。我们看到,《现象学》所强调的那种主人与奴隶的极端对立关系在《法哲学》那里得到了消解,《法哲学》相互承认的原则不再是主奴关系的敌友政治原则,而是市民社会的法人法律原则,宪政国家的形式中立取代了贵族国家的生命冲突,以人格的自由定在为本性的所有权在《法哲学》中占据了重要的地位,成为市民社会乃至政治国家赖以存在的法权基础。[②] 显然,在《法哲学》那里相互承认的政治原则被转化为一种法权原则,个人追求自由的活动得到了市民社会的法权上的承认,至于在这个基础上所建立起来的君主立宪国家最终也只不过是为了保障市民社会的繁荣发展。因此,黑格尔的《法哲学》也就不存在所谓历史终结的问题,一个看上去虽然

---

① 从这个意义上来说,黑格尔的《现象学》实际上从一开始就存在着一个相互承认的理论预设,它是一种人义论的政治理论,而非神义论的政治理论,人的自由要由一个同样自由的人来承认,而不是由动物或神来承认,这是黑格尔政治哲学的基本前提,因此,科耶夫指出黑格尔的政治理论是一种无神论的政治理论。参见"黑格尔、马克思和基督教"一文,和 Kojève, *Introduction to the Reading of Hegel*, pp.31—74。

② 黑格尔写道:"人格权和物权这种构成罗马法基础的分类是乖谬而缺乏思辨思想的。如果详加论述(诉权有关司法,属于另一秩序),未免扯得太远了。在这里至少这一点已经很清楚:惟有人格才能给予对物的权利,所以人格权本质上就是物权。这里所谓物是指其一般意义的,即一般对自由说来是外在的那些东西,甚至包括我的身体生命在内。这种物权就是人格本身的权利。"见《法哲学》,前揭,第48—49页。

多少有些平庸但却不可或缺的利益与权利相结合的市民社会变成了黑格尔法权理论的中心内容，而在此无疑表现出黑格尔《法哲学》与英国古典自由主义的相关性，因为《法哲学》的市民社会是以英国市民社会的发展为原型构造出来的，蕴涵着英国市民资产阶级的精神气质①，可以这样说，英国市民自由主义与德国立宪国家主义在黑格尔的《法哲学》中达到了一种有效的平衡。

按照黑格尔—科耶夫的《现象学》路径，主奴关系在人类社会政治史中起着重要的作用，且不说古代的贵族制城邦国家是以奴隶的劳作为物质生活的基础，现代的教化世界依然也是奴隶制的一种表现形式，在其中活动的主体仍然是没有奴隶称号的现代奴隶——资产阶级，科耶夫把它视为特殊异质国家(现代市民社会)的关键。②在这样一个教化世界或马克思所谓的异化社会，尽管也曾出现了市民社会的一些基本原则，如利益、有用性、权利等，但它们的作用只是为革命的现代奴隶提供一种反抗现实社会或异质国家的政治理由，所以，《现象学》对于这种奴隶制的市民社会不可能提供一个真正有效的辩护，反而采取的是一种否定的批判原则。我们看到，《现象学》对于市民社会或资本主义的否定性批判，为马克思所看重，并且做了更加极端的发挥，如此一路下来，从《现象学》的否定的辩证法到马克思的一系列"批判"著作③，直到20世纪以

---

① 卢卡奇曾经指出："黑格尔不仅在德国人中对法国革命和拿破仑时代持有最高和最正确的见解，而且他同时是惟一的德国思想家，曾认真研究了英国工业革命问题；他是惟一的德国思想家，曾把英国古典经济学的问题与哲学问题、辩证法问题联系起来。"参见《青年黑格尔》，商务印书馆1963年版，第23页。

② 库伯写道："自由的资产阶级的自我意识是伦理世界经验的开始，但它没有办法获得满足和幸福。它是没有主人的奴隶，没有上帝的信徒，它把自己的满足直接确立在包括'高贵的本能'和意识形态的想像等一些基本的本能上。"参见 Barry Cooper, *The End of History: An Essay on Modern Hegelianism*, pp.127—128。

③ 例如，马克思多次指出，黑格尔《现象学》的最后成果是"作为推动原则和创造原则的否定的辩证法"，"因此，《现象学》是一种暗含着的、自身还模糊不清的、带有神秘色彩的批判；但是，既然《现象学》紧紧抓住人的异化，——虽然在《现象学》中人是以精神的形式出现的，——那么，在它里面就潜藏着批判的一切要素，并且，这些要素往往已经具有了远远超过黑格尔观点的完善和成熟的形式。关于'不幸的意识'、'诚实的意识'、'高尚的意识和卑贱的意识'的斗争等等、等等的各节，包含着——尽管还是以异化的形式——对宗教、国家、市民生活等等整个领域的批判的要素"。见《1844年经济学—哲学手稿》，前揭，第115页。这种"批判"精神显然为马克思所继承，对此我们可以从马克思一系列著名文章的篇名略见一斑：《对黑格尔辩证法和一般哲学的批判》、《黑格尔法哲学批判》、《哥达纲领批判》、《政治经济学批判大纲》等等。

来的各种新马克思主义或左派的批判理论,如法兰克福学派的批判理论、昂格尔的批判法学、后现代的批判理论等等,它们无一不与《现象学》的否定辩证法有着内在的渊源。科耶夫对于《现象学》的解读无疑属于新马克思主义的左派理论,他对于教化世界的分析当然是建立在"批判"之上的,他与马克思一样看重黑格尔在《现象学》中对于教化世界的批判,所不同的是,科耶夫并不认为异化劳动以及工人阶级的革命是现代资本主义社会的关键问题,而是认为批判的自我意识经过法国大革命由口头变成了行动,并最终在拿破仑这位现代僭主的帝国征服之下,才可能实现所谓普遍同质国家这样一个未来社会主义的梦想。

但是,《法哲学》的相互承认理论却与《现象学》大不相同,它不是共产主义的批判理论,而是保守自由主义的现实理论,《法哲学》"绪言"中"凡是合乎理性的东西都是现实的;凡是现实的东西都是合乎理性的"论断集中体现了黑格尔保守自由主义的政治哲学旨趣,与马克思—科耶夫等人的革命的、批判的政治哲学迥然相异,黑格尔的法哲学所试图建立的是一个资产阶级的市民社会与君主立宪综合为一的政治国家。波恩斯指出:"在此,黑格尔有关'国家'一词的两种不同含义之间的理论区分是耐人寻味的。首先,在他的理论视野中,有关国家的两种含义是就其广泛的而非狭窄的意义上而言的,指出这一点十分重要。对于黑格尔而言,它意味着规范个人行为维护个人自由的法律必须与一定的伦理共同体的传统和习俗,而不是这个共同体的'政治国家'的成文法律联系在一起。对于黑格尔,正像对于博克和孟德斯鸠一样,习惯法被视为能够为个人提供一种对抗政治国家的有效的保障手段。黑格尔付诸于宪政原则,他并不是普鲁士或其他绝对主义政治的辩护者,按照他的观点,宪政是个人自由的保障。正像 V.R.枚塔所正确地指出的,对于黑格尔而言,'国家的宪法建立起抵制政府专横的屏障,它规定了政府的权威,同时也对它给予明确的限制。'"[①]

在《法哲学》中,黑格尔同样把自由视为一个人的主体价值的本性,在他看来,人之所以为人,关键在于人秉有高于自然万物的自由意志,这一点《法哲学》与《现象学》并没有什么原则区别。但是,《法哲学》并

---

① Tony Burns, *Natural Law and Political Ideology in the Philosophy of Hegel*, p.140.

没有把主奴冲突视为一个根本性的环节,相互承认的主体并不是不对称的主人和奴隶,而是享有自由人格的平等的公民,如果说《现象学》相互承认的历史立足点在古希腊城邦国家,《法哲学》则是立足在罗马的法权社会,在"抽象法"一章,黑格尔虽然对于罗马法的一些具体规定多有批评,但他的有关人格权的基本原则与罗马法还是密不可分的。关于这个法权原则,黑格尔写道:"人格一般包含着权利能力,并且构成抽象的从而是形式的法的概念,和这种法的其本身也是抽象的基础。所以法的命令是:'成为一个人,并尊敬他人为人。'"①

这样一来,原本在《现象学》中并不十分重要的罗马"法权状态"这一环节,在《法哲学》中反而具有了十分重要的地位,相比之下,希腊的城邦国家反而降低到一个次要的地位,罗马法的法权原则成为《法哲学》建立一个市民社会与宪政国家的元规则或基本规则。②黑格尔在《法哲学》中为什么如此看重罗马法的这个平等原则呢?在《现象学》那里,罗马法权是奴隶主的城邦国家衰落之后的一种抽象、混乱的准现代奴隶状态的写照,并不足以凝聚起一个真正有机的政治社会,③ 所以,黑格尔很快地就从这样一个原子式的抽象个人单元过渡到一个教化的异质世界。但在《法哲学》中黑格尔的观点却发生了重大的变化,在他看来,罗马法权状态所提供的这样一种相互承认的平等原则,并不会导致一个政治社会的解体,相反它构成了一个真正有机的政治社会的法权基础。这样一个有机的政治社会在《法哲学》那里是作为伦理社会而出现的,它包含着三个方面的内容:一个是家庭,一个是市民社会,还有一个是国家,在其中市民社会和国家构成了黑格尔法哲学的中心内容。他写道:"市民社会,这是各个成员作为独立的单个人的联合,因而也就是在形式普遍性中的联合,这种联合是通过成员的需要,通过保障人身和财产的法律制度,和通过维护他们特殊利益和公共利益的外部秩序而建立起

---

① 《法哲学》,前揭,第 46 页。
② 佩尔金斯基认为黑格尔的法权理论不仅来自于 17、18 世纪自然法理论,而且更起源于罗马法。参见 Z. A. Pelczynski, *The Hegelian Conception of the State in Hegel's Political Philosophy*, Cambridge University Press, 1971.
③ 黑格尔写道:"普遍物已破裂成了无限众多的个体原子,这个残废了的精神现在成了一个平等[原则],在这个平等中,所有的原子个体一律平等,都好像每个人体一样,各算是一个个人。"见《精神现象学》,前揭,第 33 页。

对于黑格尔来说,《法哲学》围绕着人的自由的高贵性而展开的相互承认并不是在主人和奴隶之间所展开的你死我活的敌友关系,而是一个现实的市民社会通过政治国家的保障而建立起来的市民之间相互承认的平等关系。在这个社会共同体中,每一个成员都是独立的和自由的,而且他的自由和独立又获得了同样是自由独立的他人的承认,反过来也是如此。如此看来,相互承认是在一个社会共同体内部之间展开的,而不是在共同体的成员与非共同体的成员之间展开的。不过这样一来,是否《法哲学》就面临着一个普遍同质社会的问题呢?这个问题就单纯一个政治国家来说,情况可能是如此。因为在那里,追求相互承认的个人除了为了使对方承认其有价值的存在这样一个高贵目的而进行赤裸裸的战争之外,并没有其他的事情可做,古代的城邦公民只是自由高贵的士兵公民,并不亲自从事物质性的生产贸易,而是把自己的物质需要的满足以及政治共同体的财富创造等一系列工作交由那个战斗的失败者奴隶来完成。因此,古代的贵族城邦国家只是一个军事性的政治国家,在那里根本没有市民社会这一工商经济社会的伦理内容,所以,以这样一个古代的军事政治实体为原型而提取出来的相互承认原则只能是主人与奴隶的斗争,这是科耶夫的《现象学》阐释路径。

但是,在《法哲学》中这一情况发生了重大的变化,黑格尔把市民社会这样一个极其重要的内容加到了相互承认的理论之中,这样一来,由于市民社会所关联的整个生产贸易以及财富等内容的出现,就使得相互承认的关系不再是主人与奴隶之间围绕着自由而展开的生死斗争关系,而变成了一种可以通过财产权的占有、转让等来实现每个人的自由价值的法权关系。也就是说,在《法哲学》那里,相互承认的主体并不单纯是主人或者奴隶,其获得承认的途径也不再是通过绝对的生死斗争,每个人不但是一个士兵公民,而且他同时还是一个生产者,一个劳动者,一个通过自己的创造活动而占有财富、享受财富并以此而获得自由的市民社会的市民。黑格尔指出,市民社会是在现代世界中形成的,理念的一切规定在此才第一次各得其所。他说:"在法中对象是人(Person),从道

---

① 《法哲学》,前揭,第174页。

德的观点说是主体,在家庭中是家庭成员,在一般市民社会中是市民(即 bourgeois[有产者]),而这里,从需要的观点说是具体的观念,即所谓人(Mensch)。因此,这里初次,并且也只有在这里是从这一涵义来谈人的。"① 通过《法哲学》这样一种相互承认的平等主体之间的关系,我们看到,真正自由的社会应该是多层法权关系的统一,在《法哲学》中黑格尔为我们描述了这样一个现实的伦理体系。②

首先,在家庭这个伦理的共同体中,每个人都是家庭的成员,或者作为父母,或者作为子女,他们共同维系着一个以爱为枢纽的社会组织形态,并且为了家庭成员的幸福而致力于子女的教育和家庭财产的获得。这是他们的权利,也是他们的责任。我们看到,在对于家庭本性的论述上,《法哲学》与《现象学》就明显有所不同,在《现象学》中,家庭作为一种女人的精神,它的职能只是为了抚慰战死沙场的男人主人的灵魂,并不具有法权的意义,而在《法哲学》中,家庭的职责发生了变化,它成为培育一个未来的市民社会的市民和政治国家的公民的摇篮。③

家庭只是《法哲学》伦理社会的前奏,《法哲学》的中心内容是市民社会。市民社会是从家庭发育出来的,在黑格尔看来,市民社会的成员既不同于家庭的成员,也不同于政治国家的公民,它是一个市民(bourgeois),一个社会的物质财富和精神财富的生产者和创造者。这样一个市民社会完全是现代以来的以资产阶级为主体的工商经济社会,在这个社会之中,每个人都以自己的个人私利为出发点,追求财富,满足欲望,

---

① 《法哲学》,前揭,第 205—206 页。
② 关于"市民社会"的语义学的历史考察、黑格尔有关市民社会理论的基本观点,以及英国 18 世纪的政治经济学,特别是斯图亚特、休谟和弗格森的经济思想对于黑格尔市民社会理论的重大影响等,参见 Z. df Pelczynski, *The State and Civil Society*, Cambridge University Press, 1984; Ritter, J. *Hegel and the French Revolution*, The MIT Press, 1982; Manfred Riedel, *Between Tradition and Revolution*, The Hegelian Transformation of Political Philosophy, Cambridge University Press, 1984;《国外黑格尔哲学新论》,前揭,以及笔者的《休谟的政治哲学》,前揭。
③ 关于家庭对于一个社会共同体的重要作用,历来受到一些保守的思想家们的重视,像博克、休谟、维科、黑格尔等。不过奇怪的是,现代一些左派的思想家对于家庭的作用也开始重视,如德里达曾重点讨论过黑格尔《法哲学》的家庭,见 *Hegel After Derrida*, edited by Stuart Barnett, Routledge 1998. p. 201. 科耶夫在《法权现象学》中也注重家庭的作用。见 Kojève, *Outline of a Phenomenology of Right*, pp. 392—400. 对此,我认为应该引起传统自由主义的反省,家庭是社会共同体的一个重要环节,自由主义如果一味强调个人的绝对权利,则无疑走向绝路,而古典的保守的自由主义有关家庭的理论值得高度重视。

为了利益而工作，因此，这个社会的成员在相互关系中所遵循的原则既不是家庭关系中的那种爱的原则，也不是政治国家中的服从、奉献原则，而是一个相互承认的利益交换的原则。市民社会的相互承认赖以立足的互利交换原则虽然看上去并不像主奴关系中的超越价值那样高贵，但仍然立足于自由这一本质特性之上。因此，黑格尔在《法哲学》中特别强调指出市民社会中的相互承认原则是基于私人财产权，即个人对于财产的公正的稳定性的占有，这一原则集中体现了个人的自由，个人只有占有了财产才能获得自由，一个不拥有财产、不从事财富创造的市民显然是缺乏自由本性的抽象存在。黑格尔指出："真正的观点在于，从自由的角度看，财产是自由最初的定在，它本身是本质的目的。"[①]

市民社会既是一个需要的体系，又是一个经济的体系，更是一个法权的体系。因为，个人需要的满足依赖于劳动生产和工商贸易，但更需要法律秩序和政治制度来给予保障，《法哲学》所提供的便是一套以罗马法为基础的体现着现代市民阶级精神的法权体系，它的核心是私人财产权制度。因此，市民社会的相互承认原则就体现为他人承认我对于财产的公平占有与转让，同样我也承认对方对于他的财产的占有与转让。从法律形态来看，黑格尔《法哲学》所依据的主要是罗马—大陆法系，与英国普通法在形式上有所不同，但就其实质来说，两种法律体系在构建现代市民社会的法权基础方面又是相当一致的。例如，英国普通法也十分强调私人财产权的保障，以休谟和斯密为代表的18世纪苏格兰历史学派的法律政治观，同样也体现着这样一些市民社会的基本原则。[②] 具体地说，"抽象法"的财产权理论可以视为黑格尔从人的自由意志的本性方面对于私人财产权论证的一种法哲学的说明，而在"市民社会"领域，黑格尔认为财产权"已经达到了它的有效的现实性，因为有司法保

[①] 《法哲学》，前揭，第54页。黑格尔的财产权思想典型地反映了自由主义的一贯主张，例如，像洛克、休谟，乃至现代的哈耶克等人，都坚定地认为私人财产权对于个人自由的重要性，在这个问题上，他们与黑格尔的思想是完全一致的。关于这个方面的研究，国内的文献，可参见《宪政与财产权》，陈端洪编，北京三联书店即出，笔者的《法律秩序与自由正义》和《休谟的政治哲学》，前揭。

[②] 关于这方面的论述，参见拙著《休谟的政治哲学》，前揭。

护着所有权。"① 里德尔指出:"市民社会在《法哲学》和它的政治理论中占有中心位置,并赋予了那些通过古典政治理论和现代自然法而流传下来的范畴以新的生机。首先,我们看到,'市民社会'并没有拘泥于原有的领域,而是扩展到一些其他的制度性的领域。对于黑格尔来说,市民社会意味着:抽象法的'确切存在';主观的道德致力于缓和贫穷的行为范围;家庭势力抑制它的实体性基础;国家的不同阶段。通过一个特定的历史途径,市民社会成为发展伦理生活的'工具',在此,它构成了家庭和国家两个环节之间的联系中介,这在传统的古典政治理论和现代的自然法理论中都是不曾有的。"② 与《现象学》对于市民社会的批判态度不同,《法哲学》并不是一种批判理论,它对于市民社会采取的是一种肯定、认同的理论观点,在黑格尔看来,市民社会并不是一个所谓的异化社会,恰恰相反,它是人的自由意志的定在,是人在追求相互承认的过程中所必不可少的一个历史阶段,人的自由只有在市民社会中,在追求财富、创造财富和享受财富中才能够得到实现。

在黑格尔看来,市民社会的单纯物质生活是不够的,为了维护这个组织形态的稳定与正义,还需要一套完整的法律体系,这个法律体系便是市民社会的法律制度,在其中独立的司法制度是必不可少的。也就是说,在市民社会中大量存在着的权利纠纷与矛盾冲突,并不是像《现象学》那样付诸于阶级斗争,而是通过法院的法官来裁定,因此,市民社会又是一个无须战争的司法社会。在市民社会中,财产关系和契约关系都有法律来规定和维系。市民的财产和人格都得到法律的承认,并具有法律的效力,所以犯罪不再是侵犯了个人主观的东西,而是侵犯了社会公共的东西。于是犯罪的行为就被看成具有社会危险性。一方面这种看法增加了犯罪的严重性,另一方面,由于社会本身的稳定性,罪行的损害就获得了较轻微的地位,而刑罚也就成为较轻微。黑格尔指出,警察和同业公会是一种预防社会危险和保护生命财产的有效措施。在市民

---

① 《法哲学》,前揭,第217页。福山曾经写道:"与其说黑格尔是国家的拥护者,不如把他同时看做是市民社会的捍卫者,也就是说他是一个鼓吹私有制和政治活动不受国家控制的哲学家。"参见《历史的终结及最后之人》,前揭,第68页。

② Manfred Riedel, *Between Tradition and Revolution, The Hegelian Transformation of Political Philosophy*, pp.45—46.

社会中,"好的法律可以使国家昌盛,而自由所有制是国家繁荣的基本条件。但是,因为我是完全交织在特殊性中的,我就有权要求,在这种联系中我的特殊福利也应该增进。我的福利,我的特殊性应该被考虑到,而这是通过警察和同业公会做到的"①。

现在,《法哲学》的市民社会面临一个重大的挑战,那就是它是否存在着一种超越性价值呢?我们知道,这一点在《现象学》中集中地体现在欲望的辩证法和劳动的辩证法上面。通过欲望着另一个欲望,双重的自我意识在生死的战斗中获得了超越性的价值,并建立起一个贵族制的城邦国家;而奴隶同样在它的基于死亡恐惧之下的劳动中超越了自己的自然本性,建立起一个现代奴隶的教化世界。而在《法哲学》那里,市民阶级从事财富的劳动如果只是为了满足自己的需要,这样的劳动是否还具有超越的价值呢?此时的欲望与动物性的觅求食物的需要有什么不一样呢?这个问题无疑是个难点。《现象学》欲望与劳动的辩证法,其深刻性在于通过把对象化劳动与欲望的直接满足加以分离,从而赋予了劳动一种超越性的意义,黑格尔把理论的重心放在了奴隶的劳动上,这种劳动又是一种经过死亡的恐惧之后而被迫的劳动。但恰恰在这种被迫的劳动中,奴隶为劳动注入了一种新的本性,由此获得了一个高于主人的自由本质,因此,主奴辩证法通过劳动实现了超越性的价值,从而导致了两者之间地位的转换。②

《法哲学》中的市民社会,由于从事劳动的主体不再是处于主奴对抗中的奴隶,而是法权平等的市民,因此也就不具有了构成超越价值的张力关系,这样一来,市民的劳动究竟有没有价值呢?能否实现黑格尔所谓的自由意志的定在呢?如果市民的劳作不能使他获得自由的话,这个

---

① 《法哲学》,前揭,第237页。
② 我们看到,正是在这一点上马克思的劳动价值说通过劳动的异化与复归从而实现了一个未来的审美主义的共产主义学说。"共产主义是私有财产即人的异化的积极的扬弃,因而也是通过人并且为了人而对人的本质的真正占有;因此,它是人向作为社会的人的即合乎人的本性的人的自身的复归,这种复归是彻底的、自觉的、保存了以往发展的全部丰富成果的。这种共产主义,作为完成了的自然主义,等于人本主义,而作为完成了的人本主义,等于自然主义;它是人和自然之间、人和人之间的矛盾的真正解决,是存在和本质、对象化和自我确立、自由和必然、个体和类之间的抗争的真正解决。它是历史之谜的解答,而且它知道它就是这种解答。"参见《1844年经济学—哲学手稿》,前揭,第73页。

市民社会无异于一个动物世界而非一个真正属于人的世界。① 显然，这一点是黑格尔《法哲学》面临的一个难点，对于这个问题黑格尔在《法哲学》中并没有正面给予解答，不过，他在书中仍然认为，市民的劳动能够实现他们的自由，资本主义社会仍然不失为一个自由、公正的属人的社会。但是，正像前面我们分析的，由于《法哲学》与《现象学》的法权原则和政治制度不同，因此，黑格尔在处理市民社会的需要体系和对象化劳动等问题上显得有些软弱无力，他没有正面应对主奴社会的劳动与市民社会的劳动之本质的不同，他没有指出市民社会的追求欲望满足的劳动是如何具有超越性价值的，也就说，由于不再是奴隶，那么促使市民劳动的动力究竟是什么？需要、财富及其满足是市民社会从事劳动的一个主要动力，但是，这一动力与动物世界的不同在哪里？在《现象学》中，黑格尔把这种不同归于主人带给奴隶的死亡的恐惧，而在市民社会，死的恐惧显然是不存在的，那么，市民社会的超越价值又在哪里呢？

在我看来，市民社会的价值既不在需要也不在劳动上，而在使得劳动占有财产的法律正当性上，也就是说，市民社会拥有一种法律体系来确定市民的劳动成为一种正当性的活动，正是这种法律规则制度为市民社会的经济活动提供了正义性的价值基础。尽管人的愿望和需要是多种多样的，是自私自利的，但是，由于在市民社会存在着一套普遍的法权体系，使得市民社会的成员为了满足自己的需要而进行的活动必须符合法律所要求的那种形式的普遍性，只有符合法律的活动，在法律框架之内从事的劳动，才是正义的，才具有价值。这样一来，主奴之间的生命斗争，死亡的恐惧，便在《法哲学》的市民社会那里转变为法权体系的形式规范，本于生命的内在诉求转变为一种外部行为的约束，即便人的自私本性促使人在一个市民社会的共同体中采取各种各样的损人利己的方式来满足自己的贪欲，但是，由于普遍的法律规则约束着人的行为，从而就使得人的活动只能是一种符合法律的活动。在《现象学》中，自由是通过战斗和牺牲获得的，而在《法哲学》中，自由则是通过法律约

---

① 英国传统的古典政治经济学，自洛克、斯密、休谟以来，一直认为劳动本质上是一种令人不愉快的活动，人们从事劳动的目的完全是为了追求劳动所创造产品的效用。因此，并不存在所谓的异化劳动与复归的问题。参见拙著《休谟的政治哲学》第三章"正义规则论"的有关论述。福山在《历史的终结及最后之人》的第二十一章也有相关的论述。

束来规定的,市民社会的自由价值就在于遵循法律,这是孟德斯鸠在《论法的精神》一书中提出的一个基本观点,黑格尔在《法哲学》中把它接受下来,并视为市民社会的"普遍性形式"。因此,黑格尔指出,他提出的市民社会是由如下两个原则构成的:"具体的人作为特殊的人本身就是目的;作为各种需要的整体以及自然必然性与任性的混合体来说,他是市民社会的一个原则。但是,特殊的人在本质上是同另一些这种特殊性相关的,所以,每一个特殊的人都是通过他人的中介,同时也无条件地通过普遍性的形式的中介,而肯定自己并得到满足。这一普遍性的形式是市民社会的另一个原则。"[1]

把斗争、劳动的自由学说置换为一种法权的自由学说,这是《法哲学》与《现象学》的一个重要区别,显然这一个置换是意义重大的,它意味着我们进入到另外一个问题,即究竟什么是自由的本性,当然对于这个问题,黑格尔并没有完全像英美自由主义那样由此做出所谓积极自由与消极自由的区分,而是在《法哲学》中提出了一个"中介性"的法权原则。我们知道,《现象学》的自由本性是通过奴隶的劳动、对于教化社会的批判直至发展到法国大革命的"绝对自由"而一步步实现的,因此,《现象学》的自由完全是一种否定的自由[2],这种"否定的辩证法"也恰恰是马克思在他著作中所多次强调的,马克思一再指出"否定的辩证法"是《现象学》的秘密所在。在马克思看来,奴隶的劳动具有批判性的革命意义,在黑格尔哲学中,一切否定性的东西都是进步的有价值的东西,一切肯定性的东西则是保守的和反动的东西,马克思注重否定的辩证法无非是要把奴隶的批判转变为无产阶级的革命实践,并通过剩余价值学说为这种实践提供一种政治经济学的正义基础。马克思的上述观点被20世纪法兰克福学派进一步发挥,马尔库塞等人的革命美学理论不过是《现象学》的否定性原则运用于当代社会分析的一种肤浅的表

---

[1] 《法哲学》,前揭,第197页。

[2] 需要指出的是,这种否定的自由,与伯林、哈耶克意义上的 negative freedom(消极自由或否定性的自由)是完全不同的,它反而属于伯林所说的 positive(积极自由),即主体自我积极地从事创造、批判和突破一切限制(包括法律规范)的自由,而后者恰恰是基于法律规则的自由。关于这方面的细致讨论,参见拙著《法律秩序与自由正义——哈耶克的法律与宪政思想》第三章"法律、自由与正义",前揭。

述。①

与上述的左派思想路径相反,黑格尔《法哲学》的中心原则已经不再是《现象学》的否定性原则,而是一个中介性原则,是一个和解的相互承认的普遍性原则。② 我们看到,黑格尔关注的不再是作为现代奴隶的市民阶级追求解放的革命斗争,而是一个满足于物质财富的市民社会生活图景,在此所谓的个人自由并不是市民追求个人利益最大化的损人利己的自由,而是一种在实现自己的欲望过程中遵循着法律由法律驯服欲望的自由,即依法从事财富的创造和享受的自由。因此,在《法哲学》中,市民自由的关键不是个人的私欲,更不是革命性的反抗,而是个人相互之间的利益平衡,是一种我为他人、他人为我的中介性原则。对此,黑格尔写道:"个别的人,作为这种国家的市民来说、就是私人,他们都把本身利益作为自己的目的。由于这个目的是以普遍物为中介的,从而在他们看来普遍物是一种手段,所以,如果他们要达到这个目的,就只能按普遍方式来规定他们的知识、意志和活动,并使自己成为社会联系的锁链中的一个环节。"③

在黑格尔看来,市民社会的物质生活本身无法提供和保障上述的中介性原则,在此之外,市民社会还需要另外一项重要的内容,那就是一整套法律的规则体系和外部的政治制度,只有财富与法律的综合才构成一个完整的市民社会形态。黑格尔对于市民社会的理解是一种双重综合的理解,它不单纯是一个物质生活的社会共同体,同时也是一个法律规范的共同体,因此,劳动和法制是联系在一起的。这样一来,市民社会赋予每个市民的自由价值就不能单方面地由劳动本身的超越性而获得,而且在《法哲学》中黑格尔也并没有像《现象学》那样强调这样一个市民劳动的超越性,黑格尔并不认为市民是基于死亡的恐惧才去劳动的,并没有一个奴隶主的克利达摩斯之剑悬于头顶。一个缺乏法制规范

---

① 参见马尔库塞:《爱欲与文明》、《单面人》,上海译文出版社 1987 年版。
② 泰勒曾经正确地指出,以卢梭的公意概念和法国大革命的"同质化暴政"使得寻求承认的政治导致了可怕的灾难,他认为"寻求承认的斗争只有一种令人满意的结局,那就是平等的人之间的相互承认。继卢梭之后,黑格尔在具有共同目标的社会中发现了这种可能性,在那里,'我们就是我,我就是我们'。"不过,泰勒并没有关注到相互承认的法权意义。见泰勒"承认的政治"一文,载《文化与公共性》,前揭,第 311 页。
③ 《法哲学》,前揭,第 201 页。

的社会,任由市民一味追求欲望的满足,追求财富的增长,也是不可能实现自由价值的。在市民社会需要有一套法律的规则体系来协调和解决围绕着利益而产生的矛盾纠纷,为此,黑格尔把传统政府理论中有关立法、行政与司法三权分立制衡中的司法权纳入市民社会之中。他写道:"因为在市民社会中所有权和人格都得到法律上的承认,并具有法律上的效力,所以,犯罪不再只是侵犯了主观的无限的东西,而且侵犯了普遍事物,这一普遍事物自身是具有固定而坚强的实存的。"[①] 由此可见,市民社会的法律规范并不与市民追求个人欲望的满足相矛盾或截然对立,法律并不是外在于市民社会的,而是内在于市民社会的,是市民社会自身的法律。[②]

但是,《法哲学》并没有终结于此,黑格尔又提出了另外一个问题,即市民社会的法律秩序究竟是如何产生的?它的根源在哪里?显然,这是黑格尔《法哲学》的第三部分——国家理论所要解决的,而正是在这一点上显示了黑格尔与英美自由主义的一个重大区别。可以这样说,在有关市民社会的论述中,黑格尔与英美自由主义是基本一致的,按照自由主义的一般观点,市民社会的法律体系是在市民社会的经济活动过程中自发地产生出来的,对此,哈耶克作为一位现代的古典自由主义的代表人

---

① 《法哲学》,前揭,第 228 页。
② 关于黑格尔法律思想中的自然法与实定法的关系问题,一直是黑格尔学界的一个有争议的问题。黑格尔自己在这个问题上的态度也是不明确的,早在 1802 年前后出版的"论自然法的科学研究方法,自然法在实践哲学中的地位及其与实证法学的关系"的长篇论文中,黑格尔对于传统自然法理论的批判就包含着吸收其基本内涵的意义,自然法中有关个人权利的思想观念一直受到黑格尔的高度重视,以至于他后来的《法哲学》的副标题就叫做"自然法和国家学纲要"。但是,黑格尔在上述论文中,特别是在《法哲学》中却对自然法理论多有批评,在有关国家本质的论述中,又表现出一个实定法论者的明确观点。所以,如萨拜因就认为黑格尔的《法哲学》是自相矛盾的。见《政治学说史》,下,商务印书馆 1990 年版,第 706 页。不过,里德尔、佩尔金斯基、波恩斯等人则指出了自然法在黑格尔政治思想中的重要意义。里德尔认为:"由于黑格尔确实试图在一种基于法权的政治哲学的框架内调和自然法与政治科学之间的矛盾,所以他必然要追溯到一种前革命的政治传统,在那里不存在所谓上述的矛盾。"参见 Pelczynski, Z. df. *The State and Civil Society*, Manfred Riedel, *Between Tradition and Revolution*, *The Hegelian Transformation of Political Philosophy*, Tony Burns, *Natural Law and Political Ideology in the Philosophy of Hegel*. 在这个问题上,我的看法是,黑格尔的法哲学思想就其实质来说,与自然法并没有根本性的对立,但他不赞同传统自然法的国家理论,特别是契约理论,认为国家的本性需要一种更高的法权来规定。但是,自然法与罗马法的基本原则仍然是市民社会与政治国家赖以建立的基础,只不过它们都还是抽象的权利原则,因此构成了"抽象法"的内容,而不是市民社会和政治国家的法权内容。所以,黑格尔在《法哲学》中试图建立起一个抽象法、市民法和国家法的三层综合的法权体系。

物,他的有关自生秩序的法律观已经为人们所熟知了。在哈耶克看来,在市民社会之外或之上并不存在所谓更高的国家政治实体,市民社会的经济活动必然产生出一种自身的调整机能,这是所谓内部规则的本性,哈耶克把这种内部规则等同于英国的普通法,认为这种自由的法律在社会经济活动中自发地塑造出一个文明的社会秩序。① 与上述路径不同,黑格尔在《法哲学》中提出了一个高于市民社会的政治国家的理论,它构成了《法哲学》有关相互承认的法权的另外一个方面的内容。在黑格尔看来,作为一个伦理社会的个人,他除了是家庭的成员、市民社会的市民之外,还是国家的公民,国家在伦理世界占据着一个重要的位置,国家法是高于抽象法、市民法和家庭法的一种更高形态的法律,而且市民社会的法律也是从国家的法律中产生出来的,也就是说,从逻辑上讲并不是先有市民法然后才有国家法,而是相反,正是国家这样一个拥有主权的政治实体为市民社会确定了它的法律体系。由此看来,黑格尔的国家观显然不同于英美的古典自由主义,在18世纪以休谟和斯密等人为代表的苏格兰历史学派那里,国家作为市民社会的一个组成部分,是从属于市民社会的,虽然他们的法律理论不属于普通法的体系,但他们对于国家的理解却是英国式的。休谟认为,国家的权威基于为市民社会提供法律的保障,强制实施以私人财产权为核心的正当行为规则,至于斯密在他的《国富论》中则把国家的职能限定在国防、司法和提供公共服务三个方面,从而成为自由主义国家学说的经典性阐释。② 现代的自由主义政治理论基本上是把斯密的国家学说作为一个前提来接受的,所谓的最小化国家或政府的理论大致可以说是斯密理论的现代版。

  不过,自由主义有关国家的政治职能和法律制度的认识并不是铁板一块的,哈耶克所谓的"政治的去中心化"(the dethronement of politics)

---

① 关于哈耶克对于普通法和国家的看法,参见他的《法律、立法与自由》,邓正来等译,大百科全书出版社2000年版,和拙著《法律秩序与自由正义——哈耶克的法律与宪政思想》一书,前揭。在《法哲学》中,黑格尔对于普通法的形式多有批评,认为"存在着惊人的混乱",显然在霍布斯与科克大法官的争论中,他站住霍布斯一边。不过,我认为黑格尔对于普通法的指责只是形式方面的,就法权的实质问题上,罗马法与普通法并没有根本性的对立,它们都容包在抽象法的原则之中。参见《法哲学》,前揭,第219页。

② 关于这个问题的进一步分析,参见拙著《休谟的政治哲学》一书,前揭。

只是一个方面①,而其他的几位自由主义的代表人物却并不完全符合这样一个理论路径。例如,同样是英国思想家的霍布斯,他提出的利维坦式的国家学说便与黑格尔的国家学说有很多相似之处。霍布斯和黑格尔都认为,国家首先是一种拥有主权的绝对权力体系,国家对于政治实体拥有排他性的占有权,其最高的体现便是主权,主权是国家法律形态的最高形式。他们的一致性还在于认为国家又是一个拥有法权的政治机构,主权者具有制定法律的权力,国家的统治是依照法律的统治。也正是基于此,他们被视为权威的自由主义。所谓权威的自由主义,指的是既注重国家的权威,又注重个人的自由,而权威与自由的平衡恰存在于法律的统治之中。与刻意限制国家权力的传统自由主义不同,他们看重国家的能力、权威和自主目的。但应该特别指出的是,他们的国家观与20世纪以来的极权主义具有本质性的不同,他们又同时强调国家法制,重视个人自由。所以他们是权威的自由主义,或保守的自由主义。②当然,黑格尔与霍布斯在很多方面也有区别,其中最显著的是在有关国家起源以及本性的看法上,黑格尔不赞同霍布斯的国家契约论,认为对于像国家这样的政治实体,是不能通过任意的个人之间的契约来建造出来的。在这个问题上,黑格尔的国家学说同时又受到了自由主义的另外一个代表人物孟德斯鸠的影响。孟德斯鸠所谓政体的性质和原则决定法律运作的观点,特别是他所提出的政治法高于民法的观点,在黑格尔的《法哲学》中得到了更进一步的深化。

黑格尔的《法哲学》实际上提供了两种现实的法律体系(抽象法作为

---

① 参见哈耶克《法律、立法与自由》,另请参见拙著《法律秩序与自由正义——哈耶克法律与宪政思想》,前揭。
② 这个问题是一个非常复杂的问题,也是一个关键问题。看上去霍布斯与黑格尔一样,在有关国家权威与个人自由方面的观点是混乱的,不一致的。他们一方面讲国家主权者的重要性,个人自由不过是相对于法律的枷锁而言的自由。见《利维坦》,黎思复等译,商务印书馆1986年版,第164页。黑格尔写道:国家是地上的精神,在它面前,"个人的忙忙碌碌不过是玩跷跷板的游戏罢了"。见《法哲学》,前揭,第165页。但另一方面,他们又都承认个人的生命安全、自由以及财产权的重要,霍布斯说:"在法律未加规定的一切行为中,人们有自由去做自己的理性认为最有利于自己的事情。"《利维坦》,前揭,第164页。黑格尔指出:"人们常说,国家的目的在谋公民的幸福。这当然是真确的。如果一切对他们说来不妙,他们的主观目的得不到满足,又如果他们看不到国家本身是这种满足的中介,那么国家就会站不住脚的。"见《法哲学》,前揭,第266页。在我看来,恰恰是上述他们两人的看似矛盾的观点,反而体现出权威自由主义既强调权威又注重个人自由的特性。

一般抽象的法权原则除外),一个是市民社会的法律体系,它主要表现为通过法院调整的民法体系,另一个则是他在国家学说中提出的国家法体系。在黑格尔看来,国家法不同于民法,是一种政治法,它关注的是国家政治的制度安排,对此孟德斯鸠曾有过论述:"作为社会的生活者,人类在治者与被治者的关系上是有法律的,这就是政治法。此外,人类在一切公民间的关系上也有法律,这就是民法。"① 黑格尔进一步发展了孟德斯鸠的观点,认为"国家是机体","这种机体就是国家制度"。② 所谓政治法,属于罗马—大陆谱系的公法范畴,它涉及国家的本性,黑格尔在有关国家性质的问题上之所以与霍布斯产生了差别,关键在于他们在对国家本性的认识上出现了分歧,尽管他们在国家职能、主权资格、统治方式和自然权利等问题上的看法有很多相同之处。黑格尔不同意霍布斯的国家契约论,认为构建国家的法权体系不是由个人之间的协议而形成的,国家是地上的神物,来自绝对的精神。在这方面,孟德斯鸠有关政治法的理论恰好为黑格尔的国家法提供了一个新的视角,在黑格尔看来,政治法作为国家制度,它为市民社会的安全、稳定与秩序提供了强有力的保障,从某种意义上说,它是市民社会的法律体系的根源。"对私权和私人福利,即对家庭和市民社会这两个领域来说,国家一方面是外在必然性和它们的最高权力,它们的法规和利益都从属于这种权力的本性,并依存于这种权力;但是,另一方面,国家又是它们的内在目的,国家的力量在于它的普遍的最终目的和个人的特殊利益的统一,即个人对国家尽多少义务,同时也就享有多少权利。"③

　　说到政治法、政治国家,在此就出现了一个重大的问题,即什么是政治?政治的本质究竟是什么?对此,我们知道 20 世纪的德国公法学家施米特曾有过经典性的论断,政治就是区分敌友,所谓国家就是以划分敌友为标准的享有主权的政治共同体。④ 在这个问题上,孟德斯鸠和黑

---

① 《论法的精神》,张雁深译,商务印书馆 1997 年版,第 5 页。黑格尔曾分析说:"孟德斯鸠在他的名著《论法的精神》中注意到,并企图详明地阐述关于私法也是依存于一定的国家性质的思想,并提出了部分只有从对整体的关系中去考察这一哲学观点。"见《法哲学》,前揭,第 261 页。
② 《法哲学》,前揭,第 268 页。
③ 同上书,第 261 页。
④ 参见施米特《政治的概念》,前揭。

格尔与施米特是有分歧的,他们对于政治的理解存在着很大的差异。就孟德斯鸠来说,他的国家政治观与施米特的政治敌友论是有原则区别的,他所谓的政治着重指的是构成政体的性质与原则,因此,他强调的是德性、荣誉、自由和法治,反对的是专断、恐怖与任性等,与政治敌友论乃至阶级斗争并无关系,相反,作为一个自由主义者,孟德斯鸠极力赞同一个法治的自由政体,他心目中的理想的政治国家就是一个像英国那样的法治且自由的混合政体。①

黑格尔在这个问题上要复杂一些,一方面可以说《现象学》的主奴关系论实际上就是一种政治敌友论,这种有关划分敌友的政治不仅体现在《现象学》的相互承认的法权观念中,而且在《法哲学》中也有所表现,特别是表现在《法哲学》的国际法和世界历史的理论中。应该指出,在有关国际政治问题上,黑格尔的法权学说是与他的国家制度的法权理论相对立的,如果说他在《法哲学》中已经克服了《现象学》的相互承认的斗争理论,但在国家之间的关系问题上,在世界历史的论述中,战争伦理便成为他的一个重要的理论支撑,这一点与施米特的政治理论似乎非常相似。②

不过,黑格尔《法哲学》的国家理论还有另外一个更重要的方面,那就是他对于政治国家的认识还包含着非敌友的政治法权的观点,这是《法哲学》有别于《现象学》的地方,也是不同于施米特的本质所在。在黑格尔看来,政治国家固然在对外方面是区分敌友的,捍卫主权的战争伦理在所谓的"世界法庭"上占据举足轻重的位置,但就一个政治国家

---

① 参见《论法的精神》一书中有关的论述,前揭。
② 例如,在国家关系方面,他写道:"战争不应看作一种绝对罪恶和纯粹外在的偶然性。——战争是严肃对待尘世财产和事物的虚无性的一种状态——这种虚无性通常是虔诚传道的题目。因此,在战争这一环节中,特殊物的理想性获得了它的权利而变成了现实。战争还具有更崇高的意义,通过战争,正如我在别处表示过的,'各国民族的伦理健康就由于它们对各种有限规定的凝固表示冷淡而得到保存,这好比风的吹动防止湖水腐臭一样;持续的平静会使湖水发生相反的结果,正如持续的甚或永久的和平会使民族堕落。"见《法哲学》,前揭,第340—341页。而且这种战争伦理也影响到黑格尔对于国家内部事务的看法,他认为,当一个国家由于久处于和平之中时,难免意志消沉,民风颓靡,所以需要战争来刺激其国民们的生命激情。当然,在国际问题上,如何解决主权与人权、和平与战争的张力关系,历来是自由主义政治理论的一个软肋,即便是现代的政治自由主义,如罗尔斯在处理这个问题时,也是困难重重,他的《万民法》和"治外国家"的理论,遭到了各派的攻击。在当今的现实国际政治问题上,如伊拉克问题、国际恐怖问题等都使得自由主义的国际政治理论面临挑战。

的内部,却无须划分敌友的政治,相互承认的普遍关系在黑格尔的国家学说中所实现出来的是一个公民的相互承认的平等理论。也就是说,作为国家政治实体的一个成员,个人已不再是家庭的成员,也不是市民社会的市民,而是国家的公民,公民是一种政治法所给予的资格权利,它是黑格尔《法哲学》政治国家的主体。对此,他写道:"现代国家的原则具有这样一种惊人的力量和深度,即它使主观性的原则完美起来,成为独立的个人特殊性的极端,而同时又使它回复到实体性的统一,于是在主观性的原则本身中保存着这个统一。"①

与《现象学》的贵族制城邦国家的士兵公民不同,《法哲学》的国家公民不再是进行敌友作战的士兵,而是享有政治权利并承担相应义务的公民。作为公民,每个人既享受国家赋予他的权利和自由,同时也要承担相应的责任与义务。在《法哲学》中,黑格尔对国家公民的权利与义务给予了具体的分析,认为权利包括投票选举权、担任国家公职权,以及公民个人的生命自由权和言论自由权利等等,而义务则包括向国家纳税、服兵役等。在公民权利与义务的关系问题上,黑格尔提出了一个重要的观点,那就是权利与义务是对等的、统一的,每个公民享有怎样的权利同时就要承担怎样的义务,在一个政治国家的法权体系中不存在仅享有权利而不承担义务的公民,同样也不存在只尽义务而不享有权利的公民。在《现象学》敌友政治关系那里,权利与义务是截然分裂的,主人只享有权利而不承担义务,而奴隶只承担义务而不享有权利,并最终表现为反抗的怒潮和否定一切的绝对自由。但在《法哲学》中,抽象对立的自由被一种中介性的具体自由而代替,《法哲学》提供的权利与义务的统一既不单方面落实在权利上面,也不单方面落实在义务上面,而是落实在国家公民的具体自由上面,权利与义务的统一在黑格尔的国家学说中表现为"具体的自由"这一核心概念上。他写道:"权利与义务的结合具有两个方面:国家所要求于个人的义务,也直接就是个人的权利,因为国家无非就是自由的概念的组织。个人意志的规定通过国家达到了客观定在,而且通过国家初次达到它的真理和现实化。国家是达到特

---

① 《法哲学》,前揭,第260页。

殊目的和福利的惟一条件。"[①]

这样一来,市民社会的相互承认的法权在政治国家的层面上就具有了政治的意义,所谓政治对于黑格尔的《法哲学》来说,就是公民权利与义务具体统一的自由,自由与否的本质不在市民社会,而在政治国家之中,不是由市民法规定的,而是由政治法规定的。在《法哲学》那里,经过市民社会和政治国家两个伦理环节,就使得相互承认的法权具有了双重的意义,一方面它是市民在追求利益的经济关系中的相互承认,另一方面这种相互承认又得到国家这个高于个体之上的政治共同体的确认。通过国家所赋予的权利与义务统一于具体自由这样一个环节,相互承认的法权基础也就落到了实处,政治国家使得公民的相互承认具有了真正的属人的价值。由此可见,《法哲学》抽象法阶段的相互承认的自由原则在政治国家那里发展成为实实在在的权利与义务具体统一的自由原则,国家并不排斥家庭,更不排斥市民社会,而是在更高的政治法的保障层次上把家庭与市民社会纳入一个政治共同体中,并且承认家庭与市民社会存在的正当性与合理性。也就是说,作为一个有理性的个人,他既是国家公民,又是家庭成员,也是市民社会的市民,这样一种集三种身份于一身的个体性在黑格尔《法哲学》的三个伦理环节中得到了全面的实现。有论者说,黑格尔的《法哲学》表现了他的保守性与反动性,而我认为,恰恰是它的保守的反革命的东西,蕴涵着一种成熟的保守自由主义的政治智慧。

六、普遍同质国家:从《黑格尔导读》到《法权现象学》

前面我们分析了《现象学》与《法哲学》有关相互承认的法权问题,科耶夫似乎对于黑格尔的《法哲学》并不重视,认为那似乎是一个庸俗的资产阶级的社会政治理论,他更感兴趣的是革命性的《现象学》,在他看来,《现象学》通过一系列否定性的批判最终由拿破仑帝国的世界征服而实现了历史的终结。不过,对于科耶夫来说,所谓的历史终结只是

---

① 《法哲学》,前揭,第263页。

一种本质逻辑的完成，但并不意味着人类的社会生活趋于终止，并不意味着在拿破仑之后的人类社会就不存在了。现实的情况也是如此。19世纪拿破仑之后的欧洲社会并没有结束，而是又经历了漫长的20世纪，至少在科耶夫解读《现象学》的时候，欧洲的历史甚至人类的历史已经进展了一百多年。问题在于，后拿破仑时代究竟是怎样的一个社会政治时代呢？如果按照科耶夫的理解，如果历史时间只能在主奴关系中产生，那么这样一个拿破仑之后的时代只能是一个非时间性的社会状态，即普遍同质国家状态。下面我们就来分析一下科耶夫所谓的普遍同质国家究竟意味着什么。

在科耶夫看来，《现象学》展示的历史是一种生命价值在对立的相互承认中通过革命性的斗争走向终结的历史政治过程，这个过程最终是由现代僭主拿破仑的帝国完成的。对于这个世界历史科耶夫有一套新的说法，与一般历史学家所说的历史大不相同，它指的是一种本质性的历史，与人的生命主体实践相关联的历史。按照科耶夫的区分，人类的社会政治生活表现为两个形态，一个是本质性的时间形态，一个是非本质性的空间形态，空间的演变只是一个外部的人类状况的描述，历史学家们描述它们与博物学家描述一件器物没有什么两样，因此，历史学家并非历史本质的真正揭示者。①真正的哲学不是科学家意义上的对于人类社会的空间性描述，而是一种将国家本性融会于历史时间之中的智慧的哲学，就像黑格尔的《现象学》所展示的那样，是一种对于历史时间的把握。科耶夫写道："在《现象学》中，黑格尔的观点是根本性的，他确实说过，自然是空间，而时间是历史。换言之，不存在自然的、宇宙的时间，时间只能是历史，是人类的存在，即言说的存在。那个在历史过程中由对话揭示的人，是'经验的存在观念'，时间除此之外什么都不是。没有人，自然不过是空间，而且只能是空间。只有人在时间之中，而且离开

---

① 在这个问题上，科耶夫受到了海德格尔《存在与时间》一书的影响，因此，有研究者认为，科耶夫是一位存在主义的马克思主义理论家，他对于《现象学》的解读体现了一种存在主义的思想倾向。实际上，科耶夫30年代有关《现象学》的讲座不仅受到了海德格尔的启发，而且也启迪了整整一代法国的存在主义思想家，如萨特、梅罗—庞蒂等都受到了科耶夫《现象学》解读的决定性影响。关于科耶夫与存在主义的关系，请参见 Shadia B. Drury: *Alexandre Kojève: The Roots of Postmodern Politics*, Barry Cooper, *The End of History: An Essay on Modern Hegelianism*.

人时间也将不复存在。因此,人是时间,时间是人,即占据了自然的空间经验存在的时间观念。"① 按照科耶夫的《现象学》解读,历史时间只有在欲望辩证法的主奴关系中才得以展开,可以说追求承认的主奴之战作为历史时间的起点,在古代创造了一个贵族制的城邦国家,而拿破仑的帝国征服则实现了一种时间性的历史完成。因此,从古希腊的主人国家到拿破仑的奴隶帝国,这样一段时间是真正的人类政治历史的本质实践,对此他写道:"所有的历史,即在自然世界的人类存在的整个运动,只不过是持续不断的奴隶对于主人的否定,和一系列趋向自由的成功转换。这个自由显然不是奴隶主在自身的那种'同一性的'或'武断性的'自由,而是'全体的'或'综合性的'自由,它为自身,即普遍同质国家的公民而存在。"②

由于科耶夫对于时间的上述理解,所以他有关政治国家的解释就呈现出两种形态,一种是在时间中进行的、不断斗争的异质国家,在这个国家,主人与奴隶相互之间总是处在矛盾的张力关系之中,《现象学》的教化世界是这个异质国家的真实场景,它的个体性就好像小拉摩那样处于分裂的意识状态,当这种分裂经过法国大革命并最终演化为拿破仑帝国时,所谓历史也就终结了。就政治形态来说,历史终结所带来的便是一个所谓的普遍同质国家,不过关于普遍同质国家,黑格尔在《现象学》中并没有给予多少论述,《现象学》的主要内容是第六章对于教化世界的分析,科耶夫的《黑格尔导读》在侧重点上与黑格尔有所不同,他对于教化世界的异质性并没有给予太多的关注,而对于黑格尔《现象学》并没有多少涉及的历史终结却给予了重点的发挥。相对来说,黑格尔反而是在科耶夫不甚看重的《法哲学》和《历史哲学》中对于历史终结问题有过论述。在黑格尔看来,历史的问题也就是时代的问题,是哲学的自我意识问题,在历史与哲学的关系问题上,黑格尔与科耶夫确实有一致之处,他们都认为历史的终结也就是哲学的终结,即哲学认识到历史现实的合理性。但是,至关重要的是,对于黑格尔来说,这个历史终结并非

---

① Kojève, *Introduction to the Reading of Hegel*, p.133,另参见本书下篇有关"时间与历史主体性"的论述。
② Ibid., p.225.

意味着一个所谓普遍同质国家的新时代的开始,相反,它不过是一种对于已经走过的历史的回忆,是对于一个《法哲学》意义上的家庭、市民社会与政治国家综合为一的人类社会共同体的哲学论证。所以,黑格尔才写了如下经典性的一段话:"哲学作为有关世界的思想,要直到现实结束其形成过程并完成其自身之后,才会出现。概念所教导的也必然就是历史所呈示的,并在把握了这同一个实在世界的实体之后,才把它建成为一个理智王国的形态。当哲学把它的灰色绘成灰色的时候,这一生活形态就变老了。对灰色绘成灰色,不能使生活形态变得年轻,而只能作为认识的对象。密纳发的猫头鹰要等黄昏到来,才会起飞。"[①]

但是,科耶夫对于这个问题却与黑格尔不同,他认为历史终结意味着一个后拿破仑时代的普遍同质国家的来临。在这样一个后拿破仑的政治共同体中,不再存在着主人与奴隶的对立,也不再有斯多葛主义、怀疑主义、苦恼意识,或分裂意识、大革命的恐怖意识等等。在前拿破仑的国家形态中个人是异质的、特殊的,每个人或者是主人,或者是奴隶,或者是从事战斗的士兵,或者是追求财富的市民,或者是玄思的哲人,或者是苦恼的基督徒等。这些不同的个人,从事不同的活动,由此构成了一个社会共同体,构成了家庭、市民社会和政治国家,因此也才有了所谓的时间和历史。但是,在历史终结之后的时代,这些不同个人之间的差别性都被完全取消了,人与人是完全等同的,相互之间没有任何差别,他们的本性要求、满足需要的方式、追求的目的和欲望的内容等等都是完全一致的。[②] 对于这样一个普遍同质国家中的个人,科耶夫还为我们展示了另外一个角度的阐释,他指出,由于经历了历史性的过程,历史的终结实际上为人类带来了一个根本性的转变,那就是人已经实实在在地成为了一个神—人,或者说在这个普遍的同质国家那里,相互承认的欲望已经得到了满足,个人的根本性追求已经获得了实现,因此,人可以像神一样地生活,普遍同质国家使得每一个人都获得了神一

---

① 《法哲学》,前揭,第13—14页。
② 例如,中国文化大革命时期的社会状态,从某种意义说就是这种普遍同质状态的写照,当时可谓个人的特殊异质性被彻底消除。每个人的思想意识乃至衣帽穿着、行为举止等无不是普遍同质的,因此难怪科耶夫要亲自来中国考察一番。

样的满足。①

科耶夫在《黑格尔导读》以及"黑格尔、马克思和基督教"一文中虽然提出了一个普遍同质国家的论断，但对于这个后拿破仑时代的社会状态并没有给出一个富有建设性的内容，至于从法权上对此加以论述，指出其内在的法权原则，科耶夫更是没有给予具体的讨论。因此，随着科耶夫思想的传播，学术界围绕着历史终结之后的普遍同质国家问题的争论，很少涉及到科耶夫的另一部著作——《法权现象学》，而实际上关于普遍同质国家以及与此相关的特殊异质国家问题，《法权现象学》论述得最为清楚和深刻，甚至从某种意义上说，科耶夫有关普遍同质国家的观点在《法权现象学》中已经有了某些修正。值得注意的是，《法权现象学》虽然如其书名所表明的那样是对于法权的一种现象学考察，就此来说显然受到了黑格尔《现象学》的影响，即该书是对于精神的一种现象学考察，②但从法权角度对于普遍同质国家的分析论证，这本身就与《现象学》和《黑格尔导读》的批判性考察有着明显的区别，从某种意义上说，它更切合于黑格尔的《法哲学》。

在《现象学》的解读中，科耶夫偏重于历史进程的批判性，对于作为异质国家的教化世界，科耶夫的态度基本上是否定的，这一点与黑格尔《现象学》的倾向是大致吻合的，但是，随着历史的终结和普遍同质国家的到来，如何解释这个全新的社会政治形态，单纯依照《现象学》的否定性原则是无法说清楚的。也就是说，后历史的普遍同质国家是怎样一个社会政治形态？一个欲望满足的社会究竟是怎样的？一个自由的与他人完全没有区别的个人又具有什么意义？生活的价值又体现在哪里？这一系列问题是科耶夫所面对的重大问题，为了解决这个问题，科耶夫在他的另外一部著作——《法权现象学》中提出了一种新的看法。实际

---

① 在中国的语境中，毛泽东的"春风杨柳万千条，六亿神州尽舜尧"的诗句可谓这种神—人意识的经典写照。

② 科耶夫在《法权现象学》的开篇就写道："研究人类的现实而迟早不进入法权现象是不可能的，特别是当人们考察这个现实的政治方面，尤其是当人们关注于与国家宪法相关的问题时，因为宪法这个概念本身既是一个政治概念又是一个司法概念。遗憾的是，法权现象至今仍然没有一个普遍可以接受和真正令人满意的定义。"科耶夫并不准备给予这个法权现象一种本体论的和形而上学的考察，而是试图给予"一种现象学的描述"。参见 Kojève, *Outline of a Phenomenology of Right*, pp.29—30。

上,科耶夫的从《黑格尔导读》到《法权现象学》的路径,与黑格尔的从《现象学》到《法哲学》的路径具有着某种惊人的相似性,因为困扰他们两人的理论问题似乎是一致的。只不过黑格尔在《法哲学》中采取了更加保守的自由主义的政治观,接受历史存在的合理性,而科耶夫却是顽固地坚持他的社会主义的政治观,但正像从《现象学》到《法哲学》,黑格尔的思想观点已经发生了很大的变化一样,科耶夫的《法权现象学》与他的《黑格尔导读》相比,也同样发生了一些重大的变化。

  前面我们指出,《现象学》主奴斗争的相互承认理论在《法哲学》那里通过市民社会而获得了一种转变,虽然市民社会是一个多少有些庸俗的经济社会,但毕竟相互承认的基础被确立在一个法权的体系之上,在那里自由基于法律,法律为权利的实现提供了坚实的保障。尽管市民社会的法律最终依赖于一个实体国家的政治法,但政治国家并没有取消市民社会的多样性和特殊性,因此也就不存在普遍同质的问题。但对于一个所谓的后历史的普遍同质国家来说,法权问题是不存在的,至少市民社会的法律——市民法是没有必要的,最多只是需要一种政治法,而且是世界历史的政治法——国际公法。因为普遍同质了,没有差别性与特殊性了,只存在公民与国家的政治关系,而且由于达到了自我意识,甚至这样的关系也无须法律来调整。上述路径可以说是《黑格尔导读》一书的路径,或者说可以依照这样的路径来理解科耶夫的普遍同质国家,很多人就是这样来理解的,如福山、德鲁丽,甚至布鲁姆就是如此看待科耶夫的普遍同质国家的,科耶夫在《黑格尔导读》一书中展示的逻辑确实就是如此。人们有理由认为科耶夫的普遍同质国家所对应的现实既可能是苏联的古拉格群岛,也可能是经济繁荣、科技发达的美国资本主义,它们在政治形态的本质方面具有着同构性。德鲁丽指出:"科耶夫并不看重华盛顿与莫斯科之间差别的意义,在他看来,两个超级大国之间的冲突并非政治的或意识形态的。在谁的方法最能有效地达到目的的问题上,它们主要是经济的竞争伙伴,它们是有关手段的冲突,而非目的的冲突。两个超级大国分享共同的目的和价值——它们意欲创造一个男人和女人的平等、繁荣的普遍社会。自从拿破仑的1806年的耶拿之战以来,这个目的问题就已经解决,从那时起,地球上的各民族分享着共同的原则、希望和梦想。"①

真实的情况并非如此,或者说并非全部如此,至少科耶夫在《法权现象学》中对于普遍同质国家的看法就与《黑格尔导读》不同。奇怪的是,《法权现象学》写于《黑格尔导读》大体相同的同一个时期,即1943年完成,与1933—1939年的《黑格尔导读》讲义相差并没有几年,究竟是科耶夫的观点本来就分别单独地体现在两部著作中,还是科耶夫的《法权现象学》确实是对《黑格尔导读》观点的修正,看来仍然是一个有待深入研究的问题,但无论怎么说,《法权现象学》开辟了一个从法权角度阐释人类历史政治、特殊异质国家与普遍同质国家的新的路径。

科耶夫在《法权现象学》中提出一个新的概念——法权(Droit),这个概念在《现象学》的解读中是不存在的,或者说并不占据核心地位,而在黑格尔的《法哲学》中不但存在,而且占有突出的地位。但黑格尔《法哲学》中的法权所针对的是一个科耶夫意义上的所谓的特殊异质国家,因此,我们在此所要解决的第一个问题便是,科耶夫《法权现象学》的法权概念与黑格尔《法哲学》的法权概念有什么区别。从一般的定义来看,两部书中的法权是同一个词汇,德文 das Recht,法文 Droit,英文 Right,②可以译为"权利"或者"法",但在德国思想的语境中翻译成"法权"似乎更加贴合其本意,指通过法律而赋予社会成员的一种权利资格,具有着法律与正义双重含义。对此,科耶夫与黑格尔似乎并没有什么疑义,黑格尔的《法哲学》也是一种法权的权利体系,但是,在对法权的进一步解释中我们发现,科耶夫与黑格尔的《法哲学》相比发生了重大的变化,因

---

① Shadia B. Drury, *Alexandre Kojève: The Roots of Postmodern Politics*, p. 44. 以此观点来看,福山所谓历史终结于自由民主的资本主义制度对于社会主义的极权制度的胜利的观点,显然不符合科耶夫的历史终结理论,因此,有论者认为,福山误读了科耶夫。例如,施特劳斯的一位弟子塔马斯就批判了福山对于科耶夫的误读,他认为"不像福山先生那样,我认为'历史终结'是自由主义乌托邦的一个部分,这既是自由主义的乌托邦,也是社会主义的乌托邦,尽管社会主义已经被打败了。我相信恰恰是'历史终结'的观念本身已经走向了终结,这是一个对自由主义和社会主义来说共同的概念。"见《驯服欲望》,前揭,第121页。另请参见库伯有关古拉格群岛和美国两种生存状态与科耶夫普遍同质国家的对应关系的分析。Barry Cooper, *The End of History: An Essay on Modern Hegelianism*, pp. 244—327.

② 由于科耶夫的 Droit 并不仅仅包含 Right 的(公正)权利的含义,在更多的时候还包括法的意义,因此,在《法权现象学》的英译本中,译者在相当多的地方并没有翻译,而是直接保持了法文 Droit 原词。

为在科耶夫那里，构成这个法权赖以为基础的是一个普遍同质的国家，并不是黑格尔的市民社会或宪政君主制的政治国家。

实际上，从法权的角度触及后历史的普遍同质国家问题，就是对《黑格尔导读》的一种修正，马克思设想的共产主义就不需要法律，科耶夫的《法权现象学》所着重探讨的基本上是一个未来欧洲的经济—司法—政治的共同体架构。[①] 按照科耶夫《法权现象学》的理解，后拿破仑时代仍然是一个需要法律调整的国家形态，尽管这个国家形态的普遍本性已不同于特殊异质国家，而是一个普遍同质国家。显然，科耶夫在《现象学》解读之后企图重新建构一个新的政治国家理论，这个理论当然是对于《现象学》批判性的教化世界理论的一种超越，因为主奴辩证法在这样一个新的国家结构中已经失去了效准，后拿破仑时代的新型国家既不是古代贵族制的城邦国家，也不是黑格尔《法哲学》的市民社会的国家，而是一个容纳了法权原则的普遍同质国家，他的《法权现象学》便是为这样一个普遍同质国家提供一个正义的法权基础。科耶夫写道："现在，当所有人不仅在司法上，即'在法律面前'，而且在政治上和社会上，也就是说在事实上是平等的和对等的时候，那个对任何一方的权利和责任的对等原则与对所有人的权利和责任的平等原则叠合在一起的绝对法权，才可能成为现实。换言之，绝对法权只能存在于普遍同质国家，反过来说，只有当这个国家在定义上既没有变化又没有毁坏（外部的和国内的战争除外），存在于这个国家的才将是绝对的法权，这个法权将

[①] 参见霍斯和弗洛斯特在《法权现象学》英文版的"导言论文"："《纲要》所提出的普遍和均质的国家是有待实现的东西，实现的途径不是通过僭政或者帝国，而是通过国家间的法律整合（或一体化），由此产生某种超国家的宪政秩序，由单一而明确的法权概念所渗透和联合。"见《驯服欲望》，前揭，第91页。"安德森恰切地认为，《纲要》是科耶夫著作中内涵最丰富的著作。这部被讨论得最少的著作，对于完整理解历史终结理念及其对人类命运的意味，将是不可或缺的。是否可能有真正的人类秩序会超越民族国家？或者说，全球化是否必然要求充满冲突的（渐进）国家屈服于全球市场的（混乱）秩序？世界法律是否必须为了技术官僚制而牺牲政治？是否能够或是否应该从民族主义—社团主义立场来阻止民族国家显然的衰弱？或者，正如哈贝马斯近期论证的那样，人们是否应该尝试在市场本身所诉求的地域范围去实现跨国的社会正义？对当今的法律理论和社会理论来说，这些显然是中心议题，因为这关系到在承诺和战略上的根本抉择。科耶夫把普遍均质国家视为完成的法律秩序，这一理念，尤其是使此国家得以出现的法权概念——平等（法律之下的平等地位）和对等（equivalence，互相对应的社会、经济上的利益和负担）的综合，具有很大的潜力来深化——也许从根本上重构——当前有关全球化、法律和政治物命运的热点讨论。"见《驯服欲望》，前揭，第92页。

不再变化:它将是永恒的和普遍巩固的。作为诉讼当事人的政治的与社会的平等与对等原则的准绳,这个法权同时既是平等的又是对等的。"①

在科耶夫看来,黑格尔《法哲学》的错误在于,它居然在一个特殊异质的国家中建立起一个法权的体系,这样一来,就把《现象学》的历史性批判意义消除了,在一个特殊异质的异化世界是不可能建立起一种真正正义的法权体系的。所以,按照科耶夫—马克思的理解,黑格尔的《法哲学》是对一种虚伪的资产阶级社会的辩护,马克思对它的批判是必然的,因为在《法哲学》那里黑格尔企图为一个异质的处在历史进程中的资产阶级的国家体系提供一种法权的正义性,这不可能为这个历史进程中的革命阶级所认同。无产阶级作为资本主义异质社会的反对者,在马克思的阶级斗争理论中达到了自我意识,从而把黑格尔的资产阶级法权给予彻底的铲除。与马克思废除法权的思想不同,科耶夫的普遍同质国家还是需要法权的,但已经不是黑格尔的资产阶级的法权,而是新型国家的法权。我们看到,在《法权现象学》一书中,科耶夫对于法权问题做了深入的分析研究,提出了一个核心命题,那就是,普遍同质国家的法权是集平等(equality)原则与对等(equivalence)原则于一身的综合的公正(equity)的法权原则。

传统的法律理论对于法权的理解基本是一种平等意义上的法权,黑格尔在《法哲学》中通过平等的法权概念从而把罗马法中相互承认的原则表述为市民社会和政治国家所要遵循的基本原则。不同的个体尽管在等级、能力、职业、性别、年龄等方面是有差别的,但国家颁布的法权体系赋予了每个人在法律面前的平等地位,可以说平等的法权原则是自由主义法律学说的中心内容。无论是黑格尔的法律学说,还是凯尔森的法律学说,以及现代各种自由主义的法律理论,都把平等视为法律的中心概念;法权平等意味着形式与程序的客观公正,法律平等并不意味着内容平等,特别是不意味着经济上的财产平等。② 黑格尔作为一位保守

---

① Kojève, *Outline of a Phenomenology of Right*, p.268.
② 参见《法哲学》:"人们当然是平等的,但他们仅仅作为人,即在他们的占有来源上,是平等的。从这个意义说,每个人都必须拥有财产。所以我们如果要谈平等,所谈的应该就是这种平等。但是特殊性的规定,即我占有多少的问题,却不属于这个范围。因此可见,正义要求各人的财产一律平等这种主张是错误的,因为正义所要求的仅仅是各人都应该有财产而已。"前揭,第58页。

的资产阶级思想家,他的《法哲学》不但不主张社会的同质划一,反而赞同一种等级制的社会结构①,认为一个和谐的市民社会在平等法权的保障之下需要不同社会等级的存在,而这恰恰是科耶夫所谓的特殊异质国家。

在科耶夫看来,平等的法权原则并不是市民社会的法权原则,或他所谓的现代资产阶级国家的原则,而是主人的法权原则,在人类历史的起点上,追求相互承认的主人所遵循的原则,就是这种潜伏在生死战斗之下的平等原则,因此,平等的法权是一种政治意义上的法权观念。由此可见,平等的法权原则是高贵的、超越性的,它只能在国家公民中存在,即作为士兵公民的奴隶主之间存在,因为他们为此付出了代价,愿意拿生命去冒险,去战斗,并且最终赢得了胜利,成为国家的主人,所以,平等的法权原则本质上是一种政治法的正义原则。而奴隶是不享有平等法权的,因为他们不愿付出代价,没有拼死一搏,所以在主奴之间,在奴隶之间是不存在平等的法权原则的。就这个意义来说,作为私法的罗马法并不以平等为它的正义基础,罗马私法的平等原则并不是科耶夫所理解的平等法权。

那么,在主奴之间,在奴隶之间,特别是在现代意义上的市民社会的市民之间,所依据的法权原则是什么呢?在科耶夫看来,这个原则便是对等的法权原则。对等的法权是科耶夫在《法权现象学》中所提出的一个重要的概念,也是解释人类历史社会的一个基本的原则。所谓对等原则与平等原则不同,它是一种交换性的平等,即基于契约性的公正原则。在一个涉及利益的经济社会,需要建构一种调整个人利益的法律体系,这个体系的中心并不是给予每个人以形式平等的法权,而是建立一种实质上的交换。②按照科耶夫的看法,其实对等的关系早在主奴关系中就存在了,奴隶以臣服为交换代价与奴隶主之间的关系就是一种对等

---

① 黑格尔认为,在分享社会财富的过程中,人们由于在需要、满足需要的方式、教养等方面分别属于不同的特殊体系,因此必然产生身份等级的区别。在《法哲学》中,他具体地划分了三个不同的社会等级,一个是实体性的等级,包括地主、贵族在内的产业等级,二是从事手工业、工业和商业的产业等级,三是以官吏组成的普遍等级。在黑格尔看来,三个等级的差别性构成了国家的一个重要的基础,它们与家庭一样,是一个资产阶级国家的比不可少的组成部分。参见《法哲学》,前揭,第212页。

② 参见 Kojève, *Outline of a Phenomenology of Right*, pp.218—231.

的关系，只不过这个关系还是潜在的，未成为普遍的原则，真正的对等原则是在贵族制社会以后的现代社会里实现的，可以说，在拿破仑导致的历史终结之前的整个人类历史过程，起主导地位的就是这样一个对等的法权原则，它对应的是黑格尔《法哲学》的市民社会。不过，黑格尔在《法哲学》中把这个原则称之为罗马法的平等原则，实在是错误地理解了它的本质，在科耶夫看来，罗马私法或市民社会的法律的本质不是平等原则，而是对等原则，因为它基于权利与义务的交换，当然这种交换是自愿平等的交换，但这个原则的重心此时不在平等上，而在交换上。①

从对等法权的角度来考察《现象学》的异化社会，这已经与《黑格尔导读》有了很大的区别，至少它承认存在着一种特殊异质国家的法权状态，就此来说，科耶夫的思想与黑格尔的《法哲学》有了一致之处。所不同的是，黑格尔认为作为市民社会之基础的罗马法权原则是一个平等原则，科耶夫认为占主导的是一个对等原则，他们对于特殊异质社会的两个法权原则的认识存在着分歧。在我看来，之所以存在分歧，是基于一个更大的问题，那就是，黑格尔的法权社会只是一个资产阶级的市民社会，而对于科耶夫来说，这个前拿破仑帝国的历史社会，作为古代贵族制城邦国家之后的现代奴隶社会，是一个既包含资本主义又包含着贵族制的特殊异质社会②，可以说在历史终结的普遍同质国家之前的各种社会形态，甚至包括社会主义，都是对等的法权原则占主导的历史社会，都还是一个特殊异质的国家。只不过社会主义的法权原则与资本主义的相比，对等原则的比重更大一些，更根本一些，但仍然不属于科耶夫意义上的纯粹的普遍同质国家。当然，普遍同质国家的法权原则在科耶夫看来，既不是单方面的平等原则，也不是单方面的对等原则，而是两个原则的综合。但纯粹的普遍同质状态毕竟只是一个理想的未来状态，并不是后历史时代的直接现实。需要指出的是，科耶夫的思想在《黑格尔导读》和《法权现象学》两书中有所不同。在前一部书中，他在拿破仑帝国之后直接进入对于普遍同质国家的论述，着重探讨的是绝对法权的

---

① 参见 Kojève, *Outline of a Phenomenology of Right*, pp. 427—437.
② 福山对于这个社会的理解是错误的，所以，他才提出了一个资本主义对社会主义全面胜利的历史终结论。对此，招致了不少论者对他误读科耶夫的批评，见本文注释143。

纯粹状态；而在后一部书中，他的思想更趋于现实，正像马克思的共产主义到来之前还有一个社会主义的漫长的过渡阶段一样，他认为拿破仑帝国只是意味着一个普遍同质国家的开始，在此之后也还有一个漫长的过渡阶段。这个趋向普遍同质国家的过渡阶段，在他看来，既是一个苏联式的社会主义国家，也是美国式的高度发达的资本主义国家，或者最合意的是集合两种体制于一身的国家——他心目中未来的经济—司法—政治合一的欧共体。在这个准普遍同质国家，虽然平等与对等两种法权原则的绝对综合还不可能达到，还没有达到绝对的公平，但基本上还是实现了两个原则的非纯粹的综合。对此，他写道："资本主义的综合是不纯粹的，它允许大量的等级存在，在那里畅行着众多的资本主义的财产权。在历史的进化中，即它们的辩证法中，这些权利趋向于一个同一的标准，达到一种在社会主义的财产权之下的贵族的平等与资产阶级的对等两个原则的纯粹的因而必然是永久不变的综合，这个综合是未来普遍同质国家的法权体系的一个部分。"①

按照《黑格尔导读》的《现象学》解读路径，在一个所谓绝对的普遍同质国家，由于人们之间在欲望和满足欲望的方式方面已经没有了差别，所以从根本上说，也就达到了综合平等与对等两个原则的绝对的公正，因此，法权原则似乎也就没有存在的必要了，而这并不是《法权现象学》的内容。对于科耶夫来说，他的《法权现象学》所论述的主要内容是一个趋向绝对法权的现象学过程，因此，他更关注一个准普遍同质国家的法权，即朝向绝对综合的动力学机制，至于这个准普遍同质国家是社会主义还是欧共体，并没有实质性的意义。为了说明这个趋向的内涵，科耶夫曾列举一个著名的例子加以说明，对此，霍斯和弗洛斯特在"导言

---

① Kojève, *Outline of a Phenomenology of Right*, p.450.对此，科耶夫曾以合约为例进一步论述道："在一个经济社会，有基于特定成员之间的平等原则之上的合约的贵族的法权，也有基于众多成员的对等原则之上的合约的资产阶级的法权，但这两种法权从来没有在一个纯粹的国家里存在。所有真实的合约的法权都是一个综合性的法权，一个基于把平等与对等综合起来的公正原则之上的公民的法权。——在达到纯粹的，即永恒不变的绝对的法权之前，这种综合意味着两个原则中的一个或多或少地占主导地位，由此产生了大量不同的合约的法权，它们不是贵族的，就是资产阶级的。一个原则占主导，必然引起另一个原则的反对，反过来同样如此，这个辩证法持续到一个纯粹均衡状态的出现，即巩固确切地实现出合约的绝对的法权，它只是在未来的普遍同质国家的经济社会的法权中达到，就目前已经出现的人类现实的有限范围内，它还从未实现。"见 Kojève, *Outline of a Phenomenology of Right*, pp.469—470.

论文"中专门做了分析,这个例子很能说明问题,在此我们也不妨引用一番。科耶夫写道:"假设是这样一回事:在两个人之间分配晚餐,其中一个人已吃了中饭,另一个则没有。于是,我们会说,给后者多一点的分法是正当的(just)。同样,我们会说,给儿童一块比给成年人的蛋糕要大的蛋糕是正当的。同样正当的是,让体弱的人拎的东西比身强力壮的人拎的少,这是来自于公正的理想;残疾人的实践是天生的(born)。从此再跨一步,就可以主张,把东西给最欲求(desire)它的人是正当的。还有一种通常的说法,把它给最需要的人是正当的(参考'共产主义'社会原则:按需分配)。或反过来讲,把东西给予那个为了拥有它已尽了最大努力的人是正当的(参考'社会主义'社会原则:按劳分配)——诸如此类。"[1]

在霍斯和弗洛斯特看来,科耶夫通过上述例子要说明的不是绝对法权的纯粹状态,而是不纯粹的处于朝向纯粹综合状态的准普遍同质国家的法权状态,在那里,平等与对等两个原则还不时处于张力的关系之中,单独的任何一方都有局限。但重要的是,在这个准普遍同质国家的状态下,综合的趋势压倒了任何一方的独霸性,一方的局限总能获得另一方的克服,虽然这种克服还不是绝对的,还存在着争议,但暴力性的冲突并不会出现。例如,"按 merits 分配体现了对等,因为它可以正当地把不同的份额给予不同的人,另外还体现了机会平等。前一种条件和报酬的差异(其实是工作上的)只能归咎于 merits 的差异,假定他们的 merits 没有因天生的缺陷或其他偶然因素而受到根本性影响。通过创造平等的机遇和机会,社会主义的公平综合是可能的,因此,条件和报酬的差异就其对等而言是正当的。由于缺乏应得权力(entitlements,如教育)来确保机会平等(在社会主义,是公民的'地位'),平等和对等之

---

[1] 见 Kojève, *Outline of a Phenomenology of Right*, p.450. 科耶夫继续分析道:"平等原则将要求在那些享有法权(droit)的人之间有相同份额,且另无考虑。但对等原则要问,平等的份额是否对等。如果观察到,有的人比别的人更饿,不对等显示出来了。食物的分法也因此不同了,即按照饥饿程度有比例地分配。对等原则就此得到满足,也就没事了。不过,份额不平等也会引起别的原则被违背,那就开始新的尝试去消弥。接着,为了不违背对等原则,就有必要消除加入者的非平等性。由此要问,为什么有的人比别人更饿,如果观察到的事实是,原因是有的人吃了中饭,有的人没有。那好,就从现在开始,大家都有中饭吃。"参见《驯服欲望》,前揭,第112—114页。

间始终会保持程度不一的张力"①。

综上所述,我们看到,科耶夫提出综合平等与对等的公正的法权原则有着明显的西方 20 世纪以来出现的所谓福利国家的社会背景,而就理论形态来说,尽管这个法权理论表现出浓厚的黑格尔哲学的气息,并服膺于社会主义的政治经济学原则,但细读一番却与纯粹的美国政治思想家罗尔斯的《正义论》有着异曲同工之妙。罗尔斯《正义论》的两个基本原则,即自由平等原则和差异原则,与科耶夫《法权现象学》的平等原则和对等原则,在很多方面是非常一致的,自由平等原则和平等法权原则提供的是一个自由主义的形式平等理论,而差异原则和对等法权原则提供的则是福利国家的社会主义经济平等理论,它们所要解决的关键问题是一个立足于财产分配上的实质正义问题,说到底仍然还是一个后资本主义社会的相互承认的实质问题。这个问题的核心在于,尽管现代社会在法律制度上为每个人提供了一个形式平等的法权资格,但在这样一个同质的形式平等的法律制度之下,还需要提供另外一个解决经济平等的机制,而这个平等机制是通过政治国家的再分配给予调整的。② 这样,围绕着上述问题,就摆脱不了政治国家,因此,如何处理政治与法权的关系,就成为科耶夫《法权现象学》的另一个中心议题。

七、历史终结之后的"政治"消解了吗?

前面我们对于科耶夫《现象学》的创造性解读给予了一种批判性的分析考察,并且指出,在黑格尔的《现象学》和《法哲学》之中存在着两种不同的理论路径,它们涉及相互承认的法权基础这样一个政治哲学和法哲学的实质问题,涉及一个社会政治共同体得以存在和维系的正义性问题。按照我的看法,在科耶夫对于黑格尔《现象学》的解读中虽然呈现出一系列创造性的思想,但它的路径仍然是一条从《现象学》经过马克思到现代左派的政治哲学路径,而从黑格尔的《现象学》到《法哲学》也

---

① 《驯服欲望》,前揭,第 113 页。
② 当然,上述理论受到了以哈耶克为代表的古典自由主义的批判。另参见哈耶克的《法律、立法与自由》(前揭)、《通往奴役之路》(王明毅等译,中国社会科学出版社 1997 年版),以及拙著《法律秩序与自由正义——哈耶克的法律与宪政思想》,前揭。

呈现着另外一条古典的权威自由主义的路径，对此科耶夫虽然尽力回避，但在他的《法权现象学》一书中却仍然不可避免地表现出来。应该看到，科耶夫提出后拿破仑时代的普遍同质国家问题，不是空穴来风，而是具有着深刻的社会历史背景，体现着他对于现代社会政治的一种回应。20世纪以来，随着世界范围内的马克思主义理论与实践的深入、社会主义政治国家的出现、西方在经历了两次世界大战的困扰以及科技与经济的高度发达与繁荣，尤其是福利国家政策的兴起，整个世界未来的走向已经发生了深刻的变化。无论是美国新政以来的民主政治实践，以及以罗尔斯为代表的左派自由主义政治理论的凸显，还是欧洲社会政治中第三条道路的畅行，以及欧共体这样一个未来经济—司法—政治共同体的日渐成型，都从不同的方面印证了科耶夫在30年代解读黑格尔《现象学》时提出的上述理论问题的重要性。

科耶夫理论的浮出水面，要归功于福山这位美国的施特劳斯学派的弟子，在上个世纪90年代，随着苏联的解体和冷战的结束，福山提出了一个所谓历史终结的政治理论，在一段时间内引起了学术界的高度重视，并且导致了一场理论上的论战。福山的理论并非什么创新，直接是从科耶夫的思想中照搬出来的，从某种意义上说，科耶夫对于《现象学》的解读被福山充分地加以利用，并做了进一步的发挥，才有了所谓冷战之后的以美国为代表的自由民主制度全面取胜的历史终结论。这套理论如果深究起来，实际上它是福山基于科耶夫《现象学》解读的误读之上而提出的，现在我们的问题倒不是探讨福山是有意的曲解还是无意的误读，而在于他为什么与科耶夫一样会提出一个历史终结的问题，这是关键。正像科耶夫在20世纪30年代所回应的并不是单纯的黑格尔哲学，福山在90年代回应的也不单纯是科耶夫的《现象学》解读，他们都是借助于理论的拐杖来解答现实社会的政治问题，只不过福山的结论未免太乐观了一些，他匆忙地从科耶夫《现象学》的解读中找到了一个可以用来论证冷战后国际政治新格局的理论路径，殊不知他的这套功夫只是停留在形式上，并完全没有读懂科耶夫的深意，当然也同样是歪曲了黑格尔。

按照福山的理解，冷战结束表明自由民主制度的全面胜利，而历史正是在这样一个资本主义制度的胜利之后走到了它的尽头。这个历史的终结论，其关键在于把《现象学》的人类历史过程放到一个资本主义与共产主义殊死斗争的政治场景之中来加以论述,实际上在黑格尔的《现象学》那里,从来就没有出现过所谓的资本主义民主制度与社会主义极权制度之间的斗争这样一个主题。而这个政治斗争的哲学恰恰是施米特敌友论的政治观点,科耶夫的《现象学》解读从某种意义上来说也接受了这个划分敌友的政治观点,只不过科耶夫提出的是一种社会主义对于资本主义的胜利并最终达到一种普遍同质化国家的观点,福山恰恰是在这个问题上搞混淆了,他把科耶夫的观点颠倒过来,成为论证资本主义对于社会主义胜利并导致历史终结的理论支柱。但是,我们并不能因为福山的上述论证而忽视了这样一个事实,那就是,在20世纪末期的世界政治舞台上,相对于以苏联为代表的社会主义制度,所谓的资本主义自由民主制度是占上风的。问题在于,这一形势的法权基础究竟是什么? 所谓的"胜利"又究竟意味着什么? 在这个问题上,福山显然陷入了理论的盲点,甚至科耶夫也未能幸免,他们都没有看到导致如此结局的——无论是拿破仑帝国之后的普遍同质国家,还是以美国为代表的自由民主制度,并不是敌友论的政治,而是化敌为友的法律,是非政治斗争的相互承认的法权原则。①实际上,所谓的胜利并不意味着历史的终结,科耶夫与福山都忽视了黑格尔《法哲学》的相互承认的法权原则,按照黑格尔的辩证法,任何斗争的双方,其结果都不是单一的一个方面获得胜利,矛盾的对立面是在相互扬弃的和解中达到一个新结果的,冷战的结束并不意味着作为冷战一方的资本主义或社会主义的胜利,更不意味着一方占主导地位的人类历史的终结。

---

① 对于这个法权问题,福山的批评者很少有人提及,倒是霍斯和弗洛斯特两位英文译者正确地指出了这个问题,他们写道:"福山的'历史终结'理念,基于借用科耶夫《黑格尔导读》中的思想或试图予以完善,或许更可能源于科耶夫与施特劳斯有关僭政的对话。在这一尝试中,福山从未试图去把握科耶夫的《法权现象学纲要》,无视该著对'普遍和均质国家'更为综合、更为缜密的处理。这导致福山推出的有关历史终结的整个辩论显得贫瘠单薄。不过,左派社会评论家安德森注意到,《纲要》提示的极为不同的科耶夫的行动纲领,在科耶夫与施特劳斯的交流中还没有呈现过(在福山大感兴趣的有关后历史的末人的评论中,则根本被忽略了)。《纲要》所提出的普遍和均质的国家是有待实现的东西,实现的途径不是通过僭政或者帝国,而是通过国家间的法律整合化(或一体化),由此产生某种超国家的宪政秩序,由单一而明确的法权概念所渗透和联结。这一最终秩序的居民根本不是畜生,不是虚无主义者或者玩世不恭的自命不凡者,而是公民、工人、家庭成员,他们有着与其各自的角色相称且互相的权利和义务。其真正属人的心满意足是通过工作上的被承认和家庭中的爱而得到实现的。最终秩序将是'超自由目标'的实现:人治完全会被法治所取代。确实,施米特意义上的政治和国家将不复存在——所有的经济社会关系,甚至那些传统上被看作主权国家间的关系,均将由司法来规范。更有甚者,法权概念作为这一普遍司法秩序得以实现的基础,将是一种综合,把资产阶级的市场公正因素与社会主义的平等因素合为一体。"见《征服欲望》,前揭,第90—92页。

鉴于此，我们不得不重新审视有关历史终结的理论，探讨一下究竟是否存在历史的终结。显然，科耶夫的《现象学》解读确实勾勒出历史终结的图景，但正像我们前面所指出的，这个理论是建立在一种主奴斗争的否定性原则之上的，而黑格尔的《法哲学》却并没有为我们提供这样一种历史终结的理论，《法哲学》并没有为历史终结之后的所谓最后之人或普遍同质的个人留下什么空间。相反，《法哲学》提供的乃是一个充满生机的市民社会，在那里历史依然延续着，而且只要市民社会存在，人类历史便永远不可能终结，尽管黑格尔提出了一种人类历史逻辑的完成，但逻辑的完成并不对等于历史的完成，《法哲学》提出的市民社会与政治国家合为一体的人类共同体是一个可以持续下来的社会组织形态，是地上的客观精神。因此，要揭示历史终结的不可能性，我们有必要从《现象学》回到《法哲学》的路径上来。

与福山相比，科耶夫的思想是原创性的，他对于黑格尔《现象学》的解读确实开辟了一条新马克思主义的理论路径。沿着这条路径一路走下来，关于后历史的普遍同质国家，在西方的政治理论界大致存在着两种具有现实对应的解释：一种是以美国的科技发达、经济繁荣为蓝本的解释，福山的《历史的终结及最后之人》一书可谓这种解释的代表①，此外，德鲁丽的评论以及库伯的有关论述也涉及到这个方面。② 另外一种

---

① 福山 1989 年在《国家利益》杂志上发表的题为"历史的终结?"一文与他后来出版的《历史的终结及最后之人》一书，两者所探讨问题的侧重点有所不同，文章集中论述的是历史终结问题，书中集中论述的则是后历史下的人的存在状况问题。

② 例如，德鲁丽在讨论到"历史终结"问题时，对于科耶夫的观点有一番较为全面的总结，她写道："历史是人寻求满足的历史，这个历史只有当人们在经济、心理和政治等每一个方面都获得最终满足时才能达到终结。从经济上看，历史终结于资本主义，后者促进了人对于自然的征服，并开创了一个全球繁荣的世界。从政治上看，历史终结于普遍同质国家，这个国家就其包含了全球来说，它是普遍性的，就其是一个无阶级的社会，或没有等级制度，没有主人奴隶之分的社会——在其中没有一个人的'生活前景'(正像罗尔斯所说的)是由他们的阶级所决定的——来说，它是同质性的。从政治上看，由冲突的远景和不可把握的目标所导致的世界大战让位于在一个联系所有人的普遍社会中的协商、和解和同质性。这并不是说这个国家将消亡，相反，为了达到上述目的，需要一个强大的国家。科耶夫宣称，终极国家或普遍国家将需要一位普遍的僭主。从哲学上看，历史终结于绝对知识，在历史终结之际，作为爱智慧的哲学将让位于智慧或知识本身，作为意识形态将让位于真理，哲学家将由智者来取代。艺术上看，历史终结于抽象艺术，以前时代的绘画艺术倾向于描绘文化上的特殊景观，反映文化的差异，随着普遍同质国家的到来，这些差异将成为过去，因此抽象艺术适合于历史终结时期的生活状况。从心理上看，历史终结于人对于自己死亡本性的接受，并能够真实地面对死亡。历史终结于无神论。" Shadia B. Drury: *Alexandre Kojève: The Roots of Postmodern Politics*, pp. 41—42. 另参见 Barry Cooper, *The End of History: An Essay on Modern Hegelianism*, pp. 244—327.

则是苏联式的社会主义,尤其是古拉格群岛的地狱生活为蓝本的解释,库伯在《历史的终结:论现代黑格尔主义》一书中曾经有过论述①,德鲁丽也讨论到这个古拉格群岛问题。②关于后一方面的现实对应,科耶夫虽然或许没有读到索尔仁尼琴的《古拉格群岛》,但他对于斯大林的极权统治还是有所警觉的,这也导致了他的思想在《法权现象学》中的变化,不过尽管如此,他的社会主义的理想信念仍然没有根本性的转变,后来有关欧共体的设想还是充满了社会主义的正义话语。至于对前一个方面的现实对应,科耶夫也有某种预感,正像布鲁姆所指出的:"正是涉及到他对历史终结时的人的刻画,科耶夫教诲中最引人注目的一个困难出现了。正如人们期望的,他的诚实和明晰使他自个儿挑明了这个困难。如果黑格尔所说的'历史会实现理性提出的要求'是对的,那么,终结状态的公民应该会由于一切合理的人类渴望都已得到满足而感到享受,它应该是个自由的、理性的存在,他满足于他的处境,行使他一切的力量,是解脱了偏见和压迫的。然而,环顾我们四周,科耶夫如同任何一个睿智的观察者一样,看到了人类任务的完成可能与人性的败坏,人的重新野蛮化甚至重新动物化恰好同时发生。他在第二版附加上的关于日本的注释里谈了这个问题。读完那个注释,人们会纳闷,普遍同质性状态下的公民难道就不是尼采说的'末人'?黑格尔历史主义难道就不会通过一个无法逃避的辩证法把我们推向一种更清醒也更彻底地拒斥理性的历史主义?我们也就被引向黑格尔与尼采的对立,或许甚至更进一步,引向重新考虑黑格尔相信自己已经超越的柏拉图和亚里士多德(而他们在此之前就拒绝了历史主义)的古典哲学。这正是科耶夫——

---

① 库伯写道:"谈到人,我们要考虑到内部的组织制度和外部的政治结果两个方面,就前者来看,它与集中营对于以各种方式出现的普遍同质国家的制度的重要性相关,它们是极其相似的,并可以被扼要地概括出来,看一下苏联的制度,它作为历史过程中的一个事物,可以揭示普遍和同质的重要性意义。"参见 Barry Cooper, *The End of History*: *An Essay on Modern Hegelianism*, p.305.

② 德鲁丽写道:"科耶夫对理性僭政的描绘是令人恐慌的,历史的终结不过是标榜理性胜利的古拉格的登峰造极。糟糕的是,科耶夫居然相信僭政对于贫乏理性的拥抱是不可更改的。值得注意的是,科耶夫试图使他的众多追随者相信我们已经生活在一个理性僭政的锁链之中。理性的专制主义如此牢靠地附着于后现代的想像身上,后现代对于理性拒绝的幻想充分地适合于科耶夫有关在历史终结时理性作为普遍僭主的描绘。所以,一点也不奇怪后现代主义倾向于谩骂理性和它欲成为普遍性的要求,这个普遍性不过是理性掩藏其全球性专制主义的渴望的幌子而已。"Shadia B. Drury: *Alexandre Kojève*: *The Roots of Postmodern Politics*, p.45.

作为沉思这些根本问题为数不多的引路者之一——的特殊价值。"①

尽管上述两种解释的现实对应物,科耶夫不是没有考虑到,但它们并不是他的问题意识的中心内容,至少不是《法权现象学》所要解决的问题。我认为科耶夫真正关注的,不是人的状况问题,而是制度问题,是有关历史终结和普遍同质国家的法律制度与政治制度问题,从实质上说,科耶夫提出的历史终结理论,乃至福山的历史终结理论,其根本点在于政治或政治国家的终结,而不是社会的终结,更不是人的终结。但拿破仑之后或冷战之后,政治究竟能否终结吗?政治从本质上又是什么呢?政治与司法的关系又是怎样的呢?福山的肤浅在于他并没有意识到这个根本性问题,而这恰恰是科耶夫在《法权现象学》所要解决但又最终没能解决的问题。

在《黑格尔导读》一书中,科耶夫的理论对手是施特劳斯,政治或政治国家本身并没有构成问题,他们争论的核心问题是政治与哲学的关系。但在《法权现象学》一书中,科耶夫的理论对手不再是施特劳斯,而是施米特,政治问题成为他们讨论的核心。细读《法权现象学》,我们会发现,该书自始至终有一个巨大的阴影存在着,他就是施米特,施米特可以说是科耶夫《法权现象学》最大的理论对手。全书的主题从某种意义上说,是在与施米特作战,而从实质上说,科耶夫是在与自己作战。因为,科耶夫自己的观点,或者说他的《现象学》解读的理论基石,又是与施米特完全一致的,而且这个基石在《法权现象学》中也并没有彻底消除,并且已经成为该书赖以立足的一个支撑,因此,与施米特的论争实际上是与他自己的论争,与《现象学》解读的论争。我们知道,《黑格尔导读》一书的主导思想,是尽情地发挥马克思所谓的否定的辩证法,其核心在于对人类社会进程的批判性的政治理解。也就是说,主奴冲突的历史哲学原则体现为政治斗争,政治就是划分敌友,就是你死我活的斗争,古代的贵族制城邦国家就是这一敌友政治原则的实现,拿破仑帝国的世界征服同样也是划分敌友的政治斗争。只不过古代的国家是贵族的政治国家,士兵公民是奴隶主,拿破仑的帝国是奴隶的政治国家,士兵公民是现代的奴隶,但他们的职责是一致的,那就是战争,这就是

---

① 参见《巨人与侏儒》,前揭,第35—36页。

政治。可以说,科耶夫的上述观点与施米特的敌友政治论没有什么明显的区别。

不过,《法权现象学》对上述观点有了重大的调整,在科耶夫看来,法权原则,特别是对等性的法权原则,以及把平等与对等两个原则综合在一起的公正原则,成为该书论述的要点。这一转变导致了科耶夫对于施米特的敌友政治论产生了疑虑,至少他认识到在一个社会共同体中,即便是在未来的普遍同质国家之中,敌友划分的政治原则并不是绝对的,甚至是相对的,而且可能是最终要被克服的,与此相反,法权原则以及作为专属性的司法集团可能在人类社会共同体中要起到关键性的作用。这样一来,科耶夫的思想实际上出现了有别于施米特而向黑格尔《法哲学》靠拢的倾向,科耶夫认为,在漫长的人类历史社会,调整社会关系的主导力量或许不再单纯是敌友政治,或政治法的原则,而且还有私法原则,一个超越于敌友之上的第三方的专属性司法势力在其中扮演着主导性的作用。

科耶夫写道:"基本的政治范畴是朋友—敌人和统治者—被治者。"[①]在科耶夫看来,针对上述不同的政治范畴,法权的地位、作用和意义是大不相同的。他写道:"显然,在敌人的政治范畴内,是无所谓法权和正义的。一个法权行之有效的社会,对它的政治敌人既不包含正义的理念,也不意味着法权的行使,因此,从司法推演出政治是不可能的。相反,作为对于司法关系的否定,与敌人的政治关系也与法权无关。事实上,在自主国家和它的敌人之间的关系上,从不存在'无私的'第三方。在朋友的政治范畴内,我们看到它与司法范畴相关。鉴于朋友的政治范畴由敌人的政治范畴所(否定性地)决定,它具有一个不可简单地化约为司法范畴的特殊性质。作为'非敌人',朋友既不与正义也不与法权相关,但政治上的朋友无论如何是与作为司法的保护人密切相关的。作为朋友或者是平等性的朋友,或者是对等性的朋友,他们的关系把他们置于一个有能力调整司法纠纷的'不偏不倚和无私的'第三方(朋友)的管辖之下。他们不是作为政治上的朋友处于这种司法状态之

---

① Kojève, *Outline of a Phenomenology of Right*, p.183.

下。"① 如此看来，法权只是存在于朋友之间，而且特别是存在于作为政治上的朋友之间，科耶夫对于政治朋友的理解是这样的，他们平等地作为一个国家的公民，公民的身份决定了他们是政治上的朋友。但是，与《黑格尔导读》的关注点不同，科耶夫并不认为政治朋友或国家公民的惟一职责是从事对外的敌对战争，而是承认一个非政治战争的广阔的经济社会的存在，这个经济社会，以及基于经济生活之上的文化社会、家庭社会，乃至世界社会(worldly society)等，都是政治朋友的非战争的活动领域，而在那里，是需要并且存在着一个司法调整的法权体系的。关于这个社会，总的来说，科耶夫称之为市民社会。从内容上看，它包括经济财产、生活交往，乃至体育文化娱乐等多样性的内容；从领域上看，它包括家庭、一国的市民社会，乃至多国联系在一起的世界社会。科耶夫写道："(在此)我并不追问在一个现有的阶段，与一个国家共存的社会是存在于这个国家之内还是在它之外，反正这些社会总合起来构成了人们所谓的'市民社会'(过去的德国作家所说的资产阶级社会)。这个市民社会把自己嵌入国家和作为动物性的自然人的个体之间；因为人既不单纯是一个动物，也不单纯是一个公民。他还是总的构成了市民社会的一系列亚政治和跨政治的成员。"②

上述这样一系列的亚政治和跨政治的市民社会，由于它们并不是纯粹的政治国家，其成员各自具有自己的欲望、满足欲望的方式，以及不同的行为能力，因此在他们之间就会出现利益、权利与义务等方面的纠纷，乃至像偷盗、杀人等犯罪行为。所有这些都需要相关的法权体系加以调整，这样就使得法权的存在成为现实，而对于这些法权现象的考察，也就成为科耶夫《法权现象学》中的一个主要内容。科耶夫据此首先对于大量的法权规则做了系统的不同于传统法律理论的形态分类，此后又进一步对一些重要的法权，如公法、刑法、私法，尤其是私法中的家庭社会的法权和经济社会的法权，做了细致的分析，提出了很多独创性的理论观点。我们发现，关于这个方面的论述，科耶夫与黑格尔的《法哲学》在理论上有许多一致之处，科耶夫在《法权现象学》一书中与《黑

---

① Kojève, *Outline of a Phenomenology of Right*, p.183.
② Ibid., p.305.

格尔导读》的偏离和向黑格尔《法哲学》的靠拢，主要也是就此而言的，他不但承认一个市民社会的存在，而且现实地为这个社会提供了一个法权的司法体系，这恰恰也是黑格尔在《法哲学》一书中所做的。

按照科耶夫的观点，对于市民社会的矛盾显然不能采取政治上的划分敌友的方式，而是要采取司法的方式加以解决，为此科耶夫在《法权现象学》中对何为法权，特别是"不偏不倚和无私的"第三方司法力量做了深入的分析。在他看来，"如果有一个不偏不倚和无私的第三方 C，介入两个法权主体 A 和 B，旨在取消一方已压制了或表明要压制另一方行为的作为，那么，法权就存在了。我们知道，A 有权利实施该项作为，B 有义务允许 A 实施该项作为而不能压制，之所以如此，仅仅因为，取消 B 的作为的干涉具有独特性质——即，干涉者是'不偏不倚和无私的'。第三方的干涉之所以被称为'不偏不倚的'，乃因为即使 A 与 B 换位，第三方的干涉是一样的。所谓'无私'，则指第三方对 A 和 B 之间行为的干涉就像任何一个第三方一样，这意味着第三方可以是'任何方'，并因此是惟独出于法权的利益。称此定义是'现象学的'和'行为主义的'，乃因为其出发点不是要把 A 和 B 的权利和义务当作实体来分析，也不是要分析 A 和 B 的存在本身，而是通过第三方在对 A 和 B 的作为的反应中所显明的行为和在世行动来指称这些权利和义务。"①

我们知道，科耶夫在《法权现象学》一开始就指出，他对于法权的定义是一种源于'现象学的'或'行为主义的'方法，并不是本体论的或形而上学的定义方法，但是，正像霍斯和弗洛斯特所指出的，在有关第三方问题上，"这一现象学定义显然包括一种本体论诉求：即涉及到的如此存在者——其作为只出于法权利益——是存在的。从现象学角度可以知悉，人们承认第三方的司法权威，乃因为这第三方在他们看来是只从法权利益来作为的。"② 不过这样一来，有关这个司法第三方的正义本性问题，就成为一个关键性的问题，因此也成为科耶夫在《法权现象学》中所要着重解决的问题。究竟这个司法第三方来自何方？它是由哪

---

① 参见科耶夫在《法权现象学》开篇所做的详尽论述，Kojève, *Outline of a Phenomenology of Right*, pp. 42—79. 霍斯和弗洛斯特对此的简要分析，见《驯服欲望》，前揭，第 92—93 页。
② 见《驯服欲望》，前揭，第 93 页。

些因素构成的？它的司法权力的限度与范围在哪里？其正当性的本性是什么？与政治势力的关系又是怎样的？等等，上述这些问题成为《法权现象学》的又一个根本性系列问题，可以说它们如果得不到解决，前面所谓的市民社会的法权就无从谈起。也正是在这些问题上，科耶夫提出的一系列观点与黑格尔的《法哲学》有了明显的区别，并且与施米特的理论构成了复杂的关系。

这里首先要涉及科耶夫所谓的另外一组基本的政治范畴，即"统治者—被治者。当然，在实践上，在组织为一个国家的社会中，法官和立法者总是（或多或少的）统治者，而当事人是被治者。为了使法权现实地存在，法官的调整就必然是不可抗拒的，这样一来，法权和法官的现实存在就势必以统治者—被治者关系的存在为前提。当这种关系尚未出现的时候，法权只能是潜在的存在；由于仲裁是一种真正的基于正义观念之上的司法现象，所以，仲裁者对于它的当事人并不必然地是一个统治者。法官的特殊的司法权威，并不与适合于一个主人或领袖那样的统治者的特殊的政治权威相关。"①按照科耶夫的看法，司法第三方的构成者包括立法者、法官和警察等三个方面，这一观点显然与英美传统的司法观有很大的区别，在后者那里，司法是独立于国家的，甚至也是独立于立法的，指的是独立的法官和法院。而科耶夫却认为："当一个社会被组织成一个国家时，惟有国家颁布的法权才现实地存在。这个法权由众多法规的总体性所组成，这些法规与由国家提供强制实施的法官裁决相适应。因此，只有国家无须公民的同意可以剥夺公民的公民资格。公民原则上不能宣布放弃国家颁布的法权的实施的权利，第三方的调整在这种情况下是不可抗拒的。在国家颁布的法权内，第三方代表着国家：在该词的广泛意义上说，它是一个'统治者'或一个'公民公仆'。在它作为司法立法者、法官和司法警察三个具体的化身方面，第三方都是如此。"②

由于司法第三方代表着国家，它的权威来自国家，那么，它与一个国家的政治势力有什么原则性的区别？司法权威的正当性又与政治权威

---

① Kojève, *Outline of a Phenomenology of Right*, p. 184.
② Ibid., p. 283.

的正当性有什么本质性不同呢？对于这个问题，科耶夫有着清醒的认识。在《法权现象学》中，科耶夫首先提出了一个重要的"专属性的"（exclusive）概念，在他看来，在一个国家存在着两个不同的利益集团，一个是政治集团，另一个是司法集团，它们分别代表着不同的利益。前者代表国家的总体利益，特别是在对外的敌友关系方面，政治集团就是国家，在这个敌友关系上，它具有专属的性质，因此，科耶夫把它称之为"专属性政治集团"；后者代表社会的利益，特别是代表着一个抽象的以第三方形式出现的社会利益，在此它处理的是政治朋友之间的经济社会等方面的利益，在这个朋友关系中，或非政治的私人领域中，它同样具有专属的性质，科耶夫把它称之为"专属性司法集团"。因此，所谓"专属的"指的是排他的占有，两个集团各有自己的管辖领域，在敌友政治关系问题上，政治集团专属性的处理，司法集团不得介入，相反，在涉及经济利益等问题的司法领域，司法集团专属性地处理，政治集团不得介入。这样一来，两个集团的管辖范围和各自的职权定位就都获得了明确的规定，政治的归政治，司法的归司法，它们各自的权威性来自它们的专属性。

但是，问题并非如此简单，科耶夫理想中的两个专属性集团的划分在现实的法权状态下，至少面临两个方面的严峻挑战。显然，政治的归政治，司法的归司法，这种理论上的职权划分在现实中并非泾渭分明。

首先来看一个国家内部的法权问题。科耶夫发现，在一国内部政治与司法的区分经常是不明确的。就个人来说，在司法领域，当当事人一方是一个政治人物时，有关他的纠纷是归属司法管辖，还是归属政治事件呢？从理论上讲，当该人发生纠纷的是涉及他私人的利益等方面的问题，即便他是一位政治领袖，也应当归属于司法予以专属性的调整，但是，如何判断该人的纠纷是政治事件还是私人纠纷就是一个现实性的难题。至于专属性的第三者司法化身，如立法者、法官、警察等，他们同时也是一些私人，如何保证他们能以"不偏不倚的和无私的"第三方的角度从事司法裁决，也是一个问题。此外，更为关键的还是另一个难题，这就是，由于专属性司法集团代表着国家，确保它们的裁决得以实施的是国家的政治权力，它们的权威最终依赖于国家的政治本性，因此，如何把它们与国家的专属性政治集团加以区别，仍然是困难的，甚至是不可能的。专属性司法集团所谓的独自的法权利益最终只是形式上的,它无法摆脱与国家政治的本质性联系,所以,科耶夫也承认确实存在着政治集团与司法集团两种权力叠合在一起的情况。

实际上,这里涉及的是有关两种法权的问题,即作为法律的法权与作为政治的法权的问题,前者属于私法领域,所谓专属性司法集团只是在这个私法领域有效,它们的管辖权只存在于市民社会。而后者属于公法领域,包括宪法与行政法,在这个政治领域,起作用的是政治法的法权体系,专属性政治集团在此似乎就扮演了双重的角色,既是政治又是司法,两种职权叠合在一起。科耶夫写道:"公法就其恰当的含义来说,即排除了刑法之外,包括宪法与行政法。一般说来,前者制定国家所有的结构,后者首要的是确定国家与个人或私人之间的关系。事实上,宪法就其广泛的意义来说,除了纯粹和简洁地描述国家的结构或它的地位和组织之外无他。显然,这种描述无论是口头的还是书写的,都与法权无关。说它是一个极小的法权是恰当的,例如,在解剖学意义上对于人的身体的描述就是这样一种法权。它只是对其对象是然的简单的观察,而不是一个符合某种正义理想的应然的承诺。就其自身来看,一个国家的结构和表述它的宪法,既不是正义的也不是非正义的。——如果有人说宪法是一种法律,他必须强调,它是一种政治的法律,而非司法的法律。一部宪法的存在,和一种政治合法性的存在,具有十分重大的(政治)意义。正像孟德斯鸠所注意到的,政治法的缺乏标志着'专制主义'。当统治者可以'任意地'对待被治者,而不是遵循着确定的众所周知的法律,那这个国家就是'专制的'。但这个重要的差别只是程度上的差别,不是原则的差别;因为任何一个国家都能够随时随处修改它的政治法,即修改它的作为一个整体的宪法。因此国家总是'任意地'行为。'合法的'国家与专制的国家之间的差别很类似于一个理性的人与一个冲动的人(他始终改变他的观点并且这样做起来毫无理由——即他人不可预见)之间的差别。在一个'合法的'国家里,毫无司法的情况恰恰是像在一个'专制的'国家里一样:宪法正像'暴君'的'专断的'决定一样,恰恰是没有一点法权或一点司法的法律。这也就是一种在定义上是政治的革命为什么不能从司法上加以谴责的原因。革命的行为是与宪法的法律相矛盾的,但这个法律不是司法的法律,革命的行为在司法上是中立的行为,而非犯罪。如果革命成功了,即如果它用另一种政治法替代了它所废除的政治法,那么便没有什么可争议的,在政治上和在司法上都无可争议。当革命者'成功了',他们变成了国家,即他们独立自主地确定对外(敌人)的关系,作为统治者决定对他们的同胞公民(朋友)的关系。他们体现着国家的'主权'。国家可以按照他们的意志改变宪法。如果革命成功了,人们可以说国家自己改变了它的宪法,对此没有任何可反对的。"①

如此看来,就一国内部同时存在着两种法律,一种是作为正当性权威的司法的法律,一种是作为政治力量或政治暴力的应用的或工具性的政治的法律。在科耶夫看来,司法的法律从根本性上讲是依赖于后一种政治的法律的,因为作为第三方,它的裁决的实施需要国家垄断权力的支持,而且在一个多国构成的世界内,当当事人出逃国外时,更需要一个代表国家主权的政治实体来协调与他国的关系,这些都是司法的法律凭借自身所无法做到的。问题在于,就政治法特别是宪法而言,其正当性是或缺的,暴力的政治法与规范的政治法之间是难以做出区别的,关键在于革命,当有人不堪忍受一国之专属性政治集团的暴力性压迫,他们所能做的不是付诸于司法诉讼,而是付诸于同样是暴力的革命,这样在一国之内就出现了敌友的政治关系,革命者与被革命者的关系是敌友的政治关系,而不是朋友公民之间的司法性关系。革命失败了,他们接受敌人的政治法的惩罚,革命成功了,他们成为统治者,他们就是国家,自己制定或者修改宪法以惩罚被革命者——即过去的统治者,所有这一切都与司法无关。以科耶夫之见,专属性司法集团对于专属性政治集团所能做的最多不过是"'教育'政治集团,并诱使该集团接受司法集团的法权"。②事实上,这种教育的功能是十分有限的。

我们看到,科耶夫在有关一国内部的法权问题上,与施米特的观点是非常一致的,尽管他在《法权现象学》中试图建构一个国家的正当性的法权体系,但其效能是有限度的,最多只是在一个市民社会里有效。所谓专属性司法集团的第三方,它们的"不偏不倚的和无私的"公正性,

---

① Kojève, *Outline of a Phenomenology of Right*, pp. 328—329.
② Ibid., p. 157.

其实施的范围与政治无关。而政治在科耶夫看来，基本是遵循着施米特的路径，完全以敌友关系处理对外和对内的事务，在政治领域是不存在正义与否的，要么是朋友，要么是敌人，施米特决断论的政治观点在科耶夫那里变成了一般政治的专属性事务，宪法不过是政治斗争或政治革命的一种工具或手段，自由主义的宪政理论在施米特和科耶夫眼里是一样的：纯属小儿科的骗人把戏，与国家的实质无关。

看来在一国之内的政法问题上，科耶夫与施米特是没有什么可争议的，从《法权现象学》时常引用施米特的论断来看，科耶夫完全认同施米特的敌友政治论。但是，科耶夫的《法权现象学》就与施米特完全一致吗？显然不是。他们的分歧在国际政治上，科耶夫之所以在《法权现象学》中把施米特视为最大的对手，关键在于他有关国家间关系的看法与施米特截然相反，他提出了一个非政治的（敌友的）国际司法统一体的系统理论，以对抗施米特的尤其以国际政治为主的敌友政治论。对此，霍斯和弗洛斯特曾经评论道："这是一个引人注目的智力动作，因为科耶夫显得是在施米特反驳宪政论和法治的前提基础上重建宪政论和法治的理念。科耶夫的论证之所以更为出色，是因为他为了反对施米特对自由主义的攻击而捍卫宪政论，并重新引入了正当性（legitimacy）的古典理解。"① 但是，他们两人也发现了科耶夫的最内在的困难，即"科耶夫本人所表述的普遍均质国家的思想中显出的一个悖谬。如我们已经理解到的，法权需要国家，为的是通过第三方干涉的不可抗拒性来实现自身；但这种不可抗拒性惟有在国家延伸到全球的情况下，方可变得充分实际。同时，科耶夫接受施米特提出的国家和政治的定义：国家的真正生存以及政治的真正的生存，意味着其他地域性国家作为互相敌人的存在（意思是：主要国家之间的关系总是可能变成死对头的关系），以及存在着统治者与被统治者之间的内部政治划分。"②

霍斯和弗洛斯特的分析和评论确实击中了科耶夫的一个理论盲点，而且，在我看来，科耶夫在国内的政法问题上是无法解决这个难点的，不过，他与施米特争论的要点并不在一国之内，而是在国际政法领域。

---

① 见《驯服欲望》，前揭，第100页。
② 同上书，第95—96页。

正像我在前面所指出的,科耶夫对于自己提出的普遍同质国家的观念,并不在意于处于这个普遍同质状况下的个人的境况如何,这些问题是他的解释者们所津津乐道的,而他最关心的是为这个普遍同质国家提供一个法权的体系,这是《法权现象学》的中心任务。也许是基于现实性的考虑,科耶夫在《法权现象学》中对于法权又做了如下两种形态的划分,即一种是纯粹的绝对法权,它们只存在于未来的普遍同质国家之中,另一种是不纯粹的相对法权,它们存在于趋向终极国家的进程中的特定阶段,在他看来,后拿破仑时代的社会,尤其是他参与勾勒的欧共体,就是这样一种准普遍同质国家。需要特别指出的是,科耶夫所描述的准普遍同质国家,不同于前拿破仑时代的国家形态,在后者那里,无论是平等的法权还是对等的法权,都还只是潜在的,它们是一国之内的法权,受到了专属性政治集团,特别是政治强人——僭主的绝对性影响,因此,专属性司法集团的职权范围与能力是非常有限度的,施米特的敌友政治论起着主导性的作用。但是,在拿破仑这位最后的僭主之后,人类历史开始走向终结,而所谓终结并不是社会生活的终结,而只是政治的终结。不过,这个政治的终结不在一国之内,而在国际,在科耶夫所勾勒的欧共体这样的共同体之中。在这个共同体内,专属性政治集团似乎不再产生,或至少不再拥有绝对的暴力性权力,相反,一个司法的一体化体制正在逐渐形成,国家之间的一般私法纠纷,乃至政治纠纷,都可以通过这个跨国家的司法一体化机制把它们纳入国际私法和国际公法的法权体系内加以解决。①

这样一来,科耶夫就面临着一个国家主权问题,而在这个问题上,施米特的敌友政治论表现得最为突出,这恰恰是科耶夫所要消解的。在施米特看来,"国家的概念以政治的概念为前提"。政治的本质在于划分敌友。而国家不过是一个民族构成的特殊状态,"主权就是决定非常状态",因此,国家的主权依赖于政治的性质。由于政治的实质是划分敌友,所以,由政治的概念只能引出各国世界的多元主义,"政治统一体以敌人的实际可能性为前提,因而与另一个政治统一体并存。只要尚有国家存在,世界上就必然不会只有一个国家。那种囊括全世界和全人类的

---

① 参见 Kojève, *Outline of a Phenomenology of Right*, pp. 313—480.

世界国家不可能存在。政治世界乃是一个多元的世界,而非统一的世界。就此而言,每一种国家理论都是多元主义的,即使此处的多元主义与我们在第四章中所讨论的国内多元主义理论大异其趣,若就其无法囊括全人类和全世界而言,政治统一体在本质上不可能具有普世性。如果世界上存在的不同国家、宗教、阶级以及其他人类团体间能够相互一致到不可能、甚至根本无法想像会发生冲突的世界,如果在一个囊括了全世界的国度中始终能够预防内战爆发,那么,朋友与敌人的划分也将不复存在。世界上将不再有政治,也不再有国家,只剩下文化、文明、经济、道德、法律、艺术、闲扯等等。至于这种状况是否能出现,何时出现,我一无所知。目前,事情却远非如此。以为现代战争的结束便会导致'世界和平'——从而加快实现彻底的、最后的非政治化美好目标——这完全是自欺欺人,之所以如此,不过是因为在今天,大国之间的战争极容易转化成'世界大战'"①。

施米特的上述观点显然是与科耶夫的普遍同质国家的观点截然对立的,在科耶夫看来,主权只是民族国家的一种政治性概念,它随着普遍国家的来临终究是要消失的,未来的世界不仅不是一个多国政治的多元主义,反而是一种普遍同质的国家,所谓普遍性就是消除各个(民族)国家的独特性,以一种普世性的国家形态出现。科耶夫写道:"我们不要忘记,社会主义的帝国无论如何是一个普遍同质国家:一方面它意味着在这个国家已经没有敌人,不再出现战争;另一方面由于已经同质化了,在统治者和被治者之间也不存在专属性政治集团(虽然在管理者和被管理者之间仍然存在着差别)。换言之,社会主义帝国将剥夺两个集团的本质特性,也就是说,不存在任何政治上的'利益',在对它的公民方面,它是'无私的'。这也就是为什么针对他们的司法第三方的作用能够继续存在下去的原因。人们甚至可以说,只有帝国能够以纯粹的方

---

① 上述引文见《政治的概念》,前揭,第128、6、173页。

式担当这个角色,而不会出现正义的理想与'国家理性'之间的冲突。"①

当然,上述有关政治彻底消解的社会主义的普遍同质国家只是一个纯粹理想的绝对法权状态,并非科耶夫勾勒的现实景观,他着手草创的欧共体才是较为现实的一种准普遍同质国家的法权状态。在科耶夫看来,欧共体当然不是绝对的普世国家,但也不是一个独立的国家,而是一种多国组成的共同体,但是,在这个准普世的跨国共同体中,国与国之间的关系已经不是施米特所谓的敌友政治的关系,而是友好的联盟关系,其中每个成员国家的主权还依然保存着,但已不具有绝对性。处理这个跨国联盟之间关系的手段也不再是施米特所谓的政治斗争——战争,而是司法性的调解,司法一体化是这个跨国联盟的重要机制,一个联盟性质的专属性司法集团取代了一个国内的专属性政治集团的主导地位,而在这个联盟中发挥着极其重要的作用。也就是说,政治已经在欧共体这样的联盟共同体中逐渐地得到消解,非政治的司法地位在逐渐加强,直到有一天,司法最终完全取消政治,而成为这个跨国联盟内解决相互承认关系的惟一手段和途径。② 当然,这个最终的司法一体化是有条件的,那就是这个世界达到了普世同质的绝对和平状态,在这一天到来之前,跨国联盟还是地域性的,在它之外还有其他异质的国家或联盟存在,而它们之间的关系从某种意义上说,很可能是施米特式的政治关系,即敌友关系。

与黑格尔的《法哲学》相比,科耶夫的《法权现象学》在处理国际法问

---

① Kojève, *Outline of a Phenomenology of Right*, p.474. 对此,科耶夫进一步指出:"正像我已经指出的,鉴于普遍同质国家在定义上不再发生外部的战争和内部的革命,所以仅仅它被设想为永远不变的。因此,它的法权也就永远不变,这个国家意味着所有人的人性,因此,它是真正的'独立的'、自主的社会,因此,它的法权也就是一个现实的法权。这也是它为什么永久不变的原因。"参见 Kojève, *Outline of a Phenomenology of Right*, p.126.

② 值得注意的是,科耶夫的《法权现象学》在此展示的是另外一种逻辑,即把政治问题转化为法律问题,至少把政治与法律分开,政治的归政治,司法的归司法。在这个问题上,保守的自由主义政法学家哈耶克表现得最为明确,并且走到了极致,在他看来,一切政治问题都可以转化为法律问题,所以他提出了"政治的去中心化"的观点,科耶夫显然没有走到这个地步。在《法权现象学》中他与施米特论争的焦点是跨国政治乃至普世国家的政治是否消除的问题,至于在一个国家内部,他们都赞同政治的决定性作用,如果有所不同,那也不过是一个政治与司法平衡的问题,即如何为司法留下一个相对独立的不受敌友政治影响的实施空间的问题。而哈耶克对于国际政治似乎没有兴趣,他的理论集中于一国之宪政,关于哈耶克的思想,参见拙著《法律秩序与自由正义——哈耶克的法律与宪政思想》,前揭。

题上面,要相对深刻一些,在黑格尔那里,这个问题被简单化了,黑格尔在《法哲学》第三章"国家"的最后一节"世界历史"和《历史哲学》中,把国际关系化约为单纯的政治关系,主张主权的绝对性,赞同付诸武力的战争伦理,这些都显示了黑格尔政治思想的保守性,甚至由此与施米特的敌友政治论发生了内在的联系。在我看来,国际政治与司法问题一直是自由主义世界政治理论的一个软肋,在这个问题的处理上,不但黑格尔如此,哈耶克对此也是不置一辞,至于罗尔斯、福山等人所谓"法外国家"的观点也不过是重弹黑格尔的老调。① 相比之下,科耶夫《法权现象学》却提出了一种立足于司法一体化的法权制度的设想,他试图在欧共体这样的跨国联盟内用司法解决政治问题的观点,显然要比黑格尔、罗尔斯等人高明。在科耶夫看来,要实现平等—对等的公正法权,需要一种所谓的第三方力量,在准普遍同质国家的欧共体内部,这个第三方力量便是构造出一个专属性的司法共同体。按照他的理解,这个司法统一体既不是老牌自由主义的宪政论,也不是反自由主义的施米特的敌友论,而是社会主义的普世论,并最终是普遍同质国家的理论。对此,霍斯和弗洛斯特两人曾经这样解释:"作为在任何地方都不可抗拒的法律,将拥有国家法的完善特性,但不再有施米特意义上的政治——换言之,没有施米特式的国家。与黑格尔的结论刚好相反,Rechtsstaat(法权国家)的实现,意味着(民族)国家的终结。"②

当然,科耶夫的解决也是相对的,他无法摆脱这样一个致命的难题,即,尽管他提出的司法一体化是一个超越了多个国家的第三方,并且把它的"不偏不倚的和无私的"本性视为国际法的正当性基础,但如何实施司法的裁决,由谁来实施,是否借助于权力来实施,依然是一个问题。在一国之内,司法需要国家政治的强有力支持,但在跨国联盟那里,国家势力淡出了,它甚至成为国际司法试图消除的阻碍其公正行为的力量,那么,在跨国之间,乃至在未来的普遍同质国家,究竟到何处寻求国际司法的动力学机制呢?其实,这个问题在逻辑上是与康德的未来永久

---

① 在这个问题上,康德的永久和平的宪政共和主义的世界政治理论,以及传统中国的"天下"观念和"和而不同"的政治智慧,或许能给予我们另一种启发。

② 见《驯服欲望》,前揭,第97页。

和平的宪政共和主义这一理想的政治蓝图所面临的问题是完全一致的,尽管他们的最终指向不同,一个是社会主义的普世国家,一个是自由主义的共和国,但逻辑难题是一样的。在这个问题上,霍斯和弗洛斯特认为科耶夫克服了康德的难题,而我的看法与他们相反,科耶夫从根本上并没有解决康德的问题,而是把康德的国家主权问题置换为司法一体化问题,但问题的症结并没有消除,因此他与施米特的争论也不可能有最终的结果。而黑格尔把这个问题置换为世界历史的过程,试图用过程来消解一切,也没有从逻辑上给予根本性的解决,难怪有论者嘲讽黑格尔的"黄昏起飞的维纳发的猫头鹰"不过是一种讨巧偷懒的遁词。①

总之,科耶夫的《法权现象学》为后拿破仑时代的普遍同质国家提供了一个新型的基于平等原则与对等原则之综合的社会主义的公正原则的法权论证,它看上去与罗尔斯的正义两原则并没有太大的出入,只不过是用一种德国法哲学的概念体系论述了(社会主义与资本主义所共同拥有的)福利国家的政治经济制度。但是,这样一种福利国家的政治经济制度从一开始就受到了保守的自由主义的批判。保守的自由主义在指责福利国家通过借助于国家权力的垄断来实行社会财富的再分配时,已经指出了它们导致未来极权国家的可能性,对此哈耶克的批判令我们深思。但科耶夫却少有这样的担忧(或许他认为这是人类走向美丽新世界所要付出的代价),他认为,在一个普遍同质国家中可以通过倡导一种专属性司法统一体来解决政治经济问题,这一观点与现代的左派社会主义相比,确实是一个新观念,但这种理论创新究竟能走多远,还有待我们进一步观察。不过,即便是在欧洲共同体的国家内部,主权问题至今似乎依然是不可逾越的,对此科耶夫与施米特的观点形成了尖锐的对

---

① 霍斯和弗洛斯特的看法如下:"古典国家主权的终结乃宪政化的后果,理解到这一点,我们就会明白,科耶夫还消除了康德的'永久和平'问题上的一道鸿沟,或者说攻克了一个难题。永久和平难题可表述如下,如果达成了一项永久联盟,国家就无需担忧其主权的丧失,因为有了来自别的'国家'的安全保证,也就没什么好怕的了;但在这样的时刻来临之前,哪个国家会自愿永久放弃主权而寄希望于其他国家也会和该国一道参加这样的结盟? 因此,对康德来说,从条约法(那时候,每个国家依然是 Herren der Vertage[条约之主])到联邦的跳跃,只能被设想成信心之举或希望之举。但在科耶夫的思考中,司法一体化的逻辑在某个时刻导致了共同的公共法律,随即导致联盟的宪法基础,在这样的联盟中,每一盟国不再是主权国家。再推进一步,这种统一化和联邦化虽说开始实践于有限的几个国家,却倾向于走向普世化。"见《驯服欲望》,前揭,第102页。

立,科耶夫企图消除永久和平上的这道裂痕,但在施米特看来是根本不可能的。政治就是政治,政治的基本原则是敌友之分,而通过司法来取消敌友的界线以达到所谓的普遍同质国家,这种理论在施米特看来仍然属于政治浪漫派。但一个施米特意义上的敌友战争的世界,主权虽然强有力地保存下来,可相互承认的法权又不知伊于胡底?

下 篇

《精神现象学》中的自我意识论

导论　19世纪德国文化精神

一、时代的精神状况

18世纪末和19世纪初叶的德国处在一个转折的时期。在经济上，它落后于同时期的英、法等欧洲诸国，资本主义生产关系还未确立；政治上四分五裂，还未形成一个统一的国家，封建势力仍很强大。总之，用恩格斯的话说："一切都烂透了，动摇了，眼看就要倒塌了，简直没有一线好转的希望。"① 但是，就思想文化来说，德国却并不逊色于英国和法国。近代的宗教改革运动和启蒙运动在德国同样得到了深入的展开，年轻的资产阶级虽然形体羸弱，但其精神却是强壮的，那个时代的"每一部杰作都渗透了反抗整个德国社会的叛逆精神。"②

正是在这一时期，法国爆发了资产阶级革命，自由、平等、理性和博爱等启蒙运动的理想变成了现实的革命运动，一个资产阶级理性和自由的王国即将降临。法国革命击中了德国那个还在沉闷运行着的精神王国，一个新的文化精神——资产阶级精神在德国19世纪的文化运动中成长和发展起来了。虽然，德国文化的精神由于资产阶级的本性而呈现出矛盾和神秘的特征，但从根本上讲，它是法国革命精神的继续，是资产阶级的内在良知，并在德国哲学、文学和音乐中达到了资本主义精神所能够达到的最高展现。

我国学术界一般多局限于对德国政治经济状态的普泛分析，而忽略了对19世纪德国文化精神的研究。本文的导论试图从一个新的角度——文化精神的角度，对德国19世纪的精神状况作一统观，指出黑格尔的《精神现象学》不过是那个文化精神的哲学再现，德国文化的精神即

---

① 《马克思恩格斯全集》第2卷，人民出版社1965年版，第3页。
② 同上。

是《精神现象学》的精神。

德国文化的展开大致经历了以下几个阶段：从18世纪末莱辛、赫尔德等人倡导的启蒙运动开始，经过了短暂的狂飙突进运动，最后在古典主义和浪漫主义那里形成了统一的本质，特别是在以歌德、席勒、黑格尔和贝多芬为代表的古典主义那里展现了一个人类有史以来最为壮大和最为深邃的精神。

德国启蒙运动是德国资产阶级文化运动的起点。我们知道，启蒙运动是一场资产阶级领导的思想解放运动，倡导自由、理性和平等，鼓吹科学、文化和教育，对基督教蒙昧主义和封建专制主义给予了猛烈的批判和攻击，是每一个民族走向新生活所必不可少的阶段。德国的启蒙运动虽然没有达到法国那样的高度，但其精神是一致的，怀疑和批判旧的国家制度，揭示和鞭挞基督教会的腐败堕落，倡导和普及民族文化和自然科学，张扬理性的权威和自由的意义。这一切都为德国文化精神的产生打下了基础。狂飙突进运动是德国精神走向成熟之际的青春的躁动，从形式上看，狂飙突进是启蒙运动的反动，它反对对理性的机械式的理解，反对现存的一切陈规旧矩，其实，它骨子里仍旧是启蒙精神的继续，为濒于死亡的启蒙理性注入了新鲜的生命。启蒙运动倡导的是一种科学的和经验的理性，在对旧世界的斗争中，它固然起到了积极的作用，但对宇宙的解释还是机械和片面的。狂飙突进运动正是有感于此而喷发起来，它倡导主观的精神和创造的激情，强调生命的自由和心灵的解放，它像一团燃烧着的精神之火，既毁灭了一个世界，也成就了一个世界。

作为青春的冲动和浪漫的激情，狂飙突进运动是短暂的，但是它在德国文化史上的意义却是深远的，它是一个转折点，一种催化剂，通过它，德国的精神趋于成熟，一个新的生命由此创生，古典主义和浪漫主义的新时代由此到来。

一般说来，整个19世纪的德国文化运动，特别是狂飙突进运动以后的整个进程，都可以看成是一种浪漫主义的精神运动。这里的"浪漫"具有普遍的意义，主要是针对17世纪文学艺术上的古典主义和18世纪的启蒙运动而言，从这个意义上讲，歌德、席勒、费希特、贝多芬和黑格尔都在浪漫主义之列。但如果进一步看，继狂飙突进运动以后，德国的文化确实分化为两大派别,一个是古典主义,一个是浪漫主义。

德国文化的古典主义与戏剧文学的古典主义不同,戏剧古典主义是指17世纪在欧洲大陆兴起的一种戏剧艺术流派,以高乃依、拉车等为代表,内容上强调雄伟,形式上强调三一律,反映的是萌芽时期的近代资产阶级意识。而德国文化的古典主义,文学上以魏玛时期的歌德和席勒为代表,哲学和音乐上以黑格尔和贝多芬为代表。这里所谓的"古典",一般说来具有两层含义:第一,从形式上看,它是针对浪漫派,特别是构成20世纪文化主流的浪漫主义运动而言的;第二,古典主义继文艺复兴之后又一次对古希腊文化寄予了无限的深情,力图把希腊精神和日耳曼精神统一起来,从而创造出十个新的文化精神。在古典主义长足发展的同时,德国的浪漫派也大放异彩,文学艺术上以施勒格尔兄弟、蒂克等为代表,哲学和宗教上以谢林(中晚期)和施莱尔马哈为代表。这里的"浪漫",既秉承了英法等国的文学浪漫主义之衣钵,又开创20世纪文化浪漫主义运动之先河。

19世纪德国的文化运动固然存在古典主义和浪漫主义的差别,但其精神实质是一致的,在它们身上都贯穿和渗透着统一的文化精神,都是从那个精神源泉中奔涌出来的精神元素。因此,统观18世纪末到19世纪初的德国文化运动,经历了启蒙运动、狂飙突进运动、古典主义和浪漫主义几个阶段,这几个阶段构成了文化精神的内在环节,尽管其中每个阶段、每个流派、每个作家和每种艺术形式彼此之间互有差别,甚至相互矛盾、相互斗争,但是,从文化精神的高度看,显然,它们之中隐藏着一个统一的本质,这个本质就是19世纪德国文化的精神,就是资产阶级在积极向上时期所代表的人类的精神。

二、文 化 精 神

文化精神不是指一般的文化现象,而是现象的生命和灵魂。18世纪和19世纪之交的德国处于历史的转折关头,其文化精神也就是那个时代的精神。资产阶级作为历史的代言人,已经意识到自己将是时代和历史的主人。法国资产阶级已经现实地实现了自己的本质,德国的资产阶级虽然还不能在现实世界里实现自己,但却创造了一个精神的王国,而这个精神王国正是那个伟大时代的启示和预言,是人类精神的良知和自我意识,通过它,人类就意识到自己的本质,意识到自由的意义。

可以说,法国革命实现了人的现实本质,而德国文化则实现了人的无限本质,两者的统一,才真正构成了资产阶级的精神。

一般说来,德国文化精神由绝对本质、矛盾冲突和历史过程三个环节组成。

1. 绝对本质

德国文化精神的第一个环节便是对绝对本质的要求和创造。

德国的现状虽然四分五裂,但其民族的精神却具有一种巨大的内心力,特别是新兴的资产阶级受法国革命的鼓舞,不满足于文艺复兴以来,特别是启蒙运动对自然、社会和人所作的有限的解释和描述,而渴求一个贯穿自然、社会和人类的绝对无限的本质。在他们看来,自然不是在自然法则支配之下的机械的物体,而是一个生命充盈的有机整体;人类也不是局限于观察和分析的被动的理性存在,而是一个创造性的生命主体。他们认为,"自由也不是统辖于理性,而是统辖于生命,不是自我节制,而是自我实现。"① 因此,无论是自然、社会还是人类自身,其中都贯穿着一个万物一如的精神,一个绝对,这个绝对构成了德国文化精神的基石,其他的一切环节都是建立在这个绝对本质的基础之上的。它是一个伟大的企图、一个伟大的渴望,也是一个伟大的寻找、一个伟大的创造。

绝对本质作为德国精神的基石,其表现形式是多种多样的。首先,德国文学艺术中的泛神论思想最为典型。早在启蒙运动时期,德国的思想家就与法国的思想家不同,他们不单纯地满足于对现实专制政治和宗教蒙昧主义的批判,也不满足于对自然的机械唯物主义的解释,而是力图用运动发展的眼光来考察社会,力图对自然万物作统一的理解。例如,莱辛是一个斯宾诺莎主义者;赫尔德企图从历史演变的角度考察人类社会。特别是经过狂飙突进运动,德国精神有了突飞猛进的发展。对无限本质的渴求成为时代的内在要求,泛神论成为统治文学艺术领域的

---

① 科尔夫:《歌德时代的精神》第Ⅱ卷,莱比锡1930年版,第198页。

主导思想。海涅曾说:"德国是泛神论最繁荣的土地;泛神论是我们最伟大的思想家们和最优秀的艺术家们的宗教。……泛神论是德国的隐蔽的宗教。"①

泛神论是一种与基督教神学相联系而又相区别的思想,它把宇宙中的万事万物都看成是神性的表现和象征。此外不再承认还有一个独立的人格神,或者说,在它看来,神即万物,万物即神,因此,泛神论是唯物主义的一种不完备的形式。例如,布鲁诺、斯宾诺莎等人的哲学就是这样一种泛神论哲学。但是,泛神论却有着远远高于机械唯物论的优点,即它承认和强调宇宙的神性和自因,也就是说,它认为宇宙深藏着一种统辖万物的绝对本质,这个本质自在自为,自因自持,可以说,它就是实体,就是神。德国文化的泛神论继承了西方思想史上传统的泛神论,但却一改它们的静观与沉寂,而赋予其生命和精神,泛神论不再是斯宾诺莎式的对神的直观,而成为一种不懈的创造和永恒的努力,"生命不是一种秩序,而是一种创造",② 创造的精神在《浮士德》的"泰初有为"中得到了新的表述。因此,德国的泛神论是能动的、充满生命和激情的,在那里,神是一个无限的本质,而且是一个创造的本质,而自然就是神,万事万物都具有神性,人也具有神性,自然、社会和人皆由那个充满生命的创造性的本质所贯穿。

因此,德国19世纪的泛神论思想体现了近代的资本主义精神,神不再是静止的实体,而一变为能动的主体;不再是异己的上帝,而一变为充满生命力的自然和人。自然就是神,人就是神,自然和人都成为秉有无限本质的生命存在。科尔夫指出:"显然,世界如果被看成是一个生命的世界,那么,依照当时的世界观的前提条件,它就必须从自身涌现出这样一种情感,即生命世界的基础必然是一个充满生命的神,这个神不是基督教或自然神论意义上的神,即它既无须不时地调整那个仿佛被作为玩具所制造出来的世界,也不能由于它的完满构造从而就委身于自己的命运,而是一个自我沉入于世界之中的充满生命的神,它首先不是对负罪人类的拯救,而从一开始并在其固有的创造世界的激情中就是

---

① 海涅:《论德国》,商务印书馆1980年版,第266—267页。
② 科尔夫:《歌德时代的精神》第Ⅱ卷,第102页。

'道化肉身'。……因此，充满生命的自然与充满生命的神不过是同一个本质的两种不同的表述：作为生命被理解的自然与作为神被理解的生命。"①

与法国唯物主义和无神论相比，德国的泛神论固然有其局限性和不彻底之处，但从精神实质上看，德国的泛神论要高于前者。因为，无论是在自然、社会和人类自身等各个领域，它都克服了前者的机械性和有限性，而把一个生命和绝对的本质展现出来，这里的神早已不是基督教的上帝，而是自然的无限性本身，是自然的神性本身。在歌德的诗篇中，在浪漫派的对神与自然的礼赞中，在贝多芬的音乐中，在谢林和黑格尔的哲学中，我们可以明显地感受到生命之灿烂阳光的闪耀，神性之活泼灵魂的跳动。

泛神论是一种普遍的精神元素，它弥漫于19世纪德国文化精神的每一个形态和每一个过程。哲学也不例外，泛神论所展现出来的神性意识、无限本质在赫尔德的历史哲学、谢林的自然哲学和黑格尔的精神哲学中都占有一席之地。卢卡奇分析道："尽管黑格尔对此竭力反对——但黑格尔哲学仍然包含着占绝对优势的泛神论环节。18世纪末叶，斯宾诺莎对德国的启蒙思想产生了重大的影响，从莱辛、赫尔德和青年歌德开始，在德国涌现出一股泛神论思潮……。"② 但是，泛神论在哲学中只是一种补充的形式，它还没有达到绝对的自我意识，也就是说，它还是一个神性意识。德国文化精神中的对绝对本性的寻求和创造如果还仅仅停留在泛神论上，那么，它就不能展现精神的全部意义。因此，泛神论中的神性意识必须向自我返回，必须成为绝对的人性意识，必须成为绝对的自我，成为自在自为的主体。而这正是德国哲学所走的道路。

康德哲学在德国精神中的重要意义表现在两个方面。首先，从否定的方面看，康德哲学的意义在于从根本上揭示了理性的内在矛盾，特别是揭示了启蒙运动所倡导的科学理性的有限性。依照康德的观点，过去经验论和唯理论所宣扬的理性，其实不过是一些知性，只能认识而不能创造。固然它们能为现象界立法，但它们不是绝对的，而是相对的，在

---

① 科尔夫：《歌德时代的精神》第Ⅱ卷，第102—103页。
② 卢卡奇：《青年黑格尔》，苏黎世—维也纳1948年版，第673页。

它们之外还有一个自在的世界,认识理性要达到那个世界必然导致二律背反,因而是不可能的。因此,康德哲学的意义首先在于它摧毁了以往哲学对知性的盲目确信,它使人意识到绝对的本质不能唾手可得,它存在于另外一个深邃的世界。第二,从肯定的方面看,康德哲学又提出了一个绝对理性的理想。康德认为,在认识理性之外,还有一种实践理性,实践理性是高于认识理性的另外一种理性,实践理性以及与此相联系着的道德法则与自由意志乃是宇宙中最内在的本质,是世界中最绝对的价值,因此,康德在知性中所摧毁了的东西在实践性中又更为深刻地展示出来。而且更为根本的是,康德否定了外在的权威,而把绝对的本质与主体——人联系起来了。人、道德主体在康德哲学中取代了神的地位而具有绝对的意义,神性意识成为人性意识,宗教成为道德,或者说,道德获得了宗教的意义。

因此,康德哲学是德国文化精神的内在的起点,因为它不但提出了一个绝对的本质,而且使人在德国哲学中从此获得了绝对的意义。但是,康德哲学又仅仅是一个起点,他的哲学还是一种分裂的哲学,他所展现的绝对本质还是一个分裂的绝对本质,两种理性(认识理性与实践理性)、两个世界(现象世界与道德世界)、两种自我(道德自我与认知自我)、两种活动(认识与实践)等在康德哲学中还未达到绝对的统一。

继康德之后,德国古典哲学所走的道路就是把康德哲学内在分裂的绝对本质提高为一个绝对统一的过程。这个绝对本质在费希特哲学中以绝对自我出现,在谢林哲学中以主客统一的绝对出现,在黑格尔哲学中则以绝对观念或绝对精神出现。首先,绝对本质是一个包含一切于自身之内的神性意识,一个无限的实体,但是,这个实体或神性如果仅仅停留于自在的环节,那么,它就还只是一个僵死的存在,一个与康德的物自体或柏拉图的理念没有什么区别的东西。因此,绝对本质必须把自己转变为绝对自我。从绝对实体发展为绝对自我,这是德国文化精神的必然进程,因为时代和现实已经把人作为主体推上了历史的舞台,精神既不能总是停留在对自然神性的生命礼赞中,也不能总是停留在自我本质的二元分裂中,它必须把生命纳入自身,成为统一的我性,成为绝对的自我。于是,费希特哲学出现了,在那里,自我是绝对的本质,是原始的起点,现实世界的一切内容,有限自我的一切环节,都是作为非我而从那个绝对自我中创造出来的。

自我在费希特哲学的起点上是一个绝对的本质,但是,当自我创造出一个对象世界时,它就降低为一种有限的自我而纠缠于对象之中,也就是说,自我和对象世界还未达到绝对的统一,绝对自我是一对象世界,但对象世界还不是一绝对自我。谢林哲学就由此产生出来。在谢林哲学里,绝对自我克服了纯粹的抽象性和在对象世界的有限性,而直接在对象中就是绝对自我,或者说,对象世界、自然或客体直接具有着绝对的我性,自我就是宇宙,宇宙就是自我,这个自我与对象、主体与客体的绝对统一就是谢林哲学的出发点。因此,我们看到,谢林哲学不但继承了康德哲学以来的对绝对本质的寻求和创造这一传统,而且把它与德国精神中的泛神性思想统一起来了,自我的绝对性与自然的绝对性合而为一,谢林说:"客观世界只是精神原始的、还没有意识的诗篇。"① 又说:"自然应该是可见的精神,精神应该是不可见的自然。"②

黑格尔哲学,特别是《精神现象学》,可以说是贯穿整个德国文化精神的那个绝对本质的进一步发展和在更高层次上的展现。绝对本质在黑格尔哲学中不但是绝对自我,而且也是绝对自然,不但是实体,而且也是主体,或者说,它就是自我与自然、实体与主体的统一,就是精神。从直接性上看,黑格尔的精神与谢林的精神绝对没有太大的区别,都是绝对的主客统一性;但从实质上看,黑格尔的精神要比谢林的精神深邃、博大,黑格尔学哲学的精神不但是宇宙精神,而且是人类精神、历史精神和辩证精神,把人类社会和人类历史的全部内容都具体地包含在精神的运动过程之中,精神成为贯穿自然、社会与人类三者的命脉,成为普遍的自在自为的逻各斯。

总之,19世纪德国文化的精神首先是一个寻求绝对和创造绝对的精神,绝对本质是精神运动发展的内在基础,是全体,是神性,但是,这种神性意识是资产阶级化了的,高扬的是神的精神而不是神的表现,而且这个神或神性不是排斥人、歧视人的权威,也不是外在的、异己的上帝,它本质上就是人的精神,是人的无限本性和人的神性。因此,绝对

---

① 谢林:《先验唯心论体系》,商务印书馆1981年版,第15页。
② 谢林:《自然哲学观念》,转引自《先验唯心论体系》译者序言。

的本质不在彼岸世界,而在现实的自然世界和人类社会、人类历史之中。

2.矛盾冲突

绝对本质是如何寻找和创造出来的呢？显然,绝对本质在德国文化中不是一个现成的东西。相反,绝对本质毋宁说是一个虚无,一个永恒的渴求,因此,寻找本质的过程也就是创造本质的过程,寻找也就是创造,寻找和创造也就是把一个没有的东西变成现实,把一个绝对的虚无变成实有。精神的寻找和创造不是一个外在的活动,而是精神自身的内在活动,因此,德国文化的精神在它寻找和创造绝对本质的活动中就呈现出一个鲜明的特征,即在精神的内在的矛盾冲突中展现和揭示精神的绝对本质。

矛盾和冲突是事物存在的基本形式,通过事物的矛盾和冲突来展现其特性,这乃是一种机智的方法,早在希腊的苏格拉底那里就被运用了。但是,人类思想史只有发展到19世纪的德国,矛盾冲突才具有了绝对的意义,因为,这里的矛盾冲突已经不再是具体的、个别事物的矛盾冲突,而是被提高为一个绝对本质的矛盾冲突,而且,通过矛盾冲突展示其特性的方式也不再是一种智者的机巧,而是上升为一种展现其无限生命的本质方式。德国的精神之所以高于法国启蒙运动的精神,其主要原因即在于它的辩证精神,也就是说,它敢于承担矛盾和冲突,而且它的本质也就是矛盾冲突,德国精神的绝对性就是精神内在矛盾冲突的绝对性,只有经过磨难和死亡,才能实现真正的精神;只有承受否定和牺牲,才能获得无限的生命。

把精神置于矛盾冲突的搏斗中去展现它的本质,将生命投入烈火燃烧着的毁灭中使其更生,这一精神的辩证法也是从康德哲学开始的。当然,康德哲学还没有达到自觉,还没有勇气和力量承受否定和毁灭。他的哲学中已经出现了内在的分裂,但是,康德的解决方式是消极的,二律背反的方法和两个世界、两种理性的划分没能从根本上克服和扬弃精神的内在分裂。

德国文化精神在康德哲学之后变得越发有力和雄壮,在精神的内在分裂面前有两条道路,一条是停步不前而回避逃遁,重新回复到肤浅的哲学议论中去，另外一条则是承受分裂和冲突，并在分裂和冲突的搏斗中死里求生，从而创造出一个新的精神。德国文化精神所走的是后一条道路。其特征在歌德的《浮士德》、黑格尔的《精神现象学》和贝多芬的第三、五、九等交响曲中达到了集中而又完美的体现。浮士德精神就是敢于承受否定和牺牲的辩证精神，浮士德自身即是肯定和否定两种精灵的混合物，靡非斯特也不是一个局外人，他其实就是浮士德内在的否定精神。因此，所谓的浮士德精神也就是分裂的精神、创造的精神并最终和解的精神。同样，在贝多芬音乐中，我们也能感受到那种雄壮和博大的灵魂，贝多芬音乐之所以具有无穷的力量，其原因即在于它勇于承担生命的分裂，并在矛盾冲突的搏斗中获得超越和新生，在《英雄》和《命运》交响曲中所表现出来的英雄主义气概和与命运相抗争的精神，在《第九交响曲》中所表现出来的那种超越痛苦和苦难的永恒的欢乐和喜悦，这一切都是德国文化精神的精华，都是那个承担分裂和冲突并在过程之中自我和解的神性意识之展现。

精神首先是一个自我分裂的本质，其内在的矛盾冲突又具有多种形态，有限与无限、人性与神性、理性与情欲、自由与限制、个人与命运，灵与肉、善与恶、知与行等一系列矛盾冲突都是精神内在分裂的具体内容，下面我们仅对有限与无限、理性与情欲、自由与限制这三组矛盾冲突略作分析，以此展现德国精神的本质特征。

德国文化精神的起点是绝对本质，绝对也就是无限，也就是神性。因此，精神在其起点上面临着一个本质的矛盾，即无限与有限的矛盾、神性与人性（或兽性）的矛盾。因为，绝对本质并不是直接就全部向人展现出来的，就其直接性来看，它还是一个有限的存在，精神还是一个有限的精神，因此，在寻求绝对和创造绝对的活动中，首先就出现了有限与无限的矛盾冲突，或者说，正是由于精神内在所固有的有限与无限的矛盾，才使得它不断地寻求和创造。因为，如果精神直接就是一个纯粹的无限性，那么它就是一个圆满的上帝，也就无须寻找和创造了；如果精神纯粹只是一个有限性，那么它也同样是一个静止的"圆满"，也无须寻找和创造了。正因为精神集有限和无限于一身，才有对有限的不满和对无限的渴求，才有否定和创造，正是有了不满和渴求，才把精神的真正的无限本质展现出来。有限与无限的冲突是德国文化精神的一个基本冲突，它贯穿生命运动的全过程，在哲学、宗教、道德和文学艺术等人类文化生活的各个领域，哪里有对绝对本质的寻求，哪里就有有限与无限的矛盾冲突，哪里就有人性与神性的矛盾冲突。

情欲与理性的矛盾冲突构成了精神内在冲突的重要一环。德国的精神首先是一个理性的精神，但它与启蒙哲学中的理性有着重大的区别。德国文化中的理性是无限的理性、绝对的理性、充满生命的理性，因此，理性也就是创造和行动的精神。理性作为无限的东西，作为一个生命，它不但不排斥感性情欲，而且它的直接存在形式就是感性情欲，理性与情欲都是精神的内在环节。理性与情欲虽然同为精神的环节，但它们并不和谐宁静。精神之所以是能动的精神，生命之所以是充盈的生命，正在于内在的理性与情欲的矛盾冲突。19世纪德国文化的精神是人类有史以来所能达到的最为博大、最为深厚、最为奇奥和最为激荡的精神，无论是理性还是情欲在那里都达到了极致，特别是在歌德、席勒、荷尔德林和浪漫派那里，可以说，人类精神所能包含的一切内容，人类心灵所能容纳的一切情愫，都得到了精湛深刻的揭示和淋漓尽致的展现。每一首诗歌、每一篇独白、每一部小说，我们从中都能看到内在灵魂两元素冲突搏斗的印迹。理性与情欲的矛盾冲突作为普遍的环节也进入美学和哲学，康德哲学中感性情欲与道德法则的冲突，席勒美学中感性冲动与形式冲动的冲突，黑格尔《精神现象学》中感性欲望与理性精神的冲突，这一系列冲突都集中地展现了精神的内在实质。

在有限与无限、情欲与理性的矛盾冲突中，德国文化精神的一个内在本质——自由意识出现了。经过狂飙突进运动，自由在德国文化中获得了绝对的意义，就是说，自由既不是个体的任性放纵，也不是局部的有限自由，而是绝对的自由，它与绝对本质、神性意识密切相连。在德国文化中，自由具有形而上学的意义，首先表现为绝对本质的自由、无限生命的自由，但是，由于德国的精神从根本上讲是人的精神，无限和神性是人的无限和神性，因此，自由也就是人的自由，人在宇宙中是绝对自由的，人就是目的，就是价值，就是主体。自由精神是绝对本质的主导精神，人之所以寻找和创造绝对的本质说穿了也就是寻找和创造绝对的自由。这一精神无论在文学艺术还是在哲学宗教中都占据首要地位。德国的自由精神又是辩证的，自由毋宁是一种搏斗的自由，一种抗争的自由,从一开始就与限制、与不自由相联系着。自由的本质、深度和力量毋宁是在与限制的对立冲突中实现的。这一特征在贝多芬的音乐中,在费希特哲学和黑格尔哲学中得到了集中的展现。费希特认为,绝对自我要实现真正的本质,必须从自身产生出一个作为限制和阻碍的非我,而自我的自由恰恰在于它不断地克服和战胜对象,不断地实现自我。黑格尔在《精神现象学》主奴意识一节中也论述到,自由不是自然世界的天然成果,而是经过否定、搏斗和牺牲才产生出来的,没有生命搏斗,没有死亡恐惧,也就没有独立的自由,也就没有人类的文明。自由与限制或自由与奴役,这是一对深刻而又根本的矛盾冲突,正是通过这一冲突,人类的无限性、精神的绝对性才实现出来。

通过以上的分析可以看出,矛盾冲突是德国文化精神的一个重要环节,绝对本质只有在其内在矛盾的冲突搏斗中才真正现实地展现出来。黑格尔曾说,精神的生活乃是矛盾、冲突和搏战的生活,"人格的伟大和刚强只有借矛盾对立的伟大和刚强才能衡量出来"①。

3. 历史过程

德国文化的精神作为对绝对本质的寻求和创造,必须敢于投身于分裂和冲突,并在搏战和否定中获得自己真实的生命。但是,绝对本质并不是一个简单的东西,不能通过一次性的矛盾冲突而获得,相反,精神是一个不断分裂、不断变化、不断否定和不断创造的过程,因此,德国文化的精神就呈现出它的第三个本质特征,即历史过程,也就是说,绝对本质的寻求和创造是一个历史的过程,其内在的矛盾冲突也是一个在历史中不断变化和发展的运动过程,历史主义精神是德国文化区别于其他文化的一个基本精神。

杜尔夫指出:"世界不是单纯的上帝,而是一个运动变化的上帝,它是上帝在它的高扬中返回自身的历史。"② 谢林也指出:"整个历史都是绝对不断启示,逐渐表露的过程。"③ 因此,我们看到,德国精神中的绝

---

① 黑格尔:《美学》第 1 卷,商务印书馆 1979 年版,第 227—228 页。
② 科尔夫:《歌德时代的精神》第Ⅰ卷,第 19 页。
③ 谢林:《先验唯心论体系》,第 25 页。

对本质不是游离矛盾和过程之外的彼岸的东西,相反,它就是展现在矛盾冲突的搏斗中,展现在历史过程的运动中的那个绝对如一的东西。

在历史中求绝对,这是西方文化的传统,早在希腊神话和史诗中,历史主义便初露端倪,《伊里亚特》和《奥德赛》曾展现出一个民族英雄的生成史。基督教是人类的宗教,历史过程在《圣经》中具有了形而上学的意义,它不但是一部犹太民族的变迁史,而且是一部人类精神的变迁史,它展现了一个人类心灵从有限上升到无限、从俗世上升到天国的历史过程。在《圣经》那里,绝对本质出现了,并具有了绝对的意义,矛盾冲突,诸如有限与无限、兽性与人性、善与恶、生与死等,也出现了,与此同时,历史过程也出现了,绝对本质和矛盾冲突只有展现在历史过程之中才具有真实的意义,历史就是绝对,绝对就是历史。近代的资本主义精神虽然批判了基督教的种种弊端,但并没有抛弃它的历史主义,在但丁的《神曲》和班扬的《天路历程》那里,人对其无限本质的追寻一直就是一个历史的过程,启蒙运动时期的一些思想家,也开始从人类历史的角度考察人类社会和人类精神。

但是,真正把历史主义提高为一种绝对的精神,真正把人类的无限本质与历史过程统一起来,还是在19世纪的德国文化中得以实现的。德国的精神是基督教精神在新的世界,即资本主义世界的卓有成效的"复辟",它批判了基督教神学的神的异化,而把人提高为神,神的精神在那里成为人的精神,神的本质成为人的本质。正如《圣经》把人对上帝的追求展现为一个历史过程一样,德国文化一开始也就把历史过程置于一个重要的地位,人对其无限本质的寻求和创造也是一个历史的过程,只有展现在历史的东西才是真正本质的东西,只有凝聚在矛盾冲突中的东西才是真正历史的东西,同样,只有展现在历史过程中并在其矛盾冲突的搏斗中不断毁灭而又不断更生的东西,才是真正绝对的东西。

历史过程是德国文化精神的一个重要环节,德国19世纪文化之所以高于文艺复兴和启蒙时期的文化,一个主要原因便是历史过程的博大和精深。从总体上看,德国文化的历史过程具有两种意义,一个是人类社会的历史进程,一个是人类心灵的历史进程,所谓德国的历史精神,即是两个进程辩证统一的精神。对于德国文化精神,人具有绝对的意义。人是什么?人就是成为人,成为无限的、具有神性的人;人要成为人,首先就必须展现人的内在冲突和内在搏斗,并在矛盾冲突中战胜自己,实现自己。这就产生了运动,产生了历史的过程。这个历史运动又是双重的,既是人类社会从野蛮走向文明的发展史,也是人类心灵从依赖走向自由的发展史。社会与心灵是人类存在和生活的两个世界,社会与心灵同步前进,人类社会发展到哪里,人类心灵也就发展到哪里;人类心灵发展到哪里,人类社会也就发展到哪里;人类社会和人类心灵发展到哪里,人类的无限本质也就发展到哪里;人类的无限本质发展到哪里,人类社会和人类心灵也就发展到哪里。

德国文化的世界首先是一个精神的世界,特别是狂飙突进运动和浪漫派文学,它们展现了一个人类有史以来最为博大精深的心灵世界,每一首诗、每一段独白,都是一个渴求无限的灵魂,而且诗人们本身就是一首诗,就是一个象征,像荷尔德林、诺瓦里斯、席勒和歌德,我们不但从他们的诗篇中感受到灵魂的脉动,而且他们的生活本身就展现出一个深邃而又敏感的心灵世界。19世纪德国的诗人们几乎都有着一颗永不满足、不断追求的心,他们的作品即是他们心灵追求和心路历程的表现。席勒的《艺术家》和《大钟歌》中,荷尔德林的一系列诗篇中,歌德的《威廉·麦斯特》和《浮士德》中,人类的心灵总是不断地追求和不断地创造,从简单的个体心灵成长为普遍的心灵,从幼稚、单纯的心灵成长为强壮、成熟的心灵,从有限的心灵成长为无限的心灵,在这个心灵的历程中,人类生活的一切内容,人类生命的一切冲突,都留下了深深的印迹,都得到了本质的展现。

心灵世界是现实世界的缩影,心路历程是人类现实历程的缩影,德国的文化从一开始就没有局限于心灵的世界,精神在人类社会的发展中同样获得了本质的意义。赫尔德哲学开历史主义之先河,在他看来,人类社会和人类文化是人类本质的现实王国,考察人类不能停留于抽象的个体,而应从总体上考察人类社会和人类历史。人类社会在赫尔德那里是一个不断发展的过程,从希腊社会开始,人类经历了罗马社会、基督教社会和近代社会几个阶段,这几个阶段不是机械排列、漠不相关的,而是运动变化、有机联系的,在其中,人类理性不断进步,人类文明不断提高,人类本质不断展现。继赫尔德之后,历史主义作为血液流进德国精神的血脉,席勒和费希特都从自己的哲学出发描述了一个人类社会发展的历史过程,席勒提出了自然状态、审美状态和道德状况三个人类发展阶段,费希特提出了天真状态、罪恶状态、解放时代、理性时代和艺术时代等五个人类发展阶段。这些理论虽然并不成熟,但都表现出一种伟大的努力,即德国的精神要把自己展现在现实的人类社会和人类历史之中,要成为现实的人类精神,成为历史的人类精神。

如果从心灵历程与社会历程统一的角度来看,德国的历史精神在歌德的《浮士德》和黑格尔的《精神现象学》中得到最典型、最深刻和最本质的展现。在这两部伟大著作中,心灵与社会是统一的,精神所展现的世界既是一个自我的心灵世界,又是一个社会的现实世界,精神实现无限本质的过程既是一个心灵的进程,又是一个社会的进程。在那里,心灵和社会经历了同一个本质的历程,从小我进入大我,从小世界进入大世界,从有限自我进入绝对自我。

总之,19世纪德国文化的精神就是由绝对本质、矛盾冲突和历史过程三个环节辩证统一的精神——寻找绝对的本质,创造无限的神性,并敢于投身于分裂,投身于历史,在冲突中求本质,在过程中求实现,经否定而肯定,经毁灭而新生。绝对本质在德国文化中不是外在的上帝,也不是彼岸的神灵,它就是人类的本质,就是人类的精神。人、自我,成为德国文化的中心,绝对的分裂冲突也就是人的分裂冲突、自我的分裂冲突;绝对的历史过程,无论是心灵还是社会,就是人类的历史进程,心灵是人类心灵,社会是人类社会,历史是人类历史。德国文化中的人或自我,比文艺复兴和启蒙运动所揭示的更强壮,更博大,更深邃,更富有生命力,他是一个南征北战的战将,一个顶天立地的英雄,聚天地之精华,凝日月之灵光,既是神,又是人,既是人,又是神。正像鲁一士所写的:"黑格尔的绝对或上帝乃毫无疑义的是个战将。……而绝对自我是那绝对强壮的精神,能耐得住人生一切的冲突,而获永久的胜利。……万古以来所有人类精神生活的精血,全部在他身上;他走在我们面前已是鲜血淋漓,伤痕遍体,但是凯旋而来。简言之,黑格尔的绝对,是征服一切矛盾冲突的天理,是精神生活的全部,是人类忠义之所贯注,坚忍之所表观,情感之所结晶,心神之所体会的对象。"[①]

[①] 鲁一士:《近代哲学的精神》,转引自贺麟:《黑格尔哲学讲演录》,第640页,译文略有改动。

黑格尔多次指出，哲学是"被把握在思想中的它的时代"①，哲学的精神也就是时代的精神。这一观点特别适合于《精神现象学》，从根本上讲，《精神现象学》即是19世纪德国文化精神的哲学再现，它的本质也就是德国文化精神的本质，它的秘密也就是德国文化精神的秘密。

---

① 黑格尔：《法哲学原理》序言，商务印书馆1982年版，第12页。

第一章 自我意识的结构

一、精神、现象与自我意识

《精神现象学》，就其字面看，就有两个概念：精神和现象。

"精神"（Geist）在黑格尔哲学中具有绝对的意义，是宇宙的普遍本质，是贯穿自然和人类社会的逻各斯。早在青年时代，黑格尔就致力于对"万物一如"的绝对本质的寻求，他不满足于抽象理智对世界所作的支离破碎的解释，而寻求那个贯穿自然和人类社会的统一性，这个统一性就是生命，就是无限，就是精神。在《精神现象学》中，精神发展成为一个体系，一个全体，一个生命的无限性。它像普照万物的太阳，引导意识走向理性，引导理性走向历史，引导历史走向绝对。具体地说，精神具有三个层次的意义。

首先，精神作为普遍的概念，是自然万事万物的共相，是事物的基质和实体，柏拉图曾把它规定为理念。黑格尔哲学的理念与柏拉图的不同，它不是一个彼岸世界，而是具体地展现在现实世界之中。在他看来，概念只有在人类之中才能发展成为精神，自然界只是一个冥顽不灵的世界，只有人类才是一个无限的生命世界。因此，精神的第二个规定就是人类精神。人类及其所构成的伦理和道德世界是《精神现象学》的中心内容，精神从来就不是抽象的共相，也不是僵硬的实体，它本质上是充满生命力的有机整体，是展现在历史和文化之中的主体。精神的本质是无限的，要在它所创造的世界中返回自身，因此，精神在其自我认识的创造活动中就发展成为绝对精神。绝对精神是精神发展的最高阶段，在那里（艺术、宗教和哲学）它实现了自身内在矛盾的和解，它是实体与主体、有限与无限、自然与人类的最终统一，而且它知道这个统一，它是自在自为的绝对真理。

从总体上看，精神就是以上三个环节的统一过程，黑格尔指出，"凡是自己运动的东西，这就是精神。精神是运动的主体，同样精神也是运动自身,或者说,精神是为主体所贯穿过的实体。"①

"现象"(Phänomen 或 Erscheinung)是精神的具体内容,黑格尔说:"本质必定要表现出来"②,精神不会沉静不动,它必定要有所创造,有所实现,因此,精神在它的创造活动中所呈现的具体内容即是现象。在《精神现象学》学中,现象与精神密不可分,没有精神,现象只是一些纷陈的物象;没有现象,精神也就成为空洞的、死的精神。

与精神的三个层次相对应,现象也是具体的、丰富的和多层次的。首先,现象呈现为一些自然的物象和原始意识的意象,例如感性世界的这物和那物,感性意识的感觉和知觉等等,这些现象与精神的第一个层次相对应。随着精神发展为人类精神,现象也就展现为一个人类的大千世界,例如人类社会、人类意识和人类历史的一切内容都属于人类精神所展现的现象领域,从主人和奴隶到法国大革命,从知性、理性到艺术、宗教和哲学,从希腊城邦到近代社会,这一切内容都是人类的现象。人类精神和人类现象两者构成了《精神现象学》的中心内容。最后,当精神达到绝对精神时,现象也就与精神统一起来了,精神与现象的统一就是经验。黑格尔指出,《精神现象学》是一部"关于意识的经验的科学"③,它展现的是精神对其自身的经验,整个精神王国都包含在经验之中。因此,现象作为经验,它是与精神相统一的世界,是展现在时间中的历史过程,精神走到哪里,现象和经验也就延伸到哪里,发展在哪里。

精神与现象是如何分化和统一的呢？精神和现象的关系展现为一个历史过程,这个历史过程又是如何展开和发展的呢？为此,必须导入"自我意识"这一范畴。

"自我意识"(Selbstbewusstsein)在《精神现象学》中具有极其重要的意义,它是精神的本质、生命和灵魂。一般说来,精神就其自身来说还不是精神,还只是一个自在的普遍性、一个实体,只有当精神达到其自我意识时,它才是精神,才具有生命,才成为一个无限的创造性的主体。自我意识的基本意义是自己对自身的意识,是意识的自由自主性。在

---

① 黑格尔:《精神现象学》下卷,商务印书馆1981年版,第255页。
② 黑格尔:《小逻辑》,商务印书馆1980年版,第275页。
③ 黑格尔:《精神现象学》上卷,商务印书馆1981年版,第62页。

《精神现象学》中,它又有两种含义:一是广义的自我意识,一是狭义的自我意识,前者是普遍的自我意识,后者是个体的自我意识。这两种含义在本质上是统一的,自我意识首先是精神对其自身的意识,是精神的自主和自由,而这恰恰就是精神的本质。精神之所以是精神,就在于它是自我意识。黑格尔曾说:"精神却是依靠自身的存在,这就是自由。……精神的这种依靠自己的存在,就是自我意识——意识到自己的存在。"① 精神的自我意识是普遍的自我意识,但它的现实出发点却是个体的自我意识,是作为抽象的人——主人或奴隶出现于历史舞台的,而后,随着精神的发展,自我意识才从个体意识定向群体意识,最后达到绝对的自我意识,绝对的自我意识是个体意识与群体意识、抽象意识与普遍意识的统一。

精神的本质在于自我意识,自我意识的本质在于理性、生命和思维。精神的自我意识本质上就是人,就是人的精神和精神的人。黑格尔认为宇宙中只有人类才具有理性,才具有创造的生命力,因此,只有人才是精神。但是,人类精神不是抽象的、空洞的,它必然要实现于外,必然要创造出一个人类历史和人类社会,马尔库塞指出:"那个表明理性作为历史的理性的概念是精神,它指出了一个从人类理性的发展角度所考虑的历史世界。"②

在自然界,本质和现象的关系是自在的、被动的,因为那里没有自我意识这一中介。在人类历史和人类社会,精神和现象的关系则是自为的,因为自我意识作为主体出现了,它是精神和现象内在分离、冲突及其统一的中介和桥梁。正是由于自我意识,精神的在历史时间中的展开才成为可能。自然界的发展无非是些简单的运动,它总是在同一个起点上周而复始,而人类精神由于它的自我意识的主动性和创造性,则永不满足,永远在创新和前进,这个发展是质的飞跃,是一个向着无限本质的展开。

通过以上的分析,我们看到精神和现象都还是一些普泛的概念,它们的本质在于自我意识,自我意识是它们的生命和灵魂,一部《精神现

---

① 黑格尔:《历史哲学》,三联书店1956年版,第55页。
② 转引自利特尔:《黑格尔和法国大革命》,1982年伦敦版,第111页。

象学》就是精神作为自我意识的发生、发展及其最终达到绝对统一的历史,没有自我意识,精神只是一个空洞的形式,现象只是一些抽象的资料,是自我意识实现了它们的统一。马克思指出:"全部'现象学'的目的就是要证明自我意识是惟一的、无所不包的实在。"[①] 自我意识在《精神现象学》中之所以具有如此重要的作用,是因为它的本质凝聚在19世纪德国的时代精神之中。

近代文化自文艺复兴以来,一个主要特征是自我意识的觉醒,对自我价值、意义和自由的追求成为近代文化的主旋律,上帝的异化形式逐渐被血肉之躯的人所代替,人成为历史的主体、哲学的主词。文艺复兴对人类世俗生活的礼赞和对丰盈的人生戏剧的追求,启蒙运动对神学的批判和对现实理性的呼唤,培根"知识就是力量"和笛卡尔"我思故我在"原则的提出,这一切汇成了一股不可抗拒的人本主义潮流,并在法国大革命中得到了最现实和最激烈的表现。19世纪的德国文化是启蒙运动的进一步发展,是自文艺复兴以来,特别是法国大革命中的人本主义精神在德国的继续。德国文化精神的那种对绝对统一性的寻求,那种充满生命力的创造激情,那种贯穿始终的历史主义精神,其本质都存在于作为主体的人之中,人在德国文化中成为大写的人,它是一个绝对自由的无限本质,是一个堪于上帝比肩的生命存在。

每个哲学都是时代精神的回声,都是历史理性的集中体现,黑格尔哲学的自我意识也不能跳出时代的罗陀斯岛,它本质上是那个时代精神的哲学再现。自我意识之所以在《精神现象学》中纵横驰骋、汪洋恣肆,是因为时代精神已经把人类主体塑造为历史的英雄,浮士德已经走出书斋,命中注定他要创造一个博大恢弘的人类世界,他要遍尝人世间的一切欢乐和苦辛。世界和历史是为他展开着的,他是生命和灵魂。

二、自我意识的结构

自我意识作为精神的本质包含着整个世界的丰富性,它是精神的自我意识,是自我意识着的精神,它贯穿精神的整个发展过程,贯穿全部

---

① 《马克思恩格斯全集》第2卷,人民出版社1965年版,第244页。

《精神现象学》,因此,自我意识的结构是精神的结构,也是《精神现象学》的结构。

这里的结构,不是指外在的框架和目录,而是指内在的本质结构。从总体上看,自我意识的结构在《精神现象学》中由三个环节构成:实体与主体、理性和生命、心灵和世界。这三个环节是贯穿精神发展的三条主线,是《精神现象学》的内在骨架,它们的统一,构成了自我意识的总体性。自我意识既是一实体,又是一主体;既是一对象,又是一意识;既是一自我,又是一社会;既是一理性,又是一生命;既是一心灵,又是一世界;……,而且这一切环节都不是截然相对、漠不相关的,它们从一开始就相互矛盾、相互冲突和相互搏斗,最后在绝对的王国中实现了最终的和解。自我意识经天纬地、纵横古今,其所以如此,即在于它具有坚实的本质结构。

1. 实体与主体

《精神现象学》自我意识论的逻辑基础在于实体与主体辩证统一的思想,黑格尔一开篇就指出:"一切问题的关键在于:不仅把真实的东西或真理理解和表述为实体,而且同样理解和表述为主体。同时还必须注意到,实体性自身既包含着共相或知识自身的直接性,也包含着存在或作为知识之对象的那种直接性。"[①] 这一思想萌生于近代哲学的发展。

近代哲学一开始就明确地意识到意识与对象的矛盾对立,笛卡尔"我思故我在"原则的提出,使哲学探讨中对客观世界的确证必须经过对主体意识的确证这一中介。一切对象,首先都是意识的对象,哲学不能超越意识而去论证对象的确定性,意识、思维是对象世界的尺度和标准。但是,这一方法论马上又遇到经验唯物论和怀疑论的挑战,从自然科学和一般经验来看,意识对象并不等于意识自身,观念中的山川草木并不等于客观现实的山川草木,主体意识又如何确证自身的绝对性呢?拿不出证明,便只能是一个独断。但是,如果脱离意识,脱离思维,那么所谓的客观对象又存在在哪里呢?显然,纯粹的唯物论也是一个独断。于是,产生了怀疑论和不可知论。

---

① 《精神现象学》上卷,第10页。

这一矛盾贯穿近代哲学史,由此产生了康德哲学。康德认为,思维与对象的关系最终是一个二律背反的矛盾关系,只有把物自体与现象界、先验统觉与感性资料明确区别开来,才能消除这一矛盾。在他看来,主体意识虽然不能创造对象世界,但确能先验地把握对象,给予对象以形式和规律,杂乱无章的感性资料只有在悟性的先天综合之中才具有现实性。康德赋予主体意识以重大的意义,悟性统觉是康德哲学自我意识论的中心,"自我俨如一洪炉,一烈火,吞并消融一切散漫杂多的感官材料,把它们归结为统一体"[①]。因此,在康德哲学中,对象的实在性,其本质上就是意识的实在性,主体自我的实在性。但是,康德哲学最终仍是分裂的,所谓对象还是物自体与现象二元分裂的对象,所谓自我意识还是悟性统觉与超验理性二元分裂的自我意识。针对康德哲学的二元论,而后的德国古典哲学进行了绝对唯心主义的改造。费希特与谢林都企图克服康德的内在矛盾,抛弃那个他们视为最终遁词的物自体,而代之以一元的纯粹精神、绝对自我。但他们的工作远没有最后完成,费希特在抛弃物自体时,连客观理性也抛弃了,仅留下一个抽象的主观精神;谢林固然建立了自然哲学,但他没能达到客观理性与主观理性的具体统一,只徒有一种空的深邃。正是在这个基础上,黑格尔提出了实体与主体辩证统一的思想。

黑格尔首先批判了康德哲学的二元论,他认为,无论意识对象还是意识自身都根源于一个实体性的本质,都根源于那个绝对的精神活动性。但是,绝对实体不是一个脱离主体的彼岸的东西,而是现实世界的普遍本质,它要成为现实的东西,就必须表现于外,分化为现实存在的意识和对象,因此,它既是自身独立的,又是为意识而存在的,它既表现为意识的对象,又表现为对对象的意识,意识对象独立地实现自身的过程也即是意识自身独立实现自身的过程,反之亦然。因此,这个表现为对象的实体其实就是意识的主体,同样,这个自身反思的主体也就是意识对象的实体,一句话,对象存在的现实性不是别的,就是自我认识的自我意识的现实性。精神把自己外化为形形色色的对象,同时又把自己表现为意识对象的自我,这样一个过程,作为同一个过程,就是自我意

---

① 黑格尔:《小逻辑》,第122页。

识的现实性。黑格尔说:"如果从普遍精神方面看,既然普遍精神就是实体,那么这个发展过程就不是别的,只是实体赋予自己以自我意识,实体使它自己发展并在自身中反映。"①

实体与主体的统一又是一个自在自为的过程。首先,实体作为宇宙的普遍本质,它是一个自在的统一性,如果仅从它自身来看,它还是一个抽象,还不具有现实性的品格。实体要实现自己的现实性,必须把自己规定为自为的主体。而主体,作为自为的本质,又是一个否定性,一个创造性,它要冲出界限,表现为一个自由的他物。但是在他物对自在之物的否定中,他物也就同时否定了自己,这是一个否定之否定的肯定过程,通过这种现实的活动,精神才具有自在自为的真实品格。黑格尔指出:"惟有精神的东西才是现实的;精神的东西是本质或自在而存在着的东西,——自身关系着的和规定了的东西,他在和自为存在——并且它是在这种规定性中或在它的他在性中仍然停留于其自身的东西;——或者说,它是自在而自为。"②

但是,实体和主体在《精神现象学》中并不是一种静止的关系。

首先,实体与主体的辩证统一构成了《精神现象学》"意识"论的主导原则,贯穿于意识从感性确定性经知觉到知性的整个发展过程。在那里,意识与对象、知觉与事物、知性与现象世界都处于一种辩证的统一关系之中,没有脱离意识的存在,也没有脱离存在的意识。例如,当知觉达到概念的"类"时,这个"类"对"此时"、"此地"的存在来说,它是一个较高的意识,但是,在它的发展中,"类"又成为一个普遍的事物,一个存在对象,因为那个扬弃感性确定性的东西并不是想当然的东西,而是一个普遍的客观存在,这样就在更高层次上展开了意识与对象的辩证关系,由此发展为知性。

但是,由于"意识"是精神发展的初始阶段,在那里,无论实体还是主体都还是低级的、肤浅的,都还未达到自我的无限本质,因此黑格尔有时还不屑于把它们描述为实体和主体,而只简单地称为意识和对象。在《精神现象学》中,实体与主体辩证统一的思想只有在"自我意识"产生

---

① 《精神现象学》上卷,第18页。
② 同上书,第15页。

之后，才得到真正本质的展现。

自我意识是精神的内在本质，精神要成为精神，必须具有自我意识，精神与自我意识的这一关系从逻辑上看就是实体与主体的关系，精神自在地是实体，自我意识则是主体，当精神达到主体时，它就自觉到它的无限本质，自觉到它是一个自在自为的生命存在，它就成为人类精神。精神作为主体所展现的世界因此就不是一个自在的自然界和意识界了，而是一个现实的人类历史和人类社会。人类作为主体的诞生，是宇宙中一件伟大的事变，它给世界带来了意义，它给精神带来了生命。一部《精神现象学》从根本上讲就是一部人类精神的发展史，它展现的并不是什么子虚乌有的东西，而是现实的人类历史和人类社会，因此，《精神现象学》实体与主体辩证统一的思想，只有作为人类历史和人类社会的主客统一性，才能得到根本的解释，其实，《精神现象学》的绝大部分内容已经把它展现出来了。

实体和主体的辩证统一，在《精神现象学》中又经历了三个重要的发展阶段。

首先，经过生命搏斗和奴隶劳动，自我作为真正本质的力量第一次在人类历史中出现。这个自我是主体第一次真正的自觉，他意识到他的独立自主的无限性，意识到他是有别于自然的自由的人。在此之前，一切都还是阴晦不明和黯淡无光的，太阳下没有什么新东西。自我意识的出现，改变了世界的进程，为世界创立了自由、价值和意义，而后的世界因此扬弃了纯粹的自然性而一变为人类的文化世界。精神也正是通过自我意识才从实体性的东西变为能动的主体，变为新世界的主人。但是，应该特别指出，自我意识作为人类主体的出现，并不是自然世界的简单的延续，也是实体性东西的外在属性，它本质上是自然界的一次质的跃进，是对实体的积极的否定，它的诞生和发展都须经过一场殊死的生命搏斗和一段艰难的历程。（这一内容详见第二章）

主观精神阶段的自我意识还是抽象的自我意识，作为主体，它还不是现实的主体，还未达到主体与实体或主体与客体的辩证统一，因此，从人类诞生那天起，它就陷入主体和实体的矛盾冲突之中。由于此时的自我还是抽象的自我，同样，实体也是抽象的实体，每当自我有所实现时，他就面对着一个他无法克服的否定势力，他出现在哪里，这个实体性的抽象势力就在哪里压迫他、否定他。自我一旦成为主体，他就再也不能返回原先的自然状况了，他必须面对困境，勇于战斗，寻求发展和前进。

　　精神总不能停止在主体和实体的抽象对立上，自我意识的冲突和矛盾，使它自身充满了无限的张力，精神必然要表现于外，把它的内在本质实现在现实的人类社会中，这样，精神就从主观精神发展为客观精神，它内在的实体与主体的矛盾对立也就随之展现为现实的社会矛盾和冲突，由此，实体与主体的辩证关系也就进入第二个阶段。

　　现实世界又是一教化世界、一异化世界，黑格尔认为，精神在主观阶段所展现的抽象主体与抽象实体的矛盾冲突固然在现实社会得到了统一，主体已经不再是一个抽象的自我，而是现实的个体自我，是社会关系之中的具体的个人，实体也不再是作为命运的冷酷必然性，而是现实的政治制度、国家和社会统一体，但是，精神在新的社会却产生了新的更加尖锐和日益强烈的矛盾冲突。首先，现实世界是一个异化的世界，是一个异己的与命运同样冷酷、同样敌视人的实体性势力，个体在这个世界感到被压抑和被摧残，自我的本质越来越为外在的力量所歪曲和消灭，自我必须再次觉醒，再次获得作为人的自由和权利，于是，整个现实世界就陷入了与抽象世界同样尖锐的实体与主体的矛盾冲突之中。黑格尔认为这一矛盾正是人类历史发展的本质矛盾和内在动力。在这条主线下，《精神现象学》展现了自希腊社会解体以来的整个人类文明史，最后这一矛盾在法国大革命中达到了总的爆发，由此也就导致了总的和解。

　　实体和主体辩证统一关系的第三个阶段（即最后的阶段）是绝对精神的主客统一性。绝对精神是自我意识在《精神现象学》中所达到的最高阶段，也是人类精神所达到的最高阶段。自我意识作为精神的主体从它产生之日起，经受了无穷无尽的苦难和困境，在达到绝对精神之前，正像我们前面所分析的，在主观精神和客观精神两个世界它都陷入了主体与实体的内在冲突，在那里，无论是生命之我、苦恼之我、玄思之我、享乐之我还是革命之我，这一切都是有限的主体，都不能化实体为主体，都不能建立起绝对的主客统一性。绝对精神与此相反，它是绝对的主体，是精神自在自为的自我意识，是无限的自我，在那里，实体与主体,达到了绝对的统一。

在《精神现象学》中,绝对精神又分为宗教和绝对知识两种形式。① 黑格尔认为,当精神达到其实体的绝对统一时,这一主客统一性在开始并没有实现其对自身统一性的概念式理解,精神的本质还只是通过形象和表象再现和启示出来;但是,精神的进一步发展必然扬弃它的感性形式,必然达到纯粹概念的领域,黑格尔认为这就是哲学,就是绝对知识,在那里,不但精神达到了主体与实体的绝对统一,而且它意识到这种统一,它是自在自为的绝对真理。"绝对知识是在精神形态中认识着它自己的精神,换言之,[精神对精神自身的]概念式的知识。"②

由此可见,实体与主体辩证统一的思想是《精神现象学》的基本原则,是自我意识结构的基石,一个基本原则。

2. 理性与生命

自我意识结构的第二个本质环节是理性和生命。

精神要成为精神,它必须具有自我意识,必须成为主体,但自我意识作为主体,它的本质又是什么？黑格尔明确指出,这个本质就是理性。在《精神现象学》中,当精神从意识发展到自我意识时,这固然是精神的一个飞跃,但此时的精神仍是抽象的,精神内在矛盾的双方仍是独立对峙、彼此相处的,只有当精神达到理性时,它才真正地把自我意识的本质呈现出来。"理性就是确知自己即一切实在这个确定性。"③ 理性明确提出了这样一个命题：我即世界,世界即我。这个命题从逻辑上看即是一个主客统一性,理性既是精神的实体,也是精神的主体,它们的统一,构成了精神的自在自为的真理性。因此,理性作为精神的本质环节就超出了作为意识发展阶段的主观理性而具有了普遍的意义,它是统治世界的"努斯",黑格尔进一步指出："理性是世界的灵魂,理性居住在世界中,理性构成世界的内在的、固有的、深邃的本性,或者说,理性是世

---

① 在后来的体系哲学中,黑格尔认为绝对精神分为艺术、宗教和哲学三种形式。其实,在《精神现象学》中,这一思想已初具规模,因为宗教一章已包含艺术,黑格尔把艺术看成是宗教的一种形式。
② 《精神现象学》下卷,第266页。
③ 《精神现象学》上卷,第157页。

界的共性。"①

从自在的意义上看,理性是精神的实体,但是,宇宙中只有人类具有理性,因此理性又是一个自为的本质,是一个主体,是精神的自我意识。理性是实体与主体的统一,这个统一就是生命,因此理性是生命,生命是理性。理性与生命的辩证统一是自我意识结构的第二个本质环节,也是理解《精神现象学》自我意识论的一个难点,要理解它,我们同样必须从近代哲学史谈起。

近代哲学与近代科学同步前进,与异化了的基督教蒙昧主义和神秘主义相对立,它们从一开始就崇尚科学和理性,在它们看来,科学就是实事求是地观察研究自然事物,并从中概括推演出一般的知识;理性就是人类运用科学对经验归纳、分析和综合的能力,通过理性,人类才能获得切实的知识,才能达到真理,因此,理性与科学是统一的,或者说,理性是一种科学理性。科学理性在文艺复兴以来的近代哲学和科学中得到了长足的发展,其代表人物是洛克和牛顿。启蒙运动是近代精神的高扬,它们把科学理性用于对社会的分析、研究和批判上,在它们看来,科学和理性是宇宙中万事万物的尺度,是评判一个社会是否合理的标准。

科学理性无论在反对宗教和促进近代文化的发展中都具有不可估量的意义,但是,它也有致命的弱点:第一,科学理性是一个有限的理性,还不能从自然、历史和人类统一性的高度去把握世界,不能从有机整体的角度去考察宇宙,而只局限于具体、个别的经验和事实;第二,科学理性的方法是机械的、片面的,不能透过事物的差别去把握内在的联系,还局限于是即是、否即否的方法上;因此,第三,科学理性所把握的世界就是一个支离破碎的世界,而不是一个有机统一的世界,更不是一个有机统一的生命过程。用德国哲学的术语来说,科学理性还是一种"知性","形式的知性并不深入于事物的内在内容,而永远站在它所谈论的个别实际存在之上综观全体,这就是说,它根本看不见个别的实际存在。"②

---

① 黑格尔:《小逻辑》,第80页。
② 《精神现象学》上卷,第36页。

与英法等国的科学理性相异,德意志民族的思维从一开始就呈现出另外一种景象,它强调的不是被动的观察,而是主动的创造,它倡导的不是对自然的肢解,而是自然的一体化,在那里,理性是与生命相统一的,是有生命力的理性,或者说是生命理性。

早在"条顿哲学家"波墨那里,透过神秘主义的泛神论就可以看出他把宇宙把握为一个生命统一体的努力。在莱布尼茨哲学中,理性的生命化得到了进一步的发展,莱布尼茨把宇宙的本质规定为单子,单子是能动的、充满生命力的精神实体,这个实体因此又是一个精神的主体,它既是感性的,又是理性的,既是个别的,又是无限的,整个世界就是由单子构成的和谐生命的统一体,它的最高本质就是太上单子、神或上帝,它是最高理性,也是最高生命。德国精神中的这种对宇宙无限生命的寻求和创造,在19世纪的德国文化中得到了进一步的高扬。莱辛最终是一个斯宾诺莎主义者,他崇尚生生不息的自然神性。歌德的宇宙观也是充满生命力的万物一如的宇宙观,他的世界是"一个永恒的大洋,一个连续的波浪,一个有光辉的生长"①。赫尔德与法国启蒙学家有别,他把历史看成是一个有机的统一体,历史中的理性是一个充满生命力的理性,历史发展是理性从萌发到成熟的有机过程。康德第一次从哲学意义上把知识与理性区别开来,他认为知性固然是科学的基础,但它不能创造对象,不能超越现象界,世界的有机统一最终还是一个无目的的合目的性;而理性则是宇宙的绝对本质,是人类的先天机能,它不但能够主动地创造对象,而且力图把世界导向一个绝对的统一体。知性与理性的统一是一个先天分析命题,它超出了人类的知识范围。康德哲学虽然最终还是一个二元论和不可知论,但它在欧洲思想领域的意义是重大的,从广阔的背景看,它是英法科学理性与德国生命理性的交锋、搏斗和融合,康德哲学及其内在矛盾不仅唤起了费希特、谢林和黑格尔,而且对20世纪的西方文化产生了决定性的影响。

黑格尔和他的同代人一样也深深地浸润于时代精神的洪流之中,早在法兰克福时期,他就感到他曾为之欢呼的启蒙时代的理性有着不可克服的弱点,经过一段痛苦的思索,黑格尔提出了两个重要的概念:生命

---

① 歌德:《浮士德》第一部,郭沫若译,第27页。

和爱。黑格尔认为自我和世界都不是单独的存在,其内部的诸多环节也不是机械的组合和排列,而是相互关联、相互排斥、相互否定而又相互统一的有机的存在,因此,自我是一整体,世界也是一整体,自我和世界是一生命,所谓生命,就是这个既矛盾又统一的有机整体。这个统一黑格尔又叫做"爱"。珀格勒尔解释说:"黑格尔在法兰克福时期把那个自我区别、自我分裂而又在美和爱的历程中达到自我返回的全体叫做生命。"① 马尔库塞也指出:"黑格尔提出的作为矛盾统一性的第一个概念是生命概念"②,在那里,生命与理性相统一,这个理性不是知性,而是辩证理性,是主体,是绝对的自我,生命"是自由的第一个具体表现,也是真正的对立统一性的第一个形态,因此,也是辩证法的第一个具体表现。不是所有的生命形式都代表着这个具体的统一,只有人,通过他的知识,才能实现'生命的理念'"。③

在耶拿时期的《费希特与谢林哲学体系的差别》一文中,黑格尔进一步发展了他关于理性与生命辩证统一的思想,明确地把"知性"(Verstand)和"理性"(Vernunft)区别开来。在他看来,知性的观点是分离的、有限的观点,它类似于我们前面所分析的科学理性,它局限于事物外在的联系和差别未能达到内在的本质统一;理性与知性相反,它是无限的和绝对的,是对立和差别的扬弃,是对事物内在统一性的把握,因此,理性所展现的就是一个生命的有机体,一个绝对的统一性。

在《精神现象学》中,黑格尔把早年时代提出的三个重要概念——生命、理性和爱统一为一个基本原则,就是理性与生命的辩证统一,它是精神的一个基本内容,是自我意识结构的一个基本环节,是贯穿全书的一条重要线索。

精神的本质是理性,理性即是生命,因此精神是理性与生命的辩证统一。生命概念在黑格尔哲学中不是一个次要概念,而是一个极其重要的、与理性同层次的概念,黑格尔即使在后来的体系哲学中也从未放弃生命概念。缪勒指出:"生命是总体。是哲学的最高对象,它与黑格尔

---

① 珀格勒尔:《黑格尔的一种精神现象学观念》,弗莱堡与慕尼黑1973年版,第84页。
② 马尔库塞:《理性与革命》,牛津大学出版社1941年版,第37页。
③ 同上书,第38页。

以后所说的精神是同一个东西。"① 那么,什么是理性与生命的统一呢?这个统一的本质在于:精神作为绝对理性所展现的世界不是一个机械的外在世界,而是一个统一的生命世界,在那里,理性不但作为主体创造着、运动着和发展着,而且它知道它就是主体,就是生命,就是无限。黑格尔说:"这个单纯的无限性或绝对概念可以叫做生命的单纯本质、世界的灵魂、普遍的血脉,它弥漫于一切事物中,它的行程不是任何差别或分裂所能阻碍或打断的,它本身毋宁就是一切差别并且是一切差别之扬弃,因此它自身像血脉似的跳动着但又没有运动,它自身震撼着,但又沉静不波。"② 这个贯穿一切事物的统一性就是生命,就是理性,就是理性与生命统一,因为只有理性才能实现生命的统一性,只有生命才能实现理性的绝对性。

应该指出,理性与生命辩证统一的思想同实体与主体辩证统一的思想一样,虽然是贯穿《精神现象学》的基本思想,但在自然界,这种统一还是自在的、低级的,只有在人类世界,理性和生命才具有本质的意义。自然世界是冥顽不灵的世界,人类世界才是生命的世界、理性的世界。莱伯尔格指出:"在主观理念中,人具有向主体和客体的生命统一性发展的可能,在那里,人从自然直接状况的自在存在和封闭存在中走出来,赢得了具体的、自我意识的存在。"③

理性和生命作为自我意识结构的一个本质环节,它又有以下两个层次的意义。

首先,它是知性和理性的统一,黑格尔的这一思想早在《费希特和谢林哲学体系的差别》一文中已经成熟,在《精神现象学》中,这一思想更加深刻地展现在自我意识的发展中,展现在人类社会和人类历史中。在那里,知性和理性都已不再是一种单纯的认识能力了,而是人类历史中的一种现实的力量,它们最终统一在精神的生命过程之中。

第二,理性和生命的辩证观又是理性和情欲的辩证统一。

精神是能动的、创造性的,这一本质特征直接就在于它是情欲与理

---

① 缪勒:《黑格尔——一位活者的思想史》,伯尔尼和慕尼黑1959年版,第160页。
② 《精神现象学》上卷,第110—111页。
③ 莱伯尔格:《黑格尔或者自由精神的发展》,斯图加特版,第164页。

性的统一,所谓理性与生命的统一其实也是理性与情欲的统一。在《精神现象学》中,自我意识是从生命开始的,但生命就其直接性来说又是欲望,是冲动,是情欲一般,因此,自我意识从一开始就包含有理性和情欲两个本质环节。黑格尔与康德割裂理性和情欲的二元论差别,他认为理性和情欲是辩证统一的,它们都来源于那个绝对的精神实体,但是,它们又有本质差别。情欲是自我意识的无限冲动,它永不满足,永远指向否定和创造,它是主宰世界的力量,但又隐藏着罪恶的种子;理性则是自我意识的内在法则,它总是把情欲提高为普遍的事业,为情欲设立绝对的目的。因此,情欲和理性在精神发展过程中既是矛盾冲突的,又是辩证统一的,正由于此,才构成了精神的内在核心,构成了生命的创造机制,一部《精神现象学》也可以说是一部理性和情欲的矛盾发展史,从抽象的快乐和必然性、德行与世界进程,到现实的启蒙运动和法国大革命,精神的每一个进程,自我意识的每一个环节,都渗透了情欲和理性的冲突。因此,黑格尔后来在《历史哲学》中把理性和情欲看成是世界历史发展的经纬线。

需要说明一下,这里所说的理性、生命和精神等概念,与20世纪初叶的德国生命哲学和以后形形色色的非理性主义有着本质的区别,19世纪德国文化中的生命精神、黑格尔《精神现象学》中的生命概念是健康的、充满活力的、积极向上的,生命在那里并不排斥理性,不张扬潜意识,而是情欲与理性、思维与实践、个别与普遍、有限与无限的辩证统一,生命本质上是一种精神的辩证法。

谈到辩证法,值得一提的是克朗纳的观点,他在《从康德到黑格尔》一书中提出一个著名的观点:"辩证思维乃是理性——非理性的思维",[①] "黑格尔主义者无疑乃是哲学史上众所周知的最大的非理性主义者"。[②] 克朗纳的这一观点虽然有些过头,但如果从生命统一性的角度来看,无疑有其合理之处。辩证理性乃是与科学理性相对的生命理性,它不是简单的肯定和一致,而是把差别、界限和否定包含于自身,并超越这些规定从而达到一个创造性的绝对统一,克朗纳所说的"非理

---

① 克朗纳:《康德到黑格尔》第2卷,图宾根1977年版,第272、271页。
② 同上。

性"主要也是从这个意义上来说的,"如果绝对理性不是非绝对的,不是自在地在自身中包含对立,它就不是现在的、生命的和活动着的。"① 如果把科学理性规定为"理性的",那么辩证法就是"超越理性的独特的理性",② 或者说是"非理性的"。其实,非理性本质上就是创造、就是生命,就是理性与生命的统一。

3. 心灵与世界

精神是《精神现象学》的中心,自我意识是精神的灵魂。精神、自我意识本质上又是一心灵、一世界,是心灵与世界的统一。

自我意识在《精神现象学》中有两种含义:一是广义的自我意识,它是普遍实体的自我意识,是自为存在着的主体,黑格尔在论述理性、精神和绝对精神等章节中使用的即是这种自我意识;另一种是狭义的自我意识,它是自我意识纯粹抽象的自我反思,特指从知性发展而来的那个自我意识。狭义自我意识是抽象的个体意识,广义自我意识是普遍的群体意识。精神(Geist)在《精神现象学》中既有精神(Spirit)的,又有心灵(Mind)的意义,就理念(Idee)所具有的自我意识本质而言,它是心灵;就理念与自我意识统一而言,它是精神。在这里,精神、自我意识和心灵三者是矛盾统一的。黑格尔说:"如果我们要按照它的真正的实质去简略地说明绝对理念,我们就应该说,它就是心灵,当然不是有限的受制约、受局限的心灵,而是普遍的无限的绝对的心灵,这绝对的心灵根据它本身去确定真实之所以为真实。"③

黑格尔又说:"绝对心灵是应该作为绝对活动来理解的,因此,也是作为它的绝对的自我分化来理解的。"④ 就是说,绝对心灵必须分化自己,表现为有限心灵与无限心灵。个体心灵是有限的心灵,它模糊地包含了情欲、目的、意见、才能等诸多情愫,它们混杂在一起,相互辅助又相互阻碍,因而个体心灵是偶然的、短暂的、不幸的。无限心灵则是心灵的普遍本质,是精神的客观法则,表现为命运、规律、道德伦常、法律

---

① 克朗纳:《从康德到黑格尔》第2卷,图宾根1977年版,第19、272页。
② 同上。
③ 黑格尔:《美学》第1卷,第118页。
④ 同上。

政治制度等等,因而它是静止的、统一的、永恒的。有限心灵与无限心灵都是绝对心灵的自身规定,它们并非漠不相关,而是趋向统一和解。有限心灵努力克服它的有限性,"在无限和真实里去找它的真正的普遍性,统一和满足"。①

实体与主体的统一只是精神的逻辑本质,从现实性上看,实际存在着的只是自我意识的心灵。心灵在《精神现象学》中不是一开始就获得绝对统一性的,它毋宁处在分裂的矛盾冲突之中,在黑格尔看来,心灵的统一是一个漫长的过程,经历了一系列发展阶段,一部《精神现象学》又可说是一部心灵的发展史,在其中,有限心灵与无限心灵分裂、矛盾、斗争,最终达到绝对的统一。因此,可以说,心灵的历史本身就是一个心灵的世界。应该指出,心灵在黑格尔哲学中固然有其心理学上的意义,但是,它与一般经验心理学意义上的"心灵"有着本质的区别。它不是一个生理或心理上的主观机能,而是一个能动的精神,心灵世界因而也不是一些简单的意识或经验事实,而是一个人类的精神世界,一个自我意识的本质王国。

心灵自身即是一世界,这个世界首先是个体心灵的世界,在《精神现象学》第一阶段主观精神中所描述、所展现。当意识处于知觉乃至知性时,它是盲目的,不知道对象是什么,同样也不知道自己是什么。自我意识才是自觉的自我,它知道对象是我,我即是对象,自我与对象的关系是自我之间的关系,是诸多个体心灵之间的关系,这样,就构成了双重的自我意识的运动,构成了一个心灵世界。但是,这个世界还是一个抽象的世界,或者说还不成其为一个世界,因为个体心灵只知道一个抽象自我,只知道否定对象,不知道对象也是一个自我、一个心灵,不知道自我和对象同为一个普遍的自我,一个普遍的心灵。因此,这里的命题——对象即我,我即对象,是以牺牲对象、牺牲世界为条件的,这样,自我就根本不成其为自我,因为它在否定对象的同时也把自己否定了。

通过心灵世界的内在矛盾运动,自我意识达到了理性。理性是自我意识的本质规定,是精神的普遍实体,在那里,个体心灵提出了一个更为普遍的命题:世界即吾心,吾心即世界。这一命题显然比上一个命题

---

① 黑格尔:《美学》第1卷,第119页。

深刻，自我不再固持于自身的抽象性了，而是让心灵向着世界敞开，同时把自己提高为一个无限的心灵。

理性是自我意识走向精神的过渡环节，通过理性，心灵就走出了抽象的自身单纯性，进入一个真正现实的对象世界，进入客观的人类历史和人类社会，在《精神现象学》第二阶段客观精神中所描述，所展现。心灵不是心理学中的单纯事实，而是一个创造性的自我，它自身包含着无限的本质，它不会安于沉静，必然要有所行动，有所实现，冲出有限自我，创造出一个现实的人类历史和人类社会。在《精神现象学》中，客观精神是一现实世界，一本质世界，在那里，个体心灵融合于普遍心灵之中，自我意识从抽象的心灵进入一个伦理道德世界，在那里，心灵与世界的关系就不再是抽象的心灵自身的关系了，而是现实的、具体的、严峻的自我与社会的关系。一旦人进入社会、进入历史，它就被纳入一个更为普遍的本质关系之中。黑格尔在这里揭示了一个有益的思想：个体只有在群体中才具有内在的意义，群体只不过是个体本质的现实化；人的自然性只有从属于社会性才具有真实的品格，社会性只不过是自然本质的客观化；心灵只有实现于现实世界才能成为无限的心灵；现实世界只不过是心灵本质的对象化。总之，只有达到了个体与群体、自然性与社会性、心灵与世界的统一，人类生活才趋于和谐，人类社会才呈现完满。

但是，这个统一并不是现成存在着的，心灵与世界，个体与群体，自然性与社会性从一开始就相互对立、相互排斥和相互斗争。人类历史充满了矛盾和纷争，人类社会贯穿了冲突与搏战，人类世界既是一个本质实现的世界，又是一个本质异化的世界。"异化"在《精神现象学》中具有举足轻重的作用，卢卡奇认为它是《精神现象学》的中心概念，一般说来，异化又有三层含义：对象化、疏远化和一体化。

首先，异化的第一层意义对象化，正如前面所述，自我意识作为能动的心灵，必然要把自己实现出来，这个过程就是心灵本质的对象化过程，即把自己展现为一个对象世界的过程，在这一过程中，心灵与世界，自我与对象是和谐一致的。但是，对象化马上又具有了疏远化、异己化的意义，即对象世界虽然是自我本质的展现，但它对个体心灵并不采取和善、友好的态度，反而成为排斥、摧残个体心灵的普遍实体，个体在这个冷酷的实体面前感到它的本质被彻底地否定了,它的世界成为敌对的世界,普遍的本质成为毁灭的力量。于是,心灵与世界、自我与社会、个体与群体就陷入了一种现实的、尖锐的矛盾冲突之中,客观精神的大部分内容都围绕着这一中心展开,构成了自我意识发展的一条基本线索。第三,心灵的本质在于对象化,而对象化又是异化、疏远化,这是一个内在的矛盾,自我意识必须扬弃这一矛盾,实现自身的返回,这个返回就是心灵与世界的一体化,即尽管经历了搏斗和苦难,但是心灵与世界、自我与对象、个体与群体的统一仍然能够实现,这是"理性的机巧",这是自我意识的命运,这是精神的辩证法。心灵世界是一部心灵发展史,现在,对象世界既已获得了本质的意义,那么,心灵的历史同时也就是一部世界的发展史、一部人类的发展史,心的历史与人的历史同步发展,人的社会是什么,心灵就是什么,心灵是什么,人的社会就是什么,只有在绝对精神中,心灵和世界才获得绝对的统一。

总之,自我意识的结构是《精神现象学》的本质结构,从内容上看,它几乎容纳了迄今为止历史哲学上的一切重大理论问题,例如人的产生、历史的展开和社会的本质等关键问题,黑格尔都给予了深刻的解说;从形式上看,它熔哲学、历史、宗教、文学等诸多学科为一炉,形成了一个独特的体系。这样一个具体和丰富的结构就为精神的展开和自我意识的发展奠定了坚实的基础。

三、自我意识结构的功能:行动—反思

自我意识的结构是《精神现象学》的本质结构,统观结构的总体,可以说,其基本功能是行动—反思的辩证统一。

自我意识是精神的生命和灵魂,无论作为实体还是主体,理性还是生命,心灵还是世界,它都不是静止不动的,而是运动发展的。黑格尔说:"精神自在地就是运动,就是由自在转变为自为,由实体转变为主体,由意识的对象转变为自我意识的对象,这就是说,转变为同时又被扬弃了的对象,或者转变为概念的运动。"[①] 因此,自我意识的结构是一

---

① 《精神现象学》下卷,第 268 页。

个运动的结构,是一个动态的结构。精神的运动展现为历史,自我意识的结构也就是历史的结构,在历史过程中,自我意识产生、运动和发展,最后达到精神的统一。

自我意识动态结构的两个基本环节就是行动和反思。自我意识之所以运动和发展,其根源从形式上看就是由于行动和反思的内在矛盾,行动和反思,或者说创造和思维、行与知,是结构的两个基本环节,它们既矛盾又统一,既分裂又和谐,由此构成了动态结构的功能。

《精神现象学》自我意识结构的行动—反思功能有其深厚的历史渊源。康德哲学的自我意识论,特别是他关于想像力的学说,已潜在地揭示了自我意识的这一本质功能。康德哲学的自我意识论分化为两个独立的环节,一是作为先验悟性的自我意识,一是作为意志自律的自我意识,两者之间有明显的差别,前者是知性的,只在于理解,而不能创造;后者是理性的,只在于创造,而不能理解。两个自我意识虽然都揭示了自我意识的内在本质,但还未能达到统一,也就是说,理解与创造未达到统一。但是,作为补充,自我意识理解和创造两个环节的统一却在康德关于想象力的理论中出现了,康德认为想象力是一个隐秘的本质,是精神各种能力(感性、知性、理性等)的统一源泉,是理解和创成、分析和综合的统一源泉。康德的这些观点只是猜测,还未发展为一个现实的体系。

费希特的自我意识论是康德哲学的进一步发展,他用自我意识"创造—反思"的统一性代替了康德的二元论,把在康德那里还是补充形式的想像力高扬为一个绝对的精神活动性,这个绝对的精神就是绝对自我,它成为费希特哲学的中心。首先,绝对自我一改在康德哲学中的静观特征,而具有创造性的本质。费希特多次指出:"行动,这就是我们生存的目的。"[①] 行动和创造是精神的本质,在精神的起点上,它表现为一个盲目的冲动,在冲动之外,世界是虚无,所谓对象,只是冲动的对象,或者说,对象是冲动的直观,直观是原始的思维,冲动指向一个对象时,其实它是指向自身,是向自身的返回,因此,这个返回就是直观。这样,在费希特哲学中,自我意识从一开始就是创造与反思的统一,这个统一

---

① 引自费希特:《全部知识学的基础》,译者导言。

克服了康德创造与理解的二元分裂,通过它内在的矛盾运动实现了一个自我意识的体系。创造与反思的矛盾运动是这样展开的:冲动指向一个对象,它其实即是在直观自身,但直观并不是康德意识上的理解,它同时也是一种精神的活动,是一种创造,因此在费希特哲学中思维也是创造,也是行动,但是,创造的直观活动马上又会遇到障碍,所谓障碍就是它行动、创造的界限,这样,直观本身就又成为对象,一种新的精神活动知觉便出现了,而知觉又会遇到同样的创造与反思的矛盾,知性由是产生,以此类推,正是创造与反思的内在矛盾运动,才使自我意识从原始的冲动发展为理性,从理论理性发展为实践理性,由此构成了费希特自我意识理论的整个体系。在其中,想像力具有本质的意义,它是自我意识理论的基石,它一身二任,既是冲动又是直观,既是创造又是反思,既是行又是知。

《精神现象学》的自我意识论是德国古典哲学的继续,从结构上看,黑格尔进一步把费希特绝对自我的创造与反思两个环节辩证地统一为一个整体,它是精神自身的内在机能,是自我意识结构发展的内在动力。

首先,行动或创造在《精神现象学》中具有首要意义,虽然从外在形式上看,《精神现象学》是从"感性确定性"开始的,感性是简单的思维,其实《精神现象学》的本质结构是从自我意识开始的,是从生命、欲望开始的,是从精神的行动、创造开始的;黑格尔多次指出:"精神的主体本质便是活动",① 它是它自己劳作的产品,正像歌德在《浮士德》一开篇就把"泰初有道"改为"泰初有为",黑格尔在《精神现象学》中也把精神的本质规定为创造、行动和作为。精神之所以是精神,就在于它不甘沉沦,不甘孤寂,而追求必须有所成就,有所创造,要成为主体,成为自我,成为无限,成为绝对。在《精神现象学》中,精神的每一阶段,自我意识的每个环节,首先都是精神的创造,都是自我的产品,无论是理性,还是生命;是心灵,还是世界;是个体,还是群体;是自然,还是社会;是现实,还是历史;这一切首先都是活动,都是运动,都是创造,都是实现。因此,行动具有首要的意义。

但是,在《精神现象学》中,行动与反思或创造与思维是统一的,精神

---

① 黑格尔:《历史哲学》,第115页。

的活动既是劳作,也是思维,既是行,也是知,或者说,思维本身就是一种行,一种创造活动。黑格尔说:"在绝对的他在中的纯粹的自我意识,——这样的以太本身,乃是科学或普遍性的知识的根据和基地。"①黑格尔认为他的《精神现象学》既不是经验事实之堆积,也不是天才想像之臆造,它提供的是科学,呈现的是普遍的知识,因此,思维在其中具有重大意义。所谓思维,是精神在他在中的返回,是自我意识对其创造性本质的理解。黑格尔多次指出:"理性乃是有目的的行动。"② 精神是自在自为的创造,自我在它的每一个行动和创造中,都同时是对自身的把握,是内在的知。《精神现象学》既是一部精神的创造史,也是一部精神的认识史,一部知识的发展史,它所描述的"是一般的科学或知识的这个形成过程"。③ 从最简单的感性知识到知性知识到理性知识,从对自然的认识到对社会、对自身的认识,直至绝对知识,思维贯穿了精神的整个历史进程,构成了精神的本质性。因此,黑格尔把这一过程又叫做"教养",它引导个体从自在、受动和孤立走向自为、主动和统一,从片面的幼稚走向全体和成熟,最后在绝对知识中达到了个体与群体、有限与无限、创造与思维的统一。

因此,从总体上看,行动—反思构成了自我意识结构的本质功能,它贯穿结构的每一个环节,促使结构不断展开、运动和发展,赋予结构以生命。

总之,本章初步分析的自我意识的结构及其功能,为下面的研究提供了一条可供出入的门径。但是,正像黑格尔所说的,真理是具体的,生命是运动的,要真正理解《精神现象学》的自我意识理论,还必须从这个结构之门走进去,置身于精神的王国,在自我意识的运动过程中去把握它深邃的本质。

---

① 《精神现象学》上卷,第 15—16 页。
② 同上书,第 13 页。
③ 同上书,第 17 页。

第二章 主奴意识

精神在意识阶段还没有呈现出它的本质意义,在那里,它或者被动地受制于对象,或者分裂为漠不相关的双方,只有进入自我意识,它才进入真理的王国。自我意识是《精神现象学》的中心和灵魂。要理解自我意识,必须理解主奴意识。主奴意识是自我意识理论的基石,也是整部《精神现象学》发展的一个基本环节;它是精神从自在走向自为,从实体走向主体的关键,也是人类从自然走向社会,从动物进化成人的关键;它是《精神现象学》自我意识的起点,也是人类文明的起点,具有深刻的哲学、历史和文化意义,它对于马克思的历史唯物主义和现代西方人文哲学都产生过深远的影响。而且,《精神现象学》"主奴意识"一节行文精彩绝妙,变化机智,集中地体现了黑格尔哲学辩证法的精髓。

一、欲望、生命搏斗和相互承认

精神在自我意识那里获得了存在的真形式,在此之前,它是沉沦于对象世界而忘却自身的,通过力的无限性,它达到了自我并返回自身,扬弃了感性、知觉、知性等诸多差别,实现了自我意识的统一性。因此,它是一个"我",而且它意识到"我"作为"我",不是抽象的自己,而是普遍的自我,是我与你、我与他的统一,是"我们"。黑格尔说,精神通过"我们"这一中介从"彼岸世界之空洞的黑夜走出来,进入到现在世界的精神的光天化日"①。

精神通过自我走向现实世界,这不是自然的延续和无声无息的运动,而是一个否定的运动,是一个质的飞跃,它经历了一系列的搏斗和冲突,承受了一系列的痛苦和牺牲,因此,这是一个艰难的过程。下面就此进行具体分析。

---

① 《精神现象学》上卷,第122页。

1. 欲望和生命

精神以自我为现实的起点,但什么是自我呢? 它不可能是那个已经充分发展了的自我,而是一个原始的自我,黑格尔认为这个自我的直接性就是欲望,"自我意识必须以这种统一为本质,也就是说,自我意识就是欲望一般"①。在《精神哲学》中黑格尔也同样指出:"自我意识就其直接性来说是个别的欲望。"② 黑格尔继承和发展了费希特的自我意识理论,认为仅仅认知的自我还是被受的自我,还不能够说出"我",只有有生命力的、创造性的、行动的自我才是真正的我。欲望便是这个真我的起点。创造性之我就其直接性来说,是欲望一般,是一个盲目的冲动,它不再被动地感知对象,而是有所渴求,有所创造,有所否定。科耶夫指出:"欲望之我是一个空虚,仅仅在毁坏、变化和同化非我的满足欲望的否定活动中,它才获得一个真实的内容。"③

因此,欲望是自我意识的起点,也是主奴意识的起点。从形式上看,它与意识同为人类精神的直接性,普罗伊斯说,它们就像走向罗马的旅行者的左腿和右腿,"知识的辩证法和欲望的辩证法是不可分的辩证法"。④ 这一点在论述自我意识结构的行动—反思功能中已经指出,现在在自我意识的原始起点上,创造的本质机能首次作为欲望出现。

欲望是一种冲动,一种渴求,一种否定的指向运动,虽然其自身还是一种主观心灵的机能,但它的本质却是主动性地指向于外,实现于外。于是,黑格尔就从中直接推导出"生命"概念,"欲望的对象即是生命"⑤,生命是欲望的客观化,是欲望对象的自身返回,因为欲望作为自我意识的欲望,它所指向的对象也是一个主动的存在,只不过从欲望看来,它是对象,其实就对象自身来看,它乃是一个生命,一个有机体,"通过这种返回到自身,对象就成为生命",⑥ 这样,在自我的原始起点上,欲望

---

① 《精神现象学》上卷,第116—117页。
② 《精神哲学》,《黑格尔著作二十卷集》第10卷,法兰克福理论版,第215页。
③ 科耶夫:《黑格尔导读》,康乃尔大学出版社1980年英文版,第4页。
④ 《黑格尔现象中的方法和思维》,人类出版社1982年英文版,第75页。
⑤ 《精神现象学》上卷,第117页。
⑥ 同上。

便与生命统一起来了。

但欲望的对象为什么是生命呢？欲望与生命的统一又是什么意思呢？这是一个难点。

欲望一般说来具有两种含义,区别为人的欲望和动物的欲望。欲望虽然构成自我意识的起点,但它还不是自我意识的充要条件。动物的欲望仅仅是生物学意义上的欲望,它起源于纯粹的自然本能,指向一个单纯的自然物,如饥渴等等,它的目的只是为了满足自然本能,满足的方式只是"消灭"掉对象。欲望满足了,对象"消灭"掉了,动物仍然是动物,对象仍然是对象,其中什么本质的变化也没有发生,而后,同一性质的欲望又起,又获得满足,自然世界就是这样一个周而复始的世界,万物依照自身的规律循环往复,太阳下没有什么新东西。由于欲望只是单纯的自然本能,满足欲望的方式只是简单地吃掉或"消灭"掉,欲望的对象也就只是一些零散的物。物与物之间没有内在的联系,物与欲望之间也没有内在的统一,因此,这个欲望与对象的世界也许是一个有机的世界,但是,"生命"作为自为的普遍本质却从未出现,至于生命的超越性就距之更加遥远。

人的渴望起源于自然本能的内在的超越性,与动物的欲望有着本质的差别。它指向的已不是物,而是另一个欲望,另一个自我;它的目的也不是为了满足自然的需求,而是为了一个高于自然的目的;满足的方式也不是简单地吃掉,而是置身于相互独立的物我与人我的关系之中去获得欲望的满足。因此,欲望、对象,欲望与对象的关系等就发生了本质的变化,于是一种崭新的意义出现了。

首先,由于欲望作为人的欲望已经超越了动物的简单的本能,欲望着的对象也是一个欲望,一个与自我同样的本质存在,而且欲望的方式是经由相互承认而获得各自的独立性,那么,一个统一的本质就出现了,这个统一的本质就是生命。生命是欲望的客观化,是欲望与对象的统一性,是诸多差别的扬弃和自我自身的返回。"生命乃是自身发展着的,消除其发展过程的,并且在这种运动中简单地保持着自身的整体。"①

---

① 《精神现象学》上卷,第120页。

第二,由于欲望是一个能动的本质,因此,生命也不是一个静止的同一性,而是一个生命的运动过程,或者是"作为活生生的过程的生命"[①]。在这个过程中又有两个环节:普遍性和个体性,生命过程既是普遍性产生、实现和个体性丧失、牺牲的过程,也是普遍性丧失、牺牲和个体性产生、实现的过程,或者说,两者乃是同一过程。因为生命之创造,需要个体性,但生命又超越个体性,它是扬弃个体性的普遍性。

因此,第三,生命作为欲望与对象、普遍与个体的统一,它是一个"类",是一个普遍的共相,是一个超越自然的本质。黑格尔是唯心主义者,在他那里达到了类,也就达到了理性;达到了自为,也就扬弃了自在存在,扬弃了自然本能,类是生命的普遍概念。

可以看出,生命确实是自我意识的一个基本环节,它是精神的一个本质规定,从根本上讲它起源于精神的无限本性,但从直接性上看,它来源于欲望,它是欲望的对象,是欲望与对象的统一。

现在,在自我意识的起点上就达到了一个精神的命题:世界是一生命。这一命题无论在西方思想发展史上还是在《精神现象学》本身都具有重大的意义。

关于世界统一性的认识在西方思想史上有一个发展过程。在古希腊的哲学和科学中,自然是被把握为一个普遍的统一性的,宇宙由"奴斯"、"逻各斯"、"数"、"理念"等普遍的实体或基质贯穿,是运动变化着的活生生的世界。这在赫拉克利特的宇宙观上得到典型体现。但是,希腊人的宇宙观尽管充满了智慧,却仍然是自在的猜测,其中混杂了宗教和艺术的想像。在中世纪思想和近代哲学、科学中,希腊人的传统丢掉了,世界或者被看成是丑陋不堪的幻相,或者被看成是零乱机械的物体,世界的生命统一性被忽略了。尽管中世纪的神学自然观与近代的科学自然现有着本质区别,但是,在它们那里都没有达到自然的统一性。19世纪的德国文化是希腊精神的复兴。从一开始,德国人就注重于对世界统一性的寻求,特别是在歌德、谢林和黑格尔那里,自然世界从来就不是一堆事物的集合,而是一个统一的无限的生命。生命并不是自然界的一个副产品,一个在动物类别中的小品类,一个生理或心理上的事

---

① 《精神现象学》上卷,第119页。

实,恰恰相反,世界本身就是一个生命,生命是一个普遍的本质,是一个"神",它贯穿宇宙中的万事万物,是一切运动发展的总根源。"它的本质是扬弃一切差别的无限性,是纯粹的自己轴心的旋转运动,是作为绝对不安息的无限性之自身的静止,是运动的各个不同环节在其中消融其差别的独立性本身……。"① 这就是德国的泛神论,神不是人格的上帝,乃是绝对的精神,普遍的生命。

此外,"世界是一生命"这一命题,就《精神现象学》本身来看,也具有重大意义。在此之前,意识经历了感性、知觉和知性等环节,在那里,无论是意识还是对象都没有达到普遍的统一性,都还是为他物而存在着的,自我作为无限的本质尚未出现,对象支离破碎,陷于差别和分立之中。因此,对于精神来说,它毋宁是一个彼岸世界,一个无生命的黑夜。世界作为生命这一命题打破了自在世界的沉闷,它把自我和对象的统一把握为一个"类",把握为一个生命的过程。通过它,自我意识作为主体的运动才真正开始,因此,这一命题是精神的真正出发点,是自我意识的真正出发点。

2. 生命搏斗和相互承认

现在,自我意识所达到的便是一个欲望和生命直接统一的世界。但是,这只是一个起点,欲望和生命都远未完成,真正的本质世界还在后面。欲望必须实现,生命必须展开,自我意识的道路还很漫长,还很艰难。

首先,自我作为欲望之我,不同于动物的欲望,它所指向的不是物,而是另一个欲望。动物只有自我感觉,而人有自我意识,也就是说,欲望自身欲望着另一个欲望,另一个自我,因此,在对象的他在中其实也就在自身中,黑格尔说:"自我意识只有在一个别的自我意识里才获得它的满足。"②

自我欲望着一个欲望,这只是形式,关键在于自我采取什么方式,这决定着欲望的本质。黑格尔说:"自我意识就是欲望,确信对方的不存

---

① 《精神现象学》上卷,第117—118页。
② 同上书,第121页。

在,……消灭那独立存在的对象。"① 显然,欲望就是否定的否定性,用科耶夫的话说,欲望的本质在于不是其所是,而是其所不是,通过否定对象,消灭对象,实现自我的本质意义。由此可见,作为生命的欲望与对象的统一不是肯定的统一,而是否定的统一;不是静止的统一,而是运动的统一。必须指出,这里的否定不是生物学意义上的吃掉或用掉,而是人类学意义上的否定,所否定的与其说是对象,毋宁是它自己,它否定的是对象与自身的漠不相关性,否定的是自身与对象的漠不相关性。因此,通过欲望的否定,一个超越的价值便出现了,一个普遍的"类"便出现了。价值是世界的意义,也是生命的意义,价值对于动物来说是潜在的,动物只知道自发地保持自然的生命,而对于人类来说,却是自觉的。"一切欲望都是对价值的欲望。"②

现在,一系列的问题被引出:为什么人的欲望通过它的否定性从而产生了一个超越的价值呢?这个价值又是如何产生的呢?这个价值的本质又是什么呢?自我又是如何实现其自身的内在价值的呢?

首先,人的欲望对象也是一个欲望,这个欲望不能简单地吃掉,因此,欲望着另一个欲望,其本质就是想获得与另一个欲望的统一,科耶夫指出:"欲望着一个欲望,即是想自我替代一个由欲望所欲望的价值。……我想让它承认我作为一个自主性的价值。换句话说,所有人类的欲望(这欲望产生自我意识和人类的实在性)都最终是一个欲求承认的机能。"③ 因此,价值在于欲望的超越性,是内在于欲望之中的普遍本质。为什么人的欲望而不是动物的欲望产生了价值,这由欲望的对象和实现欲望的方式所决定。

其二,价值如何产生?欲望的对象是生命,欲望的活动是否定的活动,因此,价值的产生就与生命和否定性联系起来了。可以说,价值的产生就在于生命的内在矛盾及其否定的搏斗。在"世界即一生命"的命题中,生命还停留在普遍的统一性上。随着自我的进展,生命必须展开,因为生命本身就是内在的矛盾和分裂,就是无休止的冲突和搏斗,

---

① 《精神现象学》上卷,第120页。
② 科耶夫:《黑格尔导读》,第6页。
③ 同上书,第7页。

如果生命仅仅是万物一如的静观,人类历史也就无法展开,世界也就成为空洞的虚无。只有在生命内在矛盾的分裂和冲突中,人类超越的价值才能产生出来。

同欲望一样,生命也具有两重的含义:作为自然的生命和作为人的生命。如果生命仅仅是自然的生命,是没有什么价值可言的。但是,生命能够超越自己的自然属性从而成为人的生命,这样,它便具有了意义和价值。由于欲望欲求着另外一个欲望,自我欲求着另外一个自我,这就为价值的存在提供了可能性。那么,生命本身是如何产生出这种价值的呢?由此引入另外一个重要的概念:生命搏斗。

生命有能力创造价值,也就是说,生命自身包含着使自然人向社会人过渡或使动物变成人的本质规定,但它必须采取一种绝然的方式,即有勇气拿自己的生命拼死一搏。生命只有敢于否定自己,才能在死亡中更生,只有把直接的自然性相互拼杀掉,才能实现一个潜在的属人的本质。黑格尔说:"只有冒生命的危险,才可以获得自由。……一个不曾把生命拿去拼了一场的个人,诚然也可以被承认为一个人,但是,他没有达到之所以被承认的真理性作为一个独立的自我意识。"[①] 生命置于死地而后生,通过生命的搏斗,自我获得了价值的超越性。"或者说,人冒着生物学意义上的生命危险,为了去满足他的人类学意义上的欲望。"[②]

现在要问,这个超越性的具体内容是什么?人类学意义上的价值是什么?黑格尔明确指出,它就是相互承认的概念。相互承认是自我意识论的一个基本内容。生命的价值或人类的价值就在于诸多欲望和自我之间相互承认其为人,相互承认各自的独立和自由,相互承认其具有高于动物的人的本质和尊严,因此,相互承认是人类的"类"概念。"自我意识是自在自为的,这由于、并且也就因为它是为另一个自在自为的自我意识而存在的;也就是说,它所以存在只是由于被对方承认。"[③] 科耶夫说:"欲望着另外一个欲望,最终是欲望着那个我所以是我或我所呈现的价值同样也是为别人所欲望的价值。我想让他承认我是一个自主

---

① 《精神现象学》上卷,第 126 页。
② 科耶夫:《黑格尔导读》,第 41 页。
③ 《精神现象学》上卷,第 122 页。

的价值。……因此,说自我意识的起源,必然是说为了相互承认所进行的生死搏斗。如果没有为着纯粹尊严的生死搏斗,地球上也就没有人类的存在。"①

相互承认是自我意识的一个基本条件,它有着广泛的理论来源。基督教是相互承认理论的先声,其实质就在于它承认人作为人是平等的,而且,所谓平等,其基础在于人具有神性,人是上帝的选民。但是,人却犯了原罪,他必须赎罪,只有抛弃和消除尘世间的生活才能得到上帝的承认。基督教是人的本质的第一次觉醒,它揭示出人的超越自然的无限本质,揭示出他的潜在神性。这一点比希腊人深刻。希腊人虽然提出了"认识你自己"的名言,但他们从没有达到人类的无限性,从没有承认每个人的自由自主性。在西方思想史上,只有基督教才达到了承认一切人同为人的普遍性。对此,黑格尔曾说,在东方世界,只有一个人是自由的,在希腊一部分人是自由的,而在基督教世界,则一切人都是自由的。但是,基督教相互承认的理论并不是它的真形式,毋宁是它的异化形式,上帝承认人是以牺牲人为条件的,为了获得主的承认,人必须扼杀自己的人性,抛弃现实世界,去追求一个渺茫的彼岸世界。

从文艺复兴到启蒙运动,相互承认的理论得到深刻且具革命性的发展,人们抛弃了上帝救人的观念,而直接在人类自身寻找相互承认的根源;人们抛弃了彼岸世界的虚构,而直接在现在世界建立起相互承认的王国。例如自然法学派、社会契约论等理论就集中反映了这一思想。

按照自然法学派的观点,人类乃是一个自然存在,像动物一样他必须遵守自然的法则。自然法则的第一条就是同类不相残杀。人类按照这一原则组织联合起来,相互承认对方与自己同类,这样,单个的自然人就成为社会的自然人,无需上帝的干预,人类社会即是一个和谐的社会。社会契约论认为,仅仅依靠自然法则本身,自然人还不能发展成为社会人。自然状况并不是一个和谐、完美和相互与人为善的状况,而是一个为困境所缠绕,为本能所驱使,为环境所制约的人兽不分的状况,自然世界充满了残杀和斗争,弱肉强食、相互为敌乃是普遍的规律。因

---

① 科耶夫:《黑格尔导读》,第7页。

此,为了使自然生命得到保障,而且能过上一种和平的生活,人们之间便订立了契约,相互承认各自的价值、地位和利益,也相互承认其所应履行的职责和义务。这样,人类社会就成为一个有别于自然状况的新的状况,社会契约就成为有别于自然法则的新的规律。社会暴力论是社会契约论的一种极端形式,霍布斯的国家学说可为其代表。霍布斯认为,人性本恶,在自然状态下,人们自私凶残,相互为敌,相互残杀,因此并不能自发地产生出平等的契约,契约毋宁是战争和征服的产物,是暴力的产物。在自然人的生命搏斗中,胜者为主,败者为奴,因此,契约是按照胜利者的意志制定的。

启蒙时代的观点固然把人的相互承认看成是社会和历史的基石,但由于启蒙学家还未认识到人的无限性,因此,他们所说的相互承认更多地是被动的和有条件的。德国古典哲学是启蒙思想的进一步发展,它把人的相互承认置于道德、历史和哲学的中心,认为人是绝对的无限本质,人们的相互承认并不产生于外在环境的强制,而是来源于人的理性,是无条件的、绝对的和神圣的。

康德认为自由意志是世界的最高价值,实践理性是宇宙的最高目的,人作为理性之人必然是相互承认的,相互承认是先天法则,不是后天契约,作为一个人并承认对方也是一个人是康德道德哲学的基本法则,是整个"实践理性"的基础。费希特的道德哲学是康德的进一步发展,他在《自然法基础》一书中引入康德关于相互承认的概念而提出三个基本命题,第一个就是相互承认,他说:"我能希望一个特殊的理性存在,他承认我作为一个理性存在正像我同样承认他一样。"①

黑格尔与康德和费希特一样,认为相互承认概念在道德、历史和哲学中具有极其重要的意义,是人类之所以成为人类的第一个基本条件。早在青年时期,黑格尔就致力于对人类统一性的研究,他不满足于康德哲学仅仅限于定义的理性规定,而认为相互承认概念本质不在于知,而在于行,在于创造。因此,在提出"生命"概念的同时,他提出了"爱",他企图用伟大的爱来统一有限与无限、自我与对象,来实现人类的相互承

---

① 转引自怀斯特福:《黑格尔现象学的历史和真理》,德国人类出版社1979年英文版,第49页。

认,他说:"爱是自我认识着的精神的承认。"① 在他看来,生命、爱和承认三者是统一的。但是,随着思想的发展和成熟,黑格尔越来越感到爱的无力,社会和历史的内在矛盾和运动远不是爱所能解释得了的,因此,在《精神现象学》中,黑格尔就把相互承认置于欲望、生命和生命搏斗之中。

既然互相承认从欲望中来又超越于欲望,从本性中来又超越于本性,它是生命的本质,是价值的本质,是人类的本质,那么,相互承认既不是自我软弱无力的企求,也不是被动地受制于自然环境,而是欲望自身主动的本质力量的实现。黑格尔特别指出,相互承认又与相互拼杀的生命搏斗联系在一起,从形式上看,承认是一种肯定的和解,是联合和吸引,但是,这种肯定要超越自然,它必须经历否定、排斥,乃至牺牲、死亡这一中介。没有生命搏斗,就没有相互承认,相互承认和生命搏斗是两个有力的杠杆,它使自然本能转变为人类生命,自然人转变为社会人。自我意识由此获得本质意义,人类历史由此真正开始。经过无数矛盾和冲突,自我意识最终达到一个"我就是我们,我们就是我"的统一性,这也是相互承认的理想性和真理性。

黑格尔的相互承认理论无疑是历史的集大成者。首先,它克服了自然法学派的缺点,即把自然与文化、自然状况与社会历史、本能与价值混为一谈的观点,而认为相互承认是高于自然的人类法则,是自然的超越性。第二,它克服了社会契约论的缺点,即认为相互承认的契约是外在环境压迫的产物,而认为它是自我的主动产品,来源于生命的无限本质。第三,它固然与卢梭一样认为相互承认是一种人类趋向完善化的能力,但对此并不抱悲观态度,而认为它是人类的进步和历史的积极飞跃;第四,它固然与霍布斯一样认为相互承认的产生需要殊死的生命搏斗和拼杀,但它并不承认强权是公理,而是崇尚理性的辩证法。第五,它固然与康德与费希特一样把相互承认的自我看成是无限的、绝对的自我,但这个自我并不排斥欲望,不排斥生命,不排斥运动过程,而是扎根于欲望和生命的否定性的过程之中。因此可以说,《精神现象学》相互承认的理论是历史发展的结晶。

---

① 转引自怀斯特福:《黑格尔现象学的历史和真理》,第149页。

相互承认是生命的超越性,也是一个理想性,也就说,在自我意认的起点,它并没有现实地实现出来,还只是一个原则,一个理想,它要成为现实,还须一段艰难的历程。由此,进入本章的中心——主奴意识,主奴意认的斗争就是在追求相互承认的前提下展开的。

二、主奴冲突

1. 双重的自我意识

相互承认和生命搏斗是自我意识的两个决定性的因素,主奴意识由此产生。

自我意识从一开始就是双重的,欲望的对象也是一个欲望,自我的对象也是一个自我,所谓相互承认也只能是双重的,既承认对方又被对方所承认。首先有多个自我存在,这是主奴意识的前提,双重的自我意识并不是两个自我意识相互并列、漠不相关,而是处于一种否定的辩证关系中,它们的意义又都是双重的。

黑格尔说:"自我意识有另一个自我意识和它对立;它走到它自身之外。"① 双重的自我意识在这里具有双重的意义:第一,自我意识发现它自己是另外的一个东西。欲望的本质在于其所不是,自我意识在欲望中发现自己的本质原来隐藏在对象之中。第二,自我意识因而扬弃那另外的东西,把它看作是自我本身。自我首先从作为欲望的自我开始活动,当发现在它之外还有一个对象自我时,颇感矛盾。因为,就作者或读者来说,知道欲望和欲望对象是双重的自我意识,是没有丝毫差别的两个自我,但是,就当时的自我意识来说,并不知道或者并不承认对象也是一个同质的自我。它认为对象只是一个物,认为自己的本质毋宁在于对象的否定和扬弃,通过扬弃对象,它就在对象中看到了自己。

但是,当自我把对象视为非本质的东西从而扬弃时,这无疑是一种欺骗。欺骗是《精神现象学》自我意识论的一个重要概念,它是联系两个片面的自我意识的中介环节。当自我在欺骗时,其时对象也在欺骗,

---

① 《精神现象学》上卷,第 123 页。

从对象的角度看,自我反而成为对象,成为非本质的、有待扬弃的东西。由此可见,从自在的意识上看,每个自我都在欺骗,都力图在否定对象的活动中实现自身的本质。普罗伊斯指出:"在保持否定性的同时又否定自我即辩证的自我否定的可能性的方式上,欺骗产生于对象,这种可能性的方式呈现给每个自我意识。"①

第一个双重的自我意识由每一个都站在自身角度来考察问题的自我产生,这是一种欺骗。如果站在普遍的角度,站在作者或读者的角度来看,就会产生第二个双重的自我意识,或自我意识的第二个双重的意义。黑格尔这样分析道:"第一,它必须进行扬弃那另外一个独立的存在,以便确立和确信它自己的存在;第二,由此它便进而扬弃它自己本身,因为这个对方就是它本身。"② 为什么这样说呢?因为,对象并不是一个物,而同样是一个自我,如果自我把对象当作一个自然对象扬弃掉了,它也就把自身扬弃掉了。黑格尔认为,这种既扬弃对象又扬弃自身的活动也是双重的,它对两个自我意识来说都是如此。因此,黑格尔说:"所以这个运动纯全是两个自我意识的双重运动。每一方看见对方做它所做的同样的事。每一方做对方要它做的事。因而也就做对方所做的事,而这也只是因为对方在做同样的事。"③

现在的问题在于,通过自我意识的双重运动,自我最终把自己否定和扬弃了。一般说来,这是一个不好的结果,或者说,是自我受骗而做的错事。但在《精神现象学》中,情况却颠倒过来了,自我的意义恰恰在于否定,在于欺骗,正是通过如此,自我意识才有所发展,有所前进。这到底如何理解和解释呢?这是一个难点,根子还在对欺骗的看法上。

欺骗在《精神现象学》中并不是一个消极的概念,而是一个积极的概念,它的实质在于:每个自我都站在自己的角度,以为对象是低于自己的自然之物,以为通过否定对象就能肯定自己,其实它们又都在受骗,因为对象不是自然之物,而是与它具有同一本质的自我,它在否定对象时,其实它正是在否定自己,它在扬弃对象的自然性时,其实也是在扬

---

① 论文集:《黑格尔现象学中的方法和思维》,第80页。
② 《精神现象学》上卷,第123页。
③ 同上书,第124页。

弃自己的自然性,因此,在对象的毁灭中,其实也即是在自己固有的自然欲望和自然本能的毁灭中,自我获得了一种超越的价值和意义。因此,所谓欺骗,其实就是自我把自己的自然性假设为或转嫁为一个对象,它努力地去否定、扬弃对象,其实是否定、扬弃自己。在《精神现象学》中,自我意识正是通过这种欺骗活动,才把自身内在的超越性实现出来。

自我从肯定自己开始,经否定对象,最后否定了自己,两个自我意识都这样做,黑格尔认为这是双重自我意识的双重返回,"这个对于它的双重意义的对方之双重意义的扬弃同样是一种双重意义的返回到自己本身"①。自我意识的返回自身就不再简单地返回到原先的出发点了,而是一个质的飞跃,一个新的起点,因此,它具有重大意义:第一,通过自我意识的双重欺骗和双重否定,两个自我便都彻底地摈除、扬弃了它们的自然本性、自然欲望,从而产生了一种超越的价值。第二,超越价值的实质就是一个相互承认的真理性。相互承认不是一开始就实现的,而是经历了一个艰苦的历程。第三,相互承认在自我意识初期还是一个理想性,每个自我意识在摆脱自然本能的过程中,都把它作为惟一的目的去争取。这样就产生了自我与自我之间的生命搏斗。

现在,如果站在双重的自我意识的角度去把握生命搏斗,把握欺骗,那么,其内在的意义会更加明朗。自我在起点上作为欲望去否定对象,但对象并不是任其宰割的死物,它要奋起反抗,或者说,对象毋宁也同样是从主动地否定它的对象开始,这样,两者互不相让,互不妥协,每一个自我都想消灭对方,置对方于死地。因为每个自我都知道,"只有冒着生命的危险才可以获得自由。"② 生命是一个矛盾,它首先是一个生与死的自然过程,自我敢于冒着生命的危险去否定生命,于是就把生命的内在矛盾彻底地呈现出来了,也就是说,生命自身潜伏着一种超越的力量,一种人类的理想性。自我之间的搏斗,生命之间的搏斗,其实是生命内部自然属性和人类属性的搏斗。但是,自我意识就其自身在此还没有意识到这一点,还处在相互欺骗之中,于是自我的生命搏斗就对象

---

① 《精神现象学》上卷,第123页。
② 同上书,第12页。

化、客观化地为诸多自我之间的现实的搏斗。黑格尔说:"通过生死的斗争无疑地获得了这样的确定性,即双方都曾经拼过性命,对于自己的性命以及对于对方的性命都不很重视;不过对于那亲身经历这场生死斗争的人来说却没有这样的确定性。"①

在生命的激烈搏斗中,两个正相反对的意识形态就出现了:"其一是独立的意识,它的本质是自为存在,另一为依赖的意识,它的本质是为对方而生活或为对方而存在。前者是主人,后者是奴隶。"② 由此,自我意识就进入主奴意识。

2. 主人和奴隶及其转变

双重的自我意识为了超越的价值,为了获得人的尊严,它们之间展开了一场殊死的搏斗,斗争的结果是产生了主人和奴隶。

奴隶是战斗中的失败者,他没有一贯地采取开始时的志向,即拼着性命去获取人的尊严和价值。在战斗中,他怯弱了,他不愿为理想而献身;在死亡面前,他屈服了,他甘愿作胜利者的奴隶,以换得他的生命。其实,奴隶根本上还是屈服了他自身的自然属性,屈服于自然生命之死,这样,他也就失去了做人的价值,而成为一个被动的物。这里有一个前提,奴隶服从主人须换来一个条件,即他不被主人杀死。奴隶必须活着,这是主奴辩证法的一个基本条件。奴隶如果被杀死,或甘愿战死,则而后的一切内容都将失去意义。主人与奴隶相反,他是独立自主的自我意识,在战斗中他自始至终坚定地采取了高昂的态度,为了获得人的价值和尊严,他战斗到底,不畏死亡,不成功,毋宁死,最终他取得胜利。与奴隶一样,主人的胜利不是什么与外在对象斗争的胜利,其实是自我斗争的胜利,他内在的超越性终于战胜了自然性,他因此获得了人的价值,实现了潜在的本质,成为统治自然的主人。

主人和奴隶,是自我意识的第一本质形态,也是人类历史的真正起点,人经过生死搏斗一旦成为人,就只有两种形式,要么主人,要么奴隶,此外无它。科耶夫指出:"人类诞生于,历史开始于生命的第一次搏

---

① 《精神现象学》上卷,第126页。
② 同上书,第127页。

斗,这个搏斗结束于主人和奴隶的产生。"① 从形式上,主人和奴隶的产生很类似于霍布斯的学说。霍布斯认为人性本恶、自私自利、残酷好斗,在原始状态下,人们之间充满了残杀和战争。在此,强权即公理,斗争的结果产生了国家,人们为了生命的安全被迫放弃原来的自然权力,把它交托给一个统治者,一个主人,自己成为治民,成为国家的奴隶。霍布斯关于自然人向社会人过渡的描述有一定的道理,即认为它不是自然状况的简单延续和平静进化,而是经过了血与火的洗礼,承受了生命的搏斗和毁灭。但是,霍布斯没有看到:人从自然状态向社会状态的过渡并非为了维持原来的自然本性而被迫签订契约、交出权力,而是自然生命本身就有一种超越自身的理想性,使人主动地放弃自然权力去追求人类价值,人类理想的实现虽然以生命搏斗和自我的牺牲为代价,但它却是未来文明、未来美好社会的真正基础。

人类有一种超越力量使其从自然向人生成,这一点似乎又与卢梭提出的"人类完善化能力"相似。但是,黑格尔远比卢梭深刻,他并没有把这种完善化能力看成是纯粹主观的和偶然的,而认为这是客观必然的本质,表观在欲望、生命,特别是奴隶的劳动等自我意识的规定之中。其次,对于完善化能力,黑格尔也没有囿于本质为恶之说,如卢梭所说的那样,它导致人类腐败、堕落,使之陷入永劫不复之地,而是相反,他辩证地指出人性虽然是以恶的形式表现出来的,但其实质是最大的善,它把人从无意识、无价值、无理想的自然形态中解放出来,成为具有生命冲动和理性知识的自由人。

追求承认的生命搏斗产生了主人和奴隶,由此产生了主人和奴隶的不平等的相互关系,但是,他们的关系并不是静止的、固定的,而是处于辩证的否定运动中。

首先从主人这方面来分析。主人是自为的自我,生命搏斗的胜利使他优越于自然并统治自然,这是他应得的成果,是他奋力搏斗的报偿。自然即是"物",在主人眼里又具两个环节,一是纯粹的自然物,诸如山川草木、鸟兽鱼虫等等,二是作为物的奴隶。主人的优越性首先在于实现了他原初的目的,即迫使奴隶承认他是主人,并甘愿为他服务,受他

---

① 科耶夫:《黑格尔导读》,第43页。

驱使,主人有权力支配奴隶的劳动,这样,主人就不再需要亲自劳动以满足他的自然欲望了。单独的自然物有些不能一下子满足主人的欲望,为了满足欲望,主人就把奴隶放在他与自然物之间,让奴隶按照他的需要去改造自然物的形式,而他则直接尽情地享用奴隶劳动的成果。黑格尔分析道:"主人把奴隶放在物与他之间,这样一来,他就只把自己与物的非独立性相结合,而予以尽情享受;但是他把对物的独立性一面让给奴隶,让奴隶对物予以加工改造。"① 因此,主人的生活是一种不劳动而且尽情满足欲望的快乐生活。初看起来,似乎主人满足了欲望,实现了人类的本质要求,成为独立自主的主体。其实并非如此,主人面临着无法摆脱、无法克服的内在矛盾,这矛盾注定他要毁灭。

第一个矛盾:自我展开生命的搏斗是为了实现被承认为人或具有人的尊严和价值这一超越目的,并不是为了自然欲望的满足,主人在生命搏斗时确实是始终贯彻着这一目的,也正因为此,他才成为主人,成为自然世界(无论是纯粹的自然,还是作为奴隶的自然;无论是外在的自然对象,还是自身的自然本性)的统治者。但是,主奴关系一旦确立,生命搏斗一旦结束,主人便失去了他原来的意义,倒退为一个自然的物了,因为他驱使奴隶劳动并不是为了什么崇高的人类目的,而只是为了满足他的自然本能,例如吃穿住等等;而且主人也不能在满足欲望的过程中超越自己,因为他不劳而获、坐享其成。这样,主人就从根本上否定了自己,否定了他曾拼着生命去追求的价值,这直接与他的本质相矛盾。

第二个矛盾(它比第一个矛盾更为根本):获得承认是自我意识生命搏斗的目的,通过搏斗,自我想被另外一个不同于他的自我承认为人,"通过生命搏斗,它想获得别人——即另外一个与他一样的但又不属于它的别人——的承认。但实际上,斗争的结果,他只是被一个奴隶所承认。"② 所谓承认,本质上是相互承认,它既取决于承认什么,又取决于被谁承认。一个人被狗或猫承认为人或统治者,这个承认实在没有多大意义,因为承认者不具有人的本质意义,承认的本质在于,作为一个人,

---

① 《精神现象学》上卷,第128页。
② 科耶夫:《黑格尔导读》,第46页。

并为另一个人所承认。但是，主奴意识的情况却只是单方面的承认，主人只要求奴隶承认他为人——主人，而他不承认奴隶也是一个人，只视为物，并必须服从于他的意志和欲望。这无疑是一个无法解决的矛盾，一个被承认为是人的人，如果承认他的不是人，而是狗或猫什么的，这个承认又有什么意义呢？为了克服这一矛盾，奴隶只有被主人所承认，但这又是不可能的，因为自我意识的生命搏斗就是要消灭对方，实现自我的本质，前途只有两个，要么是主人，要么是奴隶或者死。死显然已被排除了，因为如果这样，也就无所谓主人和奴隶了，世界只是在欲望和死亡之间循环往复，所以生命搏斗的结果只有主人和奴隶。这样，主人就面临着危机，它是彻头彻尾的矛盾，是彻头彻尾的不可能，科耶夫说："主人是存在的一个死胡同。"①

通过上述分析可以看出，主人及其在主奴关系中的地位、作用和意义是一个辩证的发展过程。首先，主人作为追求人类价值而奋力搏战的胜利者，他在人类发展史上具有重要的意义。可以说，在人类从自然走向文明的转折点中，只有他是始终一贯地坚持了内在的超越性理想，并为之奋斗，不怕流血牺牲，只有他在内在的生命搏斗中克服了自在的自然本能，而成为一个独立自主的存在，成为自然的主人，因此，他是人类理想的象征。其次，主人的更加重要的意义与其说在他对人类价值的一贯追求上，不如说在于他的潜在意义上，在于他与奴隶的关系上。仅仅生命的搏斗还只是在主观世界进行的，人类的超越性还仅仅是一个理想，一个遥远的呼唤，理想自身永远无法成为现实。理想要成为现实，人类要真正诞生，历史要真正展开，必需另外一种现实的、客观化的本质力量，这就是奴隶的劳动。主人固然不是劳动者，但他有力量促使奴隶劳动，可以这样说，没有主人，便没有奴隶；没有主奴关系，也就没有人类社会和人类历史。尽管用现代的眼光看，奴隶制是多么不合理，主人是多么专制，但这是历史发展的重要一环，正像恩格斯所指出的，没有奴隶制，也就没有整个近代文明社会。因此，科耶夫说："主人仅仅是历史的催化剂，而历史是由奴隶或者由已成为近代市民的早期奴隶所

---

① 科耶夫：《黑格尔导读》，第46页。

创造、实现和显示出来的。"①

但是,主人仅仅是历史的"催化剂",而他的两个内在矛盾注定了他的死亡。一旦生命搏斗结束,主奴关系确定,主人也就一步步失去了他的本质,失去了他在人类历史上的积极意义。黑格尔认为:"独立的意识的真理乃是奴隶的意识。"② 奴隶及其劳动才是自我意识的真正本质,才是主奴关系的中心环节,才是人类诞生、历史发展的现实动力。

下面分析奴隶这一环节。奴隶是依赖的意识,在生命的搏斗中他失败了,被主人征服,成为主人的奴隶,他被迫承认主人作为人的尊严和权利,而他自己则失去了独立自主性,成为依赖于主人的物。但是,奴隶本质上又不是一个自然物,他也是一个生命,一个自我意识,他注定要扬弃自己的依赖性而成为独立自主的意识。

在进一步分析奴隶以及主奴关系之前,必须导入一个普遍的概念:死亡。死亡概念在《精神现象学》中也不是一个可有可无的概念,而是一个重要的、与生命同层次的概念。有生必有死,有死才有生,生与死是有机体的两个内在环节,它们既矛盾又统一。因此,在充分地分析生命的本质、内容及其意义之后,死亡便成为一个重要问题。

生与死的问题是人生哲学的一个首要问题。早在古希腊的神话、传说和艺术中,人的生与死便已得到了充分的展现。但由于希腊精神是少年生命旺盛的精神,主体还未实现真正的自觉,人类作为主体的生死问题,特别是死的问题还没进展到形而上学的高度。在希腊自然哲学中,人的生与死是与物的成与灭相联系的,生死都没有超越自然的内在意义,都是物理学和生物学意义上的生死。到了柏拉图哲学,特别是希腊化时期的哲学,人的生与死的问题才作为一个严肃问题摆在哲人面前,人要成为不同于自然的人,他必须面对生命的生与死。生死问题在基督教神学中才具有形而上学的意义。但是,由于基督教是一种本质异化的宗教,不但人神关系在那里彻底颠倒了,而且生死关系也彻底颠倒了。首先,基督教认为,人的诞生是一个本质上与自然不同的事件,但是它又认为,这个诞生是一种"罪恶",并要求人类为之赎罪,从此,使人类从

---

① 科耶夫:《黑格尔导读》,第47页。
② 《精神现象学》上卷,第129页。

生命诞生那天起就背负起沉重的十字架。生命,特别是现实的生命(德文 Leben 具有生命和生活两种意义),不但没有为人类赢得什么,反而成为一种负担,生命本身没有什么意义,它的意义反而在于它的死亡,死亡在基督教中具有绝对的意义,当然,如同生命概念一样,死亡概念与一般物理学或者生物学意义上的死亡具有本质区别,它是人类的死亡,是价值的死亡,是现实历史的死亡,是罪恶的死亡,是生命的死亡,这个死亡在基督教是由神子耶稣完成的,耶稣之死是一个象征,具有绝对形而上的意义,它既是人的有限本质的否定,又是一个新的无限精神的肯定,它固然否定了人的世俗生活和现实存在,但它却为人类赎清了罪恶,引导着人类走向一个彼岸世界,一个永生的世界。因此,在死亡之后,基督教又导入了生命概念,而这个生命是从死亡中更生的,但却是永恒的,无限的,彼岸的。

可以看出,基督教颠倒了人神的关系,颠倒了生死的意义,它把价值和理想的中心放在抽象而又超越的神上,从而否定和排斥了现实的和有限的人生,把人类实现理想的关键放在死亡及其随后的永生上,从而否定和排斥现实的和有限的生命。在基督教那里,人神、生死、有限和无限还是极端矛盾对立的。但是,尽管如此,基督教仍有其重要的意义。首先,它从根本上把人类的生死与自然事物的变灭区别开来,认为后者只是一般的自然物变,而前者具有绝对的价值意义。第二,尽管是采取了颠倒的形式,但仍揭示了生与死的辩证法。在那里,生与死是统一的,都是人(神)生命的两极,生孕育着死,死产生新的生;没有生便没有死,没有死亦没有生。在生与死的过程中,人最终扬弃了它的有限性,赎清了它的原罪,在一个无限的彼岸世界建立起永生的千年王国。

黑格尔哲学的生死观,是基督教精神的进一步发展,是资产阶级化了的基督教精神,只有歌德在其深度上才堪与匹敌。黑格尔早在1895年的哲学片断中就论述到死亡问题,他把人类的死亡与纯粹自然物的"消亡"或"分解"本质地区别开来,在他看来,"自然物的消亡乃由普遍的自然律所决定,它外在地受制于这种普遍性,因此,有限事物的本质与这种消亡是相异的。人类的死亡则相反,死亡是人类自身所固有的,因而乃是作为一个自愿主动地意识到了的终极而被把握的。"① 人类所以"能够主动地超越它原始的自然性，而保持着一个人类的本质"，显然在其生命，但生命的一个本质规定便是死亡，因此，科耶夫分析道："超越就意味着死亡。但就人类生命来说，死亡不是外在的，人类自身即是作为生命存在着的死亡的源泉。"②

在《精神现象学》中，死亡与生命一样具有重要意义，它是精神的一个内在本质，是自我意识发展的内在动力。黑格尔说："精神的生活不是害怕死亡而幸免于蹂躏的生活，而是敢于承当死亡并在死亡中得以自存的生活。精神只当它在绝对的支离破碎中能保全其自身时才赢得它的真实性。"③ 因此，死亡，或在死亡中的精神"就是一种魔力，这种魔力就把否定的东西转化为存在"④。如果进一步分析，死亡在《精神现象学》又有两种意义，一是现象学上的意义，一是逻辑学上的意义。前者是内在于自我意识的运动发展过程，并与生命、自我、精神等内容相统一的"现象学"意义上的死亡；后者则是概念化为一个普遍的范畴、一个纯粹的否定性，并作为"否定的辩证法"之核心而贯穿于精神进程之中的"逻辑学"意义上的死亡。

现象学意义上的死亡，虽然与生命环节一起贯穿于整个自我意识的发展过程，但其集中和典型的表现还是在主奴意识这一形态，特别是在奴隶这一环节上。在主奴意识形态，死亡又具有双重意义：第一，它使奴隶失去了本质，从属于自然；第二，它又把本质还给奴隶，使它优越于主人。正如《圣经》所说，击伤他的是这只手，医治他的还是这只手。

首先，奴隶之所以成为奴隶，在于他畏惧死亡，也就是说，在自我意识的生命搏斗中，他最终屈服于他的自然性，成为一个依赖的意识，从属于有能力支配自然的主人。生命具有二重性，同样，死亡也具有二重性。主人面对生命的搏斗及其死亡（生命搏斗必然导致死亡）毫不畏惧，敢于正视。乃至否定自然的死亡，坚信在自然死亡中必能实现一个新的生命，因此，死亡对于主人就呈现了它的超越性的一面，呈现了它

---

① 科耶夫：《黑格尔导读》，斯图加特1959年版，第212页。
② 同上书，第213页。
③ 《精神现象学》上卷，第21页。
④ 同上。

内在的无限性。而对奴隶来说,由于畏惧死亡,在搏斗中不能决战到底而妥协退让,那么,死亡对于奴隶就呈现了它自然性的一面,外在的有限性的一面。奴隶越是惧怕死亡,死亡就越是追随着它,不论它走到哪里,死亡就追随到哪里。在自然死亡面前,奴隶彻底放弃了它的超越性和理想性,成为一个徒有生命的物。

本来,奴隶作为物会随时被对方吃掉或用掉,但是,由于主人作为超越的本质已经不是物,他与奴隶的关系就不再是简单的物与物的关系。主人意识到奴隶的特性,把他置于自己与纯粹的自然物之间,让他去改造、陶冶事物,从而满足自己的欲望。在奴隶与主人的关系中,奴隶是被动的、依赖的,但是,由于在奴隶和主人之间插入了一个自然物,那么,奴隶的本质就由此产生了变化,奴隶固然在主奴关系中是奴隶,但是,在奴隶与物的关系中,奴隶却一跃为主动的和独立的。黑格尔说,奴隶"只有在物的形式下他才有独立性"①。本来,世界的关系只有两项,欲望与对象,欲望与对象的关系只是满足与被满足的关系。现在,世界的关系变为三项:主人、奴隶和自然对象,于是,原初的关系就发生了本质的颠倒。欲望与自然对象的关系仅仅是纯自然的关系,现在它由主人和自然对象(由奴隶创造加工而成的)两者承担,而欲望内在的超越性却现实地落在奴隶与物的关系之中。奴隶与物的关系不再是简单的满足与被满足的关系,因为奴隶的劳动并不是为了满足自己的欲望,而是为了满足别人的欲望,就其自身来说,是为了实现自己的解放,即通过与物的关系,而把自己业已丧失了的独立性、自主性重新实现出来,因此,奴隶与物的关系就是一种超越的价值关系,这种关系才是真正的人类与自然的本质关系。在生命搏斗中,这种超越性是作为抽象的理想而蕴含于内的,现在,作为现实的本质实现在奴隶的活动和劳动之中,可以说,而后的整个文明史,都是这种人与物的超越关系的现实展现。

现在的问题在于,为什么奴隶与物的关系是一种价值关系呢?难道奴隶就没有自然欲望、自然本能吗?这就再次导入死亡的概念,或奴隶对死的恐惧。变为奴隶是由于对死亡的恐惧,同样,这也使奴隶不能按

---

① 《精神现象学》上卷,第128页。

照自然状况来满足自己的欲望。奴隶不是没有欲望,只是由于他必须听从主人的支配。为什么呢?还是因为恐惧死亡。因此,死亡在这里具有了积极的意义。黑格尔认为对死亡的恐惧是一种对绝对虚无的恐惧;它作为一种形而上的命运,一个未能挣脱的锁链无时不在地贯注于奴隶的整个身心。因此,奴隶的恐惧不是"这一或那一瞬间害怕这个或那个灾难,而是对于他的整个存在怀着恐惧,……死的恐惧在他的经验中曾经浸透进他的内在灵魂,曾经震撼过他整个躯体,并且一切固定规章命令使得他发抖"[①]。正是通过这种坚硬而又深邃的死亡恐惧,奴隶才克服了他的自然属性,摆脱了单纯的满足欲望的自然关系,而成为一个超越的存在。

这恰又与奴隶的本质相矛盾。奴隶起先所以是奴隶,即在于他丧失了人的尊严,沦落为一个被动的"物或物性"[②]。现在,情况倒过来了,奴隶所以是奴隶,又在于他能够(虽在开始是被迫的)摆脱自己的物性,成为一个本质的存在。同样,主人也发生了本质的颠倒,由于主人没有感受到死亡的恐惧,他也就停止不前了,反而退回到过去的那种自然状况,成为一个仅仅满足自然欲望的存在。

死亡在人的诞生和发展中具有的重要意义是人类本质的一环,没有对死的恐惧,人类就不能产生,生命就不能自觉,因此,科耶夫说:"人类是世界中一个独特的存在,他是必死的,而且他能够说出他是死亡的意识;真正的人类存在是存在着的死亡意识或者说自我意识到了的死亡。"[③] 说死亡意识是人类存在的一个本质,并不是像基督教那样把重心放在死亡及其来世王国,相反,《精神现象学》自我意识论的重心是它的现实性,死亡之所以具有如此重要的意义,即在于通过它,人类才能达到真正的生,奴隶才能真正成为自由自主的存在。通过恐惧,奴隶经验到他本质的虚无,理解到他整个的存在就在于克服、扬弃他的虚无和死亡。科耶夫指出,黑格尔现象学的一个基本命题就是,人不是在空间中自我统一的存在,而是一个作为时间并在时间中进行否定的虚无,这

---

① 《精神现象学》上卷,第 130 页。
② 同上书,第 128 页。
③ 科耶夫:《黑格尔导读》,斯图加特 1959 年版,第 231 页。

种否定的活动就是劳动,通过劳动,奴隶才扬弃了他的虚无,克服了死亡的恐惧,成为一个独立自主的存在。因此,从普遍的意义上看,死亡固然是人的本质,而这个本质恰恰在于扬弃死亡,在于实现自由。伽达默尔指出:"死亡的体验是对人类绝对依赖性的体验,自为的自我意识一开始对它就是反对抵抗的。这个驾驭一切事物的异己的主人,它是我们的自我意识依赖于此的一切异己事物的总和。在这个意识上,自我对每一个异己事物的否定,即使是对事物存在形式的技能的否定,也就是自我意识的一次解放。"[①]

分析了死亡的现象学意义,死亡作为一种本质的现象或现象的本质,它在自我意识的每一形态,诸如快乐和必然性、法国大革命等等,都得到了充分的展现,但最为根本的展现,还是在主奴意识这一形态中。

此外,死亡从逻辑上看是辩证的否定性。在《精神现象学》自我意识的产生、运动和发展过程中,现象与逻辑是同步前进的,黑格尔不时地超出论述范围,把现象的本质提升为纯粹的逻辑范畴。既然整个精神是作为一个有机的生命统一体,那么,死亡就是它内在的否定性。否定在《精神现象学》中不是机械论的否定,而是一个辩证的否定,是扬弃。正是通过否定性,精神才从自在走向自为,从实体走向主体,从必然走向自由。没有否定,便没有肯定,没有运动,没有生命。早在耶拿时期的《伦理的体系》一书中,黑格尔便把死亡与否定性、与人的解放联系起来了。他说:"否定的绝对性和纯粹的自由在它们的展现中便是死亡;通过死亡这一力量,主体才确证自身为自由的,并且绝对地克服一切强制。……在死亡之中的纯粹的个体性,即是它自己的对立面普遍性。"[②] 马克思认为,黑格尔《现象学》的伟大成果便是揭示出一个"作为推动原则和创造原则的否定的辩证法"[③]。否定是黑格尔哲学辩证法的中心范畴,这里的否定,不是来源于纯粹的自然联系,而是来源于人的本质,它是人的本质的逻辑化,因此,通过它,才能"把人的自我创造看作一个过程,把对象化看作非对象化,看作外化和这种外化的扬弃"[④]。

---

① 《黑格尔〈精神现象学〉研究资料》,美因河畔法兰克福1979年版,第23页。
② 转引自科耶夫:《黑格尔导读》,斯图加特1959年版,第216页。
③ 马克思:《1844年经济学—哲学手稿》,人民出版社1979年版,第116页。
④ 同上。

死亡概念的现象学意义和逻辑学意义并不是孤立分开的,而是辩证统一的。可以说,《精神现象学》的整个现象学体系与逻辑学体系也是辩证统一的,如果脱离现象学(所谓现象学本质上即是精神的现象学或人的现象学)去理解逻辑学,那么,就有把逻辑学等同于纯粹的自然科学(即狭义的科学)的危险。逻辑学从本质上看是精神的逻辑学,人的逻辑学。

黑格尔说,恐惧是智慧的开始,它具有一种超越自然生命的本质力量,这使得奴隶优越于主人,但是,奴隶如果仅仅停留在对死的恐惧里,仅仅意识到自己的虚无,那它还只是主观的"目瞪口呆",意识仍得不到提高,本质意义仍得不到展现。因此,客观的劳动环节是绝对必要的,它是主奴意识变化发展的根本力量,也是人类历史的根本动力。奴隶的劳动来源于恐惧,奴隶为了保存生命不得不去劳动,劳动即陶冶事物,使自然物变成能够满足主人欲望的东西。这样,奴隶的劳动就具有了本质意义,它不是为了满足奴隶的自然本能,而是为了一个价值或理想,即克服死的恐惧和获得人的权利这一超越性而劳动的。第一,劳动具有否定的意义,它否定了奴隶的虚无和对死亡的恐惧,也就是否定了奴隶的自然性,奴隶曾是生命搏斗的失败者,在主人面前他是自然物,在死亡面前他发抖,通过劳动,他扬弃了这一切被动性而成为一个主动的自我。第二,劳动彻底否定了奴隶的依赖性,也就具有了一种肯定的意义,他把奴隶提高为一个自由的自我意识。劳动改造了自然物,扬弃了自然物的外在形式,它同时也改造了人类自身的自然性,扬弃了奴隶的虚构形式,归还给他固有的本质。

对死亡的恐惧和陶冶事物的劳动是奴隶获得解放的两个本质环节,没有前者,后者只是主观的任性和偏见,只停留于事物的表面;没有后者,前者也只是一种无内容的空虚,也只停留于外表形式。而两个环节的统一才是一个普遍的过程,它彻底克服了奴隶的片面性,实现了主奴意识的真理性。

这样,主奴关系就发展了本质的逆转,这是主奴意识的辩证法。起先,生命的搏斗赋予主人以超越的价值,但是,主奴意识的发展,使得主人一步步失去了他的本质,相反,奴隶在恐惧和劳作中一步步克服了他的依赖性而发展成为本质的力量。科耶夫指出,主人是人类历史的催化剂,而这个历史却只能由奴隶揭示、实现和创造出来,"人类的理想,诞生于主人,但仅能由奴隶揭示和实现出来,并成为真理"。①

三、劳动的辩证法

主奴意识是自我意识的第一个形态,也是人类历史的第一个形态,在《精神现象学》中具有举足轻重的作用。而后的一切环节,诸如理性、精神、绝对知识等等,都是在主奴意识的基础上发展起来的,没有主奴意识这个基石,整个人类文明的大厦顿将倾覆。主奴意识之所以具有如此重大的意义,在于它揭示了人类起源的本质,揭示了自然向人过渡的辩证法。康德已谈到自然向人的生成,但他不理解如何生成,只看成是合目的性的结果。只有黑格尔在历史上第一次较为真实地理解了这一生成,这集中体现在他对主奴意识的分析研究上。

主奴意识在《精神现象学》中不是一个固定不动的模型,而是一个辩证发展的过程,通过以上的分析可以看出,这个辩证过程包含有四个本质的环节:生命(也即欲望)的搏斗,相互承认的理想,死亡的恐惧和奴隶的劳动。这四个环节是最为重要的环节,一个比一个深刻,一个扬弃一个,最后把全部本质都集中在奴隶所展现的劳动的辩证法上。欲望是主奴意识的起点,自我首先是欲望之我。但欲望提升为人的欲望或欲望的人则在于生命的搏斗,在生命搏斗中,相互承认的价值理想扬弃了欲望的自然性,斗争的结果产生了主人和奴隶。主人由于享受则失去了本质意义,奴隶在死亡的恐惧和陶冶事物的劳动中获得全部主奴意识的最后本质。由此可见,这四个环节是相互依存的环节,每一个都必不可少。没有生命搏斗,相互承认便是空虚和抽象的,没有相互承认,生命搏斗也就失去了目的和意义;没有奴隶的劳动,死亡的恐惧只能导致对自身本质的孤独体验乃至最后的目瞪口呆,没有死亡的恐惧,奴隶的劳动也就沦为纯粹的自然活动;没有生命搏斗和相互承认,死亡的恐惧和奴隶的劳动也就根本无从谈起,没有死亡的恐惧和奴隶的劳动,生命的搏斗和相互承认也就沦为抽象主观的事件,永远不具有现实和历史的

---

① 科耶夫:《黑格尔导读》,第47页。

意义。

黑格尔曾说,最晚出的环节是最具体和最丰富的环节,在主奴意识形态,精神的最为深邃的本质集中体现在劳动的辩证法上。对此,马克思曾做了深入的研究和发挥,他说黑格尔现象学的伟大之处即在于,"把人的自我创造看作一个过程,把对象化看作非对象化,看作外化和这种外化的扬弃;因而,他抓住了劳动的本质,把对象性的人、真正的因而是现实的人理解为他自己的劳动的结果"①。劳动是《精神现象学》自我意识的现实的本质,超越的东西只有作为现实的东西,才是真正的东西,现实性是黑格尔哲学的一个中心环节(参阅第七章关于"现在"的论述),也是区别于其他一些启蒙思想家的重要标志。因此,在论述劳动的辩证法之前,还要先分析一下两个问题,它们的解决不但有助于理解它们自身的环节,而且也有助于理解劳动的本质和意义。

这两个问题是,黑格尔与海德格尔关于死亡意识的比较观,黑格尔与尼采关于主人和奴隶的比较观。在前面曾论述了死亡意识和主奴观念在西方思想史的演变以及在黑格尔思想自身的演变,现在,把它们放入现代思想之中,在与海德格尔和尼采这两个大思想家的相似观点的比较中,揭示它们的内在意义。

死亡意识是海德格尔哲学的一个中心范畴,黑格尔和海德格尔对此有许多一致之处。首先,死亡或对死亡的恐惧,对他们来说,都不是此时此地、彼情彼境的偶然的恐惧心理,而是渗透全身心的、作为绝对命运支配人们的形而上的恐惧。第二,死亡对他们来说,都是人的本质,都具有绝对的超越性。也就是说,人在本质上是一个必死的存在,而且是由于意识到或体验到这种死亡,人才超越自己,成为真正的人,成为一个自由的人。第三,因此他们都与基督教有别,强调的是生,而不是死,只有无时不面对着死亡,人才真正体验或意识到生的深度(它的意义和价值)。但是,黑格尔与海德格尔又有本质的区别:第一,对黑格尔来说,死亡并不是人的惟一本质,它不是贸然产生的,而是从欲望、生命搏斗等环节中呈现出来的。第二,死亡的意义对于黑格尔来说并不像在海德格尔那里只是一味地体验,不是立足于抽象的心灵或内省的意识,

---

① 马克思:《1844年经济学—哲学手稿》,第116页。

而是自在地、作为一个现实的历史过程发生着,因此,死亡在《精神现象学》中不仅有形而上的意义,而且有历史学的意义,它与人类社会和人类历史相统一。第三,也是最为根本之处在于,对黑格尔来说,死亡的意义不在它本身,而在它所促成的奴隶的劳动这一现实的本质活动。死亡意识必须与奴隶的劳动联系在一起,否则,死亡意识只是内心深处的体验和独白,永远不会积极主动地扬弃死亡,把自己的超越性实现在现实的人类历史社会之中。因此,海德格尔的死亡意识只是抽象的、个体的超越的意识,一个"梦"一样的东西;而黑格尔的死亡意识则是把它的全部内容都倾注到劳动这一现实的活动之中,因此,黑格尔说死亡是一种"魔力",它把自身转化为存在。

主人与奴隶(超人与羊群)的划分是尼采哲学的一个中心,尼采在他权力哲学的基础上,对基督教以来的全部文化予以猛烈的批判。他攻击基督教的奴隶哲学,认为奴隶是低劣者、弱者,是没有什么价值和意义的羊群,应该从世界中铲除掉。为此,他大声礼赞和呼唤强者,超人,主人。主人是高贵的战斗者,是永远朝气蓬勃的胜利者,他是宇宙的中心所在,价值的本质所在。从实际上看,尼采的主人和奴隶的观点与黑格尔的主奴意识没有什么本质联系,他不理解主奴的辩证法,可以说,尼采的理论不过是主奴意识里的生命搏斗这一环节的极端化展开,他所揭示的主奴关系只是第一个层次的主奴关系。尼采不知道奴隶的真正本质。当然,黑格尔笔下的奴隶是一个潜在的秉承无限生命力的奴隶,他在不断地创造、劳动和解放,是一个劳动者和奋斗者,至于那些奴性十足、萎怯偷生之辈也不妨让尼采批判批判。

黑格尔把劳动视为主奴意识的中心环节并非偶然,而是经历了一段艰难探索的历程。要理解劳动的本质,必须把它放在一个更为广阔的历史文化背景中去考察。

青年黑格尔是从伦理和宗教问题开始哲学思考的,与康德和费希特的道德主义有别,黑格尔认为,社会、伦理、国家等普遍性才是人类的本质;与荷尔德林、席勒等人崇尚希腊艺术有别,黑格尔把重心放在希腊人的伦理社会和民间宗教上,他认为希腊社会是一个和谐、统一的社会,个人在社会和国家那里找到了它们的本质。但是,希腊社会解体以后,原先的和谐被打破了,普遍的分裂开始了,人与自然,个人与社会陷入了紧张的矛盾冲突之中,个人成为自私自利、孤独无援的私人,社会成为压迫个体的外来的异己力量。为什么会产生这种状况呢?黑格尔认为其根源在于基督教,于是,黑格尔对基督教,特别是它的私己性和实证性给予了猛烈的批判。所谓私己性,即与希腊的民间宗教不同,基督教把重心放在个人一己的行善惩恶、忏悔得救上,而把普通的伦理社会排斥在它之外,于是,个人与社会就产生了普遍的分离,并由此导致了人类与自然的分离。所谓实证性,即基督教由于与人的内在本质相矛盾,它就成为一种外在的、强制的努力,个人在普遍性面前找不到自己的本质,反而感到压迫和奴役,这样,个体便转回自己,私营自己,于是,人类的精神堕落和丧失了,人与自然,个人与社会的分离开始了。如何克服基督教的私己性和实证性,如何解决人与自然、个人与社会的分离,这一问题就成为贯穿青年黑格尔思想的主要问题,从伯尔尼时期到法兰克福时期直至耶拿时期,黑格尔孜孜以求的就是解决这个问题,从而为实现理想、和谐的人类社会提供一个理论前提。按照卢卡奇的观点,对于这个问题的解决,黑格尔经历了两个重要的转折点,这两个转折对《精神现象学》都产生了决定性的影响,并在那里实现了统一。

第一个转折点是法兰克福时期对生命统一性及其内在冲突的研究,第二个转折点是耶拿时期对英国经济学,特别是劳动学说的研究。法兰克福时期是黑格尔的苦闷时期,经过伯尔尼时期对基督教的批判之后,黑格尔感到仅仅局限于对基督教的批判和向希腊伦理社会与民间宗教的简单回复是不够的,应该寻求或创造一个主动的本质力量。黑格尔于是提出了"生命"的概念,企图用它去统一人与自然、个人与社会的分离。关于它的内容和意义,我们前面已经论述了。但是,黑格尔的进一步研究说明,单纯的生命,固然为分离的世界提供了一个统一体,但它还是抽象的,还局限于精神的主观性,还不能解决现实的社会矛盾和社会冲突。于是,黑格尔的注意力开始转向英国的经济学。

卢卡奇认为,对英国经济学的研究使黑格尔的思想产生了一个飞跃,他由此提出了劳动及其异化等中心思想。在《伦理的体系》和《实在哲学》等著作中,劳动概念已经占有重要地位,黑格尔以前曾经苦思苦想的问题,通过劳动获得了初步的解决,他认为劳动是解决人类与自然对象分离的中介,是解决个人与社会分离的中介。劳动首先是人的需要和满足需要之间的中介,是人与世界统一的中介,通过劳动,人才能克服主客体的分离,克服人与世界的隔膜,使自然成为人的对象,劳动不仅改造自然,而且改造人自身,使人成为人。因此,黑格尔首次指出了劳动的积极意义,认为劳动促进了人的发展,克服了人与自然的分离,实现了人与自然的统一。劳动既改造对象又改造人自身,它促进了人的体质和智力的开发,产生了科学和文化,它把人从抽象的主观的东西提高为普遍的本质的东西,劳动造就了一个伦理的体系,也就是说,产生了一个普遍的人类社会。

与此同时,黑格尔也论及劳动的消极意义,认为劳动固然解决了人与自然的统一,但还未从根本上解决个人与社会的统一,特别是近代社会以来,随着劳动的日益机械化和分工的系统化,劳动便成为与人脱节的东西。个人的劳动与社会的劳动相分离、相矛盾,个人的需要与社会的需要相分离、相矛盾,劳动于是成为一种负担,一种灾难。

显然,《精神现象学》是青年黑格尔哲学的进一步发展,主奴意识论是法兰克福时期的生命观与耶拿时期的劳动观在一个更高层次上的统一,特别是劳动学说,集前述之大成,开后论之滥觞,不但积极地解决了前面的中心问题,而且为精神在人类社会和人类历史的进一步展开和实现奠定了坚实的基础。

黑格尔在《精神现象学》中,首先揭示了劳动的本质。这一观点是人类思想史上的一个飞跃,比英国古典经济学的劳动学说深刻得多,这就为马克思劳动价值论的创立开辟了道路。

一般意义上的人类劳动,总是与人的需要相联系的,或者说,是满足需要的活动。英国古典经济学对劳动的定义就是这样的,黑格尔《伦理的体系》一书也把劳动建立在需要之上。一般说来,无论是动物还是人都有一种求生的活动,即为了满足自然欲望所进行的活动。但是,人的劳动与动物的活动有什么本质区别呢?如果说人的劳动是有智力、有目的的活动,这当然没有错,确实它是人与动物的一个本质区别;说人的劳动不像动物那样立刻把物吃掉或消耗掉,而是改造物的形式,这也很对。然而,除此之外是否还有一个更为本质的区别呢?或者说,上述所说的几种区别又是建立在什么基础之上的呢?

为此,黑格尔揭示出一个劳动的辩证法,它内在的逻辑变换构成了人类现实化、对象化的深邃本质。黑格尔首先揭示出人类劳动的内在矛盾：一般说来，劳动与欲望和需要之间有一种必然联系，这是劳动的形式。但是，劳动一旦与需要发生了必然联系，就注定了这种劳动永远也无法摆脱纯粹的自然性，永远也不能创造一个超越的价值，因此，人类的劳动是从摆脱与需要的必然联系开始的，人的摆脱需要到什么程度，人的本质也就实现到什么程度。但是，人类劳动的本质又决定了它不能彻底地摆脱与需要的必然联系，因为整个人类不需要的东西，人也不会创造出来，创造出来也没有什么意义。因此，这是一个内在的矛盾。黑格尔认为，仅仅就抽象的劳动与需要这两极来看，它永远也不能解决这内在的矛盾。因此，必须导入一个"中项"，这个中项就是奴隶的劳动。这样，这个关系式中就有了需要、奴隶的劳动和对象三极，而奴隶的劳动恰恰满足了上述的条件，首先，它不脱离欲望，但它又不产生欲望，它把欲望与对象的必然联系交给了主人，主人获得了劳动的形式，而奴隶则承担了劳动的内容，它成为一个能动的、为了劳动而劳动的本质。

这样，奴隶的劳动就共有了人类学的意义，它把原先根置于生命搏斗之中的作为理想的超越性现实地创造和实现出来，因此，也就把人类文化和文明创造和实现出来。由此推论，就解决了价值的本质问题。一谈到价值，我们就会想到是人的价值，而价值的本质曾是一个争论不休的问题。其实，它的本质与劳动的本质一样是一个内在矛盾的超越性。首先，价值脱离不了人的需要，没有需要也就没有价值。但是，价值的本质又必须超越需要，必须是一个纯粹的理想性。因此，它是一个内在的矛盾，它必须导入一个中项才能解决，这个中项就是价值的创造过程。

具体看，劳动具有三个层次的意义。第一，劳动的起点不是为了满足欲望，而是为了一个超越的目的，而且劳动活动本身已经自在地完成了这一超越目的。第二，劳动与死亡的恐惧有必然联系，劳动之所以摆脱了自然本能，正在于奴隶对死亡的恐惧。第三，从总体上看，劳动是一个过程，劳动是生命的对象化和外在化。因此，劳动不是为了吃掉或消灭对象，而是要把自己的本质表现出来。因此，它与对象的关系就不是物理学或生物学意义上的关系，而是人类学意义上的关系，劳动即陶冶事物，即赋予对象人化的形式，对象成为人的第二自然。

因此，从总体上考察劳动，就会发现劳动从根本上解决了人与自然的关系问题。人作为人，决定了人与自然世界的矛盾，一般认为，这一矛盾的产生、人与自然最内在的分裂是由于人类的理性。不错，理性是人类的超越性，但是，理性的外化仍然需要一种创造性的活动，因此，可以说正是劳动导致了人与自然的分裂，因为，人类的劳动不再是纯粹自然的物质变化，而是征服自然、改造自然的活动。但是，解铃还需系铃人，正是通过劳动，人才达到与自然在更高一个层次上的统一。劳动不是毁坏自然，也不是消灭自然，而是积极地肯定人类自身；它陶冶事物原始的形式，赋予它人类的价值理想和审美形式，由此，又使自然成为人的无机身体，成为人化的自然，从而达到人与自然新的和谐。需要指出的是，这里所说的自然，既是外在的自然物，又是人自身的自然属性，人在改造对象的同时，也改造自己，人在陶冶事物的同时，也陶冶自身，人在美化自然的同时，也美化心灵。因此，劳动从其普遍意义上就解决了人与自然的关系。当然，这一点在奴隶的劳动这一环节上还未达到自觉，奴隶的劳动还是受动的，被迫的，只有当奴隶成长为一个自由人时，劳动的内在意义才会自为地展现出来。

劳动在《精神现象学》中具有普遍的意义，黑格尔认为，劳作是精神的本质，是一种创造性的否定活动，它不只局限于自然的手工劳动，人类的一切精神的和物质的活动都是劳动。活动的本质就是它的否定性，它否定自身的有限性，实现潜在的无限性；否定自身的实体性，实现潜在的主体性，最后达到自在自为的统一性。整部《精神现象学》即是绝对精神的劳作，它是一个活动的、创造的、否定的过程，通过它，世界具有了意义，宇宙获得了价值，人类实现了自由。

因此，劳动贯穿精神发展的每一个过程，自我意识的每一个形态。主奴意识的劳动无疑是最精彩的一幕，首先，主奴意识揭示了劳动的本质，阐述了它在人类诞生之际的决定性意义，从而为积极地解决人与自然、人与社会这两个中心问题提供了坚实的基地。但是，由于主奴意识还处于抽象的主观精神阶段，劳动在那里还未获得普遍性的形式，它只是奴隶的劳动，因此，人与社会的矛盾在那里还未得到现实的解决。

黑格尔认为，劳动在实践理性那里获得了普遍性的形式，从原则上解决了人与社会的矛盾和分裂，实现了人与社会的统一。所谓普遍性，就是社会性,在主奴意识那里,一个现实的社会还未出现,只有主人和奴隶的抽象对立,当自我意识发展到理性之后,它才达到了一个理性的普遍性,进入了一个现实的伦理社会。在那里,不再是抽象人与人的对立了,而是具体的人与人的关系,是一个社会的统一性。它的基本原则是:"这个统一既是通过我而存在的,也是通过别人自己而存在的;——我直观到他们为我,我为他们。"①

这个理性世界要求每一个人都必须通过自己的劳动实现自己的本质,获得自己的享受和自由,因此,就出现了个别劳动与一般劳动的关系。黑格尔认为,劳动首先是个人为了满足自己各种各样的欲望和需求的活动,它是具体的、个别的劳动。但是,由于人生活在一个普遍的社会之中,它的劳动就具有了社会的意义,"个别的人在他的个别的劳动里就不自觉地或无意识地在完成着一种普遍的劳动,那么同样,他另外也还作为他自己的有意识的对象来完成着普遍的劳动。"② 这样,劳动就具有了个别与普遍两种规定,就它的具体内容来看,它是社会中诸多个体的劳动,为了个别的目的和利益,但是,"一个个体所做的,就是一切个体的普遍的共同的技巧和伦常",③ 因此,个别劳动本质上又是普遍的劳动,"整体就变成了他为其献身的事业的整体,"④ 个体劳动只有统一于普遍的社会劳动之中才具有意义。劳动在这里达到了个别与普遍的统一。

在这个基础上,黑格尔解决了人与社会的关系这一关键问题。就抽象意义看,人作为个体是与社会、与他人相矛盾的,人越是躲进一己的象牙之塔,离群索居,便越是陷入与社会、与他人的矛盾冲突之中。但是,人在他的劳动和活动中却实现了与社会、与他人的统一,因为他的劳动又是一种普遍的劳动,它既满足自己,同样也满足别人,反过来,别人的劳动同样也施惠于他,"个体满足它自己的需要的劳动,既是它自己的需要,同样也是对其他个体的需要的一个满足,并且一个个体要满

---

① 《精神现象学》上卷,第235页。
② 同上书,第234页。
③ 同上。
④ 同上。

足它的需要,就只能通过别的个体的劳动才能达到满足的目的"。① 因此,个人与他人的关系就不再是像主奴意识那样抽象对立、相互敌对的关系,而是相互联系、相互统一的关系,个体在"它自己的个体里和它的每一个同胞那里认识到它自己"。② 因此,我与他,我与你,都是"我们"这一普遍本质的具体规定,都在社会的统一性里获得它们的地位和意义。

   黑格尔是马克思之前第一个从如此深广的意义上揭示出劳动本质的思想家,这在思想史上具有重要意义,黑格尔对劳动的超越性本质的揭示,对劳动之为普遍与个别相统一的揭示,以及建立在这个基础上的对人与自然、人与社会两大关键问题的解决,都对马克思的历史唯物主义产生了深远的影响,可以说,《精神现象学》既是黑格尔哲学的"秘密"和"诞生地",也是马克思主义哲学的一个隐秘的源泉。

   当然,马克思的劳动价值论与黑格尔的劳动学说有着本质的区别,在关于劳动的对象化和异化,精神劳动和物质劳动,劳动和劳动力等重大问题上,马克思都超越了黑格尔。

   主奴意识从欲望开始,结束于劳动;自我意识从主奴意识开始,结束于绝对知识。这其中贯注着一条宇宙人生最为根本的主脉。欲望、生命搏斗、劳动等环节在其内在矛盾达到尖锐化的关头,总有一种超越的价值力量使其更生,人类就是通过这种力量一步步从动物进化为人,主奴意识就是通过这种力量从欲望进展到劳动。这个超越的价值是什么呢? 就是自由。相互承认是自由的形式,承认什么,本质上是承认各自的自由,奴隶的劳动是实现自由的手段,为什么劳动,本质上也是为了获得自由。自由是人类的最高价值,是自我意识的最终目的,以前,它只是潜在的,隐藏于生命之中的,现在,通过劳动,它呈现出来,劳动是自由的基础,自由是劳动的灵魂。自由是自我意识的主脉,它也是一个漫长曲折的历史过程,它的第一个形态是抽象自由的自我意识,《精神现象学》于是从"主奴意识"进展到"斯多葛主义"、"怀疑主义"和"苦恼意识"。

---

① 《精神现象学》上卷,第234页。
② 同上书,第235页。

第三章 自由意识

一、自由意识概述

19世纪德国文化精神的一个基本点便是自由精神的高扬,自由成为那个时代的一面旗帜。黑格尔说:"我们时代的伟大在于承认了自由、精神的财富、精神本身是自由的,而且承认精神本身便具有这种自由的意识。"①

康德无疑是这种精神在哲学上的代言人,自由问题成为他哲学的中心问题,自由概念是整个批判哲学的核心。在启蒙运动中,自由精神已经成为主导精神,随着自我意识的觉醒,自由被理解为人类自身的解放,即从外在社会的政治经济的压迫中,从内在自身的迷信偏见的束缚中解放出来,独立自主地按照自己的意愿和理性行事。康德无疑继承了启蒙运动的传统,把自由置于他哲学人本主义的中心,使其获得绝对的意义。什么是自由的本质?康德认为,自由不像启蒙运动所指出的那样是有限的、外在的、他律的和实质的,而是无限的、内在的、自律的和形式的。自由的本质就在于它是自由的意志和意志的自由,自由意志是绝对的、先验的,它并非按照个人的意愿、兴趣和利益行事,而是按照普遍的道德法则行事,因而也是按照理性行事。这样,自由、意志和理性三者就统一起来了。理性正像本书第一章所指出的,不是有限的理智或知性,而是无限的、绝对的理性;意志也不是心理学上的单纯的心理机能,而是绝对的意志,是摆脱一切杂乱无章的感性内容的普遍势力,因此,理性就是意志,意志就是理性,理性和意志的先验综合就是自由,自由无须外求,它自身就是法则,就是目的。

批判哲学的自由固然揭示了自由的本质,但它还是一个先验的超越性,还缺乏现实性的品格,在现实世界,自由的纯粹性处处受到挑战和

---

① 黑格尔:《哲学史讲演录》第4卷,第254页。

玷污。因此,为了克服自由的抽象性,康德在晚期人类学著作中进一步发展了他的自然向人生成的观点,力图在现实的人类社会的进程中揭示自由的意义。但是,由于康德的二元论,他的自由观最终还是一个知与行、现实与理想、内容与形式分裂的自由观。

费希特哲学是康德哲学的进一步发展,他把康德自由观的二元分裂统一为一个绝对自由的自我意识。首先,费希特与康德一样认为自由是人的最高本质,是宇宙的最终目的,是世界的最高价值。自由的本质在于它是普遍的理性、绝对的意志,在费希特那里,自由、意志和理性三者也是统一的。但是,费希特不满意康德自由观的空洞抽象和软弱无力,不满意它的知与行、现实与理想、内容与形式的分裂,而认为自由之所以为自由,不在静观,而在践行,而在创造;自由意志不应是仅仅抽象的形式,而应是作为冲动、欲望、活动和努力等主动性实现于世的内容;实践理性也不应是抽象的自律,而应是充满激情的创造力,它无意在渺茫的超越世界,而力图在现实世界,在世俗化了的社会生活之中建立起一个自由的王国。因此,费希特哲学的自由意志表现为一个创造性的自我,它不断设置界限、障碍,又不断地克服和扫除,正是通过这种不断的努力、创造和实现,自由才现实地实现出来。费希特一改康德哲学的谨小慎微、自律内省,他崇尚创造和搏斗,崇尚激情和努力,在他看来,把自由的理想实现于世,这乃是人的使命。他说:"面对威严的峭壁丛山和汹涌瀑布,眼观猛烈翻腾的火海风云,我昂首挺胸,无所畏惧,……因为我领受了我的使命,……它是永恒的,我和它一样,也是永恒的。"[①]

黑格尔哲学的自由观与德国哲学的自由精神一脉相承。黑格尔多次指出:"自由是精神的惟一的真理。"[②] "精神的本质真正说来就是自由,即作为与自身统一的概念的绝对否定性。"[③] 在黑格尔看来,自由是精神的灵魂,精神之所以是精神,人类之所以是人类,其本质就在于它是自在自为的,是独立自主的,也即是说,在于它是自由的;自由在黑格尔哲学中与在康德和费希特哲学中一样,已不是个体情感的放纵自流,

---

① 费希特:《论学者的使命、人的使命》,商务印书馆1984年版,第35页。
② 黑格尔:《历史哲学》,三联书店1956年版,第55页。
③ 《精神哲学》,《黑格尔著作二十卷集》第10卷,第25页。

或者主观头脑里的盲目幻想,而是具有了普遍的意义,它与宇宙之道、绝对理性和人类历史内在地联系起来了,它成为世界的最高价值,人类的最终目的。

在黑格尔哲学中,自由一般地又具有三个层次的意义:

首先,自由具有本体论的意义,它是精神的主体,是在其无限运动过程之中的自我返回的实体。黑格尔说:"精神的实体是自由,即不依赖于他物的独立存在,自身相关的存在。"① 也就是说,自由是绝对的自因,它不依靠于任何事物,反过来,万事万物都以它为根基。但是,自在的实体自身还不是自由,自由本质上是一种自为的、自觉的精神,它必须发展成为主体,成为世界和历史的创造者与认知者。

因此,在黑格尔哲学中,自由便与理性统一起来了。把自由与理性同等看待,这是德国古典哲学的传统,在那里,自由与理性的统一并不仅仅具有道德学上的意义,而且具有本体论上的意义,或者说,它是哲学人本主义的中心命题。黑格尔哲学的自由与理性的统一观同样也具有这种意义,而且达到了辩证的主客统一性的高度。在黑格尔看来,理性是宇宙的普遍实体,但是,这个实体就其自身还是抽象的,冥顽不灵的,必然的。因此,它必须分化自己,必须从自身唤起一种否定的力量,一种自觉的精神,这种精神就是主体,主体也是普遍的理性,但它是自为自觉的理性,通过它的否定性的活动,就扬弃了实体的必然性,实现了内在的自由本质。自由是理性的实现,理性是自由的基础,没有理性,自由是空虚的;没有自由,理性是盲目的,两者辩证地统一在实体之主体化的运动过程之中。马尔库塞指出:"理性以自由为先决条件,自由是遵循真理而行动的能力,是依照潜能而塑造现实的能力。这些目的的实现仅仅由于主体是其自身发展的主宰,它像理解它周围的事物一样理解它自己的潜能。反过来,自由又以理性为条件,因为自由是被把握了的知识,通过理性,主体才能够获取和实现它的能力。"②

因此,从实体向主体的运动过程,也是从必然向自由的运动过程,自由是理性的必然,或者说是必然的理性,理性作为普遍的势力,它有能

---

① 《精神哲学》,《黑格尔著作二十卷集》第10卷,第26页。
② 马尔库塞:《理性与革命》,牛津大学出版社1941年版,第9页。

力超出自身的潜在性,把握认识内在的规律和规定,从而实现积极的自由。因此,自由是实体与主体、必然与目的的统一。

第二,自由具有现象学上的意义,它是精神的自我意识,是在其劳动中不断超越自身的人类本质。我们知道,自我意识本质上是人的自我意识,或自我意识着的人,精神不甘于它的孤寂,它要展现于外,要在其现象中实现它的本质。人作为主体,作为自我意识,他本质上是自由的,但是,这个自由又不是人垂手可得的,人就其自在意义来说,还是一个各种因素交织而成的混合体,其中情欲与理性、有限与无限、兽性与神性等诸多情愫交相并存、矛盾冲突。早在耶拿《实证哲学》中黑格尔就指出,人生活在两个世界,一个是自然的有限世界,一个是永恒的无限世界。在《精神现象学》中,人类本质的二重性得到了进一步的展现,无论是主观精神还是客观精神阶段,人都自在地处于情感、表象、欲望、冲动、利益等自然的有限性与理性、法则、目的、理想、规律等普遍的无限性的双重世界之中,这两个世界是精神实现其本质的基地。但是,自在地处于双重性之下的人类还是一个偶然的存在,还未获得自由的本质规定。人要获得自由的本质,要实现自我的价值,他就不能相安于二重性的分裂,他必须唤起自身的勇气,在分裂的世界中展开一场殊死的搏斗,从而超越自己的有限性,实现内在的无限性,超越自己的自然性,实现内在的社会性,超越自己的被动性,实现自己的主动性。黑格尔说:"精神在本质上是它自己活动的结果;它的活动便是要超越那种直接的、简单的、不反省的生存——否定那种生存,并且回转到它自己。"①

自由的现象学意义就是这样一个自我不断超越自己的活动,其中最为关键的一环是"主奴意识"。可以说,自我要实现内在的自由,它就必须活动,必须经过一番搏斗,必须扬弃限制,打破樊篱,实现于世。

自我在不断超越自己的现象学的自由活动中,它离实体愈来愈远,越来越把自身的独特性展现出来,因此,它又是一个个体性原则。从本体论上看,自由是一个从实体走向主体的过程,从现象学上看,自由则是一个从普遍和特殊分立的两极走向个体性的过程。自由在黑格尔哲学中,既不是抽象的命运必然性,也不是个人主观的任性,而是普遍与

---

① 黑格尔:《历史哲学》,第 120 页。

特殊的统一。在人生活的两个世界,人实现自由的努力并不是牺牲一方转向另一方,而是在更高层次上扬弃两个片面性的新的统一。自我愈是自由,它便愈具有个性,愈具有典型性。在《精神现象学》中,自由的发展与个体性的发展同步前进,从主人和奴隶到斯多葛主义者、苦恼意识者、享乐主义者、实践家、意识分裂者、启蒙运动者直至法国大革命的革命者,自我每获得一次自由,都同时是自身独特本质的一次展现,人类越是走向自由,它便越是一个充满特性的现实的个体,而不是普遍链条中的一颗螺丝钉,①每个个体都是一个世界,一个宇宙。卢卡奇写道:"群体与个体的关系是一个复杂的、辩证的关系。在群体的产生和群体意识的发展中,个体的现实作用乃是无限的和不可取代的。……在人类客观的总体进程中,个体意识所起的作用不是纯粹的假象,而是总体运动中的一个现实的本质环节。"②

第三,自由具有历史学的意义,它是在历史进程中不断展开着的现实的本质。黑格尔说:"自由本身便是它自己追求的目的和精神的惟一的目的。这个最后目的便是世界历史。"③ 把自由与历史统一起来,在历史中展现自由的本质,这是黑格尔有别于其他一切哲学家的基本点,也是他的伟大贡献。

黑格尔固然把自由视为精神的本质,人类的目的,但他并不喜欢空谈抽象的自由,在他看来,自由从来都是具体的,从它通过主奴意识的矛盾运动产生之日起,就开始了它的历史命运。自由不是人对自然的一次性扬弃,也不是在一个瞬间的实现,主奴意识中的自由并不是真正现实的自由,它只是一个根本性的起点,真正的自由还在后面,要达到它,还须一个漫长的过程,可以说,一部《精神现象学》就是一部自由意识的发展史,一部人类自由本质的实现史。莱伯尔格指出:"普遍的历史进程即是实现自由的进程,自由是历史的最终目的。"④

---

① 在对待个体性的态度上,《精神现象学》与《法哲学》是有区别的。黑格尔在《法哲学原理》中写道:"个人存在与否,对客体伦理来说是无所谓的,唯有客观伦理才是永恒的,……个人的忙忙碌碌不过是玩跷跷板的游戏罢了。"(第165页)
② 卢卡奇:《青年黑格尔》,苏黎世—维也纳1984年版,第604页。
③ 黑格尔:《历史哲学》,第58页。
④ 莱伯尔格:《黑格尔或者自由精神的发展》,斯图加特版,第562页。

自由必须在人类历史过程之中实现，历史发展到哪里，自由的本质也就实现到哪里。人类历史是一个广阔的领域和深远的过程，因此，自由也就不能简单地局限在认识和道德领域，它涉及人类政治经济、宗教艺术等一系列领域，自由意识也不能局限于抽象的个人，它本质上乃是普遍的自由意识，是社会的群体意识。在《精神现象学》中，黑格尔具体地展现了自由意识的一系列典型形态，从抽象的个体意识，如玄思的斯多葛意识、苦恼意识和践行的快乐主义，到现实的自我意识，如启蒙意识和法国大革命的革命意识，最后经过道德自我意识，在绝对中达到了精神的自我意识，这一系列形态都是自由发展史中的一系列环节，自由的本质只有展现在这些现实形态中，才具有真实的意义。在《历史哲学》中，黑格尔把自由视为历史发展的尺度，把历史视为自由实现的基地。他认为，历史经历了三个阶段：在东方世界，只有一个人自由，其他人皆不自由；在希腊罗马社会，一些人自由，一些人不自由；在基督教世界，一切人作为人皆获得自由；而近代日耳曼世界，则不但达到了自由的原则，而且已在社会政治和精神文化中全面地实现了自由的本质。

　　因此，黑格尔的精神哲学本质上是一个历史哲学和文化哲学。一切关键问题都必须在历史和文化的广阔背景下得到解决。

　　从本质论、现象学和历史学三个层次考察了黑格尔哲学自由意识的一般本质，其实，这三个环节是统一的，每个自由意识都具有这三个层次的意义。

二、自由意识的发展形态

　　从形式上看，自由意识具有本质论、现象学和历史学的意义，从内容上看，它是理性、个体性和历史性的统一。在《精神现象学》中，自由意识经历了一系列的发展阶段，呈现出一系列的表现形态，精神的进程、自我意识的进程，本质上即是自由意识的进程，这是一个从抽象到具体、从玄思到践行，从浅显到深邃的过程。从一般意义上说，自我意识发展的每一个形态都是自由意识的形态。本章仅对一些典型的自由意识形态作具体分析。

1. 抽象玄思的自由意识

经过主奴意识的矛盾运动,内在于生命之中的超越本质就出现了。黑格尔说:"一种新形态的自我意识、一种以无限性或者以意识的纯粹运动为本质的意识就出现在我们面前了。这是一个能思维的或自由的自我意识。"① 这个思维的自我意识又有三种形式:斯多葛主义、怀疑主义和苦恼意识。

思维是自由意识的一个基本环节,在黑格尔看来,人之所以区别于动物的一个基本特征,就是人具有理性,能够思维。当自我纠缠于欲望、表象等感性因素时,它被动地受制于物,对象在它之外,与它相异。只有在思维中,自我才克服了自身的有限性和对象的异己性,克服了自我与对象的差异性和外在性,达到了无限性和统一性,对象在我之中,我在我之中,因此,自我是自由的。黑格尔说:"在思维里,我是自由的,因为我不是在他物中,而纯全保持在我自身中,并且,那对我是客观存在着的对象也是为我而存在的,与我有不可分离的统一。在概念思维中的我的运动即是在我自身中的运动。"②

把思维和理性视为人有别于动物的一个本质规定,这是西方文化的传统。早在希腊哲学里,人就被赋予思维和理性,在基督教,人的这一特征以原罪形式表现出来,在原始的伊甸园里人是混沌而又幸福的,但由于受诱惑而吃了生命之树的善恶之果,人秉有了理性和思维,就与自然分离了,成为具有神性的存在。人之所以超出自然界,即在于他的思维,"禽兽没有思想,只有人类有思想,所以只有人类有自由"。③

在《精神现象学》中,思维是继主奴意识之后出现的人类的又一个本质规定,对于思维的自我意识来说,思维是它惟一的内容,它感到只有摆脱各种有限事物的纠缠和困扰,消除各种纷然杂陈的欲望和需要,远离嚣尘,放眼玄冥,沉浸于超越的无限思维,才是自由的。因此,这种自由意识是一种玄思意识,它不图对世界的改造和自身的践行,而只着重

---

① 《精神现象学》上卷,第132—133页。
② 同上书,第133页。
③ 黑格尔:《历史哲学》,第111页。

于对世界的静观和自身的玄览,在纯粹的思维中体验着一种精神的宁静。

自由意识的第一个形式是斯多葛主义。在分析斯多葛意识之前,我们先指出《精神现象学》自我意识论的一个主要特征,即黑格尔善于从思想史和文化史中寻找一些具有普遍性的个例,把它们汇入自我意识的发展过程之中去展现精神的本质,例如斯多葛主义、怀疑主义和苦恼意识,浮士德意识和堂吉诃德意识,分裂意识和诚实意识,启蒙意识和革命意识,道德意识和优美灵魂,等等,莫不如是,它们既是人类思想和文化史上的一些具体现象,又是《精神现象学》自我意识发展的典型形态,精神既揭示了它们固有的本质,又在一个更高层次上赋予它们以新的意义。

斯多葛主义是希腊化时期的一个哲学流派,与希腊早期的自然哲学不同,它已经从对外在世界的考察转向人类自身,它认为贯穿宇宙的根本大法是普遍的"道"或"逻各斯",世界万事万物和人世生活都是那个普遍性的表现,人类自身具有一种理性,它能够摈弃个别具体的事物而直接达到对那个宇宙之道的把握和思维。斯多葛主义认为,人生如梦,枷锁在身,人只有毅然地与各类有限事物决绝,直接在思维中把握那无限的本质,才能获得真正的自由和福祉。

黑格尔吸收并发挥了斯多葛主义的观点,把它作为自由意识的第一个表现形式。他首先指出斯多葛主义的基本原则:"意识是能思维的东西,只有思维才是意识的本质。"① 起先,自我分立于生命的搏斗并固持于主人和奴隶的对立,现在,在思维中,自我克服了各自的有限性,获得了普遍的意义。斯多葛主义认为,无论是主人还是奴隶,是在宝座上还是在枷锁中,只要他能够超越具体事物,从事思维,那么他就是自由的,因为,在自由的思维那里,一切差别都消失了,一切对象都克服了,剩下的只是精神的玄思和宁静。但是,思维的自由还是一种抽象的自由,因为它没有充实的内容,没有活跃的生命,在纯粹的玄思中,一切对象、内容和关系都消失了,只剩下一个空洞的形式。自由意识如果仅仅立足于这种形式,它就永远是一个彼岸的自由,现实世界仍在它之外。因此,

---

① 《精神现象学》上卷,第133页。

玄思意识不能一味沉湎于宁静,它必须与现实世界发生关系,这样,它就变为怀疑主义。

怀疑主义是斯多葛主义的现实形式,在西方思想史上,也是比斯多葛主义稍晚一点的哲学流派,它以皮浪为代表。

如果说斯多葛意识沉浸于自身思维的宁静,对具体的事物采取漠然无视的态度,那么,怀疑主义则是企图通过对具体事物的否定而达到思维的宁静。怀疑主义看到了斯多葛主义的矛盾,它感到对有限事物视而不见是行不通的,因为有限事物随时会从背后袭击,只有从正面否定了有限事物,使其丧失了生存,那么才能达到和享受思维的宁静。因此,黑格尔说怀疑主义是一种否定的辩证法,它揭示了有限事物的内在矛盾,暴露了它们各自的片面性,从而也就扬弃了它们。正是在怀疑主义的这种否定活动中,自我实现了自由,这种自由本质上还是一种玄思的自由,它依靠的还是纯粹的思维,但是,与斯多葛抽象的静观有别,它企图在思维对具体事物的否定活动中,实现或享受这种精神的自主性。黑格尔说:"通过这种自觉的否定过程,自我意识为它自身争取到它的自由的确定性。"①

但是,怀疑主义在揭露具体事物的内在矛盾的时候,它自身的内在矛盾也同时暴露出来,而且它的矛盾比上述有限事物的矛盾更根本,它揭露的愈深,它自己陷入的便愈深,它否定了有限事物,同时也就否定了自己。黑格尔对怀疑主义的分析批判不时地绽露出喜剧意识所独有的幽默和机智,令人叫绝。

怀疑主义看上去是在消除矛盾,其实它是在制造矛盾,看上去它是在寻求宁静,其实它"毋宁就是绝对的辩证的不安息"②,因为怀疑主义自身就是彻头彻尾的矛盾,就是"一个纯全偶然的混沌体。一种永远在制造紊乱的摇摆不定的东西"③。因为怀疑主义是这样一个矛盾:一方面它对具体事物及其差别采取了否定和批判的态度,认为它们是纯粹个别的和偶然的东西,但是另一方面,它又必须把它的普遍本质实现在这

---

① 《精神现象学》上卷,第137页。
② 同上书,第138页。
③ 同上。

些偶然事物的关系之中,没有这些微不足道的东西,它自身也就无法存在。因此,它就陷入一个矛盾:一方面它在与具体事件的关系中认识到"它的自由在于超出有限存在中的一切紊乱和一切偶然性,而另一方面它又同样自己承认自己在于退回到非本质的东西并徘徊周旋于这些非本质的东西里面"①。这样,它就又陷入另一个矛盾,即它口头说的与它实际做的截然对立,它说一切事物都取消了,但它的这种口头宣称依然存在,它说它所见、所听的东西不存在,然而它自己本身却看见了和听见了。因此,黑格尔说:"它的行为和它的言词永远是矛盾着的,而它自身内也具有自身同一和不变与偶然性与不同一性两重矛盾着的意识。"②

怀疑主义就是这样一个通体矛盾着的意识,它是一个绝妙的自我讽刺和自我欺骗,"好像玩皮任性的小孩子的吵闹,一个说甲,另一个就说乙,一个说乙,另一个就说甲,而他们通过这样的互相反对争辩,借以获得彼此处于矛盾争辩状态中的乐趣"③。我们看到这种怀疑主义是颇有喜剧味道的。但是,自我意识的矛盾双方不会这样游戏下去,当它们进一步发展并集结于一身时,就成为一个苦恼的意识,一个不幸的意识,它意识到自身内在的分裂,感受到心灵剧烈的冲突,这样,自我意识就从喜剧转入悲剧。

在斯多葛主义那里,自我意识是单纯的自身自由和宁静,在怀疑主义那里,宁静被打破了,自我意识企图通过对有限事物的否定达到精神的自由和宁静,但这反而使它陷入一种欺骗和矛盾。当自我意识不再沉湎于玄思而面对着它内在的矛盾和分裂时,它就成为苦恼意识。苦恼意识也是玄思意识的一种形式,它取材于中世纪的基督教意识,特别是十字军东征时的精神状况,在《精神现象学》中,黑格尔赋予它一种新的意义。苦恼意识之所以是苦恼的,即在于它不再像斯多葛主义和怀疑主义那样一味地沉湎于纯粹的思维,单纯地体验精神的宁静,而是清醒地意识它内在的矛盾和分裂,意识到它要获得自由,就必须解决它自身所固

---

① 《精神现象学》上卷,第138页。
② 同上书,第139页。
③ 同上。

有的有限与无限、流变意识与不变意识、现象与本体的矛盾。但是，由于此时的自我还是抽象玄思的自我，它惟一的内容和本质就是思维，而抽象的思维除了像斯多葛主义那样逃脱现实和像怀疑主义那样否定现实，此外又别无他法，因此，它只能清醒地意识到它是一个内在分裂的自我，一个矛盾冲突的灵魂，一种形而上学的苦恼。

苦恼意识虽然没能自身解决内在的分裂，但是，正是在苦恼意识的分裂过程中，人类最内在的本质关系，即有限与无限、自由与必然、理性与情欲、此岸与彼岸、人性与神性等展现出来了，这是自我意识继主奴意识之后又一次对人类本质的揭示和展现。前者还未达到自觉，还是潜在地运行于地下；后者则因为是自由的思维，人类本质也就展现于光天化日之下了。因此可以说，苦恼意识是文化史上人类第一次本质的觉醒，第一次自由的觉醒。

通观玄思的自由意识，不论是斯多葛主义、怀疑主义还是苦恼意识，都有一个基本的特点，即它们都以纯粹的思维作为本质，无论是抽象的思维还是苦恼的思维，它们都表现为对感性世界、感性生活的超越，都意识到自由即在玄思，没有玄思，也就没有自由。玄思意识是人类自由意识的第一个形态，它使人摆脱感性事物的束缚而达到思维的自由，特别是苦恼意识，它实现了人类对其无限本质的第一次自觉，但是玄思意识仍有重大的缺陷，它只求对现实世界的逃避，只求在玄思中的宁静，而不求对现实的改造，因而它是抽象的和空洞的。人类要实现真正的自由，就必须积极地投入人生，创造一个新的现实世界，这样，玄思的自由意识就一变而为行动的自由意识。

2．实践理性的自由意识

理性在《精神现象学》中与自我意识、精神等概念一样具有两种含义：一种是广义的理性，即作为精神实体的普遍本质，它贯穿于精神发展的整个历程；另外一种是狭义的理性，特指精神从"自我意识"形态发展而来的那个意识形态，是主观精神阶段的最后一个环节，也是从抽象的个体世界、小我转向普遍的现实世界、大我的过渡环节。狭义理性本身即是一个王国，作为精神的导论，客观精神和绝对精神的一切本质内容都潜在地包含在它的原则之中。下面所分析的自由意识即指狭义理性意义上的自由意识。

理性是自我意识发展的一个重要阶段,当自我意识扬弃了意识与对象、自我与自我的直接对立,开始实现其个体与普遍、个人与社会的辩证统一时,它就达到了理性。理性,用黑格尔的话说,已经获得了绝对的本质,已经具有了无限的意义,也就是说,已经达到了绝对的唯心主义,在那里既不是意识与对象的对立,也不是自我与自我的对立,而是意识与世界,自我与社会的统一,它的基本原则是:我是世界,世界是我,用中国哲学的术语说:"吾心即宇宙,宇宙即吾心。"理性就是确知自己即一切实在这个确定性。"①

具体地说,理性是从玄思意识,特别是从苦恼意识发展而来。苦恼意识的内在矛盾唤起了一种新的力量,力图把有限与无限、不变意识与流变意识等诸多抽象对立的环节统一于自身,在自我与世界的统一中展现它的本质,这个力量就是理性。理性与玄思意识有两点区别:第一,理性不再是自我与自我单纯搏斗的世界,而是一个自我与群体、人与社会辩证统一的世界;第二,理性扬弃了纯粹思维的抽象形式,而把创造性的行动作为它的本质,因此,它是一种实践理性。

理性在达到其自我意识即实践理性之前,首先是观察的理性,观察理性是一种本能的理性,它只能被动地观察自然,不能主动地创造自然,它只能描述,不能展现,因此,观察理性还是不自由的静观的意识。黑格尔认为,观察理性的进一步发展就是实践理性,"理性的自我意识通过其自身的活动而实现"。② 能动的活动在这里成为自我意识的本质,它使其从自在转向自为,从被动转向主动,从受制转向自由。由此可见,理性的自由不同于玄思的自由,它不远骛于遥远的彼岸,而只求在现实世界实现。其实,理性的这个本质早已潜在于它的原则之中,现在它所要做的就是把它实现出来,因此,黑格尔说对理性自我意识有效准的事实就在于使它的内在本质成为为它的。

从一般意义上看,理性自我意识的行动创造出两个世界:一个是伦理世界,一个是道德世界。伦理世界是自我意识直向运动所创造的世

---

① 《精神现象学》上卷,第157页。
② 同上书,第232页。

界,所谓直向运动,即是说个体自我在其相互联系、相互矛盾的活动中不自觉地把它的内在普遍性实现出来了,这个普遍性就是一个伦理实体或伦理现实,它表现为一个民族生活的共同体,及其普遍命运、伦常礼俗、法律政治等等。黑格尔认为伦理世界是个体自我的自在本质。道德世界是自我意识反向运动所创造出来的世界,所谓反向运动,即是说,个体自我在它的直向运动中虽然达到了它的普遍本质,但这种达到对它来说还是不自觉的,还是一种幸运,自我意识要获得真正的自由,它就必须走出幸运,从伦理世界中返回自身,实现其本质的自觉。因此,在黑格尔看来,道德世界高于伦理世界,后者是自在的自由,前者是自为的自由,但是,由于两者各执一端,它们又都有各自的片面性,只有伦理世界和道德世界统一起来,真正自在自为的自由才能实现,而这就进入了绝对精神的王国。由于此时我们所分析的还是狭义的理性,它所展现的两个世界还都只是些原则,真正现实的内容和运动还在客观精神阶段(第五章和第六章将专门论述)。现在,自我意识的两重世界都只具有抽象的意义,无论是伦理实体还是道德自我都还潜伏在地下,现实运行的只是抽象践行的个体性和作为命运的必然性。理性在其实现自由的抽象运动中又经历了三个环节,它们是:快乐与必然性,心的规律和自大狂,德行与世界进程。

在行动的自我意识的起点上,首先出现了个体自我对感性快乐的追求,这种快乐主义恰好在歌德的《浮士德》中得到形象的展现,因此,又可称为浮士德意识。应该指出,这里所说的浮士德意识还只是《浮士德》第一部所展现出来的个体意识,而不是第二部所展现出来的普遍意识。

浮士德意识是一种行动的自我意识,它不满足于那种只在纯粹思维的宁静中寻找自由的玄思意识,而是把自由看作一种行动、一种创造、一种享受,它要在现实生活中寻找它的自由。"将自身作为个别的意识而予以实现并在这个实现中作为个别的意识而自我享受。"[①] 浮士德从一开始就不满足于玄思意识,不喜欢在书斋里冥想所谓无限、永恒、上帝等彼岸的东西,他内心深处有一团燃烧的热情,一股寻求创造的冲

---

① 《精神现象学》上卷,第238页。

动。他说:

> 我要跳身进时代的奔波,
> 我要跳身进事变的车轮!
> 苦痛、欢乐、失败、成功,我都不问;
> 男儿的事业原本要昼夜不停!。①

因此,浮士德蔑视天上的精神,看重地上的精神,他投身于现实的生活去创造和体验,他是一个快乐的意识,一个创造的意识。

浮士德意识虽然是快乐意识,追求的是感性的享受,但它仍属于理性意识范围,与自我意识起点上的欲望一般有着重大区别。第一,快乐原则的内容要比欲望一般丰富和具体,它不再单纯是一种抽象否定的指向活动,而是一个尽情享受的自我,从最基本的官能的享乐到较高层次的爱情和功名,它要摘取生活之树的每一个金果。第二,浮士德意识实现快乐的方式也与欲望有别,抽象欲望所从事的只是相互拼杀和生死的搏斗。浮士德意识则相反,企图在一般社会生活的相互利用和相互帮助中实现欲望的满足。第三,快乐虽然是一个感性的情欲,但已经超出了欲望一般的纯粹性,而具有了一定的理性成分和初步的目的,它是与理性同一个层次上的感性,或者说,是理性的感性内容。

虽然浮士德意识的快乐原则高于抽象欲望的原则,但它最终还是一个感性情欲,还是一个个人利己主义,它所寻求和创造的还是它个人的快乐,而不是普遍的理性,正像歌德所描述的,"它蔑视科学和知性,这人类最高的才能",它只求在个体的享乐生活中实现它的自由。个体的享受固然具有肯定的意义,固然使自我感受到它的自由,但是,它又同样具有否定的意义,即个体在它的享受中又否定和扬弃了它自己,因为个体不是纯粹的个体,它在它的活动中就已经无意识地把它的普遍性实现出来了,而"这种否定的本质不是别的,就是这个个体性本身的概念"。② 这样,快乐就逆转为必然性。

必然性是个体自我所实现出来的普遍的伦理实体,但是,由于个体

---

① 歌德:《浮士德》第一部,郭沫若译,第83页。
② 《精神现象学》上卷,第241页。

的快乐还是自我实现着的精神的最贫乏的形式,那么,与此相应的普遍本质也是精神最为贫乏的形式,它是一种"纯粹的本质性和空虚的抽象性。"①

现在,理性自我意识在它的起点上就面临着这样一个无法摆脱的矛盾和困境,自我在不断地寻求快乐和创造生活,但其结果却是寻求和创造出一个异己的敌对的东西,它面对着的是一个无时不在粉碎着它的普通势力,个体自以为在享受快乐和生活,其实它是在为自己酿造生活的苦酒,"它是去寻求生命,但它所获得的毋宁是死亡"。② "抽象的必然性就成了粉碎个体性的那个仅仅否定的、未被理解的普遍性的势力。"③从快乐过渡到必然性,这是一个逆转,也是自我无法解答的人生之谜。自我自以为能够用行动创造出一个美好的结果,而情况恰恰相反,自我在活动和结果中越来越感到丧失和死亡。为了克服这种分裂,自我被迫从必然性返回自身,力图把自己提高为一种新的自我,在新的行动中统一快乐和必然性的分离,于是行动的自我意识就进入"心的规律和自大狂"。

浮士德意识由于内在矛盾而把自己提高为普遍的意识,它不再把自己视为单纯的个体享受,而直接就把自己设定为必然性,认为自身就是普遍性的东西和规律性的东西,黑格尔把这种自我意识的形式称为"心的规律"。心的规律把自己提高为普遍的功利主义,它认为它所从事的事业,即为最大多数人的最大幸福,乃是普遍的事业,而这个事业又能满足它一己的欲望,因此,它一身二任,既是普通又是个别,既是快乐又是规律,它认为自我的双重品格都是它的本质规定,两者缺一不可。但是,由于自我只是在个体心灵中企图达到个别与普遍的统一,企图用小心去包容世界,而实际上它又没能真正地找到那个个别与普遍相统一的契机,又不愿把个体心灵融合进普遍心灵,把个别事业统一于普遍事业,因此,在个体心灵中就产生了剧烈的矛盾冲突;自我因此一变为"自大狂"的意识。

---

① 《精神现象学》上卷,第242页。
② 同上书,第243页。
③ 同上。

自我要实现它的自由,不受外物限制和束缚,必须把自己提高为一种心的规律,但是,由于心的规律还未达到主客统一性,与它相对的还有一个现实的规律。现实的规律是与心的规律相对抗的一种自在的普遍势力,心的规律要想实现它的自由,就必须对这种现实的规律采取否定和敌视的态度,视其为虚假的和丧失了本质的东西,与心的规律水火不相容的东西。因此,在现实的规律面前,心的规律就不能将其自身隐藏在心灵深处了,它必须实现出来,也就是说,把心置入于现实。

将心置入于现实固然是自我实现其自由的活动,同时也是将其内在矛盾展现出来的活动,因为个体心灵自在地就是一个二元分立的心灵,它所谓的统一只是强行的统一,现在,在它的活动中矛盾便激发出来了,由此产生了一个颠倒的世界。这个颠倒的世界具有两个层次的意义:

首先,心的规律颠倒为心的疯狂。心灵在其起点上仅是一个个体的心灵,一个有限的自我,但是,它自以为它是普遍的本质和普遍的规律,相反,那原来真正的普遍必然性却被它视为假象和幻象而遭到抛弃。起先,在个体心灵自身它还是可以自欺一下子的,但是,由于心要将其自身置于现实,要在活动中实现它的自由,这样它就被彻底颠倒了。它自以为它是在进行一番自由的创造活动,成就着一番普遍的事业,其实,它是在进行着一种自我毁灭的活动,实现出来的只是它的个别性,"它的本质直接地成为非本质,它的现实直接地成为非现实"[①]。因此,它的活动使它自我颠倒过来,它所成就的普遍事业恰是它对真正普遍事业的否定,它所成就的自我,恰是自私自利的个体性,于是,它成了一个欺骗,既欺骗自己又欺骗别人,它成了一个颠倒,既颠倒自己又颠倒别人。这样,它就是一种疯狂的意识,一种陷入矛盾而不能自拔的分裂意识。

第二,与心的疯狂相应,自在世界也在进行着一番颠倒,黑格尔说:"直接普遍的个体性既然是颠倒的和被颠倒了的东西,那么这种普遍的秩序……其自己本身就是颠倒了的东西。"[②] 从个体性的角度看,自我所从事的实现自由的活动自以为是普遍的德行,即为最大多数人的最大

---

① 《精神现象学》上卷,第 249 页。
② 同上书,第 250 页。

幸福,其实它实现的只是一个利己的个人主义,它在它的活动中否定了它曾佯言的普通本质,这是第一个颠倒。但从普通性的角度看,第一个颠倒本身也是一个颠倒,即个体自以为非本质的、假象的东西却在个体对它的普遍的否定活动中实现出来,它恰成为个体所追求的普遍的本质,它通过对个体的否定之否定活动而颠倒为一个普遍的本质。由此看到,普遍的东西作为个体自我自在的本质,不会主动地退出现实世界这个大舞台,它总是从背后袭击个体自我的狂妄自大,并将其颠覆。但是,对于个体心灵来说,第二个颠倒只是自在的,它虽然感到了逆转,但它又不愿承认这种逆转,不愿承认它被它所创造的世界抛弃。

可见,行动的自由意识继快乐和必然性之后所呈现的就是这样一个双重矛盾的世界,这个矛盾现在还相持不下,它的进一步展开就是"德行和世界进程"。

在浮士德意识那里,自我意识到它是一个纯粹的个体性,与它对抗的是一个空虚的普遍性;在心的规律那里,对立的双方各自都直接地具有普遍与特殊两种规律;心的规律把潜在的矛盾双方现实地展现出来了,它们就是德行与世界进程,在此,"两个关系者中的每一个则同时是这两个环节的统一和对立,或者说,都是规律与个体性之间的运动,却是两个相反对的运动。"①

德行是心的规律的运动中所颠倒出来的那个普遍的意识,对于它来说,规律是本质的东西,个体是非本质的、有待扬弃的东西,个体必须接受普遍的真与善的束缚和训练,不唯如此,而且只有通过个体的牺牲和舍弃才能达到自我的真正本质。世界进程与此相反,它是心的规律的运动所展现出来的世界秩序和世界进程,对于它来说,没有什么真正圣洁的普遍意识和普遍本质。如果非要说普遍,那么它自身就是普遍,这个普遍不过是一个臆想的普遍,一种个体自我实现的游戏,没有个体自我对快乐和幸福的追求和创造,没有个体自我对功名利禄的追求和创造,那么,所谓的真善美等漂亮的言辞也就荡然无存。

这样,在德行与世界进程之间就展开了激烈的矛盾冲突。首先看德行意识。黑格尔说,德行是一个道德武士,颇像塞万提斯笔下的堂吉诃

---

① 《精神现象学》上卷,第252页。

德,在他眼中,现实世界的一切皆为个人主义的欲望和享乐所充斥,既存的世界秩序崩溃了,古来的美好理想、道德礼仪、行为标准、价值尺度等都为个体自我所颠倒,一切都在腐败和堕落,一切都在崩溃和消亡。面对着这样一个本质颠倒的世界,德行感到重负在身,它的任务就是要将"颠倒了的世界进程重新颠倒过来,并从而显露出它真正的本质"①。

对于德行武士来说,善、普遍还是潜伏于地下的,它或者是在主观信仰中,或者是在远古的回忆中,反正在现实世界它还是不在,现在德行要把它实现出来。但是,德行在它的行为中面临着一个极大的矛盾,这个矛盾可以把它置于死地。德行只是个体自我所颠倒出来的普遍本质,它本身并不能有所作为。它要行动,仍然必需个体性的介入,黑格尔说:"这种普遍的东西为了它自己取得生命,能够运动,就需要个体性原则,并在个体性原则中取得它的现实性。"② 这样,德行就面临着一种困境:它本来是为克服个体之私我,实现普遍之至善这一崇高目的而奋斗的,现在它看到,那普遍的东西不在别处,就在个体之中,它所追求的理想不在别处,就在个体的行动所展现的世界进程之中。由此,德行的理想便成为一种虚假的理想,德行的战斗亦成为一种虚假的战斗,就像那个与风车较量的堂吉诃德,全然不知现实世界是怎么一回事。

关于德行的虚假性,黑格尔说,我们还可以从战斗的武器这方面来考察。德行要进行战斗,它手头上必须有武器,武器也是一种善或普遍,但它的存在形式却是天赋、才能、能力等个别的东西,这些东西自身是被动的,它们既可为德行所用,也可为个体自我所用,因此,德行在与世界进程作战时,发现它的武器也是世界进程的武器,这样,德行的战斗就成为绝妙的自我讽刺,它在战斗中既不能牺牲自己,也不能损伤对方,它战斗是为了保全武器,既要使自己的武器不受损伤,而且还要使敌方的武器也不受损伤。

因此,无论从战斗的目的还是从战斗的武器来看,德行的活动都是一种虚假的活动,一些堂而皇之的言辞和空洞无物的吹嘘,"它们使心

---

① 《精神现象学》上卷,第254页。
② 同上书,第255页。

地高尚,使理性空疏,它们努力建设,但是毫无建树。"① 其原因在于德行只是抽象的普遍,它"当初想舍弃个性而使善成为现实性,但现实性根本不是别的,本身就是个体性"②。

这样,德行与世界进程的战斗以德行的失败结束,"德行于是被世界进程克服了"③。黑格尔认为惟有现实的东西才是真实的东西,世界进程就是这样一个现实的东西,它以个体自我的现实需要为目的,它从事的乃是一些现实的活动,世界和历史便是由这些现实的人和现实的活动所创造的。但是,黑格尔笔锋一转,又认为,世界进程的胜利其实也是一种虚假的胜利,它战胜的不是真正的普遍本质,而只是一些堂皇的议论和虚假的语言,真正的普遍本质不但没有战胜,反而把它现实地实现出来了,正是通过这场战斗,才实现了普遍与个别的统一。黑格尔说:"这个经验同时又表明,通过牺牲个体性以求善的显现这种办法是行不通了;因为个体性正是潜伏着的或普遍的东西的现实化;而颠倒也就不再可以说是对于善的一种颠倒,因为这种颠倒勿宁恰恰是把善从一种单纯的目的转化为现实性;个体性的运动就是普遍的东西的实现。"④

普遍与个别的现实的统一就是"自在自为地实在的个体性"⑤,这样,实践理性就进入另一个形态的自由意识。

3. 狭义的自由意识

自由意识经过玄思和行动,大体上已经达到了对自己的现实的把握,也就是说,对"我即是世界,世界即是我"这一命题达到了较彻底的理解。它意识到,在其现实化的过程中,既不能固执于一己之私的个人利益,也不能沉溺于空洞无物的抽象玄思,既不能骄恃于心灵的狂妄自大,也不能虚依于德行至善的堂皇说教,而应该把自己把握为一个自在自为的个体性,这个个体性是普遍与个别的现实的统一。黑格尔说:"它现在确信它自身即是一切实在,而它的目的与本质则是普遍(天赋

---

① 《精神现象学》上卷,第258页。
② 同上书,第257页。
③ 同上。
④ 同上书,第259页。
⑤ 同上书,第260页。

与才能)与个体性的一种运动着的渗透或统一。"① 这个统一在《精神现象学》中叫"自在自为的个体性",在《精神哲学》中则叫"自由意识"或"自由精神"。这里的自由显然是狭义的自由,特指自我意识经过思维和行动两个环节后所达到的统一的意识。

现在的问题在于:为什么它是一个自由意识呢? 自由的本质规定又是什么呢? 黑格尔认为,自由意识的本质在于它是普遍与个体现实的统一,"自在自为的本质和目的自身就是直接的实在的确定性自身,就是自在存在和自为存在、普遍性和个体性的渗透或统一"②。自在自为的个体性之所以是一个自由的个体性,就在于它既是特殊存在又是普遍本质,既是小我又是大我,既是心灵又是世界。在自由意识之外是虚无,吾心即是宇宙,宇宙即是吾心,一切都包含在自我之内,自我的现实内容就是世界,因此对于自我来说,没有外在的强制,也没有异己的命运,没有背后的袭击,也没有自在的颠覆,它在它的世界是自由自主的。它"不再骛心于他物,而专诚致力于自己。因为个体性自身既然就是现实,那么,个体的活动实质和行动目的就全在行动自身之中"③。自由意识既是一个思维的意识,又是一个行动的意识,既是一个享受的意识,又是一个创造的意识,它既克服了外在的必然性,又克服了心灵自身的疯狂和错乱,它既扬弃了一己的自私自利之心,又扬弃了堂吉诃德式的虚假德行,它自由地创造出一个自由的世界并为之享受,它"在太空之中自由旋转,无拘无束,时而扩大,时而缩小,而以游戏于自我为无上愉快,以只与自身邀游为至高满足"④。

在实践理性那里,自由还是一个理想,自我在它的劳作和创造中寻求自由,还不能说已经获得了自由,在那里,自我意识时直向运动和反向运动即伦理和道德还是分离对立的,自我在它的追求中每每陷入分裂和冲突的境地,总有一个外在的普遍必然性与它对抗,它在世界中寻求生命、自由和快乐,结果得到的却是死亡、压抑和痛苦。现在,在自由意识这里,情况发生了本质变化,自由不再是理想而是现实的目的,普遍

---

① 《精神现象学》上卷,第260页。
② 同上书,第261页。
③ 同上。
④ 同上书,第262页。

不再是异己的力量而是自己内在的本质,享受不再是转瞬即逝的云烟而是贯穿自我活动全过程的欢乐。因此,黑格尔说,自由意识"只是一种使没被看见的东西变成被看见的东西的纯粹的翻译形式,而它所揭露出来和显示出来的内容,也不是别的,只是这个行动在其自身中潜在地本有的东西"①。

但是,自由意识并不是纯然的和谐与宁静,它也是一种行动,有所行必有所失,运动又使它展现出一系列矛盾,演变出一系列冲突。这些矛盾冲突的根源在于个体性与事情自身的分离,由此产生了精神动物的王国和欺骗,以及双重的颠倒。与实践理性不同的是,自由意识的矛盾运动不是在自身以外,而是在自身之内展开的。

自由意识作为自在自为的个体性,它自身即包含着个别与普遍两个环节,开始它们是直接统一的,但随着自由意识的运动,则"出现了原始本性的差别"。② 其中的第一个环节是个体性环节,首先表现为才能、能力等品质,个体性要获得自由,必须行动,行动是一个中项,由它产生出第二个环节,即作为事业或业绩的普遍性,黑格尔叫做"事情自身"。事情自身是概念的普遍本质,它是真正的事业,真正的主词,但是在起点上,它却表现为宾词,个体性反成为主词,个体性认为事情自身只是出自它特殊目的的产品,这样,个体性与事情自身互不相让,于是产生了精神动物的王国和相互欺骗。

首先,在自由意识的起点上,个体性表现为一个诚实意识,诚实意识乃是一种理想主义,它以普遍的事情自身为其真理。由于事情自身是一个普遍的本质,它存在于事情的全过程,所以自我意识的每个环节,哪怕是最微小琐屑的环节,也都是普遍本质的一种规定,因此,诚实的意识无处不在,无时不在,但是,由于事情自身展现为诸多的个体,每个个体都自以为它们所从事的事业是最最普遍的事业,哪怕是鸡零狗碎的小事,也以为是为了什么伟大的理想,促进了一番什么宏大的业绩,其实,他们所说的纯属子虚乌有。黑格尔说,由这些诸多个体所构成的世界就是一个精神动物的王国,"在个体性与个体性之间就出现了一种互相欺

---

① 《精神现象学》上卷,第262页。
② 同上书,第266页。

骗的游戏,每个个体性都自欺也欺人,都欺骗别人也受人欺骗"①。

先看第一个欺骗:自欺。个体意识首先是一种诚实意识,它自以为它的每一个行为都是出于普遍的愿望,都是为了客观的事情自身。其实,这是一种自欺,它骨子里还是一个自私自利之心,不要听它口头上说些什么堂皇的言词,如至善、至美、至真什么的,其实,它的每一个所作所为都是出自个别的、特殊的意愿,都是为了自己特殊的目的。再看第二个欺骗:欺人。个体性在它的行动中发现了自己的欺骗,但它不愿承认,而假装积极,骗取别人的信任和赞美,硬要别人承认它是一个伟大的利他主义者。因此可以说,精神动物的王国就是这样一个自欺而又欺人的王国。但是,黑格尔指出,如果从更高的角度看,无论是自欺还是欺人的个体性都是一个更本质的东西的受骗者,个体自以为它是自作聪明,其实,它是别人手中的一颗骰子,自我意识的运动使原来的情况发生了本质的颠倒,个体性从主词的地位下降为宾词,而事情自身上升为主词,这样,个体性就不必搞什么欺骗了,因为它只是谓词,它的每一个行动都是事情自身的一个规定,事情自身从实体提高为主体,它无处不在,无时不在,正像庄子所云:道既存于日月天地,又存于蝼蚁瓦甓。

经过自由意识的内在运动,情况发生了本质的逆转,"意识经验到的意义都不同于当初所设想的和自以为真的那种意义"②。原来作为主词的个体性下降为宾词,而原来作为宾词的事情自身则上升为主词。事情自身上升为主词,也就是从实体上升为主体,从自在上升为自为,它是"一切本质的本质,是精神的本质",③ 它贯穿在个别自我的一切活动和作品之中,并且扬弃了个体性的抽象性和相互欺骗,扬弃了自己作为宾词时的软弱无力,而一变成为能动的、生命的主体,一个具体的、现实的自由意识。事情自身从宾词变为主词,从实体变为主体,这不但在自由意识一节中具有重要意义,而且在整部《精神现象学》,在自我意识发展的总过程中也具有重要意义,通过它,主观精神也就转入客观精神,个体自我也就转入普遍自我,个体意识也就转入社会意识,理性也就转入

---

① 《精神现象学》上卷,第276页。
② 同上书,第278页。
③ 同上。

精神。

4. 绝对自由和恐怖

通过自由意识,自我意识就进展到客观精神阶段。客观精神是《精神现象学》的中心内容,展现的是一个现实的人类社会和人类历史。在自我意识的直向和反向双重运动那里,它们都还是抽象的、主观的,只有进入客观精神,现实的伦理世界和道德世界对于人来说才是真实的。客观精神也是一个历史发展过程,在其中个体与群体、个人与社会、自我意识与现实生活发生矛盾、分裂、冲突、搏斗,由此形成了一个严峻雄壮、丰富多彩的人类生活画面。绝对自由是客观精神的中心内容,是现实理论世界和道德世界内在矛盾的集中体现和总的爆发,是现实的人类世界的自由意识,从题材上看,它取自法国大革命,黑格尔虽然没有明确说明绝对自由即是法国大革命的自我意识,但从《精神现象学》以及《历史哲学》的内容上看,两者无疑是统一的,绝对自由即是法国大革命的精神实质。

为什么法国大革命成为《精神现象学》自由意识发展的重要一环呢?绝对自由的本质是什么呢?它的内在矛盾及其演变又是怎样的呢?

《精神现象学》是一部人类的自由史,黑格尔认为,人类之所以具有超越自然的价值意义,即在于它有一个自由的、理性的本质。在主奴意识为自由奠定了坚实的基础之后,人类也就展开了它的追求自由、实现自由的历史。人类不是一下子就把它的自由本质实现和创造出来,而是经过了一个艰难的历程。在主观精神阶段,人类对自由的寻求和创造还是抽象的,无论是纯粹的玄思还是纯粹的行动,乃至狭义的自由意识,都还是脱离人类历史和人类社会的主观自由,只有在客观精神阶段,在伦理世界、教化世界和道德世界,自由才展现出它的现实的本质。在希腊伦理社会,自由只是一个民族共同体的自由,个体意识还未觉醒;在教化世界,个体意识业已觉醒,意识到它的本质即是自由,但这个自由的本质对于它还是不存在的,现实存在的只是一个异化世界,在那里,个体不但不自由,而且处处被摧残、被压迫、被奴役,因此,个体意识必然要奋起反抗,重新寻找和创造它的现实自由。在《精神现象学》,个体自我的反抗首先以启蒙的形式出现,经过启蒙运动,人类更加自觉了它的自由本质，更加强化了它的世俗利益，更加高扬了它的现实权利，它要把它的自由理想现实地实现出来，这场政治和精神的双重革命，就是法国大革命，就是绝对自由的自我意识。

法国大革命是启蒙运动的进一步发展，是封建主义生产关系内在矛盾的总的爆发，是资产阶级正式登上历史舞台的标志。法国大革命继承了启蒙运动的传统，把自由、平等、博爱作为旗帜，反对一切对人的政治的、经济的、精神的压迫和奴役，通过现实的革命，打破了旧的封建秩序，摧毁了基督教的谎言和迷信，把平等、自由、人权等理想和观念实现于世，这无疑是一场伟大的变革，一次辉煌的日出。当时的欧洲，资产阶级虽然日益强大，但封建统治仍没有彻底败北，特别是在经济和政治都比较落后的德国，法国大革命像一声春雷震撼了它的心灵。德国的资产阶级热情地欢迎法国大革命，黑格尔也像他的同代人一样，为法国革命的自由精神欢呼，可以说，法国革命的自由精神像血液一样流进了德国的心灵，而后的整个德国古典哲学都是在这一精神的滋养下长大的，黑格尔的哲学也不例外，《精神现象学》也不例外。黑格尔所以把法国大革命的精神纳入自由意识的发展过程，并作为极其重要的一个形态，其原因正在于此，它既是时代精神的展现，又是黑格尔自身精神的展现。

黑格尔虽然视自由为哲学的根本，视法国大革命为灿烂的日出，但是，作为一个哲学家，特别是在法国大革命之后重新思索这段历史，他还是看出了法国革命的片面性和随之而来的内在矛盾，他感到法国革命虽然无疑地奠定了现代社会的基础，但它并没有从根本上解决现代社会的矛盾，从根本上实现真正的自由。因此，黑格尔把法国革命称为绝对自由，它直接孕育着它的对立面——不自由，或恐怖。

关于绝对自由的产生，黑格尔认为，教化世界是一个现实和信仰双重分化和异化的世界，现实社会的内在矛盾在分裂意识那里得到了集中的体现。通过分裂意识，自我退回到一个信仰的彼岸王国，这个王国也是一个分裂和异化的世界，纯粹识见与神学迷信展开了尖锐的冲突，最后经过启蒙意识，自我才获得自为的真理性。现在，自我意识从其真理性上看，就是这样一个人神、人我合一的统一性，一个此岸与彼岸的统一性，自我意识不能仅仅把它的本质搁置于彼岸，它必须把它现实地实现出来,"于是出现了现实方面的实际变革,出现了新的意识形态、绝对自由"①。

绝对自由是教化世界的自由意识,它虽然以对现实世界的占有和改造为根本目的,但它与教化世界起点上的高贵意识和卑贱意识、诚实意识和分裂意识有着原则的区别。绝对自由不同于仅仅对现实世界的语言上的占有,它直接付诸现实的行动,在积极的行动中,它既克服了高贵意识、诚实意识的阿谀奉承和盲目轻信,也克服了卑贱意识、分裂意识的自暴自弃和讽刺挖苦,它是一场白刃相接、激烈雄壮的政治革命。对黑格尔来说,这个革命就是法国大革命,通过黑格尔哲学的晦涩深奥,我们可以领略到法国革命的急风骤雨。

黑格尔进一步认为,绝对自由之所以是绝对自由,在于它与绝对意志有着一种必然联系。自由不再是主观的言辞,而是一种行动的意志,意志在这里具有绝对的意义,以前的自由意识,无论是玄思的意识还是行动的意识,乃至自在自为的个体性,都没有上升到自由意志的高度。意志不是感官的欲望、冲动、任性等,而是与理性相统一的意在必行的普遍力量。黑格尔在《历史哲学》中明确地指出了自由与意志的这种关系,他说:"感觉,感官性、冲动也是内在生活用来实现它自己的方式,但……它们是意志的不稳定的内容。至于公平和道德是……普遍的意志。……只有当意志不欲望任何别的,……而只欲望它自己时,……意志才是自由的。绝对的意志,就是欲望成为自由的意志。自己欲望自己的意志,乃是一切权利和义务的基础。"② 法国大革命的自由意识就是这样一个普遍的意志,"对它而言,世界纯然是它的意志,而它的意志就是普遍的意志"③。

有意志必然有其行动,革命的自我必然要把它的自由实现出来,因此,绝对自由作为普遍意志和普遍行动,就登上了历史舞台,成为现实的否定者和历史的创造者。在绝对意志面前,现实世界的一切内容均无法与之抗衡,一切阶级差别,一切社会分工,一切虚伪的团体组织,一切

---

① 《精神现象学》下卷,第114页。
② 同上书,第115页。
③ 同上。

陈腐的神学说教均遭否定和批判,一切固有的政治关系、经济关系和社会关系均被打破和抛弃,这是一场彻底的革命,它把自我从各种各样的压迫和束缚下解放出来,赋予它绝对的自由和绝对的权利,对革命者来说,"它的目的就是普遍的目的,它的语言就是普遍的法律,它的事业就是普遍的事业"[①]。

在本书的第一节"自由意识概论"中,我曾分析了自由的本体论、现象学和历史学的意义,指出了它所具有的理性、个体性和历史性三个环节,现在,自由的本质、意义和环节都在法国革命的绝对自由中得到最深刻、最强烈和最具体的展现,法国革命的自由意识是《精神现象学》自由意识发展史上最重要的一个形态。首先,法国革命把理性视为最根本的东西,与启蒙运动一样,它认为世界中的一切事物都要以理性为标准,理性是评判真假、善恶、是非的尺度,理性不但要求认知,而且它直接就是意志,它必须付诸于行,在现实世界实现它的本质。第二,法国革命打破了一切社会秩序和陈规琐矩,个体自我获得了绝对的意义,个别的意志就是普遍的意志,个别的行动就是普遍的行动,在那里,个别与普遍是直接统一的。第三,法国革命是人类发展史上的一次伟大革命,它具有重要的历史意义。在此之前,人类经历了几次大的转折,第一次是经过主奴意识的运动,人类超越自然的诞生,第二次是在玄思意识,特别是在苦恼意识之中的人类本质的觉醒,第三次是在理性的创造活动,特别是在自由意识中,人类作为事情自身开始转向主体,第四次是启蒙运动,以及它的先驱分裂意识对现实异化世界和宗教迷信的批判,第五次便是法国大革命的自由意识,在那里,人成为现实的能动的主体,成为历史的创造者。黑格尔认为,人在现实世界所能做的一切事情莫出其右,法国革命是人类社会内在矛盾的总爆发和总的实现,是人类历史的现实的完成,是近代社会的基础,通过它,人类精神转向道德、艺术和宗教,转向一个纯粹的精神王国。

我们知道,黑格尔从早年时代起就对社会政治问题感兴趣,伦理生活和伦理精神一直是他哲学的中心,寻求一个和谐完善的社会一直是他的理想。但是,黑格尔从一开始就意识到他的理想已是昨日的王国,美

---

① 转引自《精神现象学》下卷,第116页。

好的希腊社会已成为过去,近代社会从其开始就注定了它内在的永恒的矛盾,法国革命固然是对这个陈旧社会的一场革命,但它并没有真正从现实上解决这一矛盾,它的自由原则具有内在的危险,它直接孕育着它的自我颠覆。

绝对自由自身直接就具有普遍和特殊二重规定,在它的对外革命中,两者是和解相安、联手御敌的,个别的意志就是普遍的意志,个别的行动就是普遍的行动。但是,一旦革命获得胜利,内在的矛盾就日益激化和尖锐起来,革命于是成为普遍与个别内在分裂并将其集于一身的否定运动,"这种运动,乃是具有普遍性形式的意识与私人的意识之间的一种交互作用;普遍的意志集结于自身,成为一个与普遍的法律和事业相对立的个别的意志"①。绝对自由的这种内在逻辑与自大狂意识是一致的,在自大狂意识那里也直接具有普遍与特殊二重规定,它既是普遍又是个别,而且它还未能达到现实的统一,只是一种强行的统一,一种欺骗,于是,在其将心置于现实的活动中,它直接导致了精神的内在颠倒和疯狂。法国革命与其相似,它在现实的革命中亦没有什么积极的建树,"它所能做的只是否定性行动;它只是制造毁灭的狂暴"②。这种否定的狂暴就是恐怖,恐怖是自由的颠覆,但它并不是外在于自由的,而直接就是自由的内在规定,是它的必然结局。

绝对自由开始把自己表现为普遍意志,在他看来,个别意志就是普遍意志,但是,绝对自由的展开使情况发生了根本的变化。首先,从个体自我这方面看,在追求自由的斗争中,它自以为它所从事的不是个别的私事,而是普遍的事业,但是,这个普遍事业其实从来没有真正实现过,所实现的永远只是些个别的意志和个别的事情。普遍的自由从来就没有真正出现过,"那惟一还能为自由所意识到的对象,乃是现实自我意识本身的自由和个别性"③,因此,"普遍的自由所能做的惟一事业和行动就是死亡,而且是一种没有任何内含、没有任何实质的死亡"。④ 既然没有什么普遍性的东西,那么所谓的革命的政府也就"不是什么别

---

① 《精神现象学》下卷,第 117 页。
② 同上书,第 118—119 页。
③ 同上书,第 119 页。
④ 同上书,第 118 页。

的,只不过是一个自己确立自己的点,或普遍意志的个体性"①。也就是说,它充其量不过是些派别或团体,所代表的永远只是些个别的利益和个别的意图。因此,这一结果便与绝对自由的目的或原则截然相反,而个体也不满意或不需要什么代表,它直接就想要成为普遍的意志,加入普遍的事业,它认为"在哪里有代表,它就不在哪里"②。

再从普遍性这方面看,虽然普遍性骨子里仍是些个别的东西,但是,它并不愿意承认这一点,或公开这一点,它自以为它就是真正的普遍意志和普遍自由。这样,就陷入一种矛盾,它感到总有一些不安分的个体性与它相对,随时想颠覆它、否定它,它现在所要做的就是消灭和消除这些个别意志和个体自由,使其从属于普遍的事业和普遍的自由;但是,普遍性其实是在自欺欺人,它本质上也是一个个体性,这样,绝对自由的斗争就变成了一场派别和派别之间、个人与个人之间的毫无原则的拼杀和搏斗,于是,自由的对立面——恐怖产生了,黑格尔说:"死亡的恐怖是绝对自由的这种否定性本质的直观。"③

法国革命的自由意识在死亡的恐怖面前有两种选择、两条道路,或者各个个体重新回到过去的旧秩序、旧关系和旧组织中去,重新退回于原先的伦理、教化世界,开始其旧的生活。其实,黑格尔说,绝对的自我意识一旦觉醒,它就不可能再回去了,它面前只有一条道路,绝对自由既然在教化世界达到了它的现实性的顶点,那么,现实世界的政治、经济等关系就不可能再产生新的现实内容去克服内在的矛盾,使其达到新的现实的统一。现实世界必须超越、扬弃自己的现实性,进入一个精神的王国,正像主奴意识的内在矛盾导致了玄思意识,教化世界的内在矛盾导致了信仰王国一样,绝对自由的内在矛盾也导致了一个精神王国,这个精神王国就是道德意识,在这个王国中,自由的主体性才真正地觉醒,从而创造出一个新的精神世界。

道德世界也是一个自由意识的形态,可以说,整部《精神现象学》自我意识的每个形态都是自由意识的形态,但是,由于这一章所分析的自

---

① 《精神现象学》下卷,第119页。
② 同上书,第118页。
③ 同上书,第120页。

由意识是作为典型的个例而被研究的,道德世界和绝对精神虽然把自由作为贯穿始终的主脉,但毕竟它们还有自己独特的内容和展现方式。(关于它们的具体内容及其意义,将在第六章"道德世界和绝对精神"中专门讨论。)

总之,自由意识经过主观精神和客观精神两个阶段,它的本质及其内在矛盾都得到了现实的展现,黑格尔认为,只有在绝对精神,在宗教和哲学的王国里,自由的内在矛盾才能得到彻底的解决,真正的绝对自由才能成为现实。但是,黑格尔又多次强调,所谓的绝对精神并不是一个遥远的彼岸世界,它就是现实世界,就是走向无限的历史运动过程,因此,自由意识的历史展开,也就是无限生命的展开,也就是绝对精神的展开。

第四章 心灵世界

一、心路历程:《浮士德》和《精神现象学》

精神世界也是一心灵世界,生命世界也是一心灵世界,在《精神现象学》中,自我意识经历了人类社会和人类心灵双重的历史进程,它既是一部社会发展史,又是一部心灵发展史。在那里,心灵与现实、自我与社会是对立统一的,心灵、自我发展到哪里,现实、社会也就发展到哪里,反过来亦然,从个体心灵发展到普遍心灵,从小我成长为大我,从小世界进入大世界,自我意识就是这样一步步克服和扬弃它的有限性,寻求和创造着它的无限本质。黑格尔多次指出,精神的生活也就是精神克服它的有限性而实现它的无限性的生活,"人类在作为自己看待时是有限的,但是当他在自己本身中,却是上帝的形象和无限性的源泉。他是他自己本身的目的——他自己有一种无限的价值、一种永恒的使命"[①]。"心灵认识到它的有限性,这本身就是对它自己的否定,因此就获得它自己的无限性。有限心灵的这种真实就是无限心灵。"[②] 因此,我们看到,有限与无限是人性的一个基本矛盾,人类要获取无限的价值,就必须否定、寻求和创造,而这就展现为一个过程,这个过程的一个本质方面即是心路历路,《精神现象学》自我意识的历史首先即是心灵的历史。

心路历程是西方文化的一个基本特征,在心灵的历史中去寻求无限的本质,这是西方人通达自我解放的一个基本手段。西方文化从基督教才真正开始寻找和创造一个无限的本质——神、上帝,并把它展现为一个精神和心灵的历史。在此之前,希腊精神如同地中海岸明媚的春光那样透明清澈,固然希腊人认为现实世界之外还有一个神灵世界,但那个世界并不是人类居住的,只是宙斯、神灵、天使和鬼怪居住的。人在希

[①] 黑格尔:《历史哲学》,第378—379页。
[②] 黑格尔:《美学》第1卷,第119页。

腊文化中没有获得绝对的意义，在他们看来，人就是人，介于自然物和天使之间，既不能成为神，也没有成为神的渴望，他们心目中的人的典范就是英雄，像阿喀琉斯和奥德赛那样的英雄。因此，希腊文化关于人的本质展现是在现实世界进行的，在那里，人的理想就是美的理想，即感性与理性形象地统一了的优美个性；人的精神就是英雄的精神，即在战场上英勇拼杀的民族武士的气概；人的历史像荷马史诗所描写的那样就是英雄的战争史和漫游史。在希腊文化那里，神灵世界是美丽多姿的，人类世界是威武雄壮的。当然，这里并不是说希腊文化没有人的自我意识，像德尔斐神庙的铭言和苏格拉底、柏拉图哲学所展示的对人生、人性的探索，以及希腊悲剧和喜剧所带来的个体意识的觉醒，都表明希腊文化在它的发展中已经意识到了它的内在矛盾，意识到了一个新的时代和新的精神。但是，从希腊文化的大势来说，它确实还没有达到人的绝对的自我意识，还没有意识到人就是神，就是无限，还没有展现出一个从有限趋向无限的精神史诗。尽管如此，应该看到荷马史诗的历史主义倾向和柏拉图人神之际的理念哲学对西方文化的极其深远的影响，它是西方文化的一个重要源流。

基督教的产生和传播，是西方文化史上的一次大转变。基督教精神是人的自我意识的真正觉醒，它第一次揭示了人的无限神性。在基督教那里，人不再是有限的存在，他潜在地就是神，就是上帝，人是无限的，这是基督教的基本原则。但是，基督教的这一原则却是以颠倒的形式说出来的，人虽然具有神性，但那是在彼岸世界，现实世界的人则不但是有限的、个别的，而且是有罪的、丑恶的。彼岸世界和此岸世界、无限神性和有限人性（或兽性）、上帝与魔鬼在基督教里针锋相对、水火不容。人类从诞生那天起，就处于这两种势力的矛盾冲突之中，人类要获得自由，实现自己的无限本质，他就必须寻求和创造、冲突和搏战，一部《圣经》从根本上讲就是一部人类寻找上帝、寻找那个业已丢失了的幸福家园的精神的历史、心灵的历史。所谓上帝，并不是外在的神，其实就是人类自身的无限本质；所谓寻找，也并不是去寻找什么身外的东西，其实就是创造，就是搏战；因为人并不是天生下来就圣洁无瑕、纯若天使的，他总是不时地为欲望和贪念，为邪恶和残暴所蛊惑和引诱，人一半是天使，一半是魔鬼，趋向天国的心路历程也是人与自身魔鬼搏战的历程,这一历程既充满了痛苦和灾难,也充满了欢乐和幸福。因此,我们也就可以看出《圣经》与《荷马史诗》的本质区别,后者充其量只是一部民族史和英雄史,而前者则是人类自身的历史,是人类从俗世上升到天国的心灵历程。

基督教精神对西方文化产生了决定性的影响,无论是文艺复兴运动对希腊文化的无限缅怀,还是启蒙运动对基督教腐败堕落的严厉批判,尽管近代文化的每一次进步和发展都是与基督教的一次决裂和对它的一次批判,但基督教这一寻求人类无限本质的精神一直没有被遗忘和丢弃,因为人的自我意识一旦觉醒,就不会再死去,人既然意识到他的无限本质,他就必须一次次把它寻找和实现出来。尽管基督教的异化形式被抛弃了,尽管彼岸世界的绝对性由此岸世界所代替,但是,基督教所揭示出来的人类的无限神性并没有被丢弃,人类寻找和创造无限本质的心路历程也没有被取消。《圣经》的这一精神一直在西方文化的血脉中流动不已,从但丁的《神曲》、班扬的《天路历程》,直至歌德的《浮士德》、黑格尔的《精神现象学》,人类寻找其无限本质的主题一直是一个永恒的主题。

在但丁和班扬那里,寻找本质这一主题已经超出了纯粹的基督教教义,而具有了一定的近代人文主义意义,人开始成为主体,上帝逐渐被置于幕后。但是,他们仍有几个缺点:第一,虽然寻找的历程和磨难具有了日益重要的地位和意义,但是,他们心目中的理想还是一个纯粹超越的彼岸王国,那里最终是排斥人的世俗生活和感性权利的;第二,他们所展示的心灵仍然是抽象主观的个体心灵,这个心灵和它的历程脱离社会,脱离历史,它寻求的只是个人的精神完善,它从事的只是个人的苦修苦练。因此可以说,但丁和班扬所展示的心路历程还是一个抽象寂寞的心路历程,这一特征与近代资本主义的早期萌芽状况相适应。

随着资本主义在欧洲的发展和法国革命的胜利,时代精神已经发生了本质的变化,它呼唤着一个新精神的诞生,这个精神就是努力开拓、奋发有为、昂然向上的资本主义精神。资本主义精神是时代精神的精华,它继承了西方文化中的那个寻找无限本质的传统,特别是基督教精神中的那个对无限神性的渴求,但是一改基督教的软弱无力和超然渺茫,它就在现实世界创造出一个永恒的幸福王国,就在此岸生活实现出人的无限本质。资本主义精神在启蒙运动那里已经获得了现实的形式，但它还缺乏强有力的无限性，还未达到内在矛盾的辩证统一，在19世纪的德国文化中，资本主义精神才得到了最集中、最强烈、最本质和最现实的展现，特别是在歌德的《浮士德》，贝多芬的第三、五、九交响曲和黑格尔的《精神现象学》等作品中，资本主义的大人类精神达到了前无古人、后无来者的高峰，这些作品所呈现的心路历程是资产阶级的《荷马史诗》和《圣经》，所焕发的精神构成了西方文化的主导精神。下面仅从心路历程的角度对《浮士德》和《精神现象学》作一比较分析。

卢卡奇指出："从历史上看，黑格尔那个时代里只有歌德一人可以跟他列于同一个层次。在《精神现象学》的准备时期文稿中，我们发现有长篇大论的论述歌德《浮士德》的文章，实在不是偶然的事情，因为这两部著作表现了一个类似的目的，那就是试图对到达了当时那个阶段的诸发展环节作一全面的理解，并将它们的内在运动，它们的自身规律性表述出来。普希金把《浮士德》称之为一篇'现代生活的赞美诗'，意义是很深长的；而谢林曾把他自己的精神哲学命名为一篇精神还乡记行，一篇《精神浪游归记》，其实这个意味深长的名称，倒不如说用之于《现象学》比用之于谢林的任何著作都更为合适。"[①] 卢卡奇又说："歌德在构思他的《威廉·麦斯特》或《浮士德》时所走的道路，就其伟大的历史意义来说，正就是黑格尔的《现象学》里的精神所通过的那同一条道路。"[②]

首先，《浮士德》和《精神现象学》所呈现的第一个共同的本质特征就是，它们都把自身对无限本质的寻求和创造展现为一个精神的历程、一部人生和社会的戏剧。布洛赫说："显然，这部著作(指《精神现象学》——引者)类似于歌德的《浮士德》，那部诗剧也像《现象学》一样多次汲取同一个精神源泉之乳。两者都是资产阶级首次登上世界历史舞台之时的市民意识——即创造力的振兴——的反映。两者都把人展现为世界的主导者和趋向成熟的前进者。浮士德是躁动不安的、永不满足的主体，他试图经历上苍所赋予他的一切的人类本质，在狭小的舞台上，关于他的描述展现为人类所创造出来的整个历程，为了达到无限

---

① 卢卡奇：《青年黑格尔》(节译本)，1963年商务印书馆，第142页。
② 同上书，第144页。

性,浮士德走出书斋,具体地经历着人生的每一个有限性,他的目的就是要在自身永无限定的躁动中寻求那绝对的满足。"①

《精神现象学》中的自我意识与浮士德一样,都不满足于有限的存在,都追求无限的本质,但是,由于时代精神使然,他们毕竟不是中世纪的僧侣,而是资产阶级的斗士。《浮士德》一开篇就将"泰初有道"改为"泰初有为",为就是作为,就是创造,就是行动;歌德的这一思想与黑格尔完全一致,黑格尔的精神也是一个能动的创造精神,一个不断否定的精神,他说:"单单为了要使自己的潜在性成为现实性,意识就必须行动,或者说,行动正是作为意识的精神的生成过程。"② 作为或行动就是否定,就是搏斗,因为自我意识不会平静地寻找到它的无限性,它必须经历一番艰难的历程,尝遍人间所有的苦辛,它必须不懈地与自身和对象进行双重的搏战,必须有勇气承担苦难和牺牲,因此,它是一部悲剧,一部人类的解放史。

精神由静变动,由冥思改为创造,由苦恼的基督徒一变为勇猛的斗士,这是近代精神的基本特征。从书斋里走出来的浮士德,心中充满了奋斗的激情和创造的渴望,他像《精神现象学》的自我意识,要经历人世的一切沧桑巨变,体尝心灵的一切酸甜苦辛,他唱到:

> 我要跳身进时代的奔波,
> 我要跳身进事变的车轮!
> 我要在内在的自我中深深领略,
> 领略尽全人类所赋有的精神,
> 至崇高的,至深远的,我都要了解,
> 要把全人类的苦乐堆积在我寸心,
> 我的小我便扩大成全人类的大我,
> 我便和全人类一样,最后终归消磨。③

自我有一种追求和实现无限本质的渴望,并由此展现出一个精神或心灵的历程,这是《浮士德》和《精神现象学》的基本特征。此外,应该看

---

① 恩斯特·布洛赫:《主体—客体》,1952年柏林版,第69页。
② 《精神现象学》上卷,第265页。
③ 歌德:《浮士德》第一部,郭沫若译,第84页。

到这两部著作中还有一个更为根本的特征,它有别于基督教和早期资产阶级的意识状况,构成了19世纪德国文化精神的精华。这个特征就是心路历程与人类历史和人类现实的统一,无论《浮士德》还是《精神现象学》,在那里,自我对其无限本质的追求都不脱离人类社会和人类历史,社会和历史是自我实现其本质的真正舞台,是人类生活于其中的现实王国。因此,歌德和黑格尔所展现的心路历程既不是虚无缥渺的彼岸世界或太虚幻境,像《圣经》中所描写的千岁王国,或但丁笔下的九重天庭,也不是孤独苦寂的内心忏悔和自我完善,像教堂中忏悔的信仰者或班扬笔下的"基督徒",相反,它就是现实的人类历史和人类社会,就是现实的资本主义世界和资本主义生活。因此,心路历程与人类历史是同步前进、辩证统一的,心灵就是世界,世界就是心灵,人类社会发展到哪里,人类心灵也就经历到哪里,同样,人类心灵经历到哪里,人类社会也就发展到哪里。

对此,卢卡奇分析道:"歌德的《浮士德》和黑格尔的《精神现象学》作为德国古典时期的伟大艺术成就和思想成就,两者是紧密相连、息息相关的。"① 因为它们都不是单纯的诗歌作品和抽象的哲学思维,而是包含着整个时代和人类的全部生活,是一部"人类的悲剧"和一部人类意识的发展史。"无须扬弃英雄的个体性、他的历史的和人类的具体内容,无须消除趋向思想的普遍性道路上的一些个别阶段,浮士德从他的受难到他的解救所经历的奥德赛历程,即是人类自身发展的一个缩影。"② 关于《浮士德》所具有的人类社会和人类历史的普遍意义,歌德自己也是明确地意识到并引以为自豪的,他说:"这部悲剧,如果完满地展现出来,那么,整个世界历史的精神也就被描述出来了;它将是人类生活(包括它的过去、现在和将来)的一个真正的图像。在《浮士德》那里,人类被理想化;而浮士德则是人类的代言人。"③ 同样,黑格尔的《精神现象学》也是一部人类历史发展的缩影,它包含着人类的全部生活和其内在的精神,对此,恩格斯指出:"精神现象学……是对个人意识各个

---

① 卢卡奇:《歌德及其时代》,柏林1953年版,第187页。
② 同上书,第186页。
③ 同上书,第183页。

发展阶段上的阐述,这些阶段可以看作人类意识在历史上所经过的各个阶段的缩影"①。总之,《浮士德》和《精神现象学》都不是单纯的艺术作品和思想作品,而是以现实的人类历史和人类社会为基础、内容和本质规定,展现人类精神和人类命运的普遍历程,"这一历程依照马克思的观点,只有当'人类实际上把自己的类的力量全部发挥出来'时,才是可能的"。②

具体地说,在《浮士德》和《精神现象学》中,自我寻求其无限本质的心路历程又分为两个层次:小我和大我或者小世界和大世界。《浮士德》第一部和《精神现象学》主观精神所展现的世界就是小世界或者说个体自我的世界;《浮士德》第二部和《精神现象学》客观精神和绝对精神所展现的世界则是大世界或者说普遍自我的世界。

小世界中的自我意识还是抽象个别的自我意识,它或者陶醉于缥渺的玄思,或者沉溺于感官的享受。关于这个世界的历程,歌德是以艺术形象展示出来的。浮士德由于魔鬼的诱惑从书斋中走出来,他首先追求的便是个体自我的感官享受,这个感官世界在《浮士德》中多种多样、丰富多彩,从莱比锡城的奥尔巴赫地下酒店的吃喝玩乐和闹嚷喧嚣,到花园亭阁里与甘泪卿一段梦缠魂绕的爱情;从瓦卜吉司之夜的群魔乱舞,到囚牢里甘泪卿之死所引起的悔恨和自责,浮士德经历了个体自我所能展示的几乎一切心灵的欢乐和痛苦;但是,由于浮士德内心深处对无限的渴求,个体心灵的历程结果以悲剧告终。同样,在《精神现象学》中,黑格尔用哲学的语言描述了个体心灵的这段历程。在那里,自我从生命搏斗开始其无限本质的寻求,继而采取了纯粹玄思的方式,结果不但没能达到真正的无限,反而陷入了分裂的苦恼,于是它一变为行动的自我,企图在对生活的创造和享受中实现无限的满足,结果同样陷入德行和世界进程的矛盾分裂。最后,自我意识到它的真正世界不在孤寂的心灵,而在现实的人类历史和人类社会,自我只有走进大世界,成就一番伟大的事业,才能实现它的无限本质,才能成为普遍的自我。

所谓的大世界就是现实的人类社会和人类历史,就是现实的伦理政

---

① 《马克思恩格斯选集》第4卷,人民出版社1995年版,第219页。
② 卢卡奇:《歌德及其时代》,第187页。并参阅《1844年经济学—哲学手稿》,第116页。

治、法律制度、宗教神学和道德艺术。浮士德和《精神现象学》的自我意识都不满足个体心灵的有限世界,都感到它们的无限生命即在于投身到现实的社会生活之中去成就一番伟大的事业。《浮士德》第二部一开卷,浮士德卧在繁花似锦的草地上,目睹着缤纷的虹彩,领略到自己须向人世寻求更多更高的东西,于是,他走出幽谷,开始对荣誉、权力和财富的追求。浮士德这种对大世界的追求即是一种文化精神,它体现了近代资产阶级积极的社会理想和人生态度,歌德梦想着这种奋发有为的资产阶级精神能够与古希腊优美灿烂的理想结合起来,于是他创造了浮士德与海伦的爱情悲剧,最后,浮士德精神还是在劳动、自由和美的统一性中得到了最后的完成。①

同样,在《精神现象学》中,黑格尔用哲学的语言展示了一个人类历史和人类文化的发展史。自我意识现实地创造着伦理和道德两个世界,伦理世界又具体分化为希腊伦理社会和近代教化社会两个王国,自我要获得无限的生命,它不但要现实地创造这些世界,而且必须重新占有这些世界。在希腊伦理生活中,自我虽然与普遍本质相统一,但那还是一种幸运,因为自我还未真正地觉醒。教化世界虽然是自我觉醒的世界,但它又是一个异化世界,自我创造出来的普遍性成为摧残自我的异己力量,自我要获得无限的本质,就必须现实地展开一场大搏战,在与普遍势力的斗争中夺回它失去了的本质,最后,经过道德世界的中介,自我在绝对精神之中才获得真正的无限性,实现真正的自由。因此,自我在这里所寻求其本质而展现的心路历程不再是抽象的心灵历程,而是现实的心灵历程,是普遍的精神历程,在那里,自我的发展与社会的发展同步并行,心灵的发展与现实的发展同步并行,而且,这里所谓的同步并行并不是漠不相关、各自为营,恰恰相反,它们的前进正是建立在它们的矛盾、冲突和搏斗的基础之上。没有冲突,便没有发展。自我要获得真正的无限本质,精神要赢得真正的无限生命,它就必须把自己展现为一个心路历程;特别是展现为一个人类社会和人类历史的大世界,这是19世纪德国文化精神的一个基本特征,歌德的《浮士德》和黑格尔的《精

---

① 浮士德精神及其悲剧意识是一个深刻而又复杂的问题,对它的详细分析已超出了本章的范围,作者以后将另文专讨。

神现象学》则是集中的体现。心路历程就是人类追求其无限本质所展示的过程,这里又涉及到一个重要的问题,即善恶问题,可以说,哪里有有限与无限的矛盾,哪里就有善恶问题。善恶问题不但在基督教精神的心路历程中具有重要的意义,而且在19世纪的德国文化精神中亦具有重要的意义。

善恶观念是基督教的基本观念,基督徒的心路历程也可以说是惩恶扬善的历程,在那里,魔鬼是最大的恶,上帝是最大的善;而魔鬼和上帝皆在人心中,人一半是魔鬼,一半是上帝,人要实现他的永恒的本质,就必须彻底地摈除心中的恶或魔鬼,全心全意地领略上帝的阳光。因此,在基督教那里,善恶不两立,上帝和魔鬼只能存一,所谓心路历程就是消除魔鬼的历程,就是实现神性的历程。

在《浮士德》和《精神现象学》中,善恶观念和魔鬼与上帝的问题也成为精神或自我发展史上的一个重要问题,但是,由于它们是近代资本主义精神的写照,所以这一问题获得了另外一种本质上的意义。

首先,歌德和黑格尔一改基督教关于善恶观念的机械对立,而揭示出一个善恶观念的辩证观。在基督教那里,人生来有罪,所谓罪恶,即在于人与自然产生了分离,人具有了知识和理性,人能够改造自然世界,从而满足现实的欲望和实现现世的幸福。因此,基督教把善建立在对恶的排斥和否定上,善就是对上帝的爱和对彼岸世界的向往,它要求人克己奉公,爱人如己,崇尚德行,信仰上帝。歌德和黑格尔都不满意基督教关于善恶观念的抽象说教,他们站在资产阶级的立场上,继承了启蒙运动的传统,对善恶观念给予了新的解说。他们认为,人本质上是一种能动的创造精神,一种改造世界和自身的否定力量,一切的科学文化和生活秩序,一切的道德伦常和法律制度,总之,整个人类社会和人类历史,都是由这种能动的力量创造出来的。人类就其自身来说,无所谓善与恶、好与坏、美与丑,因为,善恶、好坏、美丑都是由人创造出来的。例如对于人类情欲的看法,基督教历来都把它视为洪水猛兽而予以彻底摈除,歌德和黑格尔的看法与此相反。他们首先赋予人类情欲以极其重要的意义,贯穿《浮士德》全剧的一条主线就是浮士德对情欲的追求,黑格尔与歌德一样,也认为情欲是历史发展的一个根本动力,他说:

"假如没有热情,世界上一切伟大的事业都不会成功。"① 因此,情欲作为一种能动的创造力量,它自身并不是恶,它既可以创造恶,也可以创造善。

当然,歌德和黑格尔并非是在这里混淆善恶,也不是在为自私自利的个人主义辩护,作为伟大的资产阶级思想家,《浮士德》和《精神现象学》是资产阶级的《圣经》,在那里,对建立在新原则之上的善恶观念的反省是严肃而又深邃的,它们达到了资产阶级自我反省所能达到的最高程度。

歌德和黑格尔首先确立了这样一个原则,即人是无罪的,但人却是有限的,人不满足于他的有限存在,企图寻找和创造一个无限本质。无限性是人的潜在本质,现实存在着的只是有限的人类。人从现实上看是有限的,这就注定了人的所作所为、他的行动和创造难免是片面的,难免走向极端,产生恶果。当人静止不动时,他是一个好人,但这个好人却是一个死人。歌德和黑格尔都认为,人本质上是一种创造的精神,他的创造是一个历史的过程,那么,正像希腊悲剧所指出的,有动作必有过失,有创造必有分裂,因此,命中注定了人是一个有罪的存在,一个恶的创造者。例如关于人与自然的关系问题,当人还未成为人时,他与自然的关系是融洽和谐的,人就是自然,自然就是人,但是,当人主动创造和努力发展时,他与自然的关系便成为对立的,"只要就人作为自然的人,就人的行为作为自然的行为来说,他所有的一切活动,都是他们不应有的"②。人要成为自然的主人,这便是一种分裂,一种恶,特别是当人不尊重自然,盲目地损伤自然、破坏自然时,他便铸成大错,自然最终会惩罚他的,这一点在西方现代工业社会已经得到证实。再如关于人与人的关系,由于人是一个有限的存在,当他为个人的乃至群体的利益而奋斗时,总难免损伤一些别人的利益,牺牲一些无辜的群众。在《浮士德》中,歌德严肃地指出了浮士德精神内在固有的这种致恶源泉,例如,由于浮士德的自私自利所导致的纯洁美丽的少女甘泪卿的死亡,又如浮士德为了满足他"纵目瞭望无边无际"的欲望,竟然导致了两位孤独老

---

① 黑格尔:《历史哲学》,第 62 页。
② 黑格尔:《小逻辑》,第 91 页。

人的死亡。对此,黑格尔分析道:"在这有限的阶段里,各人追求自己的目的,各人根据自身的气质决定自己的行为。当他向着最高峰追求自己的目的,只知自己,只知满足自己的特殊的意识,而离开了共体时,他便陷于罪恶,而这个罪恶即是他的主观性。"① 人是无罪的,但他命中注定又是有罪的,而且是人与自然、人与人双重分裂的双重罪恶。《浮士德》和《精神现象学》的这一套基本观念不是与基督教的原罪观念很一致吗? 不! 它们有本质的区别。在歌德和黑格尔看来,人的罪恶的根子在于他的创造,在于他的奋发有为、努力前行。人不像基督教所说的那样被动地承受着一个外来的原罪,并且被动地由一个外来的上帝所拯救,相反,《浮士德》和《精神现象学》的精神是能动的创造精神,在那里,致恶的是这种精神,致善的也是这种精神,并且人能够在不懈的创造中自我拯救。歌德和黑格尔都不同意把善置于一个彼岸的世界,在他们看来,人类的创造性,人类的现实活动和劳作本身就是最大的善,黑格尔说:"自我就是善与恶的实际体现,……正如恶不是别的,只是精神的特殊自然存在之深入自身,与此相反,善便是进入现实生活,并表现为一个特定存在着的自我意识。"② 因此,在歌德和黑格尔那里,善与恶、善恶与人的创造性是辩证统一的,善就是恶,恶部是善,人类对自身无限性的追求固然导致了一系列的不幸和灾难,但如果没有这种追求和创造,人类社会又怎能发展起来,人类历史又怎能前进呢? 歌德、黑格尔和恩格斯都说过,恶是社会发展的动力,从这一点上说,它又是最大的善。

因此,人追求无限的现实的历程在《浮士德》和《精神现象学》中具有重大的意义,正是在这一过程中,人实现了他的无限本质,无限性不是别的,就是这一现实的历程。同样也正是在这一过程中,人创造出善业与恶举,并在这一过程中,他自我拯救和自我和解,并由此否定了外在的原罪,也否定了上帝救人的观念,他成为他自己行为的主人,歌德唱道:"凡是自强不息者,到头我辈均能得救。"③ 得救,也就是自救,人就

---

① 黑格尔:《小逻辑》,第 92 页。
② 《精神现象学》下卷,第 247 页。
③ 歌德:《浮士德》第二部,第 373 页。

是人类社会和人类历史的创造者,他就是命运,他就是主人,只要他努力奋斗,奋然前行,他的过错终能被谅解,他的痛苦终能被消除。崇尚创造,奋发有为,投身于历史,成就于无限,这就是德国的精神,也是人类的精神。

二、心灵的冲突

《精神现象学》的自我意识展现为一个心路历程,一个心灵世界。心路历程也就是心灵运动的过程,因此,它不是静止不动的,而是运动发展的。但为什么心灵能够运动发展呢?为什么心灵能够把自己展现为一个心灵世界呢?黑格尔认为,关键在于心灵的冲突,没有冲突便没有运动。心灵冲突可谓《精神现象学》最富魅力的一幕。

心灵的本质冲突在西方文化史上具有重要的意义,也是西方文化,特别是19世纪德国文化有别于其他文化类型的一个基本特征。在《圣经》那里,善恶、生死、上帝与魔鬼、俗世与天国等已经呈现了剧烈的矛盾和冲突;在《浮士德》和《精神现象学》中,人类本质的一切内在规定都以冲突和搏斗的形式表现出来,有限与无限、神性与人性、情欲与理性、善与恶、生与死、亲与恨、动与静、知与行等等这一切矛盾和冲突构成了心路历程的具体内容和内在实质。浮士德唱到:

> 有两种精神居住在我们心胸,
> 一个要想同另一个分离!
> 一个沉溺在迷离的爱欲之中,
> 执拗地固执着这个尘世,
> 另一个猛烈地要离去凡尘,
> 向那崇高的灵的境界飞驰。①

《精神现象学》中矛盾冲突着的心灵有多种形式,最基本的有两种:一种是心灵与心灵之间的冲突,具体点说,是诸多个心灵之间或者个体心灵与普遍心灵之间的冲突,如主奴意识中的主人与奴隶的冲突,教化

---

① 歌德:《浮士德》第一部,第54—55页。

世界中的高贵意识与卑贱意识、迷信与启蒙之间的冲突等等,这些冲突虽然激烈、深刻,但毕竟还是两个心灵相互忤存的冲突,它们在冲突中都还保持着自身片面的确定性。另一种冲突是心灵自身的冲突,它是从心灵之间的冲突之中发展出来的,它把心灵分立着的两极集于一身,却还没有一个统一和解的灵魂,因此它不仅不能消融心灵的内在矛盾,反而激化了它们的矛盾,强化了它们的否定倾向,使得冲突变成了心灵自身的搏斗。黑格尔说:"由心灵性的差异而产生的分裂,这才是真正重要的矛盾,因为它起于人所特有的行动。"① 这种冲突才是真正理想的冲突。心灵失去了对自身的确信,它自己怀疑自己,自己否定自己,仿佛被两种截然相反的力量冲击拉扯,不能自持。当它说好时,其实在说坏,当它说坏时,其实在说好,善恶不辨,黑白不分,一切都动荡不定,一切都颠倒错乱,这种心灵冲突是穿透理性的疯狂,是彻底的分裂和苦恼。只有如此,它才真正地揭示了人生的大真实和大虚构、大欢乐和大悲哀。辩证法不仅是一种认知的办法,更是一种灵魂,唯有与心灵的冲突结合起来,它才具有震撼人的力量。

在《精神现象学》中,心灵自身的冲突又以多种自我意识的形态表现出来,例如"意识"阶段的"知性世界的颠倒",已具心灵冲突之端倪。此外,主观精神阶段的苦恼意识和自大狂意识,客观精神阶段的分裂意识和法国大革命的自由意识都是较为典型的形态。苦恼意识和分裂意识相比之下可谓最完整地展现了人类心灵冲突的内容和实质,在这两个意识形态中,黑格尔冶文、史、哲于一炉,容知、情、意于一渊。为了重心集中,下面重点分析这两个形态,以揭示人类心灵冲突的意义。

1. 苦恼意识和分裂意识

苦恼意识和分裂意识是人类心灵冲突的两个最为激荡的形态。它们都包含着难以调和的矛盾与分裂,呈现着剧烈的搏斗与纷争,它们都力图寻找什么而寻找不到,力图说明什么而说明不清,力图实现什么而实现不了,最后带着斑斑血迹死去。苦恼意识和分裂意识虽然都揭示了心灵冲突的本质,但它们的表现方式却不同,甚至说恰恰相反,苦恼意

---

① 黑格尔:《美学》第 1 卷,第 262 页。

识是一种悲剧意识,分裂意识则是一种喜剧意识,一个是哭,一个是笑,但它们所表现的都是同一个英雄的本色,这个英雄就是心灵,就是自我。黑格尔说:"人格的伟大和刚强只有借矛盾对立的伟大和刚强才能衡量出来,心灵从这对立矛盾中挣扎出来,才使自己回到统一;环境的互相冲突愈众多,愈艰巨,矛盾的破坏力愈大,而心灵仍能坚持自己的性格,也就愈显出主体性格的深厚和坚强。"①

从内容上看,苦恼意识和分裂意识都是自由的自我意识,都关注人的本质、命运和意义,但由于所处的精神发展阶段不同,它们的具体内容也有所不同。苦恼意识是主观精神的自我意识,是抽象世界的心灵,它关注的还是上帝与人或者人的依赖与自由等抽象而又永恒的问题;分裂意识是客观精神的自我意识,是教化世界的心灵,它关注的乃是现实的社会政治问题,如个体与群体、人与社会的现实关系等社会人生问题。

苦恼意识是最具悲剧意义的自我意识,也是最具哲学深度的自我意识,它最初以宗教意识的形式表现出来。黑格尔认为,自我意识通过主奴意识在斯多葛主义和怀疑主义那里找到了自由,但这种自由还是缥渺、抽象、空洞的。它对世界采取了漠然无视的高傲态度,其实骨子里仍然矛盾重重,例如思与行、有限与无限、情欲与理性等等。当这些矛盾进一步发展、激化并集结于一身时,就出现了自我意识自身之内的二元化,"这种二元化在精神的概念里是本质的,不过这两方面的统一却还没有达到,——这就是苦恼的意识,苦恼的意识就是那意识到自身是二元的、分裂的、仅仅是矛盾着的东西"。②

苦恼意识是这样一个心灵,它把主奴意识的对立矛盾集于一身,并使之剧烈化;它扬弃了主人与奴隶两个对立面所具有的特殊意义,而呈现出两个大的对立面:主人与奴隶,或上帝与人,或无限与有限。苦恼意识与主奴意识一样,都以历史事实为根据,表面看来,它来自中世纪的基督教意识和十字军东征,是那个特定时代人们所特有的意识和情绪。但实际上,它还有更重要的普遍意义,作为心灵冲突的最为悲壮的

---

① 黑格尔:《美学》第1卷,第227—228页。
② 《精神现象学》上卷,第139—140页。

形态，它是历史上人的第一次觉醒，从此人才真正开始其本质的寻求，开始反省宇宙、文化与人生。所谓苦恼，即是意识到人类本质内在的二元化分裂所产生的痛苦，因此，它具有形而上学的意义。黑格尔在分析雅各·波墨的哲学时曾多次论述过这种本质意义，他说："雅各·波墨把我性（ichheit）把握为苦恼（pein）和痛苦（gual），把握为自然和精神的源泉（guelle）。"① 这里，黑格尔借助于语义学的分析，指出了从痛苦（gual）到源泉（quelle）、到性质（qualität）、到涌流性（quallität）的本质意义。②

苦恼意识有两个对立的环节：动变意识与不变意识。前者是个体意识、有限心灵、此岸意识；后者是普遍意识、无限心灵、彼岸意识。两个意识相互排斥、相互斗争，每一个都视自身为本质的东西而视对方为非本质的东西，都想通过否定对方而肯定自己。"这里于是就出现了一场对敌的斗争，在这场斗争里对敌的胜利毋宁是一种失败，获得一个东西毋宁意味着与它的对方失掉了同一的东西。"③ 为什么这样说呢？因为动变意识与不变意识已经不再是分立着的两个心灵，而是一个心灵的两个本质环节，因此，动变意识与不变意识的搏斗也就不再是两个自我之间的搏斗，而是一个自我自身的搏斗。这样，两个环节的任何一方的胜利都同样是它的失败，反之亦然。苦恼意识或意识的苦恼正是由这种搏斗产生出来的，它不再是一些个别的现象意义上的苦恼，而是形而上的苦恼，是人类寻找自己的无限本质或上帝的苦恼。为什么苦恼呢？因为这种寻找是艰难困苦的，它毋宁是一种搏斗，是心灵自身有限与无限、动变与不变、此岸与彼岸、暂时与永恒、肉体与灵魂的搏斗，而结果却是失望、苦恼、毁灭、死亡，仿佛命中注定了它什么也寻找不到。因此，黑格尔说苦恼或痛苦是一种绝对的否定性，"即自己否定自己的否定者，因而也就是绝对的肯定"。④ 其实，苦恼意识并不是什么也没有寻找到，正是在它的痛苦和失望中，人类的内在本质，一个绝对的无限神性"涌流"（quallität）出来了。

由于动变意识与不变意识冲突的方式不同，苦恼意识又经历了三个

---

① 《精神哲学》，《黑格尔著作二十卷集》第10卷，第293页。
② 参阅《哲学史讲演录》第4卷，第39—40页。
③ 《精神现象学》上卷，第141页。
④ 同上书，第14页。

环节。

首先,当自我寻找普遍本质或上帝时,它从不变意识出发,这个出发点又叫纯粹意识。但由于自我意识在这里还是个体意识,它虽然把纯粹的意识作为出发点,但它寻找的方式受其本性的制约,还不能用概念、思维的方式把握普遍的本质,只能用表象的方式把它看成是一种彼岸的具有感性形象的东西,或曰神或上帝。黑格尔认为这种方式只是纯粹的心情的内在运动,"它是虔敬默祷的默想。它的思维不过是无形象的钟声或一种热熏熏的香烟的缭绕"①。它是纯粹的宗教情绪,是对上帝的无限仰慕与崇敬。但是,这种方式不是和悦愉快的,而是分裂痛苦的,由于把普遍本质设想为一个别的东西,它就成了无法企及的彼岸,黑格尔说:"它在哪里去寻找本质,本质就不能在那里被它找到;因为本质已经被认作彼岸,被认作不能够找到的东西。"② 个体意识满怀崇敬之情去寻找上帝,寻找永恒的归宿,千辛万苦,乃至牺牲,但结果却是失望和痛苦,坟墓和死亡,个体意识由此感到永恒之本质是无法寻找到的,于是,它变了,采取了另外一种方式。

动变意识体验到,不变意识其实就是个别意识,神圣生活其实就是充满情欲的世俗生活,它想通过欲望、劳动、享受来实现普遍的本质。动变意识认为满足了自己的欲望,也就确保了自己的确定性,由此也就确保了自己的普遍性。但是,黑格尔分析道,这种欲望及其满足终究是短暂的、空虚的,自我意识从根本上讲是一个自由的理性意识,它不能永远把自己降低在动物的水准上,它内在的无限理性无时不在呼唤着它。黑格尔认为此时的动变意识仍还是苦恼的、分裂的,它感到劳动、享受等感性生活的渺茫与虚妄,它觉得有两个世界,它沉湎于其中的只是虚幻不实的感性世界,它的暂时满足与其说是自身力量的实现,不如说是另一个世界的恩赐,个别意识是没有独立性的,它依赖于另一个普遍的本质。为了克服这种分裂,自我意识采取了第三种方式,即彻底自我牺牲的方式。

这时,自我意识无论是站在纯粹意识的立场还是站在个别意识的立

---

① 《精神现象学》上卷,第14页。
② 同上书,第114页。

场,都感到内在的分裂和苦恼,都不能寻找到那普遍的本质。为了拯救自己,它意识到只有牺牲自己,只有否定自己,才能克服内在的分裂和痛苦,才能达到一个圣洁的世界,自我意识首先放弃现实生活中所享用的东西,进而放弃内心行动和思考的自由,最后放弃内外的一切个别性的东西,过一种禁欲的苦修苦练的僧侣生活。黑格尔说:"只有通过这种真实的自我牺牲,意识才能保证对它自身的否定和弃绝。"[①] 由于自我意识作出了彻底的牺牲,它才克服了动变意识与不变意识的矛盾,从而进入一个理性王国。

苦恼意识最后在个体意识的牺牲那里结束了它内心的冲突,消除了它的苦恼,实现了与上帝的统一。其实从哲学家的角度看,心灵的冲突远没有真正消解,灵魂的苦恼远没有真正平息,一切都还潜在地运行着,真正的统一"就其积极意义来说,仍然是达不到的彼岸"[②]。

分裂意识是自我意识达到客观精神后所产生的心灵冲突。它以喜剧的形式说出了异化社会最为真实的语言,以荒唐的言行表现了自我意识最为真实的本质。

分裂意识产生于教化世界,而教化世界是一个对象世界、异化世界。在这里,心灵与现实、个体与群体、人与社会产生了激烈的对立和矛盾,自我意识在它所创造的社会现实面前反而失去了自己。但是,自我意识并不甘心于此,它现在力图重新占有那一对象世界,从而实现它的自由本质。为此,自我意识首先采取了一种诚实的态度来判断对象之好坏和善恶,以便取舍。它开始认为国家权力符合它的本质,是善的;财富只满足一时的欲望,是恶的。但进一步的观察使它感到情况大异,国家权力成了摧残个体自我的恶,财富反而实现了个体的独立性。自我意识先前的诚实其实是最大的虚伪,无论是高贵意识还是卑贱意识所说的话其实都是它们的颠倒物。当高贵意识说国家权力是善时,其实它是最大的恶;当卑贱意识说财富是善时,它也是最大的恶,反之亦然;总之,一切都颠倒错乱,一切都自欺欺人。于是分裂意识把前述的矛盾集结于一身,不仅意识到现实世界的一切(无论国家权力还是财富)都与它相敌

---

① 《精神现象学》上卷,第15页。
② 同上书,第153页。

对,而且也意识到自身的欺骗与虚伪,意识到自身的分裂与冲突。

分裂意识无疑是法国大革命前夕社会精神状况的写照,黑格尔在这里借用了狄德罗的小说《拉摩的侄儿》中的小拉摩的形象。小说中,狄德罗在一家咖啡馆邂逅了小拉摩,通过交谈,他发现小拉摩完全处于矛盾分裂的精神状态之中。小拉摩否定一切被社会视为有价值的东西,那些道德视为善良、公正,宗教视为神圣、光荣,艺术视为纯洁、美好的一切东西,在他眼里都一钱不值,他对它们肆意讽刺、尽情挖苦。黑格尔分析道:"一切具有连续性和普遍性的东西,一切称为规律、善良和公正的东西同时就都归于瓦解崩溃;一切一致的同一的东西都已解体,因为,当前现在的是最纯粹的不一致,绝对的本质是绝对的非本质,自为存在是自外存在;纯粹的我本身已绝对分裂。"①

小拉摩藐视社会生活中一切普遍的东西,认为它们其实肮脏无比。但是,自我意识如果仅停留在现实世界的冷嘲热讽上,并且保持着批判的自信与严肃,那它还不是真正的分裂意识。其实,分裂意识是彻头彻尾的分裂和否定,它对自己的批判态度也给予了嘻笑怒骂的讽刺。在苦恼意识那里,心灵的冲突是悲壮而庄严的,而在这里,心灵的冲突则荒唐而又滑稽。小拉摩完全像是一幕喜剧中的主人公,一个怪人,一个疯子,一个自视聪明的傻瓜,一个自扮傻瓜的聪明人,他一会儿严肃地批判现实生活中的一切丑恶、伪善和骗局,一会儿又作践自己,否定自己,恬不知耻,自甘堕落。难怪狄德罗这样写道:"使我惊讶的是,这样的精明和这样的卑鄙在一起;这样正确的思想和这样的谬误交替着;这样的一般地邪恶的感情,这样极端的堕落,却又这样罕有的坦白。"② 这正是分裂意识和心灵冲突的写照。

黑格尔进一步分析道,分裂意识起先对异化世界还有一种深刻的激怒叛逆的心里,还有一种傲慢放肆的态度,甚至还有感到委曲不平的愤慨与仇恨,但由于它对自己也肆意嘲讽,它的积极性彻底消失了,它是彻头彻尾的分裂,是彻头彻尾的疯狂,"它感觉在这个无底深渊中一切依据一切实体都消逝得荡然无存,它看到在这个无底深渊中所惟一存有

---

① 《精神现象学》下卷,第62页。
② 《狄德罗哲学选集》,商务印书馆1979年版,第213页。

的只是一种卑鄙下流的事物,一种嬉笑怒骂的游戏,一种随心所欲的发作。它的精神只落得是完全没有本质的意见,是精神丧失后遗留下来的躯壳"。① 分裂意识虽然是自我堕落,但这并非自我意识自甘如此。自我意识以对现实世界的占有为目的,但现实世界就是这样一个罪恶、堕落的世界,从这个世界只能产生同样堕落的意识。也就是说,分裂意识从形式上揭示了现实世界的本质,具有直接的真理,"表示分裂性的语言乃是表示这整个教化世界最完全的语言,乃是这整个教化世界的真正现实存在着的精神"②。

由此可见,分裂意识与苦恼意识一样,也是心灵冲突的一个激荡的形态,是善恶、美丑、高贵与卑贱、聪明与愚蠢、个人与社会、个体与个体自身的搏斗,它形式上虽然滑稽可笑,但它的意义却深远重大。

2．悲剧意识和喜剧意识

在黑格尔看来,没有心灵的冲突,精神就失去了色彩,世界就失去了活力,宇宙就失去了生命;在心灵冲突中集中体现了人性觉醒、寻找本质、追求自由这一贯穿人类文化史的主题。当然,黑格尔的立场是唯心主义的,但其中有丰富的宝藏。

心灵的冲突是异化世界最真实的语言,又是最虚假的语言;没有异化世界,便没有心灵的冲突。首先,它是异化世界的直接描述和解说,但它又是最强有力的反抗,它通过搏斗和牺牲,向异化世界提出了振聋发聩的抗议。心灵的冲突是人的本质的觉醒,通过心灵的搏斗,人认识到他是人而不是物,但这种觉醒又与痛苦相孪生。人固然是人,但他的本质还在他之外,在他面前还是一个异己的势力,一个分裂的深渊。于是,人开始寻找他的本质,一部《精神现象学》即是人类寻找其本质的历史。起先,人的本质并未呈现它的全部真实,还在云山雾海里隐藏着;人只朦胧地感到有一个主宰他的绝对力量,像主人,像父亲,用宗教的语言说,就是上帝。克朗纳曾说现象学是心灵向往上帝的旅程,如果仅就这个层次上说是对的。其实,上帝也是人的本质,人不能总停留在追

---

① 《精神现象学》下卷,第63页。
② 同上书,第64页。

求一个异己的上帝上,他必须克服异化,寻找真正的属人的本质。

寻找之路曲折、艰难而又漫长。黑格尔"洞察人类悲剧与喜剧的动变景观"①。在《精神现象学》中描述了心灵冲突的两个典型形态——苦恼意识与分裂意识,认为它们是人类追寻其本质的两个强有力的武器,由它们构成的悲剧意识与喜剧意识是人类精神生活的两个基本形式。

这里先要解释一下何为哲学的戏剧意识或精神的戏剧观。一般所说的戏剧,悲剧或喜剧,属文学艺术的范畴,但要追溯这些戏剧的本质,便进入美学或哲学,并从本质上对作为文学艺术作品的戏剧进行一番研究和解释、可谓戏剧的哲学观。西方一些美学大师和文学大师,诸如亚里士多德、莱辛、雨果和叔本华等都有其戏剧的哲学观,由此形成了各种派别。但是,如果反过来,我们把世界、宇宙看作一个大舞台,把人类、历史和精神等在这个宇宙中的生成运动和发展变化看成一部有声有色的戏剧,并探究其本质的意义,那么由此构成的便是一种哲学的戏剧观,或哲学的戏剧意识。当然,一切戏剧都是一种表演和象征,但哲学的戏剧意识或精神的戏剧意识却是一种本质的表演和象征。因此,在对《精神现象学》中的自我意识做过一番逻辑的、现象的与历史的分析之后,改用戏剧意识这种形式再考察一下,也颇有意味。令人惊讶的是,心灵冲突的这两个典型形态——苦恼意识和分裂意识,恰恰也是哲学戏剧观的两个典型形态,是精神自我表演的两个本质形式。

苦恼意识是一种悲剧的意识。克朗纳说:"悲剧不仅是描述生活的戏剧的方式,而且是形而上学的范畴。心灵本质上是悲剧性的,因为心灵自己与自己相对立,自己是自己的对方,自己是自己的反对者。"② 苦恼意识的悲剧性首先在于寻找本质的内在搏斗,这种搏斗充满了分裂与痛苦,因为它寻找本质而找不到,抛弃本质而又不能,它必须承受这种分裂的痛苦,最后在命运的重压下死去。苦恼意识从历史上看是早期基督教意识的真实写照,黑格尔认为,这种意识不同于绝对精神阶段中的宗教意识,它是抽象的个人的宗教意识,还未达到社团意识的普遍性。其实无论是个体意识,还是社团意识,都是异化意识,都把人的本质异

---

① 《黑格尔早期神学著作》,1948年英文版序,第45页。
② 同上书,英文版序,第50页。

化为一个彼岸的上帝。人寻找上帝的历程漫长而又艰难,黑格尔说:"个别主体与神的和解并不是一开始就直接出现的和谐,而是只有经过无数痛苦、抛弃、牺牲和有限的、感性的、主体方面因素的消除才产生出来的和谐。"① 在《精神现象学》中,个体意识无论怎样挣扎、搏斗,最终必须屈从普遍的命运,因此,苦恼意识是个体性失败的意识,是个体性死亡的意识。如果说,古希腊悲剧是个体英雄与命运之神搏斗并最终被迫失败的悲剧,那么,苦恼意识则是个体意识主动失败的悲剧;古希腊英雄的痛苦是无可奈何的痛苦,苦恼意识则是自觉的痛苦。

个体性的死亡虽然揭示了苦恼意识的悲剧性特征,但还没有完全揭示出悲剧意识的本质,个体意识在死亡中还可以自我安慰,以为自己通过彻底牺牲已达到了与上帝的合一,踏进了天上王国,而这又是莫大的欢欣和幸福。其实,苦恼意识的更为本质的悲剧是上帝死亡的悲剧,是普遍精神实体死亡的悲剧,是人类普遍本质丧失的悲剧。因为上帝是人的上帝,是人的本质,它存在于个体性之中,永远不能脱离个体而存在。既然个体为了实现与上帝的合一已经自愿牺牲,那么真正的上帝即不复存在,它寻找到的上帝已只是失去了精神的躯壳,这才是苦恼意识的真正悲剧性之所在。黑格尔说:"苦恼意识……是应该自在自为地存在的自身确信的悲剧命运,在它的这种确信中,它是丧失了一切本质性,甚至是丧失了自己关于本质性的这种自身知识的意识,——换言之,它是丧失了实体和自我的意识;苦恼意识是痛苦,这痛苦可以用这样一句冷醒的话来表述,即上帝已经死了。"②

由此可见,苦恼意识是个体性与普遍实体双重死亡的悲剧。在心灵的搏斗中,个体性的苦恼也就是上帝的苦恼,个体性的死亡也就是上帝的死亡。《精神现象学》中的悲剧意识是黑格尔后来悲剧理论的雏形,但由于它与寻找人的本质这一永恒的命题相关,所以显得更加深刻和悲壮。应该指出,悲剧意识只是人类精神生活的一种方式,它不是现象学惟一的主题,更不是人类惟一的本质。西方有些学者夸大乃至歪曲黑格尔的苦恼意识,这是我们不能同意的。

---

① 黑格尔:《美学》第 2 卷,第 298 页。
② 《精神现象学》下卷,第 230—231 页。

在苦恼意识那里,异化世界还是潜在的,人与其本质的偏离还是抽象的;在分裂意识这里,异化世界则是直接的现实存在,人与赤裸裸的对象世界相对抗。这是一个人与其本质现实分裂的世界,人直接感受到现实社会的陌生、僵硬与冷酷。分裂意识不再像苦恼意识那样,还虔诚地相信有一个万能的上帝来拯救它,相信有一个远离尘世的千年幸福王国。它知道上帝早已死了,现实世界的一切都是丑恶肮脏的,它看透了一切,早已失去了激情与希望,再也不愿为了一个虚假的"崇高目的"而受苦受难。它失去了坚强的自信,也就失去了悲剧意识所具有的崇高与庄严。分裂意识是一喜剧意识,它对世界嬉笑怒骂,对它自己嬉笑怒骂的态度本身亦嬉笑怒骂,它用冷言厉语来对抗矫揉造作,用卑鄙下流来对抗罪恶肮脏。喜剧意识不是那种插科打诨的生活点缀,也不是无聊乏味的生活闹剧,而是具有深刻的人生哲理和社会内容。

悲剧意识的一个主要特征,是个体性的失败,喜剧意识与此相反,它是个体性的高扬。分裂意识通过对世界和自己的讽刺和批判,它的个体意识不但没有失去,反而更加明显了。黑格尔说:"个别的自我(在喜剧里)乃是一种否定的力量,由于这种力量并且在这种力量支配之下,诸神灵以及它们的各环节……都消失了;同时个别的自我并不是消失为空无,而是保持其自身于这种空无之中,坚持自身并且是惟一的现实性。"① 例如,阿里斯托芬的喜剧《云》就具有这一特色,此剧用夸张手法嘲笑苏格拉底,并借用它的口破除传统宗教关于神灵的迷信,由此抬高个体意识的价值。当然,分裂意识比《云》剧要深刻得多,它讽刺与批判的不仅是一些传统的迷信与偏见,而且是整个世界和自我的颠倒了的本质。黑格尔指出:"一切神圣本质都返回到喜剧意识那里,换言之,喜剧意识是实体的完全外在化。"② 在分裂意识的冲击下,现实世界的一切伦常礼俗、政治制度、道德法则、良知善心等纷纷土崩瓦解,留下来的只是一具失去了精神的躯壳,而分裂意识却在这否定的活动中,体验出一种嘲弄世界和自我的快感。鲁文贝格指出:"所谓辩证逻辑真正讲来就是喜剧的逻辑。它是通过揭示观念和信念的内在矛盾让它们鞭挞它们

---

① 《精神现象学》下卷,第227—228页。
② 同上书,第230页。

自己的逻辑。"①

个体性的高扬虽然揭示了喜剧意识的本质特色,但在黑格尔看来,这种揭示却是非本质的。个体性的高扬其实是极其虚假的,因为个体性的本质是一个普遍的精神实体,它怎么能脱离本质而真实地高扬呢?既然上帝已经死了,个体意识也就不能存活。分裂意识与苦恼意识一样,也是普遍本质丧失的意识,它仿佛是在一个虚幻深渊里的舞蹈,徒有迷人的微笑,其底蕴永远是悲哀的。对此,连一向鼓吹《精神现象学》喜剧精神的鲁尔贝格也意识到了,他说黑格尔"是一个喜笑的哲学家,但他的笑声却是清醒和悲哀的"②。

心灵世界是一个悲剧和喜剧交替上演的大舞台。情欲与理性、个体与社会、人与上帝等矛盾在这里冲突、搏斗,由此表现出来的主题——人生的意义和价值,人的自由和依赖,是人类永恒的主题。心灵的冲突只有以这一主题为基础,才愈发显得深邃、博大和丰厚;而这一主题也只有通过心灵的冲突这一表现形式,才显得强烈、尖锐和真实。心灵就是这样一个冲突激荡的世界,凡是读过《精神现象学》的人,无不为黑格尔的分析之透彻、论述之精辟、揭示之深刻、批判之中肯而叹服。辩证法所特有的矛盾冲突、否定性及其最终的和解,都典型而又巧妙地表现在心灵的冲突上。鲁一士曾说辩证法是情感的辩证法,无疑有其合理性。

总之,《精神现象学》是一部心灵的历程,在它达到绝对精神时,一切矛盾与冲突都和解了。但和解只是一个结局,惟有它的过程才是它的生命。心灵的冲突及其内在的悲剧和喜剧意义,是人类文化史上的事实。黑格尔的唯心主义解释和发挥,特别是他严重地忽视了心灵冲突的社会的和经济的基础,政治的和阶级的内容,无疑是错误的。但是,其中的辩证精神及其对人类本质的揭示仍有重要的价值和不容抹杀的意义。

三、心灵的辩证法

关于心灵的辩证法,首先要问心灵的辩证法是否存在。这个问题的

---

① 《黑格尔选集》,1929 年英文版导论,第 XXI 页。参见《精神现象学》译者导言,第 36 页。
② 同上书,第 XLII 页。

肯定回答应该是毋庸置疑的,但对此却一直很少有人敢于问津,仿佛一谈心灵的辩证法,就是反对恩格斯的自然辩证法,其实不然。既然唯物主义研究的对象是客观存在,既然辩证法无时不在、无处不有,那么我们也应该承认心灵和精神以及它们的辩证本质。固然我们说物质决定意识,但我们并不能因此通过自然辩证法就可以一劳永逸地解决心灵辩证法的问题。难道心灵只是块白板,只能照抄自然的辩证法吗?辩证法是世界存在的根本大法,自然世界和精神世界是宇宙中的两大世界,而且精神世界又与人类历史和人类社会相统一,因此,辩证法既有自然辩证法、历史辩证法,也同样有心灵辩证法或精神辩证法。

唯物主义说存在决定意识,但并不能因此就否定意识也是一种存在,心灵也是一种存在。恩格斯在《自然辩证法》中明确指出,在人类意识的自然发生史中,意识或心灵不但是一种自然的存在,而且是自然界最高性质的存在。人区别于自然物、植物乃至动物的一个基本特征就是人具有意识和理性,恩格斯描述了自然向人生成的进化过程,从无机物到有机物,从有机物到人类生命,最后,在人那里,"自然界获得了自我意识"[①]。人、人类意识并不是自然界的副产品,而是自然进化的最高成果,是自然的自我意识,是本质上高于自然的人类存在、精神存在,因为,马克思说人类意识、理性和精神乃是宇宙中最美丽的花朵。由此可见,自然的辩证法不能代替心灵的辩证法,正如石头、树木、猪狗不能代替人一样。心灵的辩证法不是自然辩证法的摹写和复制,它本质上是自然辩证法的扬弃,由此构成的心灵世界和精神世界乃是一个产生于自然又独立于自然,根基于自然又超越于自然的新世界。马克思和恩格斯都一贯反对机械唯物论的那种认为人产生意识和思想就像机体分泌汗液的观点,而认为精神是自然的自我意识,它具有独特的意义和价值。

需要特别指出,承认精神的独特意义,承认心灵的辩证法并不等于唯心主义。黑格尔曾谈到两种唯心主义。一种是抽象的唯心主义或坏的唯心主义,例如,玄思意识,一味沉溺于个体的纯粹思维而不问现实世界和人类社会的具体内容;再如贝克莱等人的经验论的唯心主义,它以感性、观念的东西为本质,停留在世界的表面,达不到自我和世界的

---

① 《马克思恩格斯选集》第4卷,人民出版社1995年版,第273页。

普遍统一性。另外一种则是真正的唯心主义,或绝对唯心主义、理性唯心主义,柏拉图、黑格尔等人的哲学就是这样的唯心主义,它以理念、精神为贯穿自然、社会和人类历史的普遍本质,它的原则可以用这句话来概括:吾心即宇宙,宇宙即吾心。这种唯心主义达到了心灵与世界的普遍统一性。从马克思主义的观点来看,这两种唯心论都是错误的,但第二种唯心主义却有着极其合理的内核,它在唯心主义的形式下高扬了精神的能动性,揭示了世界的心灵意义,特别是它所展现的人类历史和人类社会这一世界,更是与人类精神和人类心灵结下了不解之缘。因此,马克思主义毫不忽视这一内核,而是把颠倒的世界再颠倒过来,在唯物主义的基础上重新研究心灵和精神世界,揭示它的内容、本质和意义,揭示它的辩证法。

　　心灵世界和心灵的辩证法是普遍存在着的。早在"斐德罗"篇中,柏拉图就分析过由恋爱的内在矛盾所展现的心灵的辩证法,他认为人的灵魂是善恶二重性的冲突,爱既是可以破坏灵魂的疯狂,也是可以高扬灵魂的神圣的疯狂,爱的内在冲突可谓"道德生活的冲突和灵肉战争的抽象的写照。"[①]《圣经》中的"诗篇"和"耶利米哀歌"等也可谓经典性的心灵辩证法的写照。近代的有别于希腊命运悲剧的性格悲剧作品,特别是莎士比亚的悲剧,例如《哈姆雷特》、《麦克白斯》等等,都深刻地展示了心灵世界的丰富内容和辩证意义。车尔尼雪夫斯基在论述托尔斯泰的不朽作品时,赞叹他洞悉人类的灵魂,认为他是最善于展现心灵辩证法的大师。至于19世纪的德国文化,人类心灵及其内在的辩证法则得到了最深邃、最丰富和最本质的展现。例如关于"自我",黑格尔写道:"我是(有限与无限之间的)矛盾斗争,这个斗争不是差别中的两个互不相关方面的冲突,而是一个统一体之内在的冲突。我不是战场中战斗着的一方,而是双方,是战斗本身;我是火与水……。"[②] 写到火与水,我们自然想到鲁迅的散文诗《野草》,这部作品也是一部展现心灵冲突的杰作,此外鲁迅的佚文"火的冰",则把心灵冲突的本质及其悲剧意义赤裸裸

[①] 鲁一士:《黑格尔学述》,商务印书馆,第59页。
[②] 转引自凯勒:《唯心主义、政治学和历史:黑格尔的思想渊源》,剑桥大学出版社1969年版,第309页。

地展现出来了。

文学是人学,它的本质内在于人性之中,文学艺术所展现的心灵辩证法是人类心灵内在冲突的写照。马克思主义哲学不能回避这一问题,而把它拱手让给文学,它必须从本质上揭示这个心灵的辩证法,并使其成为哲学的重要一环。

心灵世界及其心灵的辩证法从总体上看有两个层次:一个是抽象的纯粹心理世界,一个是普遍的社会意识世界。

首先分析抽象的纯粹心理世界。从表面上看,自我的心理世界是经验论意义上的一般心理学所研究的对象,其中人心的各种能力、各种情愫、各种关系彼此混杂分立而又相互联系。其实,这个层次上的心灵世界是最浅显的世界。纵观西方思想发展史,即便是抽象的自我心灵,也有一个更为本质的深层心理世界或心灵世界,这里的心理已经不再是一般经验心理学的心理,而具有形而上的意义。对这个深层心灵世界的研究,西方又有两条线索:一条是德国古典哲学的自我意识论,一条是现代的精神分析学说。这两条线索虽然形式上是对立的,但它们实质上都指向人类心灵世界的那个隐秘的本质。

德国古典哲学的自我意识论从康德哲学的先验统觉论开始,特别是在费希特和谢林哲学的理智直观学说中,建立起了一个人类精神或人类心灵的深层结构和深层世界。这个深层结构以人类原始的精神活动性为基石,把创造性的冲动、想像力和理智直观看成是最为根本的东西,认为现实的世界只不过是那个深层世界矛盾冲突的表现形式。这个深层世界既是一个先验世界,也是一个先验自我(在最本源的意义上,世界与自我还是浑然未分的),由此构成的心理学是先验的心理学,辩证法是先验的辩证法。这个先验世界或先验自我如果静止不动,那它便是一个点,一个无,自我永远也认识不到它的本质;但是,德国哲学的精神乃是一个能动的创造精神,这个先验性注定要有所行动,有所作为,它注定要在自我之中展现出一个丰富的现实世界。有行动必然有其矛盾、冲突,矛盾、冲突是精神运动的根本。正是在这先验世界和先验自我的现实化运动过程中,心灵的辩证法出现了,在费希特和谢林哲学中,它得到了系统的表述。①

德国古典哲学的先验世界和先验自我是一个理性的、精神的本质,尽管它的直接形式是原始的冲动、欲望和努力,但这些感性内容都是那个深邃的理性实体的表现形态,它们最终都以理性和精神为归宿。20世纪的精神分析学说却把这种关系颠倒过来了,它把心灵的内在本质看成是一个原始的、非理性的、潜意识的冲动,理性和精神反而成为外在的表现,在那里,欲望、本能,特别是性欲,成为最根本的东西,欲望与表现为检查员的理性的冲突构成了心灵最内在的冲突。因此,精神分析学呈现着一种与德国古典哲学形式上恰恰相反的但同样深邃的心灵的辩证法。当然,从马克思主义的立场上看,德国古典哲学和精神分析学说都是唯心主义的,但不能因此就彻底抛弃它们,应该以积极的态度扬弃它们,在它们所展现的深层心灵和精神的世界上重建唯物主义的心灵冲突论。

无论是费希特、谢林的自我意识,还是精神分析学说,它们展现的都还是抽象的心灵、意识和精神,人类社会和人类历史对于它们都还是外在的东西。把社会、历史纳入心灵并成为其内在的本质,把抽象的主观意识论变为现实的社会意识论,这是黑格尔自我意识论的成就,《精神现象学》所展现的心灵世界就是这第二个层次上的心灵世界。②

自我作为自然的自我意识,这还是精神或心灵的第一个层次,它的进一步发展就是人的自我意识,人的自我意识是自然向人生成过程中的一个飞跃,它毋宁是人向自然的生成,这里的自然因此就不再是纯粹的自然了,而是第二自然,即人化的自然,或者说,它就是人类历史和人类社会。如果仅仅把一些社会内容填进自我的心灵,把社会看成是一些心灵和观念的组合,这还不是真正的第二个层次上的心灵世界,而且还易流于一种坏的唯心主义,真正的第二个形态的心灵世界,它是第一个形

---

① 德国古典哲学的自我意识论,特别是从费希特、谢林哲学的主观自我意识论(即理智直观论)向黑格尔哲学的客观自我意识论(即社会意识论)的转变及其得失,是一个复杂而又重要的问题,对此,作者将另文专讨。

② 把主观意识论变为社会意识论,并在《逻辑学》中把自我意识的内在逻辑结构辩证地揭示出来,这些无疑是黑格尔的贡献。但是,黑格尔在这一过程中也犯有重大错误,即他把从康德开始的,在费希特和谢林哲学中达到完成的有关意识创造机能的理论,诸如想像力、理智直观等等,都抛弃了,从而使得《逻辑学》成为纯粹抽象的逻辑。

态的本质逆转,也就是说,人类主观心灵从自身产生和创造出一个独立于自己而又支配自己的客观的人类社会和人类历史。这个客观世界虽然是自我或心灵所创造出来的,即它从一开始就不能彻底地摆脱自我和心灵,但是,它同时又是一个独立的世界,具有自身的运动规律和发展进程。其实,说客观世界是由心灵创造的,这并不确切,因为真正的人类心灵又是在人类社会和人类历史中产生和发展起来的,社会存在又决定社会意识。因此,这是一个尖锐的矛盾,社会存在既是由心灵创造的,它反过来又决定人的心灵,客观世界既是由自我创造的,它反过来又决定自我。心灵的辩证法却正是在这个内在矛盾的基础上展现出来的,或者说,它就是这个矛盾冲突的内在本质;人类社会和人类历史也正是在这个内在矛盾的促进下才得以运动和发展,才造就了当今的如此发达的文明社会。而且就是今天,这一内在矛盾不但没有得到根本解决,而且愈来愈尖锐和激烈,正因为此,社会和历史才会无限地发展下去。

《精神现象学》所展现的心灵辩证法本质上就是在这个内在矛盾的基础上所建立起来的社会意识运动,马克思主义的心灵辩证法本质上也应建立在这一内在矛盾的基础上。马克思说社会存在决定社会意识,又说,社会和历史是由人创造的,是人的本质的对象化,又说,人的本质是一个普遍的类本质,是一个能动的、有目的的劳动创造过程,就其现实性上说,它是一切社会关系的总和。如果从总体上把握马克思的思想,其核心也不外乎人的对象化和对象化的人这两个矛盾冲突环节的辩证统一。建立在这一基础上的心灵的辩证法才是真正哲学意义上的心灵的辩证法。

首先,心灵的辩证法表现为心灵与世界、自我与社会的冲突,表现为小我与大我、个人利益与群体利益、目的与手段、现实与理想、道德与法制、守旧与创新等等矛盾的冲突,这些冲突构成了社会和历史的主要因素和基本内容。但是,这些冲突又有其内在的原因,它根源于人类心灵自身有限与无限、情欲与理性、冲动与反思等内在矛盾的冲突,人类心灵自身的冲突远比心灵与世界的冲突更深刻和更尖锐。但是,心灵不能一味地沉溺于自身。心灵自身冲突之际,也正是它的本质对象化展现之时,历史与社会以它自身规律的强硬性不时地打破心灵自身的冲突,而在一个更高层次上重新展现出心灵与世界的冲突。这是一个无限的矛盾进程,心灵和社会就是这样不断运动和发展起来的。马克思曾说:"工业的历史和工业的已经产生的对象性的存在,是人的本质力量的打开了的书本,是感性地摆在我们面前的、人的心理学。"[①] 可以说,一部人类社会的发展史即是一部人类心灵的展开史,反过来同样可以说,一部人类心灵的展开史,也即是一部人类社会的发展史。

当然,马克思由于特定的历史情况,在后来的著作中主要致力于对社会发展内在规律的研究,特别是致力于对生产力与生产关系、经济基础与上层建筑的辩证统一关系的研究,这一规律的揭示为马克思的历史唯物主义奠定了基础。但是,我们并不能因此就否定心灵的辩证法,恰恰相反,马克思主义的辩证法应该是三种形态——自然辩证法、历史(社会)辩证法和心灵辩证法——的统一。

---

① 马克思:《1844 年经济学—哲学手稿》,第 80 页。

第五章 伦理和教化世界

一、自我意识的双向运动

自我意识的生命在于活动、劳作和创造。但是，在主观精神阶段，自我意识的活动是抽象的、主观的；在客观精神阶段，自我意识的活动才成为现实的、客观的。黑格尔认为，自我意识的活动又表现为两个方向的运动，一个是直向运动，它展现和创造出一个伦理世界，一个是反向运动，它展现和创造出一个道德世界。

自我意识活动的双向运动贯穿于自我意识发展的全过程，可以说，每一个形态上的自我意识的运动都具有直向和反向的双重意义。在《精神现象学》中，对双向运动的具体描述放在"理性"一章，作为实践理性的导论。其实，如果按照逻辑本性的要求，它应该放在"精神"一章，并作为客观精神的导论。因为，理性毕竟属于主观精神环节，自我意识双向运动所展现的世界还是一个抽象世界，在那里，无论是伦理还是道德都没有获得真正现实的形式，还是一些见其首不见其尾的假象形式，例如快乐与必然性、心的规律与现实的规律、德行与世界进程等等，它们既不是普遍现实的伦理教化社会，也不是真正自觉了的自由意识，相反，它们只是一些主观抽象了的个别性和普遍性，而且，彼此之间直接对立着。

只有在"精神"一章，自我意识的双向运动才真正现实地展开和表现出来。黑格尔在此章开始虽然没有再次导入关于自我意识的双向运动的解说，其实，从这一章内容的顺序即可看出，黑格尔已是按照自我意识双向运动的轨迹排列的。"精神"一章总体上分为三节，第一节和第二节属于自我意识的直向运动，这一运动又有两个层次，第一个层次是自在的伦理世界，黑格尔叫"真实的精神；伦理"，第二个层次是自为的伦理世界，黑格尔叫"自身异化了的精神；教化"，伦理环节是纯粹的自我意识的直向运动，在那里，自我意识还未返回自身，教化环节则是自为的自我意识的直向运动,在那里,自我意识已经觉醒,于是,这一环节是伦理实体与自我意识尖锐冲突的环节,也是介于直向运动和反向运动之间的环节,它构成了《精神现象学》社会意识论的中心内容,它的内在矛盾的总爆发又引起纯粹的自我意识的反向运动。因此,第三节黑格尔叫做"对自身具有确定性的精神;道德",在那里,自我意识不但向自身返回,而且实现了普遍性与个体性的统一,成为绝对的主体。这样,客观精神就过渡到绝对精神。不言而喻,客观精神集中地体现了自我意识直向和反向双重运动的现实内容及其内在本质。当然,把双向运动的论述放在理性一章也并非毫无道理,在黑格尔看来,到了理性,也就进入了精神的门槛。狭义理性是主观精神走向客观精神的转折点,而广义理性作为普遍的实体,它本质上就是精神,理性的原则即是精神的普遍原则,理性的活动,也即是精神的普遍运动,无论是主观精神还是客观精神,乃至绝对精神,其实都不外是把理性的原则现实地加以实现,并达到绝对的统一。因此,把自我意识的双向运动放在理性之前并作为整个理性、精神的导言,也不无道理。关键是在于如何理解这双向的运动。

黑格尔的精神哲学(或社会哲学,或法哲学)区别于其他思想家理论的一个重大特征,是黑格尔把伦理(Sittlichkeit)与道德(Moralität)严格地区别开来,并各自赋予独特的本质意义。可以说,不理解伦理和道德的区别及其它们的意义,就不可能理解黑格尔的精神哲学,同样,也不能理解《精神现象学》。《精神现象学》的客观精神部分就是以伦理和道德为核心展开的。

一般所说的伦理学(ethics),是一种研究社会中人与人之间关系,人自身各种能力(诸如情欲与理性等)之间关系的,并以善恶为评价尺度的学问,因此,它又可称之为道德哲学。早在亚里士多德那里,研究人与人之间、人身心之间道德关系的学问便叫伦理学,以后,西方思想史(德国古典哲学,特别是黑格尔哲学除外)发展至今天的西方现代思想,都把研究人际道德关系的学问叫做伦理学,伦理和道德之间没有什么太大的本质区别,而微小的区别只在于,伦理一般指人际关系中的风俗礼仪、行为规范,道德则指身心关系及其言行的主观评判。通常,这两者是交融的。

在德国古典哲学中,伦理和道德的本质区别及其内在意义开始日趋明朗。在康德和费希特的哲学中，伦理和道德两词固然还没有被明确地区别开来，但侧重点已较明显，道德不再是一般行为规范的主观评价，已经具有本体论的意义，成为价值世界的根本。在康德看来，人类的价值不在于言行是否符合社会的风俗习惯和规章制度，而在于人类内在的道德律令和自由意志。伦理及其法律等范畴在康德哲学中成为次要的东西，即是人类行为的外在规定。由康德和费希特的哲学看，在黑格尔精神哲学产生和成熟之前，19世纪的德国伦理学中一直是道德精神具有绝对优势，道德律令、自由意志、内在良知、善良情感、理性直观等概念成为伦理学的中心概念，道德自我、个体自由、人是目的成为伦理学的终极理想，与此相对的伦理精神，诸如国家制度、法制设施、风俗礼仪等等，则成为次要的东西，很少有人问津。黑格尔精神哲学的出现打破了这种状况，整个德国伦理学为之一变。

黑格尔在青年时期就对社会政治问题感兴趣，他所崇尚的希腊精神，与温克尔曼、荷尔德林等人所崇尚的纯粹的美的理想不同，是希腊的伦理精神。黑格尔向往希腊时期的伦理社会和民间宗教，认为在那里达到了一个普遍与个别和谐一致的理想境界。黑格尔后来之所以严厉地批判基督教，即认为它是一种私人的宗教，败坏了希腊人的伦理精神，把人从社会的泰然相安引入孤苦的内心自省，从而导致了希腊的没落和中世纪的腐败、堕落、个人主义的自私自利等社会精神状况。《伦理的体系》是黑格尔第一部较为详细地论述伦理思想的著作。他一改当时的道德主义倾向，把人置于社会的伦理体系中去考察分析，抽象的道德被现实的伦理所代替，社会和伦理成为伦理学的中心内容，在这部著作中，黑格尔具体研究了国家等级制度、劳动分工和社会关系等一系列普遍的社会问题，这就为后来的精神哲学奠定了基础。

在《精神现象学》中，黑格尔进一步深化了他的伦理和道德学说，不再单纯地贬低一方抬高另一方，而是本着历史主义精神，意识到伦理和道德同样重要，德国哲学对道德的高扬是时代精神的必然，同样，他对伦理的强调也是时代精神的必然，伦理和道德是自我意识运动发展的两个内在环节，它们展现的是自我意识直向和反向的双向运动，它们统一于精神的客观化运动过程之中。

首先，黑格尔认为，自我意识的直向运动创造出一个伦理世界。所谓直向运动,也就是自我意识自在的对象化运动。在这个运动过程中,一个普遍的实在性被无意识地创造出来,这个普遍性就是伦理和伦理世界。黑格尔说:"伦理只不过是各个个体的本质在个体各自独立的现实里的绝对的精神统一,是一个自身普遍的自我意识。"① 这个普遍的自我意识作为伦理实体存在于人类社会和人类历史之中,并以民族共同体、国家制度、法律设施、伦常礼俗等普遍形式出现,"这个普遍的实体,在一个民族的伦常礼俗与法律里述说着它的普遍的语言"②。因此,伦理乃是普遍的本质规律,是民族力量和民族精神的直接体现。正因为它,人类才从整体上超越自然世界而进入文明社会;正是这些普遍的法则,才遏止了民族和社会间因私欲和贪婪所引起的分裂、冲突和纷争,使得民族和社会成为一个精神的统一体。因此,在伦理世界,个体是无足轻重的,其本质就在伦理实体之中,而民族和整体是个体为之献身的首要事业。自我意识的直向运动即在于自我与普遍实体这样的直接统一。在这里,个体自我未加反思地就认为实体即是他的本质,他即以伦理实体为评判是非、善良、好坏的尺度,对他来说,所谓"智慧与德行,在于生活合乎自己民族的伦常礼俗"③。至于为什么自我要无条件地服从伦理实体,伦理实体到底从哪里来,本质是什么,这些问题对于此时的自我还未成为问题,自我还未觉醒,对于他来说,伦理实体就像阿尔卑斯山那样,"它们存在着,就只是存在着"④,它们是神圣的、虽不成文但又明确可靠的法律,像悲剧《安提戈涅》所说的,

> 可以说,它不是今天和昨天,而是从来和永远
> 生活在那里,没有人知道,它是从何时开始出现。⑤

因此,在直向运动中,自我意识还只是一种幸运,因为它与伦理实体的统一乃是直接的、朴素的统一,在其中,没有拼杀和搏斗,没有苦难和战争,自我意识所获取的,不是通过搏斗和牺牲所换得的果实,毋宁是一种偶然性,一种幸运。但是,幸运和偶然性并不能成就真正自由的自

---

① 《精神现象学》上卷,第 233 页。
② 同上书,第 235 页。
③ 同上。
④ 同上书,第 289 页。
⑤ 同上。

我意识,黑格尔说:"伦理的实体是自我意识的本质;而自我意识则是伦理实体的现实和实际存在,是它的自我和意志。"① 自我意识就此从幸运中走出来返归自身,也就创造出一个道德世界。

自我意识的反向运动创造了一个道德世界,道德世界是自我觉醒的世界。在伦理世界,个体自我还是一个依赖的存在,它最终无声无息地消融于实体之中。但自我意识本质上是一个主体精神,它不能永远沉睡不醒,在更高一个形态即道德之中,它打破了自我的限制,力图在其自由的创造活动中实现它的本质,"作为个别的精神,它是它自己的本质;因而它的目的是:将自身作为个别的意识而予以实现,并在这个实现中作为个别的意识而自我享受"②。

据此,黑格尔认为道德是比伦理更高的意识形态,因为自我不再停留于浑然不分的实体状况了,它意识到自己独特的地位、意义和价值,它要通过自己的创造活动成为能动的主体。对道德自我来说,伦理是一种外在的东西,一个无主词的宾词,而真正的本质的东西是行动和创造着的自我,自我是自由的自我意识,是活的主词,"活的真理性"③。

黑格尔进一步分析道,自我意识在其反向运动中克服了直向运动的片面性,实现了自为的个体性。这固然是一个进步,但同时也潜伏着一种危机,即自我意识在否定、摆脱伦理实体的抽象僵硬性时,把真正的普遍本质也否定、抛弃掉了,这样,道德转化成狂妄自大的个人主义,成为毁灭社会和世界的个人的狂暴。所以,黑格尔的理想是伦理和道德的辩证统一。

在进一步分析研究之前,还必须解决一个问题,即《精神现象学》和后来哲学全书中的《精神哲学》、特别是《法哲学》的关系问题。从本质上讲,《精神现象学》的一些基本原则和基本精神,例如主客观统一的思想,理性精神和自由精神以及辩证法等等,都在后来的体系哲学中保持下来,并达到更为系统的解说,因此,并不能说《精神现象学》与后来的《精神哲学》特别是《法哲学》是本质上截然相反的著作。相反,后来的

---

① 《精神现象学》上卷,第290页。
② 同上。
③ 同上书,第236页。

著作在许多方面发展了《精神现象学》的思想,特别是在系统性上形成了一个完整的精神哲学体系。当然,《精神现象学》与后来的《精神哲学》特别是《法哲学》之间也有着一些重要的差别。从总体上看,《精神现象学》所表现出来的革命朝气和内在的生命力在后来的体系哲学中消失了,特别是《精神现象学》几乎所有最为精彩绝妙的章节及片断(如主奴意识、苦恼意识、实践理性的几个环节、分裂意识和法国大革命等等)在后来的体系哲学中或者彻底消失、或者沦为一些干巴巴的原则和说教;辩证法在《精神现象学》中是充满生命力的,精神自身的运动,充满着悲喜剧的意义,在后来的体系哲学中,辩证法却沦为枯燥的三段论,沦为被动地去证明一些原则的方法;在《精神现象学》中,历史主义是其最基本的精神,在自我意识的整个发展进程和每一个具体环节中,都能找到人类社会和人类历史的真实的缩影,而在后来的体系哲学中,历史主义则变为次要的原则,黑格尔臆想出来的体系成为决定一切的根本,为了达到它,黑格尔甚至不惜改变历史发展的进程,违背历史主义的原则,这一点明显表现在他对伦理和道德的看法上(这一点将在下文中论述);最后,也是最为根本的一点,黑格尔在《精神现象学》中所高扬的中心——自由精神,虽然本质上是个体与普遍群体的统一,但并不敌视个体,相反,自在自为的个体性是自由的本质,普遍本质的异化问题成为《精神现象学》的首要问题,个体与社会的矛盾冲突和个体自身的矛盾冲突构成了贯穿全书的一条主线,最后,即使在绝对精神之中,个体的意义仍未消失,反而成为精神的一个本质环节,成为自由的历史主体性。但在后来的体系哲学特别是《法哲学》中,黑格尔不再谈普遍本质的异化问题,他虽然也强调个别与普遍的统一,但却在骨子里排斥、否定个体,个体自我成为普遍的伦理实体、国家制度中的一个微不足道的小环节,黑格尔曾写道:"个人存在与否,对客观伦理来说是无所谓的,……个人的忙忙碌碌不过是玩跷跷板的游戏罢了。"①

从形式上看,《精神现象学》与《精神哲学》特别是《法哲学》也有一些重要差别,按照杜代克的观点,《精神现象学》类似于笛卡儿的《形而上学沉思》,运用的是发现真理的分析方法;而哲学全书类似于笛卡儿

---

① 黑格尔:《法哲学原理》,第165页。

的《哲学原理》,运用的则是展开真理的综合方法,"综合方法适用于教学,而分析方法则适用于哲学之天才的教养"①。可以说,《精神现象学》所走的是一条从现象到本质的上升的道路,体系哲学属于应用逻辑范围,从整体上所走的是一条下降的道路。

从结构上看,《精神现象学》与后来的体系哲学也有差别,在前者,自我意识的发展顺序在"理性"和"精神"两章中都是伦理→道德,黑格尔多次指出道德从形态上高于伦理;后者的顺序,则全都是道德→伦理,黑格尔又认为伦理高于道德,这显然的变化说明了什么呢?首先在于两个时期著作的精神实质已有所变化,虽然两者都以自由为其根本,但在《精神现象学》那里,自由是与个体自我密不可分的,而且本着历史主义的现实精神,黑格尔不但没有发现一个理想的伦理社会能够实现真正的自由,反而看到了现实社会政治的异化,因此,黑格尔的自由理想只能转向纯粹的精神领域,而这恰又符合了德国19世纪文化的精神,黑格尔在康德、费希特等人的道德精神中找到了一条通往自由的道路。后来,由于黑格尔渐变为普鲁士的官方哲学家,设定了一个现实的伦理社会,认为国家是地上的精神,于是,道德作为自我的主观规定而降为较低的环节,伦理、国家则上升为本质的环节。其实,黑格尔的国家学说仍是一个理想,在人类社会和人类历史上从来就没有出现过。此外,《精神现象学》的伦理→道德大致符合历史精神的发展顺序,《法哲学》的道德→伦理也符合应用逻辑学的顺序。两者孰优孰劣显然可见,前者,逻辑是充满生命力、并向历史敞开着的;后者,逻辑则是僵化的、自身封闭的。

二、希腊伦理社会

自温克尔曼以来,希腊一直是德国人梦想中的王国,希腊精神是19世纪德国文化精神的一个重要源流。黑格尔同样也把希腊视为理想之域,他说,进入希腊,也就进入真理自己的家园。与诗人们对希腊美的理想的追求不同,黑格尔更看重希腊社会的伦理生活,认为那是一个个

---

① 杜代克:《黑格尔的精神现象学:分析和解说》,1981年英文版,第60页。

体与社会天然合一的理想国。在《精神现象学》中,黑格尔进一步发展了他早年的思想,对希腊伦理社会进行了深入的研究和分析,此外,他的伦理思想也有所变化,不再一味地赞扬希腊社会和贬低基督教,而认为希腊社会只是人类少年时代的乐园,一旦失去了就不可能再回返。基督教精神从形态上要高于希腊精神,是人类壮年时代的精神,人类从此觉醒,但也从此陷入了人与神、个人与社会的矛盾冲突之中,欧洲自希腊社会以来的历史,就是个人与社会矛盾冲突的历史,因此,《精神现象学》应该以历史主义为主导精神,在希腊伦理社会作一短暂停留后,便进入现实的历史运动过程之中去展现精神的本质。

　　黑格尔曾说,任何事物的确立都不是突如其来的,在它内部都有着一段生长过程,而且是充满矛盾和冲突的生长过程。在客观精神世界,教化或近代社会的创立亦如此。希腊社会虽然从总体上看是一个和谐的社会,但其内部并非没有矛盾,特别是当自我意识运动的时候,往往会发生不可遏止的震荡。黑格尔认为,希腊社会的伦理实体又分裂为两种本质力量,一种是人的规律,一种是神的规律,实体的自我意识与此相应也分裂为对其行动的有知与无知,可以说,整个希腊伦理生活就是在这个双重矛盾的运动过程之中展开、成熟和衰落的。黑格尔对这一段伦理生活的描写多取材于希腊悲剧,特别是索福克勒斯的悲剧,如《安提戈涅》,《俄狄浦斯王》和《奥迪布斯在科伦奴斯》等。

　　黑格尔认为,人的规律是伦理社会的公共本质,它是自在的实体,作为统一体,它就是政府,此外,"在普遍性的形式下,它是众所熟知的规律和现成存在的伦常习俗"①,因此,它具有现实的权威性。神的规律也是一种伦理的本质,但这个本质还未达到现实性,是"一个天然的伦理的共体或社会,显然,这个环节即是家庭"②。家庭作为无意识的概念,它虽然是民族的元素,但其自身却是与政府、社会等伦理本质相对抗的。黑格尔进一步分析道,伦理实体的差别又可表现在性别上,人的规律是男人的规律,神的规律是女人的规律,男人和女人分别组成了伦理生活中的两个对立的世界。

---

① 《精神现象学》下卷,第7页。
② 同上书,第8页。

把希腊社会分化为政府和家庭两部分,并分别以男人和女人代表之,这大致符合历史的真实情况。在人类社会的初期,确实是有一种男人主外,女人主内的情况,黑格尔的深刻不在于作了区别,而在于他洞察了两种本质的内在冲突。当然,由于阶级的局限性,黑格尔并没有揭示希腊社会的奴隶制性质,并把奴隶作为本质力量置于伦理生活。他分析道,起先,"伦理王国在它的持续存在里就始终是一个无瑕疵、无分裂而完美统一的世界"①,伦理的两个本质都各司其职,从事着它们各自的事情。但是,由于伦理的两个本质因素从根本上讲是截然相对的,所以,它们一旦从事行动,就必然导致矛盾冲突,也正是行动产生了伦理实体的自我意识,或者说,行动本身就是自我意识的活动,"自我意识在它的行动中认识到实体所分裂而成的那两种势力的矛盾,认识到它们的相互摧毁,认识到它关于它的行为的伦理性质的知识与自在自为的伦理之间的矛盾,并因此而感受到它自己的毁灭"②。黑格尔由此具体分析了悲剧《安提戈涅》所呈现的伦理实体双方的矛盾冲突。剧中,由国王所代表的人的规律与安提戈涅所代表的神时规律发生了冲突,这两个环节就其自身来看都有其合理性,国王当然应该按照人的规律罚惩和否定那个敢于蔑视国家权威的个别性,但是,安提戈涅也有义务按照神的规律去掩埋弟弟的尸体,使其免遭鸟啄禽噬,这样,两种势力就发生了矛盾冲突。其实,站在更高的层次上看,两个本质又都有其片面性,最后在它们的斗争和毁灭中,一种新的本质产生了,这个本质就是个体自我的本质。

但是,由于希腊社会是一个伦理的社会,在那里还没有个体自我的地位,因此,自我同样也陷于关于命运的有知与无知的悲剧性冲突之中。《俄狄浦斯王》便是如此。只有有所作为才是现实的自我,但是有行为便避免不了过失,便有可能导致罪恶,那个可怜的俄狄浦斯应验了命运之神的预言,杀父娶母,从而导致了灭顶之灾,尽管他出于无意,但是他既然有所作为,那么他的过错便必须由他承担。

通过以上的分析可以看出,伦理实体由于其内在的矛盾从而产生了

---

① 《精神现象学》下卷,第6页。
② 同上书,第19页。

自我意识，但自我意识在其行为中却导致了它的毁灭，毁灭是希腊社会个体自我的普遍命运，"由于有了行为的缘故，和谐一致就变成了悲惨命运的否定运动或永恒必然性"①。这种普遍命运对于个体自我来说就成为一种悲怆情愫，它渗透个体性的整个存在，决定着个体自我的生死、成毁。我们由此看到了希腊这个伦理社会中，个体自我无论如何成为不了主体，随时随地，无论它知与不知，总会有一种普遍的力量左右着它的生命，最后导致它的毁灭。但是，由于伦理实体本身是自我意识直向运动的结果，既然自我意识在伦理生活的冲突中毁灭了，那么伦理实体本身也就随着毁灭。在伦理世界，伦理实体的胜利毋宁是它的失败，随着悲剧英雄的死亡，希腊伦理社会也就解体了，一个新的形态于是出现，于是，希腊城邦由罗马帝国所取代，希腊家庭由法人所取代，一个天然和谐的伦理社会过渡到罗马的法权社会。

罗马法权状态是希腊伦理社会向近代教化社会过渡的中介环节。首先，随着希腊悲剧英雄的毁灭，普遍的伦理实体，即国家、政府等普遍形式，也就失去了它与个体性的天然合一的本质，成为一种僵硬的普遍性；反过来，随着伦理实体成为一种扼杀个体、自我的普遍努力，自我也就失去了它与实体的有机联系，成为一种同样抽象的个体性。黑格尔说："精神的生命以及在其一切组成个体中都意识到其自身的这种实体，也就丧失了。……而实体的个体性，本是坚如磐石地团结一致的，现在毋宁已分崩离析，破裂成了众多的点。"②

这就是罗马的法权状态。其中，那个形式的普遍性是罗马皇帝、世界主宰；个体自我破裂为众多的原子、抽象的法人。在法权状态，有一个基本原则就是平等，不论是谁，在法律上是一律平等的（不包括奴隶），法的关系代替了希腊的血缘关系，个体获得了独立人格，它不依赖于任何普遍的东西，直接在现实生活中就有其效准。因此，从形态上看罗马法权状态高于希腊伦理社会。但是，法权状态与和谐的希腊城邦相比，也失去了一个重要的东西，即生命统一体。在法权状态中，一切都支离破碎、分崩离析。法人是抽象的、个别的、偶然的个人，它没有本

---

① 《精神现象学》下卷，第20页。
② 同上书，第33页。

质,没有意义,它的自由与独立是一种假象,是一个空虚的自我意识。

法人是丧失了普遍本质的自我,但普遍本质不可能归于虚无,它与其说是抛弃了本质,不如说本质抛弃了它,普遍本质早已异化为一个绝对否定的势力,它就是罗马皇帝、世界主宰。这个异己的势力高高在上,握有支配法人生死的大权。它放纵荒唐、残杀狂暴、胡作非为。因此,法权状态的平等成为最大的不平等,法人的自由和独立成为最大的依赖和奴役,法人在世界主宰的刀剑之下"体会到了自己的无实质性,知道自己是毫无实质的东西"①。因此,整个现实世界就发生了颠倒和异化,自我的高扬成为自我的丧失,现实的本质成为异己的势力,普遍的客观效准成为它的反面,"自我的普遍现实就是自我的本质的丧失"。一个异化社会产生了,自我意识在这个异化世界固然也是一个发展,但也同时是异化,它必须进行一场重新的占有和斗争才能获得真正的本质。

三、教 化 世 界

教化世界是《精神现象学》的中心内容。所谓教化世界,黑格尔认为,它虽然属于自我意识的直向运动——伦理世界,但它比希腊伦理社会要高一个层次,它是现实的精神。在那里,无论是自我还是实体都已走向现实,成为现实对立着的、旗鼓相当的对手。教化世界打破了希腊的天然合一的状况,分裂为两种现实的本质力量,而正是在这两种势力的冲突搏斗中,社会和历史才展开和发展起来,人类才成长为真正的主体。

1. 教化和异化

希腊伦理社会是一个自我和普遍本质的天然统一体,在罗马法权状态,自我与普遍本质发生了偏离,异化世界业已出现,当罗马社会解体,欧洲进入中世纪和近代社会之后,异化则成为普遍的情况,几百年的发展使得教化世界成为一个现实的世界,社会和历史中的一切事物都被包

---

① 《精神现象学》下卷,第37页。

罗进这个世界。从本质上看,这个现实世界不是从天上掉下来的,而是自我意识现实运动的成果,是自我对象化的产品。客观精神之所以不同于主观精神,即在于精神在这里进行的是现实的劳作和活动,所创造的是客观的人类社会和人类历史。但是,自我意识在直向运动中,并没有获得单纯的肯定,反而成为一种自我否定的活动,自我创造出来的世界反而成为摧残自我的世界。因此,教化世界从一开始就是这样一个现实矛盾的世界。对于这个世界,黑格尔有时叫做教化世界,有时叫做异化世界。

教化(Bildung)与异化(Entfremdung)在《精神现象学》中是两个重要的概念,虽然黑格尔有时有混淆,甚至往往着重于它们的同一性意义,但从本质上看,它们是自我意识实现其本质的客观化运动过程中的两个环节、两个方面,它们之间既有区别,又有联系。

关于教化,黑格尔说:"个体在这里赖以取得客观效准和现实性的手段,就是教化。"① 又说:"教化乃是实体的在思维中的普遍性向现实性的直接过渡,……因此,个体性的自身教化运动直接就是它向普遍的对象性本质的发展,也就是说,就是它向现实世界的转化。"② 显然,教化即是个体自我对象化、客观化其本质的运动过程,是自我在对象化过程中肯定自己的活动。Bildung 在德语中有塑造、培养、教育的意义,黑格尔也是在这个意义上使用它的,表示自我在实现其本质的现实运动中的自我塑造和自我教育(教养)。通过教化,自我也就发展成为普遍的自我,与此同时,对象世界也同样发展成为普遍的世界。因此,教化在《精神现象学》中具有双重的意义,它既是个体自我生成的过程(在这一过程中它逐渐发展成为社会和历史的主体),也是客观世界成长的过程(在这一过程中,客观世界经历了整个封建社会和向资本主义社会过渡的近千年的历史)。总之,教化是自我意识直向运动的自我肯定的本质活动。

但是,自我意识的本质对象化过程同时又是一个自我否定的活动,因此,自我否定的本质活动就是异化。黑格尔说:"那样一种精神,即,

---

① 《精神现象学》下卷,第 42 页。
② 同上书,第 43 页。

它的自我是绝对分立的东西的那种精神,发现它的内容是一种与它相对立的同样坚硬的现实世界,并且在这里,世界具有作为一种外在的东西、自我意识的否定物的规定或特性。"① 异化(Entfremdung)是从拉丁文和英语 alienation 翻译而来的,有疏远和排斥等意义。在《精神现象学》中,黑格尔认为,教化世界虽然是自我实现其本质的肯定活动,但同时也是一个丧失本质的否定活动,自我所创造出来的作品——现实的普遍社会,成为一种异己的、摧残和压迫自我的否定力量。自我在所创造的世界中不但认不出自己的本质,反而感到疏远和陌生,处处受到异化世界的排斥和敌视,世界成了它的毁灭之所。

因此,教化和异化是自我意识客观运动的两个方面,它们既对立又统一,一个是自我肯定,一个是自我否定,两者现实地统一在同一个过程之中。马克思分析道:"在黑格尔看来,自我创造、自我对象化的运动,作为自我外化和自我异化的运动,是绝对的……"② 黑格尔认为,正是通过这种内在的矛盾冲突,精神才运动和发展起来,整个客观精神世界就是在这个二元本质的冲突搏斗中展开的,没有冲突,便没有社会的发展,没有冲突,便没有历史的进步。因此,教化和异化、肯定和否定在《精神现象学》中具有普遍的意义,黑格尔说精神就是"单一的东西的分裂为二的过程",③ 精神的每一个进程,自我意识的每一个形态都具有教化和异化、肯定和否定等双重的意义。例如,从精神向自然的转化便是一个重大的双重化过程;在《精神现象学》中,这个双重化过程在实践理性的运动中也曾出现,快乐与必然性、心的规律与现实的规律、德行与世界进程等环节可以说就是在这一双重本质的基础上展开的。相比之下,客观精神阶段的自我意识的双重化本质运动具有重要的意义,因为它是现实的运动,它直接就与现实的人类社会和人类历史相统一,它揭示的乃是一个历史哲学的本质规律。黑格尔认为,在自我意识运动的教化和异化这一双重本质的基础上,"异化了的精神世界分裂为两个世界。第一个是现实的世界或精神自己异化而成的世界,而另一个则是精

---

① 《精神现象学》下卷,第 38 页。
② 马克思:《1844 年经济学—哲学手摘》,第 128 页。
③ 《精神现象学》上卷,第 11 页。

神于超越了第一个世界后在纯粹意识的以太中建立起来的世界"①。前一个是现实王国,后一个是信仰王国,前者是自我意识在坚硬的现实上所刻画和展现出来的世界。后者是在同样坚硬的纯粹思想元素上所刻画和展现出来的世界。黑格尔认为,希腊在悲剧英雄毁灭之际,实际上进入了一个异化社会;在现实的异化世界,自我和共同体都在成长和发展,当自我意识到它的现实即是一个异化世界并起而反抗时,它也就超越了现实世界而进入一个信仰王国;但是信仰王国也不是一个纯粹真理的王国,因为现实是异化了的,所以建立在现实世界之上的信仰也同样是颠倒了的意识,因此,在信仰世界,觉醒了的自我就作为识见与信仰展开了一场激烈的斗争,这个过程也就是传播识见的启蒙过程;传播识见所揭示的真理不但力图在精神王国打垮迷信和偏见,而且还要把它的有用性原则置入现实性界,用它去否定和破坏现行的政治、法律等一系列封建专制制度,把启蒙的真理传播于世,实现于世;最后,在启蒙精神的鼓舞下,法国革命爆发了,法国革命是客观精神发展阶段上的一次重大事件,也是人类历史发展的一次伟大变革,它是教化世界和信仰世界内在矛盾的总的爆发和总的扬弃,是精神和现实统一的中项,通过它,自我意识就开始了反向运动,于是伦理精神过渡为道德精神。

2. 现实王国

自我意识在现实世界的活动是一种双重性质的活动,既是对象化的过程,也是自身异化的过程。在异化世界,自我的对象化是自然的、无意识的,当自我意识觉醒的时候,它所要做的首先就是重新占有这个异己的世界。"自我意识把它自己的人格外化出来,从而把它的世界创造出来,并且把它创造的世界当作一个异己的世界看待,因而,它现在必须去加以占有。"② 自我在客观精神阶段所从事的一切活动都是对异化世界的占有,占有在这里又有双重意义:首先,就直接性来说,自我意识其实已经占有了现实世界,因为异化过程也就是教化过程,"通过它的自身异化,它就使自己成为普遍性的东西,而它的这个普遍性即是它的

---

① 《精神现象学》下卷,第 41 页。
② 同上书,第 42 页。

效准和现实性"①。但是,这种占有毕竟还是一种虚假的占有,因为在那里自我毋宁丧失了自己。因此,自我意识所寻求的占有是另外一种占有,即克服异化的积极性的占有,自我在它的现实活动中积极地、主动地占有自己的本质。在《精神现象学》中,这两种占有并不是泾渭分明的,特别是在教化世界的初期,两者还是混淆莫辩的,随着自我意识的发展,积极的占有方式才逐渐成长为本质的活动。

  自我以什么方式占有现实世界?这与自我以什么方式创造世界,又以什么方式异化等问题密不可分,而正是在这里集中体现了黑格尔哲学的本质。马克思的异化理论本质上是劳动的异化,是现实社会的异化,对异化的克服和扬弃是通过现实社会、对私有制的否定和扬弃才达到的,因此它付诸实践,付诸现实的共产主义运动。黑格尔与此不同,它的异化本质上是一种精神的异化,无论是肯定还是否定这两种本质活动都是在意识里完成的,马克思说,在《现象学》作为本质异化出来的东西,如财富、国家政权等等,"它们是思想物,并且因而只是纯粹的亦即抽象的哲学思维的异化"②。因此,黑格尔所说的对异化现实的占有本质上也是在意识中的占有,是一种思维的占有,"因此,对异化了的对象性本质的任何重新占有,都表现为把这种本质化入自我意识"③。这种意识的占有在《精神现象学》中又有多种形式,首先是意识的判断,由此产生了高贵意识和卑贱意识;此后,占有又集中地表现为语言上的占有,语言是教化世界的一个重要内容,下面还有具体分析;最后,在法国大革命中,自我对世界的意识的占有才转化为现实的活动,才付诸于现实的革命运动。因此,如果说黑格尔完全把占有看成是意识的、精神的占有也不符合事实,因为法国大革命就是一种现实的占有,但是,我们应该抓住其精神占有的实质。此外,马克思也说过,黑格尔的唯心主义有时也包含着合理的内容。例如,"关于'苦恼意识'、'诚实意识'、'高贵意识和卑贱意识'的斗争等等,包含着——尽管还是以异化的形式——对宗教、国家、市民生活等等整个领域的批判的要素"④。

---

① 《精神现象学》下卷,第42页。
② 马克思:《1844年经济学—哲学手稿》,第114页。
③ 同上书,第118页。
④ 同上书,第115页。引文中的术语为全书一致,略改。

现实世界从总体上看由两个因素构成,一个是国家权力,一个是社会财富。现在,自我要占有对象世界,它首先必须明确自己判断的标准,从而决定自己的取舍。国家权力是简单的实体、绝对的事情自身,它是在历史发展中不断巩固起来的国家世俗政权;社会财富作为一种自为的本质,它是整个社会物质生活的基础,是一个国家、一个民族经济生产和市民生活的总和。黑格尔认为,这两种力量构成了自希腊社会解体以来的近千年的欧洲社会的总的现实状况。

现在,自我意识所要做的便是去占有这个现实世界。黑格尔认为,目前的占有不是别的,乃是一种意识的判断,判断就是分清对象之是非、善恶与好坏,通过判断,自我才能在"这两种精神力量中认识到它自己的实体、内容和目的"①。由于现实分化为两种势力,自我也就只能在这两种势力中做出判断,决定取舍,认为哪个势力符合它的本质便是善的,不符合则是恶的。起先,它自然认为国家权力是善的,社会财富是恶的,因为前者是普遍的实体,符合自我的普遍本质,自我首先作为国家的成员才具有现实性,而后者则是个别的东西,它只满足个体自我的感性欲望和需要,不具有实在的意义。但是,由于现实的分裂,自我本身也是一种普遍与个别的分裂,它马上又感到前面的判断面临危机,自我在服务于国家权力之际,发现国家并不真正符合它的本质,反而是一种压抑自我的恶的势力,相反,自我的个体性反而在财富那里,在劳动、创造和享受的活动中得到实现。这样,自我意识的判断就发生了颠倒,它认为社会财富是善,国家权力反而是恶了。

于是,自我意识的判断就产生了矛盾,从自在角度所作的判断与从自为角度所作的判断截然相反,在这一矛盾冲突中,一个新的自我意识出现了。这个自我意识超越了意识和对象,它对"两种不同的判断本身进行判断",因此提出一个共同的标准:凡是自我从对象中认出与其本质同一的东西,就是善;凡是认出不同一的东西,就是恶。这样,就出现了高贵意识与卑贱意识,"认定国家权力和财富都与自己同一的意识,乃是高贵的意识;……反之,认定国家权力和财富这两种本质性都与自

---

① 《精神现象学》下卷,第47页。

己不同一的那种意识,是卑贱的意识"①。高贵意识是一种肯定的意识,它认为现实世界的一切东西都是与它的本质相符合的,无论在国家权力的统治下,还是在物质财富的满足中,它都感到得心应手、自由自在。反之,卑贱意识则是一种否定的意识,它感到现实世界的一切都是异化了的、与它相对抗的,它不但仇视国家权力并随时准备叛乱,而且也鄙视社会财富,鄙视自我享乐。

黑格尔认为,自我意识如果仅仅停留在主观判断上,那它还不是一个现实的自我意识,还不能实现对现实世界的占有。自我意识必须付诸语言,付诸行动,在言行中才能把主观判断的本质实现出来。

自我对现实世界的占有是一个随现实世界同步发展的过程,起先它要在主观意识中进行一番善恶判断,然后才开始现实的占有,黑格尔认为这种占有的一个重要方式就是语言。

语言是《精神现象学》中的一个重要范畴,它不再是简单的言谈话语,而被提高为一种具有普遍本质的东西。首先,语言是自我意识本质表现的一般方式,在自我达到用普遍的语言表现自己之前,曾经采取了多种形式,曾在面相学和头盖骨相学中外在地表现过自己,也曾通过自己追求快乐和福利的行动表现过自己,但在那里,都还没有达到过普遍的自我。现在,自我却在它的语言里达到了自我意识。"我(Ich),作为这样的纯粹的我,除了在语言中以外,就不是存在在那里的东西,……只有语言表述着我、表述着我自身。"② 当然,在语言那里也有着自我的特殊性,但是一旦语言用来传播,那么,它的意义就超越了自我的特殊性,而成为一种普遍的本质的东西。

但是,虽然语言是普遍的形式,却由于自我意识所创造的世界是一个异化的世界,而导致语言也未能保持它的纯洁性,或者甚至可以说,现实世界正是通过语言而完成它的异化和教化的。黑格尔说:"语言是异化或教化的现实。"③ 自我首先从主观判断开始它对现实世界的占有,这个占有的进一步形式就是自我企图通过语言达到对现实的占有,

---

① 《精神现象学》下卷,第51页。
② 同上书,第55页。
③ 同上。

但是,由于自我此时还是一个内在分裂的自我,所以,它的言行不但没有实现它的自我肯定,反而创造了更大的异化,产生了更多的混乱和不和。在这一节中,黑格尔通过语言的异化描述了一个混乱、丑恶和肮脏的社会景观。

首先,自我意识在起点上还是一个诚实的意识,企图用它的言行把自己的本质实现出来,因此,它是一种服务和建议。高贵意识于是就从主观判断变成服务的英雄主义,特别是表现在对国家的态度上,成为一种不惜牺牲个体而实现普遍实体的德行,它以为通过牺牲个体自我,国家就成为真正的有效准的东西。这种服务和建议从历史上看就是臣民的意识,它以君主的利益为根本的利益,以国家为绝对的本质。但是,黑格尔认为,诚实的意识是短暂的,在历史上占统治地位的意识是一种相反的意识,即阿谀的意识。自我意识作为高贵意识并不真正就以为国家、君主是真正的本质,个体是微不足道的,相反,高贵意识骨子里自以为自己个体的利益高于一切,但是在现实中,它又不能直率地表示出自己的思想,因为它要获得利益还必须赢得普遍的权力。于是,它在公共事业中对国家权力、对君主专制就一味地奉承、溜须拍马,满嘴公正无私、冠冕堂皇,骨子里却厚颜无耻、卑鄙下流,这样,通过迎合君主的私好,它得以封臣授爵,回头尽情地享受自己的私欲。阿谀之所以获得成功,其实除了自身的卑鄙之外,还有一个更大的原因,即普遍势力需要这样的阿谀奉承、卑鄙无耻,因为此时的国家权力并不是自我真正的本质,而是一个虚假的本质,它通过臣民的阿谀,就异化为一些专制魔王、昏庸君主,自以为"朕即国家",可以胡作非为。总之,通过黑格尔的晦涩描述,我们眼前出现了一个异化了的社会景象,在那里,每个人都弄虚作假、自欺欺人,都口是心非、自私自利,高贵意识早已荡然无存,剩下的只是丑恶肮脏和厚颜无耻。

关于这一节的描述,黑格尔有着广泛的文化背景和资料来源。从精神上看,它直接继承了启蒙运动对腐败堕落的现实社会的批判传统;从内容上看,黑格尔关于臣民阿谀、君主昏庸的批判描写又与歌德的叙事诗《莱涅克狐》、《浮士德》第二部第一幕以及席勒的悲剧《强盗》等作品所形象地展现了的社会情景相似。在那些作品中,诗人们形象地展现了封建社会的政治腐败、君臣堕落,并给予了严肃的批判,黑格尔无论读过还是未读过这些作品,但作为同一文化背景和文化精神的产物,它们之间确实有着异曲同工之妙。

教化世界是一个分裂矛盾的世界,关于教化世界的语言也是一个分裂矛盾的语言。但是,语言作为自我意识的现实形式,它并不是一开始就意识到对象世界的分裂和自身的分裂的,相反,它总是努力地在对象中寻找自己的本质,寻找善良、公正、美好等普遍的东西,因此,它是一种诚实意识,黑格尔有时又叫做憨直意识或简单意识。

诚实意识在《精神现象学》中是一种普遍的意识形态,每当自我意识抱着理想主义的真诚去向现实世界寻找普遍本质的时候,它都是一种诚实意识,所谓诚实,就是意识的简单肯定和相信,它不但相信自己的所作所为,而且也同样相信对象世界的所作所为。黑格尔说:"意识被称为诚实的意识,这是因为一方面它达到了事情自身所表述的这种理想主义,另一方面它又以事情自身这个形式普遍性为真理。"[①] 关于诚实意识,在分析"自在自为的个体性"时,曾论述到那个以事情自身为普遍本质的诚实意识,此外,审核法律的理性也是一种诚实的意识,它竭力在现实中寻找据说是善良而公正的东西。在教化世界,可以说高贵意识和卑贱意识也都是一种诚实的意识,黑格尔曾说,诚实意识是单一的音节、单一的语言,正像高贵意识所作的,它自以为现实世界的两种势力都符合它的本质,自以为世界完善、美好如斯。卑贱意识虽然不像高贵意识那样简单明了,它已经意识到现实世界的一切(包括国家权力和财富)都是异己的与自我不符的东西,但是,卑贱意识仍还是一个诚实意识,它的诚实表现在它对自我判断的确信上,它还不愿放弃自己主观世界那美好的一隅。

其实,黑格尔说道,诚实意识乃是最大的不诚实,毋宁是欺骗,"诚实的意识把每一个环节都当成一个常住不变的本质,所以它是没有受过教化的无思想的意识,它不知道它也同样在做着颠倒了的反面的事情"[②]。欺骗是诚实内在的真理。欺骗与诚实一样,在《精神现象学》中也是一个重要的范畴,它是一种向否定过渡的中介环节,每当自我意识在肯定

---

① 《精神现象学》上卷,第373页。
② 《精神现象学》下卷,第66页。

和诚实之中保持不住它的本质时,它就把自己的欺骗本质展现出来。欺骗内在于精神的本质分裂,内在于人的本性,因为精神总是处于普遍与个别的冲突之中,人类总是介于有限与无限之间,每当自我固持在它的个别和有限的环节上,而又不甘心于个别和有限,远骛于普遍和绝对的本质时,诚实和欺骗的双重性格也就展现出来了。从自身的角度看,它是一种诚实,自以为它就是普遍本质,其实,从普遍的角度看,它是一种欺骗,一种自欺而又欺人的双重欺骗。异化世界的诚实意识也是这样,为了保持那行将倒塌了的现实世界,它固执地认为普遍的现实世界符合它的本质,异化世界的对抗性、个体牺牲的悲怆情愫、官场社会的丑恶肮脏,它都视而不见、听而不闻,只是坚持自己的盲目确信。为此,它不惜编织一套谎言,虚构一系列事件去为这个想像中的现实世界辩护。其实这乃是一种可怜的欺骗,既欺骗自己又欺骗别人。

对于欺骗我们不能仅从道德的角度指责它,其实,它具有重大的意义,正是通过这种欺骗,精神才能发展,自我意识才能前进,人类才能产生和成长,才能消除它的自然本性,从而成为一个价值的存在,在现实教化王国,欺骗也同样具有重大意义,它导致了自我意识的否定和扬弃。正是通过它,自我意识进入另一个形态——分裂意识。

关于分裂意识,尚需补充其于自我意识的运动中所具有的转折意义。分裂意识是教化世界内在矛盾的一次深刻的揭示,是从现实世界向道德世界转化的催化剂。在分裂意识之前,自我意识的直向运动虽然不断地产生矛盾,但它仍然现实地运行着,但是,在分裂意识那里,自我意识已经现实地觉醒,所谓现实地觉醒,即表现在它不再像苦恼意识那样,在抽象的心灵中去寻求自我的无限真实性,相反,它力图在现实的人类社会和人类历史之中去寻找它的真实本质。因为分裂意识已经意识到现实世界的异己性和虚妄性,意识到语言的虚假性和矛盾性,为了占有世界,它不再像诚实意识那样憨直、简单,但是,它又没有发展成为法国大革命那样现实的革命运动,因此,分裂意识的反抗只能是消极的漫画似的,像拉摩的侄儿那样以丑反丑、以恶抗恶。在分裂意识的反抗下,现实世界的意义便被否定和超越了,自我由此进入了一个意识世界,但是,由于分裂意识也是一种异化形式的意识形态,通过它对教化世界的扬弃所达到的新世界也不是纯然美好的世界,也同样是一个异化的世界。这个世界就是信仰王国。

关于从教化世界向信仰王国的批判性转变,马克思与黑格尔截然相反,黑格尔认为现实异化世界的根源在于信仰世界的异化,马克思则认为,信仰世界的异化只不过是现实异化世界的颠倒了的意识形态,因此,对黑格尔来说,对现实社会的批判要归结于对宗教的批判,对马克思来说,对宗教的批判要归结于对现实社会的批判。

3. 信仰和启蒙

教化世界分化为两个王国,一个是现实王国,一个是信仰王国,通过分裂意识,自我意识便从现实王国进入信仰王国。

信仰王国是一个宁静的意识王国,一个远离现实世界的彼岸世界。黑格尔说:"自身异化的精神以教化世界当作它的特定存在;但是,由于这个精神整体已经完全自身异化,所以,存在于教化世界之彼岸的就是纯粹意识或思维这一非现实的世界。"① 从历史上看,黑格尔所说的信仰王国就是自罗马社会解体以来的近千年的封建意识形态,集中地表现为基督教意识及其建立在这一基础之上的整个精神生活。欧洲社会与基督教有着密不可分的血肉联系,基督教意识是欧洲近千年来占绝对统治地位的意识,对上帝的信仰渗透着社会精神生活的每个角落,渗透着每个人的灵魂,黑格尔用信仰王国概括近千年的欧洲社会的精神生活无疑是有道理的。

在《精神现象学》中,信仰王国无疑是宗教意识,即基督教意识的写照,但它又不是黑格尔绝对精神意义上的理想的宗教,而是现实社会的异化了的宗教。黑格尔认为,宗教意识的发展大致有几个阶段,第一种形式是苦恼意识,苦恼意识虽然达到了无限自我的觉醒,但它还是抽象个体的宗教意识,还只是一种渗透灵魂深处的向往崇拜之情绪,还未达到自我意识的实体本质;第二种形式是希腊伦理社会中的神的规律,这种宗教意识虽然具有了一定的实体性意义,但它还是潜伏在地下的、未见阳光的规律,是一种阴曹地府的宗教意识;第三种形式便是教化世界之中的信仰王国。信仰王国本质上高出于前两种形式,它首先是一种实

---

① 《精神现象学》下卷,第70—71页。

体性的宗教意识,它把一个普遍性——上帝作为绝对的本质,并由此构成了一个普遍的精神,而且它也不再是一种抽象无力的情绪,而是一种思维、一种精神的信仰活动。第四种形式便是绝对精神阶段的宗教意识。

信仰王国虽然达到了实体性和纯粹思维性,但它由于没有实现此岸世界与彼岸世界、个体自我与普遍神性的统一,因此,它还是一个异化了的王国,在这里,自我在它所创造的精神世界中与在现实世界中一样认识不出它的本性,天国成为扼杀世俗生活的虚构王国,信仰成为摧残科学理性的刀枪,上帝成为奴役压迫人性的枷锁。可以说,近千年的欧洲精神生活一直是一种被窒息、被歪曲了的精神生活,因此,当自我意识通过分裂意识进入这一精神王国之后,它同样不能忍受这一生活,它力图打破信仰王国的宁静,重新占有自己异化出去了的精神本质,于是它作为纯粹识见,与信仰迷信展开了激烈的斗争,这一反对迷信、传播识见的过程就是启蒙运动。

启蒙运动发生于17—18世纪的欧洲各国。所谓启蒙,其实质就是反对基督教蒙昧主义和封建专制主义,传播科学和理性,倡导民主和法治,它是一切国家抛弃封建主义而走向新生活所必不可少的阶段。启蒙运动把追求真理、教育民众放在首要地位,为了达到这一目的,它首先把矛头指向愚昧、落后、堕落的基督教,批判它们所编造的谎言和迷信,进而又把批判的矛盾对准腐败、专制的封建国家。在这场伟大的斗争中,资产阶级始终走在前列,成为这一运动的主导力量。启蒙运动在法国达到了最彻底、最激烈、最本质的展现。法国的那些思想巨人高举着理性、科学、民主、法治、自由和博爱的大旗,向基督教会和封建专制主义发起了猛烈的进攻,他们的思想启蒙运动为法国大革命奠定了基础。

《精神现象学》"启蒙"一节无疑是这场伟大运动的精神写照。作为资产阶级思想家,黑格尔对启蒙运动从来都是肯定和欢呼的,他认为这是历史的必然,精神的必然;没有启蒙运动,也就没有法国大革命,也就不能真正克服现实世界和信仰王国的双重异化,也就不能实现人的真正的自由本质。黑格尔引用了狄德罗作品中的一句话来表示启蒙对信仰的胜利:"在一个晴朗的早晨,它的肘臂把它的周伴轻轻一推,于是唏哩!哗啦!神像垮在地上了。……于是新的抬上来供人崇拜的智慧之蛇,就这样毫无痛苦地脱去了一层枯萎的旧皮。"① 但是,黑格尔毕竟是19世纪德国的哲人,特别是在目睹了法国大革命和拿破仑战争的全过程之后,他的辩证法使他不会再简单地肯定一个东西。黑格尔感到启蒙运动固然是人类历史的一场革命,它导致了新世界的诞生,但是,启蒙运动的理想远没有实现,而且启蒙运动的原则本身就潜伏着内在的矛盾,这一矛盾最终导致了法国大革命的覆灭。因此,对启蒙运动需要辩证地分析。

启蒙运动首先是一场否定的、批判的运动。开始,它作为纯粹识见起来批判信仰,它认为信仰是一种盲目的迷信,轻信教士们所编造的谎言,启蒙的责任就是要揭穿这些谎言和欺骗,让真理的阳光照射进每个人的心坎。于是,它开始传播识见,传播理性和科学。民众的愚昧无知是迷信的基础,也是基督教教义的基础,启蒙意识于是直接揭露了迷信、信仰的本质矛盾,即信仰所依赖于此的所谓的上帝、彼岸世界等普遍的东西,信仰并不能把它们明白地呈现出来,却反而用粗糙的表象诸如石头、面包等感性的东西去表述它们,这不是一个最大的讽刺吗?启蒙意识在批判迷信、传播知见的过程中,它感到它的敌人不只是腐败的教会阶层,而且还有封建专制政体,教会阶层与"专制政体一起阴谋活动,狼狈为奸"②。因此,启蒙意识便把批判的矛头对准精神生活和社会生活等所有领域中的一切愚昧、腐败、堕落的东西,它逐渐发展成为一个绝对的否定原则,它"反对正面的现存事物,反对宗教、习俗、道德、舆论,反对法定的社会状况、国家制度、司法、政体、政治、权威、法学权威、宪法,也反对艺术。……它的实质就在于从理性的本能出发,攻击一种腐化变质的状态,攻击那些普遍的、彻底的谎言,例如攻击僵化了的宗教所肯定的东西"③。

黑格尔具体分析了启蒙意识对信仰意识的批判,这种批判展现在三个方面:

首先,启蒙意识批判了信仰意识的抽象实体性,也就是说,在信仰那

---

① 《精神现象学》下卷,第84—85页。
② 同上书,第82页。
③ 黑格尔:《哲学史讲演录》第4卷,第222页。

里,所谓的上帝、天国等概念反而成为排斥、扼杀个体自我、感性情欲、世俗生活的庞然大物,成为抽象了的异化了的精神实体。启蒙"坚持主张信仰的绝对本质是信仰者,亦即一个自我的意识的本质,换句话,绝对本质是由意识创造出来的"①。也就是说,启蒙主张人应该成为宗教的主体,人道主义精神应该是宗教意识的基本精神。

第二,启蒙意识反对宗教信仰的二元矛盾及其由此产生的表象意识。启蒙揭示出信仰是一个分裂的意识,它一方面信仰纯粹的彼岸世界,绝对的上帝,另一方面却又把它们具体化为一些偶然的感性存在。启蒙因此呼唤理性的知识,认为人们无须崇拜偶像、迷信奇迹,无须在偶然的境况中去寻求彼岸的上帝,他们只要相信科学的理性,在现实世界也同样能够实现真正的本质。

第三,启蒙意识反对信仰所设定的实现自己的手段,也就是说,它反对信仰对人类世俗生活的蔑视。信仰号召人们放弃财产,放弃享乐,放弃现实生活,认为只有这样才能达到彼岸世界,才能实现与神灵的合一,"启蒙认为,舍弃享受和牺牲财产既不公正又不合目的"②。启蒙意识认为,现世生活和现世利益不但是人的权利,而且也是人的目的,信仰所声称的彼岸世界并不存在。

通过以上的批判,启蒙就战胜了信仰,成为精神世界主导的力量。但是,黑格尔笔锋一转写道,启蒙对信仰的胜利,与其说是启蒙的胜利,毋宁说是信仰自身的胜利。因为信仰并不纯然像启蒙所描绘和指责的那样一无是处,其实启蒙往往有时误解了信仰,因为信仰本身就是一个异化了的、分裂着的意识。"信仰意识使用的是双重的衡量尺度,它有两种眼睛,两种耳朵,两种口舌和语言,它使一切表象都成为双重的。……换句话说,信仰是生活在两种知觉之中,一种是纯然生活于无概念的思想中的意识的昏睡着的知觉,另一种是单纯生活于感性现实中的意识的觉醒的知觉。"③ 启蒙对信仰的批判无疑是正确的和必要的,它揭露了信仰的异化的本质,抨击了它的腐败僵硬的外表,促进了它的死

---

① 《精神现象学》下卷,第 101 页。
② 同上书,第 103 页。
③ 同上书,第 105 页。

亡,而这,其实正是信仰自身的真正本质所要做的,因为信仰也不满意自己的异化和外表,也要否定自己,批判自己。因此,黑格尔认为,启蒙和信仰在本质上是一致的。"其不同之处只在于启蒙是满足了的启蒙,而信仰则是没有满足的启蒙。"①

前面是启蒙的否定的方面。启蒙在反对信仰的同时还提出了自己的基本原则,这个原则就是有用性原则,黑格尔说:"有用是启蒙的基本概念。"②

有用性(Nützlichkeit)是一种价值关系,而且是一种现实的价值关系,黑格尔这里所指的其实就是资产阶级思想家所倡导的普遍的功利主义原则。这个原则认为社会中的一切关系都是一种实用的价值关系,它的中心是实现人的现实利益,凡是符合人的利益的东西就是善,否则就是恶,因此,他们的原则是最大多数人的最大幸福。因此,这种功利主义克服了极端自私自利的个人主义,而以普遍的利益为原则,以最大多数的幸福为标准。在功利主义者看来,整个世界就是一个有用性世界,在其中我为大家,大家为我。《精神现象学》中启蒙意识的原则也是这种功利主义原则,在它看来,人的本质和人的地位也是从有用性原则产生出来的,"人,就其直接性而言,作为一种自然的意识,他是自在的、好的,作为一种个别的意识,他是绝对的,而别的一切都是为他的,……一切都是为了他的愉快和欢乐而存在的"③。因此,在启蒙意识看来,世界上的一切都打上了有用性的印迹,人之所以信仰上帝,是因为上帝对人是有用的,它能满足人的绝对的欲求,人之所以倡导理性,是因为理性对人来说也是一种有用的工具,它可以适度地约束人的感性的极度扩张。因此,世界中的一切都处于一种以人的现世利益为中心的有用性的关系之中,世界之所以这样存在,是因为其中的一切对人来说都是有用的,而人之所以这样存在,也是因为人具有两重性,他既是自在的东西又是自为的东西,也就是说,别人对他来说是用的,他对别人来说也是有用的。这样,黑格尔认为,启蒙意识就形成了一个"功利世界"。纯

---

① 《精神现象学》下卷,第106页。
② 同上书,第97页。
③ 同上。

粹识见之所以反对信仰迷信,即因为它缺乏现实的自我,太空虚、太渺茫。现在,在功利世界,纯粹识见获得了它的确定内容。

黑格尔认为,精神在教化世界的发展经历了三个世界:第一个是现实的世界,在那里精神迷失了自我意识,异化为僵硬的存在;第二个是信仰世界,信仰世界已经获得了本质的意义,具有了纯粹精神的普遍本质,但它又是一彼岸世界,缺乏自我意识的现实确定性;第三个世界是功利世界。功利世界是一个自身确定性的世界,在它的有用性原则之下,普遍的本质与现实的内容结合起来了,通过它,自我获得了现实的确定性。因此,黑格尔认为,功利世界是启蒙意识的真理,启蒙之所以竭力反对迷信偏见、批判专制政治,之所以推崇科学、倡导理性,正是为了实现这样一个现实的功利世界,实现人的现实本质。从实质上看,可以说,启蒙意识是一种人道主义和功利主义普遍结合起来的思想意识,它否定了异己的上帝,而以现世的人为世界的中心,以人的现世利益为评价善恶、决定取舍的尺度,以人的幸福和自由为最终的目的。

启蒙在功利世界获得了自我意识的现实确定性,但这还只是一种意识的确定性,启蒙完成了人类在精神世界里的革命,扫除了其中的异化和偏见,现在,它要把它的原则付诸于实践,它要重新在现实的革命运动中克服、扬弃现实王国的异化,获得它的自在自为的本质。这就导致了法国大革命。黑格尔写道:"两个世界得到和解,天地互相交接,天国降入人世。"①

4.法国大革命

法国大革命是教化世界的最后一个环节,也是最为重要的环节。教化世界一开始就有教化与异化、肯定与否定的内在矛盾,自我意识对教化世界的占有同样也是双重的矛盾,它既是占有世界同时也是失去世界。但是,无论怎样说,教化世界发展了,自我意识同样也发展了,因此,自我占有世界的方式也发展了。起先,它只是在主观意识中想像地占有世界;而后它发展为普遍的语言,从诚实的语言变为分裂的语言,语言成为它占有世界、反抗世界的方式;但是语言本身也是一样异化,

---

① 《精神现象学》下卷,第113—114页。

信仰的语言即是一种迷信的语言,于是,它占有世界的方式就变成启蒙的意识,即通过传播理性和科学而占有世界;最后,当自我在有用性原则那里获得了它的绝对权力时,它就竭力把自己付诸实行,力图在现实的活动中绝对地占有教化世界,这就是法国大革命。

法国大革命既是人类历史上的一次伟大事件,也是《精神现象学》精神发展史上的一次伟大革命。在《精神现象学》中,精神作为自我意识在法国大革命之前已经走过了漫长的历史进程,从主观精神到客观精神经历了一系列的意识形态,在其中也展现了一系列的本质冲突,如人与自然,人与社会,人与人之间的矛盾冲突,这些冲突虽然在每一个特定的意识形态中都得到了初步的解决,其实这些解决并不是绝对的和解,毋宁是为后来的更大的矛盾冲突所代替,因此,这一系列本质矛盾形成了一座活的火山,随时都会喷涌出来,在《精神现象学》中,可以说法国大革命就是这些内在矛盾的总的爆发。

法国革命把前面的一切矛盾集结于一身,在现实世界演出了一场轰轰烈烈的戏剧,它的意义是空前的。但是,法国革命虽然为一个新的时代开辟了道路,但是它自身并没从根本上解决问题,它毋宁形成了更为尖锐和更为剧烈的矛盾冲突,这就是绝对自由与恐怖。黑格尔说:"自身异化了的精神"在法国大革命中"达到了自己的对立的顶峰"[①],在现实世界,自我已不能获得根本的解决,于是,正像从现实王国过渡到信仰王国那样,绝对自由也就从"那摧毁着自己本身的现实王国过渡到另一个有自我意识的精神王国"[②],这个王国就是道德精神,在那里,它"元气恢复,活力重振"[③],重新成就出一番伟大的事业。

---

① 《精神现象学》下卷,第123页。
② 同上。
③ 同上。

第六章 道德世界与绝对精神

在教化世界,自我意识所进行的还是一种直向的运动,实体是作为异己的普遍命运而与个体自我相对立的。现在,经过法国大革命,自我意识开始了反向运动,实体由此转变为主体,主体自我成为世界的主词,宇宙的主人。因此,黑格尔说道德是"对其自身具有确定性的精神",它是自在自为的主体性。但是,道德精神在黑格尔看来毕竟还是客观精神阶段的一个意识形态,在那里,精神虽然发展成为绝对的主体,但这个绝对还只是一个抽象形式的绝对,还未达到宇宙与自我的绝对统一。

通过道德意识,《精神现象学》就进入绝对精神,绝对精神是黑格尔哲学的中心,是它的起点和终点,是它的从起点到终点的永恒的运动过程,在那里,实体与主体、自在与自为,有限与无限,理性与生命、心灵与世界,认知与践行等一切内在对立的环节都获得了绝对的统一,而且它知道这个统一,达到了对自身的概念式的理解。在绝对精神中,《精神现象学》得以最后完成。

一、道 德 世 界

教化世界是一个现实和意识全面异化的世界,自我对异化世界的反抗和斗争采取了各种形式,但最终仍没有真正扬弃这个个体与群体、自我与社会的极度分裂,在法国革命的自由与恐怖的对立冲突中,一种新的精神崛起了,这个精神就是道德精神。

道德精神是一个真正的主体性精神,一个真正的自由精神,它意识到自我在以前之所以没能克服异化,并不在于异化之不能克服,而在于自我所采取的方式有问题,在它看来,主观判断、普遍语言乃至现实行动都还是一种有限的占有世界的方式,它同时也把占有者自身有限化了。因此,道德自我要一改过去的有限性,而采取一种无限的方式去占有世界,这个方式就是知识,就是认知着的意志,黑格尔说:"自我意识因而现在把它自己的知识当成实体本身。"① 这样,道德自我就"成了高居于意识自身的对立之上的主人"②,成为绝对的本质。在它看来,没有什么东西在它之外,没有什么异己的东西,世界和宇宙中惟一存在着的就只是它自身,或者说,"一切客观性和全部世界,都已退回到了意识的认知着的意志之中"③。黑格尔认为,道德自我之所以能够扬弃教化世界,即在于它占有世界的方式发生了根本性的改变,它既不是感官的享乐,也不是卑颜的阿谀,既不是盲目的崇拜,也不是恶意的讽刺,既不是普遍的利用,也不是现实的行动,而是一种精神的占有,一种知识的占有,这种占有把自我提高为无限的主体性,在它那里,那个"自在自为的存在物,同时又被设定为一种并非脱离自我意识独立自存,而是为了自我意识和由于自我意识而存在的"④。

因此,道德意识就成为一种"道德世界观",在那里,道德成为考察世界、评价宇宙的尺度,道德自我成为最始的目的。黑格尔说:"意识是绝对自由的,因为它知道它的自由,而它对它的自由的这种知识,正是它的实体,它的目的,它的惟一内容。"⑤ 从渊源上看,这里的"道德世界观"显然是指 19 世纪德国文化中以康德和费希特哲学为代表的道德主义。黑格尔认为康德哲学是法国革命的良知,因为康德哲学的中心——自由意志虽然也是一种意志,但它本质上不同于法国革命的自由意志。在后者,意志还是盲目的,未上升到良知,而康德的自由意志则是一种绝对良知,一种认知着的意志,它知道它的自由之所是。

黑格尔认为,道德意识的第二种形态是"良心,优美灵魂,恶及其宽恕"。由于康德道德哲学的内在矛盾使其发生了颠倒,一种新的主体意识从此产生出来,这种意识就是德国的浪漫主义思潮。在《精神现象学》"道德精神"一章,黑格尔所描述的其实是他心目中德国道德哲学发展的三部曲。"从康德、费希特的道德主义,到席勒、诺瓦里斯、谢林、施

---

① 《精神现象学》下卷,第 124 页。
② 同上书,第 24 页。
③ 同上书,第 125 页。
④ 同上书,第 25 页。
⑤ 同上书,第 136 页。

莱尔马哈等人的浪漫主义,表明那以居于彼岸的纯粹义务为其本质的道德意识(良心),发展到了道德上的'慧心'、优美灵魂;个体与普遍要结合,私意与公心要一致,有时个体占优势,有行动,有时普遍居主导,只静观。再进一步发展,就到了黑格尔认为比道德较高的宗教阶段。'恶及其宽恕'表明,在天启的基督教那里,义务与冲动、理性与感情都辩证地取得了和解,达到了具体的统一。"①

1. 道德世界观

《精神现象学》的"道德世界观"建立在对康德道德哲学的分析批判之上。为此,应先分析一下康德的道德哲学。

自由意志是康德道德哲学的基础,甚至可以说是康德整个哲学的拱心石。康德认为,只有设定了自由因才能使人成为主体独立于、超越于自然,才能保证整个道德世界的存在不受现象界的侵犯。"我们必须假设有一个摆脱感性世界而依理性世界法则决定自己意志的能力,即所谓自由"②。但是,康德这里的自由概念或自由意志不是一种感性的能力,而是一种理性的能力,是一种绝对理性,这种理性不在认识,而在践行,它是一种实践理性。自由意志按照实践理性的自律行事,它要求自我意识的每一个行为都以普遍的法则为出发点。所谓自由,不是盲动和任性,而是依照实践理性的普遍法则行事。因此,依法行事就是一种义务,而且是绝对的义务,所谓绝对,即是为义务而义务。自由对自我来说不是一种恩赐或享用,而是一种必然的义务。道德法则和纯粹义务的最根本点在康德看来,就是把人作为目的,而不是作为工具。"你的行动,要把你自己人身中的人性,和其他人身中的人性,在任何时候都同样看作是目的,永远不能只看作是手段。"③ 因此,在康德的道德哲学中,自由意志→实践理性→纯粹义务→人是目的,这几个本质环节便先天地综合起来了,由此构成了人的道德主体性。

《精神现象学》的道德意识便是在这个基础上建立起来的,黑格尔认

---

① 《精神现象学》下卷,第146—147页,译者注。
② 康德:《实践理性批判》,商务印书馆1960年版,第135页。
③ 康德:《道德形而上学原理》,苗力田译,上海人民出版社1986年版,第81页。

为,道德意识的第一个环节便是义务的绝对性,对于自我来说,唯有义务才是本质的,其他的一切都是非本质的。义务要求的是超验的人格,是纯粹的价值,在此之外的整个对象和自然世界对它来说都毫无价值、毫无意义。这样,"一个道德世界观就形成了,这个道德世界观是由道德的自在自为存在与自然的自在自为存在的关系构成的"①。由此可见,道德世界观的出发点是一个二元的分裂,一个是绝对的义务,一个是相对的自然;前者是纯粹的价值王国,后者是杂乱的现象世界;前者是自由自律,后者由于不受前者的规定同样也是自由自在的。

但是,因为道德主体是一个绝对的认知着的意志,在它之外不能有任何异己的东西存在,一个摆脱于义务的自在的现象世界是不可能的,因此,在道德意识的起点上便有两个基本的公设用以克服现实的分裂。第一个公设是道德与客观自然的和谐,第二个公设是道德与感性意志的和谐;第一个公设是自在存在形式下的世界的终极目的,第二个公设是自为存在形式下的自我的终极目的。两个公设的统一构成了宇宙中的最大圆满和最大和谐。

为什么要设定这两个和谐?这是从道德世界的内在必然性推演出来的。道德意识或绝对义务要成为真正的主体,它不能永远只是停留在彼岸世界,不能永远让一个现象世界逍遥于外,它必须实现出来,履行自己的义务,成为现实的主体。要实现自己,主体便须具有实现自己的各种能力,其中包括他的自由意志和与自然作战的现实能力。"履行了的义务既是纯粹的道德行为,也是实现了的个体性,而且自然作为与抽象目的相对立的个别性方面,也是与这种目的结合为一的"②。这样,在道德意识的实现过程中,便必然建立起道德与自然世界的和谐。自然在《精神现象学》中具有双重的意义,它既是外在的自然,也是人自身的自然,而且在道德哲学中人自身的自然更为重要。这个自然便是人的感性情欲和感性意志等主观的东西,"是以意愿的形态、作为冲动和情欲而出现的感性"③。在康德看来,感性情欲与人的道德律令是格格不入的。

---

① 《精神现象学》下卷,第126页。
② 同上书,第127页。
③ 同上。

但是,在道德意识的实现过程中,道德与感性情欲的和谐仍然被建立起来,因为道德的实施不但需要感性的力量,而且在黑格尔看来,道德所依据的理性并不是与感性截然相对的,而是辩证统一的,理性就在感性之中,感性亦在理性之中。

这样,道德意识在它的现实活动中便建立起自我与自然对象、自我与感性情欲的统一。这个统一其实在康德的道德哲学中已经潜在地达到了,它集中体现在康德的"至善"观念上。康德认为,道德意识自身就具有绝对的道德性,它是纯粹的形式,它无需外求,自身就能建立起普遍的价值王国,但是,如果从圆满性的角度看,纯粹的道德律令如果没有内容,那它就不是圆满的,因为在它之外还有一个偶然的现象界。因此,"至善"作为最大的圆满性范畴,它必须包含"幸福"这一环节。"道德意识决不能放弃幸福,决不能把幸福这个环节从它的绝对目的中排除掉"①。但是,一旦幸福作为环节纳入至善之中,那么道德所谓的纯粹性也就荡然无存了。因为幸福是现象界的东西,它以感性欲望的满足、现实世界的享乐为核心。这样,至善作为道德与幸福两个环节的统一,其实也就等于设定了道德与自然的和谐。

但是,由于道德世界观的内在矛盾,这种自我与世界、自我与感性的和谐还只是一种设定,也就是说,还只是一种没有存在的应该,一种绝对的任务,它是为了道德意识内在的矛盾而外在地悬设起来的。至于现实世界,还是一个道德与自然各自独立、互相排斥的分裂状况,"至善"把它的完成"推之于无限",而"这就是包含在一种任务里的矛盾,这种任务既应该是永远完成不了的,却又应该是已经完成了的"②。为此,康德又建立了两条设定:灵魂不朽和神的存在。在他看来,道德虽然不能在现世达到至善,不能现实地克服内在的矛盾,但它却可以推之于来世,在另一世界,在灵魂之国,达到它的圆满性,获得应有的幸福。显然,康德的这两个悬设是一种遁词,是无法解决现实矛盾的一种软弱无力的逃遁。

因此,即使道德世界观从一开始就设定了两种和谐,设定了道德自

---

① 《精神现象学》下卷,第128页。
② 同上书,第130页。

我的无所不包的主体性,也由于它内在的根本矛盾,即道德律令与自然规则、理性法则与感性情欲的分裂,而使它不但不能实现其本质,反而在它的运动中导致了自我否定和自我颠覆。

2. 道德世界观的倒置

黑格尔认为,道德世界观不是别的,"乃是整个的一窝无思想的矛盾。"① 在那里,矛盾的双方相互否定、相互颠倒,仿佛是在做无谓的游戏,"它先确立一个环节,然后立即转向另一个环节,并把第一个环节扬弃掉;但当它现在刚刚建立起第二个环节时,它又重新推翻或颠倒了这二个环节,反而以其对立面为本质"②。

在自我意识的起点上,道德与自然之间的和谐是被设定起来的,但是在道德行为中,这种和谐却成为一个矛盾,和谐被否定了。因为,在自我看来,所谓行动,就是现实地创造出一个道德价值来,只有行动才具有道德的现实性,在行动之前,是没有什么道德可言的,因此,也没有道德与自然的和谐,相反,只有不和谐,才会有行动,行动就是否定,它变不和谐为和谐,变不道德为道德。但是,建立在行动之上的这个命题又马上面临自身的否定。因为在道德自我看来,只有纯粹的义务才具有道德性,正像康德所说的,道德自我意识只有惟一的一个目的和对象,那就是义务。道德行为者在它看来,并不是真正的道德主体,毋宁是一些偶然的个别的东西,它不构成终极的目的。在行为中,它不能实现普遍的本质和纯粹的道德性,实现的反而是个体自我的个别目的,满足的反而是个体自我的低级欲望。因此,道德自我必须摈除虚假的行动,重新回到它的起点上,以纯粹义务、普遍法则为自我的真正本质。

但是,纯粹的道德自我确信又面临着矛盾,从而导致它的颠覆。黑格尔认为,道德之所以是道德,在于它是一种义务和职责,在于它不断地在克服、否定非道德的言行中履行它的义务。因此,只有假定有一种现实的罪恶需要自我去努力克服时,才能产生真正的道德性;只有假定有一种自然本能需要实践理性去否定时,才能产生真正的道德性。而现

---

① 《精神现象学》下卷,第136页。
② 同上。

在,道德反而逃脱了现实的职责而一味沉湎于纯粹义务、纯粹事业的象牙之塔中去奢谈道德,"这样一来,道德行为本身就消失了"①。因此,道德自我便又遭到了自我否定,它原以为固守纯粹义务才是真正的道德本质,现在,它发现这种不求践行的固守恰是道德本质的丧失,恰是主体性的丧失。但是,道德自我一旦行动,它又陷入前面所分析的个体性的矛盾。因此,道德世界观在这里陷入了一个循环往复的矛盾困境之中。

现在,再分析第二个公设,即道德与感性情欲的关系。黑格尔认为,这一设定比前一个更为重要,因为只有设定了道德自我自身的和谐,才能建立起自我与世界的和谐。道德自我首先与第一个公设一样以为自己本是绝对的理性法则,是一个纯粹的自由意志,在它那里,感性欲望等低级情愫是没有丝毫地位的,它是一个排除了感性世界的超验的价值王国。但是,这个王国还是一个彼岸,价值世界还是一个理想,它要获得圆满性,要真正成为人的道德本质,而不是神的本质,它就必须现实地实现出来。但是,黑格尔认为,"纯粹意识为实现自己而用的工具或器官,也就是所谓的冲动和欲求。因此,意识并不是认真地在扬弃欲求和冲动,因为,欲求和冲动正就是自身实现着的自我意识"②。这样,道德自我的纯粹性就为现实的感性内容所颠覆,道德必然通过感性情欲的中介才能获得它的现实性,因此,它是一个理性与情欲、义务与功利、德行与幸福的综合体。

道德自我在达到了这一命题之后,它马上又面临无法摆脱的困境,它又必须否定、颠倒自己。在前面,道德达到了现实的理性与情欲的综合,它虽然扬弃了过去的纯粹性,但仍要求在综合体中的主导性,欲求和冲动虽然不应该被压抑掉,但它们必须符合于理性。但是,在情欲这方面,情况并不是如此,"因为感性是一种自然,这种自然本身中就有它固有的规律和弹簧;因此不能认真地把道德看作冲动的发动弹簧、欲求的调整角尺"③。也就是说,感性欲望也要求在这个综合体中的主导地位,在它来说,与其说是欲望符合于理性,不如说是理性符合于欲望,而

---

① 《精神现象学》下卷,第138页。
② 同上书,第139—140页。
③ 同上书,第140页。

这却是道德所不能接受的,道德认为它能够容纳幸福原则就已经作了重大的让步,现在再让它退居次要地位,那是根本不可能的。这样,道德意识的第二命题便又遭颠覆。

为了解决这个两难推论,康德哲学提出了另一个命题,即把道德与感性自然的和谐置于一个遥远的彼岸世界,置入一个无限的过程之中。黑格尔认为这个命题虽然比前两个命题要机智一些,但它仍没有克服其内在的矛盾,而是把它放入一个无限的过程之中去了。这个无限过程的"中间状态"有两个主要的矛盾:第一,既然道德把它的实现和完成置入于一个无限过程,而这个无限过程又是一个坏的无限性,实际上是不可能达到的,因而也就等于否定了它自己。第二,所谓道德向无限的进展,何以进展,只能是一步步的进展,而这就需引进数量大小的尺度,而这恰又是与道德的本质相矛盾的,因为在道德价值领域,根本不可能有数量大小的差别,有多多少少的界限,"只有一个德行,只有一个纯粹义务,只有一个道德"①。因此,由于这两个内在矛盾,这一命题便又被否定和颠覆,"非道德在这里恰恰显露出本性来了"②。

纵观上述两个道德公设的辩证发展,由于自我意识的现实原则和行动原则,道德意识内在的矛盾一次次显露出来,同时遭到了一次次的否定和颠覆。尽管道德意识克服和扬弃了教化世界自我和现实的分裂,达到了自在自为的主体性,但是,由于自我还不能真正地把自己内在的诸环节辩证地统一起来,由于自我总是不断变换地站在一个环节而排斥另一个环节,因此,它总是处于矛盾的冲突之中,总是遭到内在的颠倒和否定,总是不能保持自身的固定性和总体性。

因此,黑格尔指出,道德意识虽然达到了自我与世界、自我与自身的统一和解,但这个统一又总是未完成的,总是不能彻底实现的。之所以如此,"乃是因为有一个与道德相反对的感性和自然影响了它,感性和自然一方面混浊了道德本身使之不成纯粹的道德,一方面又搞出一批义务来使道德意识在实际行为的具体事件中陷于困惑"③。这样,道德自

---

① 《精神现象学》下卷,第141页。
② 同上。
③ 同上书,第144页。

我就不得不来回奔忙于各个环节之间,一次次确立,又一次次倒置,不得不说出一些与自己相反对的话,做出与自己相反对的事。道德自我已经意识到把各个环节区别开来,分别安置,以至又不得不打破这种安置,再行区别的重复颠倒的行为,乃是一种"伪善",意识到它早已失去了原先的真诚和纯洁。为了克服这种无休无止的矛盾和循环往复的重复,它必须逃回自身,摆脱现实世界的纠缠。黑格尔认为,这就达到了一个新的意识形态,这个自我意识形态就是良心。"良心鄙视这样一种道德世界观;它是在自己本身中的简单的自身确信的精神,这种精神无需通过上述表象的中介而直接地凭良心行动,并且它的真理性就在这种直接性之中。"①

3. 良心,优美灵魂,恶及其宽恕

黑格尔认为,在整个客观精神阶段,有三种自我意识的典型形式。第一种是伦理世界的自我,它经过伦理社会的内在运动而表现为罗马法权之下的原子式的法人,这种自我已经超越了希腊社会的个体与共体的原始统一性,而成为一个独立自主的人格。第二种是教化世界的自我,这种自我是一种面对异化社会而不断反抗和斗争的自我,它经历了现实王国和信仰王国两个世界,表现为分裂意识和启蒙意识,最后在法国革命中建立起它的绝对自由。第三种是道德世界的自我,它曾以道德世界观的形式出现过,但由于内在的矛盾冲突,它又遭颠覆,现在,在良心那里,它作为"对其自身之即是绝对真理和存在具有直接确信的精神"②的自我,才是真正的道德意识的主体性。

第一种自我虽然达到了独立自主性,但它是抽象的和空洞的,没有实质的内容。第二种自我是现实的自我,在那里,个体与群体的原始统一趋于分裂,自我已经意识到了它的现实价值和意义,它反对宗教迷信和封建专制,注重功利幸福和独立自由。但是,这种自我又是一种分裂和异化的自我,在它之外,现实社会作为异己的否定势力与它对抗,它随时都有被否定和被消灭的危险。第三种自我,道德自我,即良心,才

---

① 《精神现象学》下卷,第149页。
② 同上书,第147页。

是真正自在自为的统一的自我。在那里,既没有异己的对象世界,也没有自身内诸环节的颠来倒去,它即是直接统一的精神自身。由此可见,良心扬弃了道德世界观的一系列矛盾,诸如道德律令与自然规律、理性法则与感性情欲、纯粹义务与个别义务、普遍形式与具体内容等等的矛盾,而以直接的绝对统一性本身为其本质。在它看来,它自身就是绝对的和谐与安宁,而且是透明的和纯洁的。

良心(gewissen)在《精神现象学》中具有超越于一般伦理学的独特的含义。在普泛伦理学中,良心一般是指道德主体对其类的本质或超越本质的觉醒或发现,特别是当主体由于各种原因而铸成过失和罪恶的时候,这种良心的发现往往伴随着巨大的道德痛苦以及潜伏着的终于自觉其为主体的精神的快感。《精神现象学》中的良心首先包含了这层意思,它是道德主体的自觉,通过它,一个更为根本的自我取代了道德世界观中的分立着的自我。但是,良心在《精神现象学》具有更为普遍的意义。在一般伦理学中,良心往往更多地被解说为一种感情,具有一定的神秘性和模糊性,而黑格尔的良心乃是一个精神的形态,是一种普遍的认知,具有直接的普遍性和真理性,这里把它翻译成"良知"或许更好些,类似于王阳明的"良知",它是宇宙和精神结为一体的那一片圣洁灵明之所。

黑格尔认为,当自我意识扬弃了道德与自然、理性与感性等一系列矛盾冲突之后所达到的就是这种良心意识,它把过去的矛盾集于一身,具有直接的真理性。"良心,对其自己来说,其真理性就在它的自身直接确定性那里。这种对它自身的直接的具体的确定性,就是本质"[①]。因此,良心的主体性是一个个体自我与普遍本质的直接统一性,它的逻辑结构与心的规律中的"自大狂"意识和法国大革命中的绝对自由的结构一样,都是个别与普遍的直接统一性。在这个统一性内,过去一切阶段中的差别和对立的环节都被扬弃了,自我成为绝对的主体,成为万事万物的主词,一切都必须符合自我的本质,就连道德世界观中的普遍本质亦如此,自我即是绝对,在它看来,"规律为了自我而存在,而不是自

---

① 《精神现象学》下卷,第151页。

我为了规律而存在"①。显然,这个良心的主体就是费希特哲学中的"绝对自我",在那里,现实世界的一切内容,无论是道德还是自然,是义务还是功利,是理性还是情欲,都成为这个绝对主体的一些环节,只有主体才是绝对自由的,不受限制的。"良心知道自己完全不受约束,完全独立自由,并且自己拥有绝对权力,予以任意增减,任意取舍。"②

但是,由于良心只是一种直接的统一性,与自大狂意识和绝对自由意识一样,如果它静止不动,那么一切都还是纯粹透明的。但是,一旦它有所行动、有所实现,那么它就面临着无法克服的矛盾和冲突。因为,此时的良心虽然具有一种普遍的形式、一个主体性的外壳,但它骨子里仍然还是一个个体自我,一些"个人的任意性和个人的无意识的自然存在的偶然性"③,在那里,"除了感性之外什么也找不到的"④。但是,从形式上,它又是一个绝对的普遍性,一个包容万物于己身的主体。这样,在良心的现实化过程中,它的无限自由就变成无限任意,普遍的本质就变成普遍的非本质,它既可以把感性自然变成普遍的东西,也可以把普遍的东西变成感性自然。例如,别人称之为强横不义的行为,在它看来可以是履行义务的行为,而别人称之为英勇果敢的行为,在它看来也可以是触犯法则的行为,总之,良心在它的具体行为判断中完全成为偶然的东西。

这样,良知的统一性就产生了分裂,它内在的毫无本质的东西就呈现出来,它乃是一个骗局,它表现的只是个体的自我,而不是普遍的自我,它达到的真理性只是个别的真理性,而不是普遍的真理性。于是,良心的主体性遭到否定和颠覆,在这个灭顶之灾面前,又产生了一种新的自我,它感到不必在现实的活动中,在道德与自然、理性与情欲的纠缠中去实现什么绝对的本质,它只需在纯粹的自我中,在纯洁的语言中保持一片圣洁灵明之处也就可以了。这种意识,黑格尔称之为"优美灵魂"。

良心在其直接性中,它是一片圣洁灵明之所,在其现实活动中,则被

---

① 《精神现象学》下卷,第 152 页。
② 同上书,第 158 页。
③ 同上书,第 156 页。
④ 同上书,第 155 页。

玷污了；现在，它又退回到这块纯洁之地，于是成为优美灵魂，优美灵魂直接表现在语言，特别是艺术语言之中。

语言在《精神现象学》中具有重要的意义，它随自我意识一起产生，它是心灵的直接现实。语言在此具有双重含义，它既是自我表现其心灵的直接形式，又是为别人而存在、为别人所感知和理解的直接形式。因此，语言既是一种能使自身分裂的力量，也是一种能从他人中收回自身的力量；它既能把自我转化为他人的力量，也能把他人转化为自我的力量；它是人人、人我、你我等多重自我意识之间联系的中介或推论，既有内在的普遍性，又具有直接的个别性。它或为伦理世界的简单命令，或为教化世界的分裂意识，现在，在良心的自我返回中，它又成为优美灵魂的避难所。在优美灵魂所编织的语言王国里，外在的一切东西，一切自然和自我的差别都消逝了，一切自以为是主观内容和客观规定的东西，统统都蒸发消散，一切都化为纯洁透明的形式，化为最高的艺术直观。优美灵魂就是这样一个在艺术语言中自我直观、自我沉醉的灵魂。黑格尔这里所指的显然是自狂飙突进运动以来的德国浪漫派思潮。

早在青年时期，黑格尔就把优美灵魂说成是一种想要逃避命运摆布而创造对上帝无限爱情的内心世界的精神。在《精神现象学》中，黑格尔进一步发挥了这一思想，只不过它把上帝换称为精神，在黑格尔看来，优美灵魂是从道德向宗教过渡的中介环节，在那里，自我意识达到了对其无限本质的真正自觉。但是，由于在道德意识阶段，自我对其无限本质的自觉还是直接的，还未能达到个别与普遍、有限与无限的真正辩证的统一，因此，这种自觉便只能是一种纯粹的理性直观，在那里，自我与无限上帝合一，并在这个最高合一中体验着世界最自由和最愉悦的精神快感，因此，它是一个优美灵魂，一块圣洁灵明之地，一个精神中的天国。

但是，优美灵魂尽管达到了与无限本质的合一，但它仍然是一种空虚的形态，一切生命活动和精神本质都已返回到这种自我并丧失掉它们的具体内容。因此，优美灵魂过于脱离现实，过于软弱无力，它只求躲进象牙之塔，到艺术家的梦幻中去体悟和直觉绝对的统一，而不求现实地把这种统一创造出来。因此，"自我意识生活在恐惧之中，深怕因实际行动和实际存在而玷污了自己的内在本心的光明磊落；并且为了确保内心的纯洁,它回避与现实接触,它坚持于无能为力之中"。① 早在《精神现象学》导言中,黑格尔就曾批判过浪漫派的抽象性,认为它只是一种空的深邃。现在,在论述优美灵魂之际,黑格尔再次指出了浪漫派的这一致命弱点,优美灵魂不求在现实生活和现实实践中去实现它的本质,而一味地沉湎于灵魂自身。这样,它就失去了生命力,成为一个永远也得不到满足的渴望和梦想。"在它的诸环节的这种透明的纯洁性中,它就变成一种不幸的苦恼的所谓优美灵魂,逐渐熄灭,如同一缕烟雾,扩散于空气之中,消逝得无影无踪。"②

现在换一个角度,从良心运动的现象上来考察它。从现象上看,在良心世界,无论自我意识作为纯粹的主体性是置入于现实的实现活动,还是返回于自身的逃避活动,它都无法摆脱自身内个别与普遍以及个别与个别之间的对立,无法摆脱自在存在与自为存在、普遍义务与现实功利的对立。良心面对着这样一个对立着的世界,它又像在教化世界起点上的自我意识那样,企图对这个对立世界作一番判断,然后克服扬弃之。首先,良心认为,那个普遍性的环节,即为义务而义务的实践理性是善的,而认为与此相对的个别性的环节,即寻求功利和幸福的感性欲望是恶的。但是,由于此时的良心世界高于分裂着的教化世界,已是一个一体化的世界,因此,可以说,那个恶就是良心固有的恶,是它的内在规定。但是,良心自以为它是一个纯洁透明的普遍本质,它既不愿承认其自身有内在的不一致和不和谐,更不愿把这种差异和对立张扬出去,因此,它佯言说自身乃是一个直接和谐的统一性和真理性,在那里,普遍的本质如阳光般透亮,黑格尔批判道,这无疑是一种"伪善"。

良心作为自我意识着的自我,它当然已经内在地觉察到自身的矛盾和不谐,但它又不能在现实的行动中克服和扬弃这个矛盾。正像前面所分析的,良心是一个返回自身的逃避,它惧怕一旦行动便把它个体性的丑恶和鄙俗全部显现出来。但是,良心即使像优美灵魂那样躲进象牙之塔仍无济于事,它的伪善仍暴露无遗。

但是,良心现在还未意识到这一点,它仍真诚地相信,只要把自己从

---

① 《精神现象学》下卷,第 167 页。
② 同上。

刚才那个置身于普遍与个别对立的现实判断之中抽取出来,变成一种纯粹的理解活动或纯粹的判断活动,那么,它就可以克服它的矛盾和不谐,克服它的伪善和不真了。"普遍意识停留在思想的普遍性里,只限于进行理解,它的首要行为就只是判断而已。"①

但是,这个良心的普遍判断恰好与原先的自在的判断形成对照,原来,它曾认为善即在于与普遍环节的相符,现在,它一改过去的态度,只认为自己的判断本身是普遍的、善的,而外在的一切环节,无论是个别的东西还是普遍的东西,在它看来都是与其不符的、恶的东西。它认为现实存在的意识都是恶的意识,没有什么真正的善行伟举,一切都出于个体的特殊内容,正像黑格尔所讽刺的,这种意识乃是一种仆人的意识,它不愿从宏大的事业和普遍的意图方面去评判事物,而只善于"通过行为去窥测内心,并根据与行为本身完全不同的那种内心意图和自私动机,来说明行为"。②谚语说"侍仆眼中无英雄",这并不是说世界中没有英雄,而只是因为侍仆永远只是侍仆,他看到的永远只是些个别鄙俗的东西。这种判断的意识本想去克服良心的矛盾和伪善,然而,它自己无疑又是在制造纠纷,它所做的又是一种割裂行为、制造不和的卑鄙的事情。"这种判断意识又是伪善",黑格尔说,"因为,它不认为这样的判断是作恶的另一种方式,反而硬说是对行为的正确意识,因为在它吹嘘其良好和较好知识的这种非现实性和虚妄性中,它把自己吹捧得远远高出于受到鄙视的实际行为之上"。③ 其实,它同样也是一个卑鄙的、个别性的东西。

这样,在良心意识中,就能看到两种矛盾、两种伪善和两种罪恶,一种是自在的,一种是自为的,它们都竭力地掩饰自身的个体性而空谈所谓的普遍性。像自在的良心那样,它视而不见现实生活中的一切丑恶肮脏和自私自利,而硬说世界完善美好,透明纯一;在道德判断中,它固然改变了良心的伪善,认为世界处处人欲横流,卑鄙肮脏,但它又不承认自己的判断本身也是徒有虚名,也是最无聊最鄙俗的东西。因此,道德

---

① 《精神现象学》下卷,第170页。
② 同上书,第171页。
③ 同上书,第172页。

判断也同样是一种伪善。这样,在双重的恶和伪善的作用下,原先的良心主体性就被彻底地颠倒了,它的普遍的精神性荡然无存,剩下的只是一个无精神的空壳。但是,黑格尔进一步指出,真正的普遍性并不会因为恶而隐遁消失,相反,正是在双重的恶的沦落中,一个普遍的和解的精神——宽恕出现了。

宽恕是一个和解精神,它站在更高的角度重新调整良心世界的内在矛盾,它不像良心那样伪善,硬说恶在它之外,相反,它承认恶即在它之中,是它固有的本质。但是,承认了恶,也就克服了它,扬弃了它,恶正是由此才得到了宽恕。因此,黑格尔说:"和解这个词就是这样一种实际存在着的精神,这种精神在它的对方之中,亦即在作为绝对存在于其本身的个别性的那种纯粹自身知识中,直观地认识到作为普遍本质的那种纯粹自身知识,——这种精神就是一种相互承认,也就是绝对的精神。"①

因此,可以说,宽恕是一个比优美灵魂更为深邃的本质,在那里,它直接地站在绝对之上,把宇宙中的一切东西都包括于自身,它是真正的"吾心即是宇宙"的绝对吾心,是我=我的绝对自我,是洋溢于自我意识全过程的绝对生命。因此,宽恕构成了从道德向宗教的过渡,在宽恕那里,绝对和解的精神就以慈父的面目出现,黑格尔说:"这个我,就是出现于知道自己是纯粹知识的那些自我之间的上帝。"②

这里要特别指出,黑格尔在《精神现象学》所展现的从罪恶通过宽恕向上帝的过渡并不仅仅是他独自一人的思想,而是19世纪德国文化精神中的一个主要特征。早在康德的道德哲学中,就有从道德向宗教过渡的思想,或者说,康德哲学的本质就是以道德代替宗教,并赋予道德以宗教的绝对意义。更为明显的体现是在歌德的悲剧《浮士德》和贝多芬的《第九交响乐》、《庄严弥撒曲》之中,这几部伟大的作品可以说是在同一个层次上揭示出精神的宏大意义,展现出人神统一的庄严和神圣。正像我们在导论和第四章"心灵世界"已经指出过的,德国19世纪文化所寻求和创造的精神是一个绝对的精神,它不但有勇气打破和谐,制造分

---

① 《精神现象学》下卷,第176页。
② 同上。

裂产生罪恶,而且更有勇气把这种分裂和罪恶包含在自身中之中,并通过自己的努力克服之、扬弃之和宽恕之。因此,它们所理解的罪恶与宽恕都不同于一般的伦理学意义,而是具有了绝对的形而上学的意义,它是绝对精神自我分裂与自我和解的过程。因此,德国古典文化精神中的上帝也就与基督教神学中的上帝有着本质的区别,它是资产阶级新精神的代言人,它所谓的宽恕与拯救是自我内在的宽恕与拯救。因此,当《精神现象学》在描述从道德自我经过宽恕开始其天路之旅时,当歌德在《浮士德》第二部结尾安排出受圣母旨意引导浮士德上升之永恒女性时,当贝多芬在《庄严弥撒曲》中咏唱出"主啊,神圣的王、万能的父"时,我们所看到的俨然不是一个瘦骨嶙峋的吟唱着哀歌的中世纪的僧侣,而是一个背负着人类之命运的、不断奋进、抗争并最后走向胜利的英勇无畏的斗士。

二、绝 对 精 神

精神的历程从最简单的感性意识开始,经历了自我意识、理性、精神诸阶段,最后通过道德意识而进入绝对精神。绝对精神是《精神现象学》的最后成果,它是实体与主体,心灵与世界、理性与生命、个人与社会、人类与自然等一系列矛盾的最终统一。

从自我意识的角度看,绝对精神达到了精神的自我意识与自我意识着的精神两者的统一,因此,它是一个无限的精神。在此之前,精神的诸环节虽然都是一些自我意识着的环节,但还没有达到无限的自我意识,无论是作为普遍性还是作为个体性,它们都是一些有限的自我意识。作为普遍性,它们都曾以各种形式出现过,例如抽象的命运的必然性,堂吉诃德式的普遍德行,立法和审核法律的理性,希腊社会中地上和地下的规律,教化社会中的国家制度、法律宪法、基督教会,乃至道德世界观中的道德律令与纯粹义务;作为个体性,它们也都曾以各种形式出现,例如冥思苦想的玄思意识、苦恼意识,追求快乐和享受的浮士德意识,希腊悲剧中的个体英雄,罗马法权社会下的法人,教化社会中的分裂意识,崇尚科学理性和功利主义的启蒙意识,法国革命运动中追求自由的革命者,乃至德道意识中的良心的主体性和优美灵魂。以上的一切环节,从绝对精神的角度来看,都是些有限的环节,都具有各自的真理性和片面性。但正因如此,《精神现象学》才展现出如此丰富多彩的社会人生画面,才演出如此深邃雄浑的精神戏剧。在绝对精神中,自我意识作为无限的自我,扬弃了前面的一切环节,成为自在自为的、普遍与个别统一的主体性。但是,这里所谓无限自我对有限自我的扬弃,并不是消极的排除,也不是逃离现实的内容而躲进一个彼岸的、渺茫的王国去营造所谓的绝对精神。恰恰相反,绝对精神之所以是绝对精神,正在于它有胸怀和能力把这一切环节全都纳入自身之中,并能够返回自身,也就是说,重新漫游它曾艰难跋涉过的道路,观赏它曾扮演过的角色,因此,如果说以上的环节是一条从有限到无限的向上的路,那么,绝对精神所要展现的则是一条下降的路,它是从绝对中流溢出来的精神,并在这流溢中享有绝对的自由和绝对的快乐。因此,黑格尔引用席勒的诗曰:

> 惟有
> 从这个精神王国的圣餐杯里,
> 他的无限性给他翻涌起泡沫。①

在《精神现象学》中,黑格尔认为绝对精神有两种表现形式,一是宗教,一是绝对知识。当自我意识通过形象和表象的形式去把握绝对之精神时,它就是宗教;当自我意识超越了形象和表象的形式而以概念去把握绝对之精神时,它就是绝对知识。

1. 宗教意识

自我达到在它的绝对对象中知道对象即是自身的意识时,它就成为宗教意识,宗教意识扬弃了对象与自我的分裂,它直接就是两者统一的真理性。黑格尔说:"在宗教的概念里,本质就是自我意识,而自我意识就意识到自己是一切真理,并且在真理中包含有一切实在。"②

黑格尔认为,宗教作为绝对本质、超越本质曾在自我意识的发展过

---

① 《精神现象学》下卷,第275页。
② 同上书,第185页。

程中多次出现。早在意识阶段,它就作为超感官世界而出现过,但那里它还没有我性。宗教意识的较为典型的形式有两个:一个是苦恼意识,一个是信仰意识。前者是一种自我企求无限本质的渴望与努力,在其中,由于实现不了动变意识与不变意识的统一而变成一种分裂的痛苦,一种孤独无援的形而上的情绪。后者扬弃了苦恼意识抽象的个体性,而是一个普遍的意识,但是由于它过于僵硬,过于空虚,就成为脱离自我、脱离现实的彼岸世界,作为一个失去生命的实体而被迷信。黑格尔认为真正的宗教意识是苦恼意识与信仰意识的统一,它既克服了苦恼意识的那个无实体性的主观情绪,又克服了信仰意识的那个无主体性的抽象实体,达到了实体与主体、世界与自我、自在与自为的统一。它"既意识到自己是一个自由独立的现实性,又能在现实性中意识到它自身"。①

因此,宗教既不是一种主观个人的情绪,也不是一种彼岸的信仰,而是一种现实的全体的精神。这种精神就体现为宗教社团。黑格尔关于宗教社团的观点是一个颇为复杂也易遭人误解的观点。一般观点认为,黑格尔这里所说的宗教社团就是基督教教会,因此认为黑格尔是在为现存的基督教会张目,为腐败的教权教阶制度辩护。这委实是一种误解。黑格尔关于现存基督教神学及其教会的观点集中体现在教化王国的信仰世界一节。对基督教会,黑格尔的态度无疑是批判的。当然,黑格尔的批判与启蒙运动相比还很不彻底,还留有庸人的辫子。但是,《精神现象学》绝对精神形态中的宗教则绝不是指当时的基督教,其宗教社团也绝不是指当时的基督教会,其本质是黑格尔理想中的宗教,其宗教社团也是黑格尔理想中的宗教社团。当然,由于历史和文化的局限性,这一切理想又都只能披上基督教的外衣,因此特别容易引起误解。黑格尔所以强调宗教社团的作用,是与黑格尔哲学的现实性原则有着本质的联系的,对此可以追溯到黑格尔早年对希腊民间宗教的看法。

首先,黑格尔从一开始就把精神看成是人类历史和人类社会发展的根本动力,其中,宗教又具有举足轻重的作用。黑格尔在青年时期就是以此为基础来分析考察社会的。他认为,希腊社会之所以是一个和谐美好的社会,希腊艺术之所以美丽典雅,其关键在于希腊的民间宗教。希

---

① 《精神现象学》下卷,第 182 页。

腊的民间宗教是一个大众性的普遍宗教，每一个公民都以宗教的意识为普遍的本质，以宗教的信念为普遍的信念，在那里，没有个体自我的张扬狂放和普遍实体的腐败堕落，一切都是现实一致而又和谐美好的。正是在这个基础上才建立起同样和谐美好的希腊社会生活和希腊文化艺术。黑格尔之所以批判基督教，在于它已沦落为一种私人的宗教，并呈现出无限本质与有限自我的分裂，个体自我因此不再献身于社会的公共事业，而一味沉溺于主观灵魂的忏悔和信仰。正因为这种私人的宗教，和谐美好的希腊社会解体了，普遍的民间宗教精神崩溃了，由此产生了近代的异化社会，其中无论是现实的王国还是精神的王国，都是异化的王国，都是人欲横流和强权专制的双重化腐败的世界。

在《精神现象学》中，黑格尔依然保持着原先的基本观点，认为宗教是绝对的精神，但他对基督教的看法则有了变化。黑格尔从来就不是一个单纯的理想主义者，也不是一个宗教的冥想家、道德的说教者，或者一个为艺术而艺术的梦想家。他是一个现实主义者。他自青年时代即抱有的最大理想就是实现类似希腊伦理社会那样的一个现实和谐的地上王国，一个柏拉图式的现实的"理想国"。在那里，个体自我与普遍共体、个人与社会、道德与伦理达到最内在的和谐。但是，历史和现实并没有向黑格尔提供出这样一个图景，相反，历史和现实却向他展现出一幕幕愈来愈强烈的分裂和异化，从罗马社会到拿破仑战争，从简单的家庭生活到广阔的政治经济领域，人类历史的每一个片断，人类社会的每一个局部都无时无处不充满着矛盾和冲突，经历着毁灭和颠覆，过去的希腊美好社会早已一去不复返了，或者说，那本来就是一个梦想，剩下的惟有冷酷坚硬的现实。

对此，黑格尔不像浪漫派诗人那样沉湎于艺术王国以逃避现实，而是与歌德一样敢于正视现实，并且承认现实，正如他后来所写的，存在的就是合理的，合理的也应该是存在的。他认识到，希腊社会尽管美好，但那毕竟只是人类的童年时代，真正的自我还未觉醒；基督教及其近代文明虽然是一个充满异化和罪恶的世界，但它们毕竟是人类历史发展的现实，是人类的普遍命运。对此，《精神现象学》不但应该予以接受，而且更应该揭示其内在的绝对意义。因此，可以说，现实性和历史性原则是黑格尔对基督教态度转变的一个主要原因，同样，也正是这两个原则,使得黑格尔不满意于现实的人类社会状况和现存的基督教意识,从而去寻求改造和创新。黑格尔承认历史状况和基督教意识,但并不等于就接受它,相反,他认为现实的世界是一个本质上全面异化的世界,现实的精神同样也是一个本质上全面异化的精神(信仰王国),这双重世界的异化及其内在的一系列矛盾冲突在法国大革命中得到了总的爆发。然而,法国大革命虽然是一个新纪元——资本主义社会的开始,但仍没有从根本上解决上述的双重异化和一系列内在的矛盾,反而把它们集于一身,呈现为更加剧烈的分裂冲突。

因此,黑格尔陷入了苦恼,他本来极为注意现实原则,梦想着一个现实的"理想国",但是,人类历史和人类社会的发展并没有向黑格尔展现出这一理想得以实现的征兆,反而出现了相反的情况。与此同时,在撰写《精神现象学》之际的黑格尔还是一个自由哲学家,还没有沦落为普鲁士的官方哲学家,还没有虚构出他的《法哲学》体系,还没有把普鲁士政府吹捧为高于法国革命的地上的精神。因此,黑格尔此时只能再次转向宗教,企图用希腊民间宗教的理想来改造基督教,使其成为真正的人民宗教、社会宗教和国家宗教,成为社会的普遍本质和真实的精神。这也就是为什么黑格尔强调宗教社团的原因所在。所谓宗教社团并非指中世纪的教会和修道院而是希腊宗教的人民性、大众性和普遍性。黑格尔认为,如果真正的宗教精神解决了人类本性所固有的内在矛盾,并且具有普遍的人民性,即成为宗教社团的精神,那么在此基础上建立起来的伦理社会、国家政治等现实世界也就能够克服以前的双重异化,从而成为真正现实的"理想国",成为真正现实的地上精神。

可以说,黑格尔之所以强调宗教的作用,其关键即在于此,它的意义不在宗教本身,而在于宗教应为现实社会的真正和谐统一奠定基础。

按照绝对精神展现其本质的方式,宗教又具体分为三种形态,一是自然宗教,一是艺术宗教,最后是天启宗教。

黑格尔认为,宗教意识的最初形态是自然宗教,在那里,"精神认识到它自身在直接的和自然的形态下"。[①] 自然宗教是这样一种东西,它仍然是精神重复其在《精神现象学》起点上的感性意识,但是是在最高

---

① 《精神现象学》下卷,第185页。

层次上的重复,因此,它是绝对精神的感性世界。这样,自然宗教所展现的感性对象就不再是一些单纯的自然物,诸如山川草木等等,而是一些感性的精神,如月亮、太阳、花草、金字塔等等,这些东西虽然从形式上看还是一些感性事物,但在自然宗教中,它们早已扬弃了这些表面性,而成为一些内在普遍的灵魂和精神,成为光明之神、植物和动物崇拜等等。作为绝对的本质,它们乃是民族的图腾和民族的精灵,具有绝对的神圣性。黑格尔在后来的宗教哲学中,把东方的宗教即解说为这种自然宗教。

黑格尔认为,自然宗教由于它的对象还是一个死的东西,还是一个纯粹的自然物,因此,它必然要为艺术宗教所代替,也就是说,偶然的自然物为自我意识自觉创造的对象——艺术品所代替。黑格尔这里的艺术宗教,是指古代希腊的艺术精神。艺术宗教是一个大问题,限于篇幅,下面仅从希腊艺术的起源,它的本质及其消亡这三个关键方面来考察一下希腊的艺术精神。

第一,希腊艺术的起源。黑格尔认为,希腊社会是一个伦理世界,或者说,是直接真实的精神,在那里,普遍群体与个体自我是和谐一致的,伦理实体构成了这个社会的普遍的民族精神,其社会的每一个成员都全身心地把自己的意志和行为归属在这个普遍精神之下,在他们看来,民族共同体、政治制度和伦常礼俗即是他们的普遍本质,是他们为之献身的普遍事业。因此,由于自我意识的主体性还未觉醒,这个自在的伦理社会不可能产生任何伟大的艺术创造和艺术精神,因为社会生活本身就已经满足了每一个成员的欲望和想像。

说希腊社会是希腊艺术的土壤和武库,并不是指这种自在的肯定的社会状况,相反,指自为的、否定的社会分裂状况。黑格尔说,希腊伦理生活还有其矛盾、分裂和动荡的一面,因为自我一旦有所行动,就必然导致和谐社会的内部冲突,导致地上的规律与阴间的规律、个体自我与普遍命运的冲突,正是这一系列的冲突,从内部破坏了希腊社会的和谐,导致了它的松懈、混乱和解体。因此,对实体的普遍信赖动摇了,民族共同体的血缘纽带松懈了,个体成员成为简单的自我确信。黑格尔说:"精神自身的这种简单的确信具有双重意义:既是静止、隐定的存在和固定的真理，又是绝对的不安定和伦理生活的消逝"。①

这样，在伦理实体内在运动中所产生出来的自我意识，就是一个矛盾的自我意识。一方面确信自己虽然是一个个别偶然的自我，社会群体中的一个成员，但自身仍有着自由的主体性；另一方面，自我在这里还没有把自身提高为绝对的主体，反而感到一个普遍的本质——希腊社会的伦理精神丧失了，当然它不知道这种丧失正是由于它的产生，它只感到自己是与普遍的本质相矛盾的，于是，"它悲哀于失掉了它的世界，现在从它的纯粹自我里产生它的本质并提高它自己超出现实性。在这样的时代里就出现了绝对的艺术"。②

显然，黑格尔认为希腊艺术及其精神不能单纯地产生于伦理社会的和谐，而是产生于伦理社会的分裂，产生于自我因普遍本质的丧失而生发的痛苦和渴望。自我意识悲悼那个原已存在着的无限本质的死亡，现在，他要从自身把这个无限性重新创造出来，于是，他成为艺术家，他的作品成为艺术品，艺术宗教由此产生。

第二，希腊艺术的本质。黑格尔之所以把希腊艺术视为一种宗教，其主要原因在于，他认为艺术精神是自希腊和谐的伦理社会丧失之后能够继续维持希腊社会和民族生活不马上死亡的一种新精神、一种新宗教。艺术宗教高于自然宗教，因为在艺术创造和艺术作品中体现了比自然物象更为深远、更为自觉的无限本质。艺术和艺术品不再是一种偶然选得的自然物了，不再是一种僵死的形式了，而是人的本质的对象化，是一个精神的作品，是现实的活的生命和灵魂。因此，希腊艺术作为精神的作品是一个美的宗教，通过它，行将倒塌的伦理社会得以维系。

把艺术视为精神的显现，这一点在黑格尔后来的美学体系中得到了进一步的发挥，他说美或艺术即是理念的感性显现。但是，《精神现象学》关于艺术的起源和本质的看法又与后来的美学体系有一点潜在的差异，而这一点恰又在浪漫派美学和叔本华、尼采直至20世纪一系列哲学流派中得到了长足的发展。这点差异在于：黑格尔美学体系中所谈到的艺术起源和艺术的本质是从一般的肯定意义上来论述的，美即是理念的

---

① 《精神现象学》下卷，第197页。
② 同上。

感性显现。而在《精神现象学》中,艺术是与精神、与伦理社会相联系着的,而且是一种否定意义上的联系。艺术的本质即在于它是现实社会分裂倒塌之际所产生出来的新精神,这种精神企图重新创造出一个新的世界去弥补现实的缺陷,安慰心灵的空虚,拯救人生的沦落。因此,艺术是一种宗教,与其说是产生于和谐的欢愉,不如说是产生于分裂的痛苦;与其说是赏心悦目,不如说是负大任在身以拯救危难之世。因此,这一观点与叔本华和尼采等人的观点颇为相似,所不同的是,黑格尔认为艺术是真理,是精神,具有绝对的实在性;而前者则以为艺术是幻象,是欺骗,是绝对的空虚。

艺术宗教在《精神现象学》中又经历了一系列形态,黑格尔在此勾勒出一个希腊艺术的发展史。第一个形态是抽象的艺术品,诸如一大批神像雕塑、赞美歌和崇拜仪式等等,在这一形态中,艺术世界还只是一个神灵的世界,无限本质表现为日神、酒神等诸多神灵,人类的我性还潜伏于地下,有限与无限、个别自我与绝对本质的关系还处于一种低层次的和谐宁静状态,人们在歌颂神灵的赞美歌中和在宗教仪式的崇拜默祷中,达到了与无限本质的暂时的统一。显然,这种统一是片面的,人们在他们的活动中还未展示出真正自由的主体性。自我意识的进一步发展,使它扬弃了卑贱的自我和简单的形式,从而达到了"精神的艺术品"。

精神的艺术品是艺术宗教的中心内容。黑格尔所说的精神的艺术品是由史诗、悲剧和喜剧三种形式组成的,它们是希腊艺术的精华,是艺术精神的最为本真的展现,由此构成了实体向主体的转变运动过程。在其中,有限与无限、人性与神性、个体自我与普遍命运展开了剧烈的矛盾冲突。神话中的神灵让位于史诗和悲剧中的英雄,而英雄最后又让位于喜剧中的凡夫俗子。随着主体性的衰亡,希腊艺术也就随之没落了。史诗是精神艺术品的第一种形式,所谓史诗即是荷马史诗,包括《伊里亚特》和《奥德赛》两部不朽的作品。史诗改变了前面所说的神灵一统的世界,而展现出两个世界:一个是由诸多神灵组成的神的世界,一个是由诸多英雄组成的人的世界,神灵和英雄共同成为史诗的主角,神与神的关系,神与人的关系,人与人的关系,构成了贯穿史诗的主要关系,特别是其中神与人的冲突成为史诗的潜在本质。

但是,从总体上看,神灵在史诗中仍占据主导地位,英雄再伟大,最后仍不过是神灵赌注的筹码,取乐的工具。只有在悲剧艺术中英雄才真正实现了个体自我的主体性。悲剧艺术是希腊艺术精华中之精华,黑格尔说悲剧是一种"较高的语言",在那里,神灵的作用越来越小,而英雄的使用越来越大,悲剧英雄通过它的行为造就出一个主体性的世界,他企图把在伦理生活中业已丧失了的普遍本质通过自己的行动创造出来,在自身内部解决神人之际的冲突。但是,由于悲剧英雄并不知道真正的普遍本质,因此,它总是陷入一场悲惨的命运,总是落得个身败名裂的下场。这样,悲剧便由喜剧取而代之。

第三,希腊艺术的消亡。黑格尔认为,艺术宗教在悲剧艺术中达到了最深刻的展现,随后代之而起的喜剧则表现了艺术宗教的消亡、个体性的没落。为什么这样说呢?因为悲剧艺术的中心是个体英雄与普遍命运的冲突和搏斗,随着悲剧情节的展开,其结局最终是个体英雄与普遍命运的双重的死亡,因此,悲剧也就由喜剧取而代之。所谓喜剧,黑格尔认为是在伦理实体和个体英雄双重解体和消亡之际产生出来的自我意识——一般群众——所展示的生活图景及其意义。在那里,悲剧英雄摘下了他们的假面具,成为世俗化了的民众,在这些民众眼里,普遍的神灵、公共的政治制度、一般的社会伦常,均失去了绝对的意义,它们业已消亡,成为讽刺和批判的对象;与此同时,悲剧中的英雄也同样失去了绝对的意义,它们被视为大吹大擂者和狂妄的夸张者,英雄的假面具被撕下来,自我发现它们原来不过是些与一般观众别无二致的角色。

因此,喜剧就把它的情节集中在对佯言普遍和英雄的事物的讽刺和挖苦上。喜剧这样做时,也把真正的艺术精神抛弃了,神和人皆落得个无本质的抽象存在。喜剧所揭示出来的东西构成了对艺术宗教原先出发的东西的绝妙讽刺,艺术宗教原来企图用其精神来拯救现实伦理生活的颓败和没落,现在在喜剧那里它反而成为非本质的东西。在这一内在矛盾的促使下,艺术宗教也就消亡了,天启宗教于是取而代之。

天启宗教是《精神现象学》宗教精神的纯粹形式,从形式上看,它高于自然宗教和艺术宗教,因为它的对象既不是自然物,也不是艺术品,而直接就是主体——人或神子。所谓天启,即是绝对精神通过人这一表象直接展现出来,在那里,"一切外在的本质性或实体性都沉没不见了,……自我是绝对的本质"①。这里简略论述以下三个问题:宗教的起源、基督教三位一体和宗教的善恶观。

第一,宗教的起源。"通过艺术的宗教,精神便从实体的形式进展到主体的形式了"②。这个达到了绝对主体并在其自身中自觉其为绝对本质的意识就是天启宗教意识。一般说来,天启宗教是苦恼意识与信仰意识的统一,但从直接的形态上看,它却来源于希腊的艺术宗教,特别是喜剧。在此,我们似乎又面临着一个矛盾,即从喜剧艺术如何能过渡到天启宗教呢?因为,正像我们前面所分析的,喜剧意识的个体性的高扬其实仅仅是一个虚假的形式,其实它是普遍本质与个体自我双重的消亡和否定。因此,喜剧的过渡仅仅是一个表面的形式,天启宗教的真正来源毋宁说是一种悲剧意识,因为,在悲剧意识中,现实的伦理实体和伦理社会,行动着的个体自我和自我意识都已解体和消亡,社会和精神都已濒于灭亡,正是在这种深度的毁灭之中,一个新的精神——天启宗教精神才产生出来。

从历史状况看,情况也是如此。当时的社会状况是希腊化时期的衰落和罗马法权社会的专制,与此相应的时代精神是苦恼意识,苦恼意识是一种悲剧意识,它把喜剧艺术的潜在本质揭示出来了,说出了喜剧想说而没有说出的话。黑格尔说:"这种苦恼意识正好构成了那自身充分愉快的喜剧意识的反面和补充。一切的神圣本质都返回到喜剧意识里,换言之,喜剧意识是实体的完全外在化。反之,苦恼意识与此相反却是应该自在自为地存在的自身确信的悲剧的命运。在它的这种确信中,它是丧失了一切本性(一切价值和意义),甚至是丧失了自己关于本质性的这种自身知识的意识,——换言之,它是丧失了实体和自我的意识;苦恼意识是痛苦,这痛苦可以用这样一句冷酷的话来表达,即上帝已经死了。"③

可以看出,天启宗教产生于悲剧的命运,而这个悲剧命运却有两种截然相反的形式,它的表层形式是希腊艺术的喜剧意识,它的深层形式

---

① 《精神现象学》下卷,第299页。
② 同上书,第228页。
③ 同上书,第230—231页。

则是苦恼意识这一悲剧意识,黑格尔说:"在法权状态下伦理的世界和伦理世界的宗教就消失在喜剧的意识里,而苦恼意识就是整个这种丧失的知识。"① 因此,天启宗教与艺术宗教一样都产生于事物的毁灭和消亡。但是,天启宗教比艺术宗教更深刻,艺术宗教仅由伦理生活的崩溃而唤起,天启宗教则是由伦理生活和艺术精神的双重崩溃而唤起。黑格尔认为单纯的艺术宗教已经不能挽狂澜于既倒,拯众生于危世,于是需要更为深远、更为本质的东西取而代之,这就是天启宗教。

在考察了艺术宗教和天启宗教的起源之后,可以发现一个共同的东西,即每一种新精神都是在事物的否定和毁灭之际诞生出来的。置于死地而后生,不死鸟在烈火中更生,这是精神的辩证法,是黑格尔哲学的真谛。黑格尔曾说死亡和否定是一种魔力,"这种魔力就把否定的东西转化为存在"②。天启宗教这里使用的是第一章"自我意识的结构"中关于生死之变的同一个辩证法,它在上帝已经死了的悲悼声中诞生出一个新的上帝,一种新的精神。

第二,宗教的三位一体。在艺术宗教沉沦之际,天启宗教起而代之,它首先是一个绝对的精神,一个自为的实体。这个普遍实体在苦恼意识那里还是隐藏未见的,在信仰意识那里,它才作为绝对的本质出现。现在,当精神达到了苦恼意识与信仰意识、实体与主体的统一时,它就成为天启的宗教。所谓天启,即在于它扬弃了外在的表象,而直接以人作为现实的精神,作为神圣的主的化身。在人身上,就直接达到了有限与无限的绝对统一。"一个命题说,实体外在化它自身而成为自我意识,与此相反,另一命题说,自我意识外在化它自身而成为事物性或普遍的自我。在这种方式下,两方面相互遇合,从而产生了它们的真正结合。"③ 这就是天启宗教。

天启宗教的本质集中体现在它的三位一体学说中。基督教所宣扬的圣父、圣子与圣灵的三位一体观念无疑是一种宗教的迷信和谎言,黑格尔把它纳入自己的哲学体系中无疑是一个错误,这是历史的和阶级的

---

① 《精神现象学》下卷,第 231 页。
② 《精神现象学》上卷,第 21 页。
③ 《精神现象学》下卷,第 233 页。

局限性所决定的。但是,黑格尔在《精神现象学》中也并非盲目地接受三位一体的观念,而是把它辩证化了,或者说,他把三位一体学说内在固有的辩证意义揭示出来了。因此,在阅读这一节时,不要被它的宗教语言所迷惑,而应把握其辩证法的精髓。

首先,天启宗教把一个绝对实体、神圣本质,或者说,上帝作为它的出发点。上帝在黑格尔看来,是绝对精神的化身。"在绝对宗教里,神圣本质被认识到即是精神,换句话说,绝对宗教就是神圣本质对自己的意识,意识到自己是精神。"[①] 所谓至高至大至善,所谓全知全能全在,等等,这一切的言辞都不过是对那个无限本质的外在的称谓。其实,上帝的真正本质在于自知,在于把自己从绝对的实体变为绝对的主体。这样,从圣父就过渡到圣子基督。

耶稣基督的出现在欧洲宗教史上是一件划时代的大事,道化肉身在基督教中具有绝对的意义,这也是它区别于犹太教等其他宗教的本质特征。因为神的主体性对人来说还是超越的、外在的,它只有化为人身,才是真正的主体性。人作为神子,它是有限本质与无限本质的绝对统一。"这个神乃是通过感性直接地被直观为自我,被直观为一个现实的个别的人;只有这样,神才是自我意识。"[②]

道化肉身,基督出世,在他身上,"神的本性与人的本性是同样的东西,而现在直观到的就是这种统一性"[③]。因此,基督就具有了双重的意义,他首先是人,是有限的、个别的、感性存在的,生活于现实之中的人;但是,他又是神,是无限的、绝对的,生活于彼岸的世界的神。因此,他一身二任,既是人又是神,既是神又是人。黑格尔认为,耶稣基督启示出一个绝对的真理,即人神是统一的,人就是神,神就是人;神、绝对精神只有体现为人、人之精神时才具有真实的意义,而人、人之精神,只有高扬为神、绝对精神时才获得真正的解放,实现绝对的自由。

基督是人的象征,人要实现真正的解放,还不能单纯地像苦恼意识那样孤思苦想,而必须在普遍的精神团体中实现,这就是圣灵的王国。

---

① 《精神现象学》下卷,第 23 页。
② 同上书,第 235 页。
③ 同上书,第 236—237 页。

黑格尔说:"精神就是它自己的宗教社团。"① 宗教社团在黑格尔看来即是圣灵的王国,在那里它达到了圣父与圣子的现实的统一。

以上是《精神现象学》中关于宗教三位一体学说大致的论述,其中有些符合基督教神学的教义,有些加进了黑格尔的理解和发挥,黑格尔在这里揭示和强调的与其说是基督教的神学教义,不如说是精神的内在辩证法,是自我意识的从实体向主体发展的过程。他说:"精神所以是现实的精神,因为它经历过它的本性的三个要素;这种自己通过自身的运动构成精神的现实性。凡是自己运动的东西,这就是精神。精神是运动的主体,同样,精神也是运动自身,或者说,精神是为主体所贯穿过的实体。"② 在这一现实运动的精神中,人与神、有限与无限、实体与主体、个体与群体、理性与情欲、必然与自由、善与恶、美与丑、是与非等等矛盾冲突都达到了最终的和解。现实的世界成为天上的王国,而天上的王国就是现实的世界。

第三,宗教的善恶观。黑格尔在《精神现象学》中多次论述到善恶问题,而且每一次论述都超出了一般伦理学的范围,赋予它哲学本体论的意义。现在,在宗教意识里,黑格尔又一次把善恶问题作为一个重要的问题提出来。从层次上看,宗教意识的善恶观要高于道德意识的善恶观,它直接与人的本性联系起来了,或者说,它直接就是人性本身,就是精神本身。

宗教的善恶观在基督教中主要是通过两个著名的表象意识表述出来的,一个是原罪说,一个是赎罪说。基督教认为,人类原先生活于和谐幸福的伊甸园,但是,人类的祖先夏娃和亚当由于受到诱惑而偷吃了禁果,于是人类就犯下了罪恶,被上帝赶出乐园而来到了人世。由于人类祖先所犯的是一大原罪,所以后来的世世代代都必须承受这一悲惨的命运。正在这苦难之际,耶稣基督出世了,他是善的化身,是神之子,通过耶稣的殉难,人类就赎掉了原始罪恶,开始了永沐神恩的天路历程。黑格尔在《精神现象学》中部分地接受和利用了基督教的善恶观,在他看来,天启宗教通过表象意识揭示出一个内在的真理,即精神的善恶统

---

① 《精神现象学》下卷,第251页。
② 同上书,第225页。

一论和人性的善恶统一论。

从本体论的意义上看,所谓善即是统一,恶即是分裂,精神即是善恶的统一,"实体性的统一即是善的本身,恶是一种分裂为二。因此实体的统一不外是善与恶被融化为一"①。但是,精神的本性在于运动,在于分化自己,因此,纯然的善是没有多大价值的,相反,恶却不纯粹是消极的东西,它反而是精神发展的内在动力,具有绝对的意义。当然,精神并不会总停留在恶之分裂上,它最终仍要实现一种和解,达到善恶的统一,而这就成为绝对精神。

本体论的善恶论只是一种表征的善恶论,它是辩证法的象征形式。其实,最为根本的是人性的善恶论。关于人的性善论、性恶论及其善恶合一论,无论在东方还是西方文化思想中都占有重要的地位,但是,在黑格尔的人性学说之前,它们都是片面的,机械的,在它们那里,善恶不两立,人性总是被抽象地解说,就连基督教亦是如此。黑格尔在《精神现象学》及其后来的哲学体系中扬弃了过去的机械抽象的观点,而提出了一个辩证统一的人性论,正像我们在前面所分析的,黑格尔的这一学说是与19世纪德国的文化精神,特别是歌德的浮士德精神同步并进的。

首先,黑格尔认为人就其为自然人来说,无所谓善恶,他是一种潜在性,既可为善亦可作恶,但人本性上是精神的人、社会的人,人一旦有所实现,有所行动,那么就把他潜在的善恶两重性展现出来了,黑格尔说:"恶也同善一样,都是导源于意志的,而意志在它的概念中既是善的,又是恶的。"② 又说:"惟有人是善的,只因为他也可能是恶的。"③ 因此,自我或人"就是善与恶的实际体现",就是"善与恶的定在和斗争的综合基地。……正如恶不是别的,只是精神的特殊自然存在于深入自身,与此相反,善便是进入现实生活并表现为一个特定存在着的自我意识"④。人性是一个善恶的统一体,在它的运动过程中,善恶之间分立、矛盾、冲突,最后,一个和解的精神出现了,所谓和解即是精神的自我返回。精神能够通过恶,通过死亡而达到一个新的形态,实现一个新的本质。黑

---

① 黑格尔:《小逻辑》,第9页。
② 黑格尔:《法哲学原理》,第145页。
③ 同上书,第144页。
④ 《精神现象学》下卷,第247页。

格尔说,"只有返回到自身的本质才是精神"①,通过这种返回,自我就克服了它的有限性和被动性,从而达到一个绝对的无限本质的神圣王国。在那里,人就是神,神就是人。

黑格尔认为,当自我达到了神人合一的无限本质时,它就成为绝对的主体性。绝对主体是对自身内容的概念式的理解,是对逝去了的东西的永恒回忆,由此就构成了绝对知识。

2. 绝对知识

精神在经历了主观和客观阶段之后,通过宗教意识就达到了最高的真理性——绝对知识。黑格尔说:"这个最后的精神形态——这个精神赋予它的完全而真实的内容以自我的形式,从而就同时实现了它的概念;并且它在这个实现化过程里仍然保持在它的概念之中——就是绝对知识;绝对知识是在精神形态中认识着它自己的精神,换言之,是(精神对精神自身的)概念式的知识。"②

其实,绝对精神的自我回归早在道德意识那里就开始了。道德自我已经把伦理实体作为绝对的本质来理解,由此呈现出绝对的主体性;这个道德主体性在良心和优美灵魂那里获得了进一步的深化和净化,自我已经把整个宇宙纳入于清澈透明的纯粹自我之中,并在那里进行着绝对的自我直观。黑格尔说,那"不仅是对于神的直观,而是神的自我直观"。③ 进入宗教领域,精神获得了自我的绝对形式,它直接就是绝对精神,在那里,实体与主体、神与人、心灵与世界业已达到绝对的统一。但是,宗教意识的不足在于,它所展现出来的这个绝对统一还只是在表象形式中完成的,还须借助于宗教的直观。当精神扬弃了表象形式,而以纯粹的普遍性——概念来展现自己时,它就是绝对知识,它不仅自在地知道自己作为绝对的实在是怎样的,不仅自为地知道自己作为绝对的自我意识是怎样的,而且自在自为地知道自己作为实体与主体的统一是怎样的。

---

① 《精神现象学》下卷,第250页。
② 同上书,第265—266页。
③ 同上书,第263页。

黑格尔认为,这个概念地理解自身的绝对自我首先把自己展现为一个全体,一个绝对精神的统一性。这个全体曾经作为事情自身在自我意识的进程中多次出现,现在,这个事情自身成为绝对的主体。黑格尔说:"这个本身即是精神的实体,就是它变成它自在地是那个东西的过程,而且只有作为自己回复到自己的变化过程,精神自身才真正是精神。精神自在地就是运动,就是认识的运动,——就是由自在转变为自为,由实体转变为主体,由意识的对象转变为自我意识的对象,这就是说,转变为同时又被扬弃了的对象,或者转变为概念的运动。这个运动是向自己回复的圆圈,这圆圈以它的开端为前提并且只有在终点才达到开端。"①

因此,绝对精神作为全体性,与其说是创造一个新东西,不如说是理解一个旧东西,正像一个老人走到生命的尽头,他所做的只能是回顾一番所走过的道路,尽情享受一下所曾创立的丰功伟业,绝对知识亦是如此。精神的现实历程已经走完,现在所做的便是对过去了的东西加以回忆和理解。"回忆"(Erinnerung),在绝对知识中具有重要的意义,它不是单纯心理学意义上的对过去一些表象印记的重演,而是 Er-Innerung,也就是说,是使其内在化,它把过去了的东西提高、上升为普遍的逻辑规律,提高、上升为概念范畴,因此,回忆就等于理解。可以说,回忆是从《精神现象学》过渡到《逻辑学》的桥梁。

回忆是一种哲学的思,它从一个新的绝对概念的高度对自我意识所走过的历程进行一番重新的理解和解说,把隐藏在各种有限性形式下的那个深邃的本质暴露于光天化日,由此展现出来的便是一个纯粹概念的哲学体系,一个纯粹形式的辩证法。

哲学和辩证法(在黑格尔那里,两者即是一个东西)并不是抽象、空虚的东西,而直接就是精神的本质,精神是其内在的生命。一部《精神现象学》即是一部精神的发展史,而对这个发展过程的回忆就是哲学,就是辩证法。黑格尔说:"当精神达到概念时,它就在其生命的这种以太中展开它的定在和运动,而这就是科学。"科学在黑格尔的意义上就是哲学。其实,在精神尚未达到纯粹完善的哲学形式——辩证法之前,

---

① 《精神现象学》下卷,第268页。

它已经走过了漫长的历程。黑格尔由此回顾了一下近代哲学发展的大势。绝对精神作为自我意识的本质,首次在笛卡儿哲学中以概念和原理的形式出现,它经过斯宾诺莎的无限实体和莱布尼茨的无限主体这两个环节,在启蒙运动中获得了现实的我性,经过法国大革命的洗礼,精神在康德和费希特哲学中达到了绝对的主体性,最后通过谢林的理智直观和自然哲学,精神达到了实体与主体的最后统一,而这就是绝对精神,就是绝对精神的绝对的辩证法,也就是黑格尔自我理想化了的哲学。

黑格尔多次指出,哲学是时代精神的精华。从形式上看,黑格尔哲学是绝对精神的自我回忆,其实,它的本质隐藏在他的时代,因为黑格尔所谓的绝对精神并不是什么彼岸的东西,它就是现实的人类精神。因此,黑格尔的精神哲学也即是时代精神之精华,是19世纪德国文化精神的回忆和写照。

第七章 时间与历史主体性

精神是黑格尔《精神现象学》的中心概念,是总括自然世界和人类社会的全体,宇宙中的一切事物都是它的表现和现象,都是从那个精神王国的圣餐杯里翻涌出来的泡沫。当精神达到其与自我意识的统一时,它就是绝对精神。

精神在《精神现象学》中有双重含义:第一种是自在的精神;第二种是自觉的精神。精神作为不断运动和发展的现实精神,贯穿于精神的每个阶段,自我意识的每个形态。但是,精神对这些具体环节的决定性作用还是潜在的,未自觉的,直接现实存在着的个别事物或个别自我并不知道在它们之后还有一个幕后的导演,还自以为世界是按照它们的具体内容和个别意志塑造出来的。因此,此时的精神还是一个自在的精神,自觉的精神还未出现,最多只是作为一个外在的观察者或哲学家被放在括号之内。只有当自我达到绝对精神,它才成为自觉的精神。自觉的精神是精神的自我意识与自我意识着的精神的统一,在那里,自我就是宇宙,宇宙就是自我,而且自我知道这种统一性,并从这个统一性里流溢出整个世界。

在前六章的分析研究中,可谓走的是一条上升的道路,自我意识在运动中,精神的绝对性无时不在主导着自我的发展,特别是在转折关头,在自我濒于毁灭之际,总是有一个新的精神起而拯救之。但是,自我由于每每陷入自身内在矛盾的剧烈冲突并被拉扯着和呼唤着奔向那个永恒的绝对,因此,在具体的进程中它还不能从容自如地审视自己所走过的道路,鉴定自己的内容和形式。只有当自我意识达到绝对精神,特别是达到绝对知识时,它才得以返回自身,直观自身。黑格尔说:"只有作为自己回复到自己的变化过程,精神自身才真正是精神。"[1] 因此,这是一条下降的道路。当然,返回或回复在《精神观象学》中又有多种

---

[1] 《精神现象学》下卷,第 268 页。

含义,每一个小环节的自我否定之否定过程都可以说是一个返回于自身的过程,从大的方面看,自我意识直向和反向双重运动中的反向运动也是一个返回于自身的过程。但是,这里所说的返回,不是有限自我的返回,而是无限自我的返回,是绝对的返回。

如果从绝对返回的角度考察自我意识所走过的艰难困苦的道路,那么其中的一切具体内容都消失了,只剩下两个根本性的环节:时间和历史主体性。这两个环节,一个是本质的形式,一个是本质的内容,它们的统一,构成了自在自为的精神的总体性。时间在《精神现象学》中具有重要意义,是精神对其自身的直观,是精神的本质形式、生命的本质形式。用黑格尔的话说,是存在在那里(ist da)的精神。与时间相应的历史主体性,是精神的本质内容,黑格尔曾说,一切问题的关键在于不仅把精神理解为实体,而且同样理解为主体,这个主体不仅是逻辑的主词,而且更是现实精神的生命和灵魂,它就是自我意识。自我意识在《精神现象学》中从来就不是抽象空洞的,而是必然地展现在时间之中,实现在历史的进程之中,这样,它就成为历史的主体性。

一、时　　间

时间不是外在于精神的可有可无的东西,也不是一个现成的框架,而是内在地隐藏于精神的生命之中,作为它的本质形式。在《精神现象学》中,时间与自我意识一起诞生,随自我意识一同发展。因此,时间首先内在于生命。但是,内在于生命并不是隐遁于生命,并不是把时间抽象地搁置于象牙之塔,搁置于远离尘嚣的彼岸世界,相反,因为精神的本质在于它的创造和实现,在于它的客观化和对象化,因此,时间必然表现于外,它是精神流溢的形式,是生命存在的形式。因此,时间的内化与外化是对立统一的。精神的主体化过程,也即是时间的客体化过程;精神的客体化过程,也即是时间的主体化过程。黑格尔说:"精神的变化过程的另一方面,历史,是认识着的、自身中介着的变化过程——在时间里外在化了的精神;不过,这种外在化也同样是对外在化自己本身的外在化;否定者即是对它自己本身的否定者。"①

时间贯穿于精神的每一个环节,与历史主体性同步发展,但是在自我意识达到其与精神的自在自为的统一之前,还是零乱纷杂的。自我意识主体化进程的每一个形态,总是处在不断矛盾冲突的张力之中,创生和衰亡,分裂和统一,有限和无限,情欲和理性,这诸多矛盾充斥于自我意识的运动过程,自我必须全力以赴,才能克服这些内在的矛盾,实现新的统一。因此,它还无暇反思它的形式。"时间是作为自身尚未完成的精神的命运和必然性而出现的。"② 其实,自我意识的内在矛盾正是在时间的本质形式中展开的,有些就是时间自身的矛盾。但是自我意识并没有意识到这一点,它仍把时间看成是外在的异己的命运,看成是有待自我去克服和扬弃的东西。只有当自我意识达到了绝对精神,实现了实体与主体、自在与自为、有限与无限的统一时,它才开始自觉地反思它的形式,反思它的运动过程。自我由此发现,它所经历的一切运动过程,它所成就的一切伟大事业,都是在时间之中展开和完成的,它的生命离不开时间,它的生命就是时间。"它的本质是扬弃一切差别的无限性,是纯粹的自己轴心旋转运动,是作为绝对不安息的无限性之自身的静止,是运动的各个不同环节在其中消融其差别的独立性本身,是时间的单纯本质,这本质在这种自身等同性中拥有空间的坚实形态。"③ 因此,精神的无限性就是时间的无限性,生命的本质就是时间的本质,自我意识的主体性进程,也就是时间的一体化过程。

精神本质上是一个人类精神,《精神现象学》的主体性本质上是一个历史的主体性,因此,时间本质上也就是一个人类时间,一个历史时间。黑格尔在导论中曾说,时间是存在在那里的概念自身,"那里"并不是一个抽象的、静止不动的空间,而是一个精神运动和发展的过程,是一个客观化了的生命之流。通过对主奴意识的分析,我们已经知道,精神的历史也就是人类超越自身的有限性和被动性走向无限性和主动性的历史,就是人类摆脱野蛮和奴役走向文明和自由的历史。因此,时间的本

---

① 《精神现象学》下卷,第 274 页。
② 同上书,第 268 页。
③ 《精神现象学》上卷,第 117—118 页。

质便与人类的本质统一起来了,时间成为人类时间,成为历史时间,成为人类的本质形式,价值的本质形式,自由的本质形式。科耶夫指出:"黑格尔哲学的目的即是对历史事实予以解说。由此看来,那个与概念相统一的时间是历史时间,在时间中,人类历史展开着,或更恰当地说,时间作为普遍的历史(不是作为诸如星辰的运动)而自我实现着。"① 因此,历史时间的主体是人,而不是物,"只有人才存在于时间之中,时间也不存在于人之外;因此,人即时间,时间即人。"②

时间一直是一个深层的哲学之谜,古往今来,多少哲人对此殚精竭思,对他们来说,时间具有无穷的意义,它的本质与神的本质、人的本质、宇宙的本质有着一种隐秘的关系。一般说来,时间可外在地分为三类时间:宇宙或自然时间、历史时间、生存或心理时间。这三类时间既可并行不悖,也能相互冲突。在西方哲学史上,从宇宙时间经历史时间到生存时间,恰好构成了近两千年来对时间本质哲学思索的演变系列。《精神现象学》所呈现的历史时间以及它与历史主体性的统一是时间学说史上的一次伟大革命,它把时间与人类精神、人类历史统一起来了,把时间看成人类超越自然、实现自由的本质形式,这无疑具有重大的意义。

宇宙时间是一种自然时间、物理时间,是客观事物存在、运动的基本形式,如昼夜交替,季节变换,星辰运转,自然事物的运动变化,乃至自然生物的兴衰生灭等等,总之,自然世界的一切事物,它们的存在形式即是这种宇宙时间。宇宙时间的基本特征是它的循环性,自然世界的万事万物都遵循着一定的规律周而复始地运动变化。无论是牛顿的古典时间理论,还是爱因斯坦的相对时间理论,都是对一般意义上的宇宙时间的内在规律的揭示,随着自然科学的发展,这种时间的本质会越来越清楚地展现出来。

宇宙时间是一个没有主体,因而也即没有价值和意义的时间序列,它与自然物质密不可分,人虽然不可避免地存在于这个时间形式之内,但不是作为主体,而是作为一个自然物体存在着。星辰运动、春秋代序

---

① 科耶夫:《黑格尔导读》,第133页。
② 同上。

对于人和草木来说是等同的,自然时间只是人类的外在时间,人类生存的一个外在的而又基本的条件。对于人和对于物一样,宇宙时间永远是一个单调的过去→现在→将来的序列,始与终对它们来说是不可寻求的,无法避免的,也是毫无意义的。古希腊哲学,特别是早期自然哲学就处在这个阶段。由于人类的主体性还未觉醒,时间在那里只是一种宇宙时间,它是实体的一种属相,事物存在、运动的一种形式。

哲学史上真正对时间本质的探讨是从基督教早期神学家奥古斯丁开始的。由于基督教神学是一种异化了的主体性哲学,因此奥古斯丁在《忏悔录》中对时间本质的论述就打破了宇宙时间的纯粹客观性,而开始从主体的立场考察时间,他问:"我们度量时间,时间从哪里来,经过哪里,往哪里去呢?"[1] 如果没有主体,这个问题还较好回答,时间永远是一个过去→现在→将来的序列。但是,从主体的角度看,这个问题就面临着一个巨大的矛盾或困惑:对于主体来说,它面对着的真实时间:"仅有现在,过去和将来都不存在。"[2] 因为将来对它来说是还未到来的,而过去则是早已消逝了的,惟有现在才与它的本质相联系,才是它的存在形式。由此可见,只有立足于主体时,现在才具有重要意义。但是,奥古斯丁马上又面临着一个矛盾,即什么是现在呢?人的一生可分化为十年、五年、一年,一年又可分化为月、日、小时,如此等等,又似乎根本没有现在,存在的只有过去和将来。因此,这是一个纠缠不清的谜,无论在中国哲学还是在希腊哲学中,都有人从纯粹自然时间的角度作过深入的探讨,例如著名的芝诺悖论,在那里,时间与空间是等同的,时间的可分性与连续性的二元矛盾是与空间的可分性与连续性的二元矛盾相一致的,这是一个深邃的二难论证,这个问题的提出就已经把思考者的主体地位呈现出来了,因为只有对于主体——人来说,空间和时间才会有这种分裂,而对自然物体来说,则根本无所谓可分与连续,分裂与统一。但是,主体的意义在那里还是潜在的,还未作为一个主要因素出现在命题自身中,因此,命题自身是纯粹自然时空的问题,还属于物理学领域。

---

[1] 奥古斯丁:《忏悔录》,商务印书馆1981年版,第248页。
[2] 同上。

奥古斯丁同样提出了这一问题,但他比芝诺悖论深邃,其重心已经从空间转入时间,从自然对象转入主体。奥古斯丁看到,这个问题与其说是自然时间自身的问题,不如说是时间中的主体的问题,时间自身即是一流永不枯竭的河水,无所谓过去、现在和将来,只有对置身于这个时间之流中的主体来说,才存在所谓过去、现在和将来的问题。如果主体仅仅是一个单一的本质,无论是有限还是无限,那么,时间序列的本质都还容易揭示。情况恰恰相反,作为主体的人是一个矛盾的、分裂的存在,既是有限又是无限,既是短暂又是永恒,因此,时间便陷入一个无法解决的困境之中。为了克服这一矛盾,奥古斯丁认为人还不是时间的主体,时间的真正主体是神或上帝,上帝"在永远现在的永恒高峰上超越了一切过去,也超越了一切将来"①,上帝创造了时间但又超越了时间,在上帝那里,时间是永恒的现在。

奥古斯丁的时间观不同于纯粹的宇宙时间,他已经意识到时间的主体性,但是,由于他对人的认识局限于基督教神学,因此,主体在他看来不能是人,而只能是神。可以说,神的时间是从自然时间向人的时间转变的过渡环节。近代哲学是自我觉醒的哲学,对时间的考察在近代哲学和科学中大致有两条线索:一条是从神的时间(其中包括了神学家们的种种迷信和幻象)重新回复到纯粹的自然时间,并探讨其本质的规律和原理,这是近代科学所走的道路;另外一条则是从神的时间转向人的时间。哲学家们发现,人类除了是一个生活于自然时空之中的物体外,还是一个理性的和历史的生命存在,是一个能动的主体,他所创造的人类世界是一个超越于自然时空的文化世界和价值世界。因此,人类主体的存在形式就不应再是自然的时空了,而应该是一种更为本质的、内在于人类精神之中的时间形式,这种时间就是历史时间。

历史时间是人类特有的总体时间,它是人类主体产生和发展所固有的本质形式。一部人类发展史,一部文明进化史,总之,一切人类从自在走向自为,从客体走向主体的现实进程,都是在历史时间中展开的,历史时间不是简单的编年史,而是人类精神的本质展现。

黑格尔哲学的历史时间是西方哲学史上从自然时间向人类主体时

---

① 奥古斯丁:《忏悔录》,第241页。

间转变的继续和完成,在此之前有两个伟大的先驱:康德和赫尔德。康德首先真正地把时间置于人类的主体性,时间在康德哲学中既不是事物的外在形式,也不是超验的神的形式,而是自我意识的内直观,是主体自我的内形式,通过时间,悟性先验统觉才能综合地把握感性材料,产生知识和科学。时间不仅是现象世界的内在形式,而且它与人类主体能动的创造力——想像力密不可分,它直接就是想像力的本质形式。想像力是康德哲学中尚未解决的关键问题,贯穿整个德国古典哲学的统一精神和主体精神,就是从康德哲学的想像力这一隐秘的源流中产生出来的。时间作为想像力的本质形式,是联结感性和悟性(通过构成的想像力)、悟性和理性(通过反省的想像力)的中介,是沟通自然世界、审美世界和道德世界的桥梁。虽然时间在康德的主体性哲学中具有重要意义,但是,康德哲学的主体性仍然是一个意识和道德双重化了的主体性,还未达到历史的主体性。因此,时间在康德哲学中还未被提高为历史时间,在其中,现象与本质、对象与自我还是矛盾分裂的,还未达到历史的统一性。

但是,时间作为人类历史的本质形式却在康德的学生,后来又成为他的对手的赫尔德那里展现出来。赫尔德是历史主义学派的开创者,他发展了维柯的观点,在西方思想史上首次明确地提出了历史哲学的一些基本理论。在《人类历史哲学思想》一书中,他认为人类历史是一个不断从低级向高级状况发展的过程,它是自然发展史的继续和在更新层次上的跃进,文化进步是历史发展的基本规律,人类的自由和解放是历史发展的根本目的。赫尔德认为人类历史展现在时间中并经历了一系列阶段,从古希腊罗马社会,经过基督教世界发展到近代社会,这是一个文化不断进步,理性不断完善的过程。因此,在赫尔德的历史哲学中,历史时间和历史主体性这两个环节都已初露端倪,成为他考察人类社会和人类历史的出发点。但是,赫尔德的历史哲学还是粗糙的,还有许多臆想的成分,它局限于对人类历史的简单描述,历史时间和历史主体性都还没有获得独立自主的意义。

《精神现象学》是康德哲学和赫尔德哲学在一个更高层次上的统一,它是历史时间和历史主体性达到辩证统一的历史哲学。

在《精神现象学》中,历史时间具有重大的意义,它是超越于自然时间的人类历史的本质形式,是精神对其自身内在生命的本质直观。黑格尔首先同意康德的观点,认为时间是一个直观形式,而不是一个普遍概念,或者说,黑格尔在时间与时间概念两者之间作了区别,前者是精神运动过程的形式,是一个直观,而后者则是通过对这一过程的回忆和理解而达到的概念范畴,因此,历史时间本质上是一直观形式。但是,黑格尔与康德的不同之处在于,他认为时间这一直观形式不单纯是想象力的内在之流,不单纯在主观意识领域起着统辖感性内容的作用,相反,时间的真正本质在于,它表现为人类历史的现实进程,它是精神客观化过程中的内在之流,或者说是精神主体化过程中的外在之流,是精神对其自身现实的、历史的、对象化的直观。因此。时间又不纯粹是一种直观,而同时又与概念(作为精神)有着本质的联系,或者说,时间又是概念对自身的直观。黑格尔说:"时间是在那里存在着的并作为空洞的直观而呈现在意识面前的概念自身;……时间是外在的、被直观的、没有被自我所把握的纯粹的自我,是仅仅被直观的概念;当概念把握住自身时,它就扬弃它的时间形式,就对直观作概念的理解,并且就是被概念所理解了的和进行着的概念式的理解的直观。"① 值得注意的是,这里所说的概念应该从精神的意义上来理解,而不应该单纯地看成是一个逻辑学的范畴,如果把概念理解为精神,理解为人,人的精神,人的本质,那么,时间所具有的历史意义也就呈现出来了。因此,在《精神现象学》"绝对知识"中所说的概念对自身的直观,就是历史时间,就是人类时间。

统观黑格尔的整个体系哲学,时间的三个类型(自然时间、历史时间和生存时间)都曾出现过,黑格尔也企图把它们纳入到一个统一的时间学说之中,但在这诸多时间形态的描述分析中,可以说,历史时间占有绝对的优势,特别是在《精神现象学》中,历史时间与精神、自我意识、主体性等本质内容密不可分,它构成了黑格尔历史哲学的一个中心环节。

在《自然哲学》中,黑格尔论述了自然时间,认为它是自然世界存在、运动的基本形式。科耶夫说黑格尔引入自然时间概念是一个重大的错误,他认为时间只能是历史时间、人类时间,自然的存在形式只是空间,

---

① 《精神现象学》下卷,第268页。

这无疑有些过分了。黑格尔《自然哲学》中的时间其实也不是纯粹的宇宙时间，不属于纯粹的物理学领域，而是柏拉图、奥古斯丁意义上的时间。时间在那里并没有作为一种低层次的属相而消融于默无生机的自然，而是在概念中达到了它的主体性本质。"时间并不像一个容器，它犹如流逝的江河，一切东西都被置于其中，席卷而去。……所以，正是现实事物本身的历程构成时间。"① "时间的概念同任何一般概念一样，本身是永恒的东西，因而也就是绝对的现在。永恒性不是将要存在，也不是曾经存在，而是永远现实存在着。"②

与奥古斯丁一样，"现在"在黑格尔的自然哲学中具有重要意义（下面的分析将指出它同样在精神哲学中也具有重要意义），它是概念的本质形式，是把过去和将来扬弃于自身的直观。默尔林（Meulen）指出："在黑格尔那里，被把握了的道（Logos）自身是在否定之否定的过程中支配纯粹自身返回和反思的时间的力量，是绝对的现在，它在自身返回中把将来和过去收纳为它的环节，同时把它们置于自己的支配之下。"③ 由此可见，黑格尔自然哲学中的现在是一个概念的永恒存在，黑格尔用概念代替了奥古斯丁的神在。此外，黑格尔并没有单方面满足于作为永恒性概念的时间，他还以它与空间的关系从它的否定性方面来解释时间。空间是一种自然的无差别性的存在，是一个自身中可区别诸点的抽象的多，这些点彼此漠不相关，相互外在；时间则是一种否定的存在，它否定了空间诸点的抽象性，而使其连续成为一个自为的点的运动。"依照黑格尔，否定之否定作为点之所以成为点即是时间。……点能够作为这样一个点借以自为建立自己的东西向来就是现在。"④ 因此，点在时间中就克服了空间的抽象性而成为现实性。

黑格尔自然哲学的时间结构具有了双重意义：第一，从普遍的角度看，概念作为主体，时间只能是永恒的现在，时间的三个维度：过去、现在和将来都消融于永恒的现在之中。这一观点可以说是柏拉图、奥古斯丁的时间理论的继续。第二，从特殊的角度看，时间与空间一样是自然

---

① 黑格尔：《自然哲学》，商务印书馆1980年版，第49页。
② 同上书，第50页。
③ 默尔林：《海德格尔与黑格尔或矛盾与冲突》，迈森海姆—格兰1959年德文版，第92页。
④ 海德格尔：《存在与时间》，三联书店1987年版，第504页。

事物的存在形式,虽然它是对空间的否定,是一个否定的点,但仍然是无机世界的形式。作为点,它是现在,但现在之点不是永恒的现在,而只是过去、现在和将来时间序列上的一个环节。因此,这一观点可以说是亚里士多德时间理论的继续。时间之点虽然超越了空间,但仍不具有主体的意义。

应该指出,黑格尔在对时间的分析中也确实忽略了一个问题,或者说,犯了一个错误,海德格尔之所以把黑格尔的时间归于"流俗时间"之形态,科耶夫之所以批评黑格尔的自然时间观,其原因也多在于此。历史时间是《精神现象学》乃至后来的《精神哲学》的一个根本性环节,它是精神的本质形式。精神与自然有着重大的差别,因此,自然时间与精神时间也有着重大的差别,而且这种本质的差别在黑格尔对自然时间与精神时间的论述中曾经明确地呈现出来,但是,黑格尔并没有指出过这种差别,因而造成了某种不必要的混乱。例如,在《精神现象学》"自我意识"一章中,精神作为生命运动,就使得自我超越了自然而进入一个人类的价值世界,与此同时,时间也就打破了作为空间之否定的点的连续性而进入历史时间的序列。黑格尔多次指出,精神是一生命、理性,自我是一主体、一心灵,这些规定显然与空间诸点有着本质差别,为此,作为这些规定的本质——时间,也同样与自然时空有着本质差别。

自然时间的结构是一个过去→现在→将来的序列,其中每个环节的作用彼此相同,过去、现在和将来三维是一种单向度的循环关系。自然时间的结构没有主体,它是自然事物的存在形式。历史时间相反,它是一种主体时间,人成为这个时间的最为本质的主体,因此,它的结构与自然时间的结构大不相同。科耶夫指出:"黑格尔哲学以前的哲学所考察的时间是从过去开始、经过现在、趋向将来的运动。黑格尔哲学的时间与此相反,它是从将来开始、经过过去、趋向现在的运动:将来→过去→现在(→将来)。这的确是人类时间(亦即历史时间)所特有的结构。"[①] 由此可见,历史时间的结构不是直线式的单向循环,而是立体式的螺旋上升。

---

① 科耶夫:《黑格尔导读》,第134页。

首先,在历史时间中,"将来具有首要意义"。① 历史时间是一主体时间,主体——人不再是被动的物,而是有理性、有意识和有生命的存在,从诞生那天起,他就打破了自然时间的序列,成为自由的主体,因此,历史时间的起点不是过去,而是将来。将来的本质在于它的超越性和理想性,这一点集中体现在《精神现象学》"自我意识"一章。人类历史从生命搏斗和相互承认所构成的自我意识开始,历史时间也从这里开始。历史时间显然不是自然时间序列的继续,而是一种跃进,它以超越的将来作为起点,打破了过去决定现在的机械关系。将来是一个无,这个无不是抽象的虚无,而是有待实现的本质之无,是一种理想,是真正的有。在自我意识初期,这个理想就是"作为人,彼此相互承认",就是自由和独立。这一理想作为将来贯穿于自我意识的整个历程,从抽象的生命搏斗、主奴矛盾到理性阶段的浮士德意识和德行意识,乃至整个客观精神,将来都一直是精神前行的出发点。人类历史是现实的历史,因此,将来也不是抽象的将来。从总体上看,它是贯穿《精神现象学》乃至整个德国古典文化的大精神和大灵魂,是天人、人我、情理的最终和解与统一;但是,在自我意识的每一个环节,历史主体性的每一次跃进中,它又具体化为一些小将来、小理想,具体化为一些个别形态的超越的起点。总之,人、精神、生命是面向将来敞开着的。

历史时间结构的第二个环节是过去,它原先是宇宙时间的初始环节,现在成为中介环节,成为将来走向现在的桥梁。在历史时间中,不是过去决定现在和将来,而是将来决定过去。不错,黑格尔在逻辑学本质论中曾谈到本质是自身返回,"是存在的真理,是自己过去了的或内在的存在"②。人们一般地都曾由此理解本质的东西就是过去了的东西,黑格尔哲学是一种过去决定论,其实情况远非如此,首先,逻辑学中所说的过去,不具有纯粹的时间意义,因为时间是一种直观,而逻辑学上的过去和现在等规定,则是概念范畴,是一种逻辑先在性。因此,逻辑学上所说的本质是过去的东西,应从内在化了的、深层的、作为根据的东西来理解。第二,一般说来,《精神现象学》是主体之创生,《逻辑

---

① 科耶夫:《黑格尔导读》,第134页。
② 黑格尔:《小逻辑》,第242页。

学》是主体之回忆,因此,一条是上升的道路,一条是下降的道路,这样,两者的时间结构恰恰相反相逆,现象学作为将来的理想或绝对,恰构成逻辑学的业已过去了的东西,现象学所要做的是把将来创生成现实。而逻辑学所要做的则是把过去回忆成现实。因此,逻辑学里的"过去了的"恰是现象学纯粹时间序列的将来,只有将来对自我意识的现在来说才是能够成为过去了的,过去是将来走向现在的业已完成了的道路。

因此,过去在这里作为纯粹时间的过去,就成为将来走向现在的中介。必须强调指出,将来在历史时间中居首要地位,但它不是中心,因为将来还仅是一个理想、一个目的,自我如果不经过生命搏斗、劳动创造等现实的活动,那么它就仅仅是一个梦想和希望,历史时间也就不能真正展开,黑格尔之所以对斯多葛主义、苦恼意识、优美灵魂等意识形态采取批判的态度,就是因为它们只是一味地沉溺于冥思和幻想而缺乏现实的行动。过去之所以构成了将来与现在的中介就在于它为将来的实现提供了一个可供行动的基础,过去就是被否定的或有待否定的东西,将来通过对过去的否定,或者说,将来通过否定地成为过去,就进入历史时间的第三个,也是中心的环节:现在。

"现在"在《精神现象学》中不是简单的存在(dasein),不是自然时间中的那个偶然的瞬间,也不是奥古斯丁意义上的神之永恒的现在,或黑格尔《自然哲学》中的在概念之中的现在。首先,现在是真正主体的现在,这个主体在《精神现象学》中不是抽象的概念、范畴,而是在历史和文化中不断发展的人类自身。第二,现在不是一个既定的点或横断面,而是一个能动的否定过程。它与其说是一个存在,不如说是一个将来通过过去趋向现在的过程,这个过程不是自然过程,而是生命过程、精神过程、历史过程。因此,这个过程不是肯定的,而是否定的,是主体——人自我实现的否定过程。科耶夫指出,现在作为否定性,不是空间上的一个静止的点或横切面,"相反,它像是空间中的裂痕或'孔洞':一个空虚,一个无"①。现在是历史的现在,是将来的现在,因此,它是对过去的一个能动的否定和扬弃,是对旧形式和旧内容的决裂和超越,是向一个新世界的升华和飞跃。

---

① 科耶夫:《黑格尔导读》,第135页。

例如,现在的这一本质特征就集中体现在欲望之生命搏斗的过程中。欲望之所以欲望另一个欲望,在于它追求相互承认,但是相互承认是一个将来,是一个现实的不在,因此,欲望为了实现这种超越的理想,就必须经历一场生命搏斗,生命搏斗是对象和自我的双重否定过程,否定的是一个过去,实现的是一个将来。科耶夫分析道:"欲望的实在性来自于对所给予的对象的否定。被否定的实存是停止其为存在的实存:它是过去的实存或实存的过去。由将来所决定的欲望,由于它否定了实存或过去,因此,它作为一个实在性(即被满足了的欲望)在现在中出现了。这种将来否定过去的方式决定了现在的真正性质,只有那个为将来和过去所决定的现在才是人类的存在或历史的现在。"[1]黑格尔也指出:"精神是不朽的;精神不是过去的,不是将来的,只是在本质上是现在的。"[2] 因此,历史时间与《自然哲学》中的自然时间有了重大区别:第一,虽然两者都强调现在的重要意义,强调时间(特别是作为现在)是概念或精神的直接现实,但一般说来,自然哲学中的概念指的是自然事物的普遍性,而精神哲学中的概念指的是人类存在的生命本质,两者是有内在差别的。第二,自然时间虽然是空间的否定,但这种否定还是直接的否定,它所展现的仍是过去→现在→将来的自然时间序列;相反,历史时间则是对空间的根本的否定,由此所建立起来的世界或过程是一个全然超越于自然时空的新的人类世界或历史过程,它的结构是有别于自然时空的将来→过去→现在的本质结构。

将来→过去→现在(→将来)的结构是历史时间的本质结构,也是一个普遍的人的结构,它贯穿《精神现象学》自我意识的整个过程。在这个结构中,三个环节都具有重要的意义,其中将来是出发点,过去是否定的中介,现在是中心和归宿。一般说来,现在比过去和将来更根本。历史不是抽象的历史,而是现实的、客观的、具体的运动过程,现实性是精神和理性的真实形式,是过去和将来的凝聚和统一。在《精神现象学》中,每当人类意识企图脱离现实而一味沉溺于将来时,现实性原则就会用有力的手把它拉过来,使它面对现在。例如,当自我意识沉醉于

---

[1] 科耶夫:《黑格尔导读》,第135—136页。
[2] 黑格尔:《历史哲学》,第121页。

斯多葛的冥想和苦恼意识的苦恼时,现实的理性就会用快乐原则和功利原则打破它的迷梦;当自我意识沉迷于信仰和迷信世界时,启蒙意识也是用现实的理性和有用性原则把它从那个彼岸世界拉回到现实的物质文化生活当中;当自我意识陶醉于优美灵魂的纯净和高妙时,自在自为的精神也是用现实的宗教社团(即人民宗教)扬弃了它的空虚和渺茫,使其成为现实的精神。总之,立足于现实是黑格尔哲学的基本原则。一切现实的都是合理的,一切合理的都是现实的,正像恩格斯所说的,对这句话不仅可以从肯定的方面理解,也可以从否定的方面理解,现在是对过去的否定,这个否定性是推动精神运动发展的活的灵魂。马克思也同意黑格尔关于现实性的观点,他多次引用黑格尔的话:

>这里是罗陀斯,就在这里跳舞吧!
>这里有玫瑰花,就在这里跳舞吧!①

历史时间的结构是一个敞开的结构,它不是单向度的循环,而是向前展开着的。现在是将来经过过去趋向现在的发展过程,而现在一旦成为现在,也就随之死亡,成为过去,与此同时,在它的毁灭中,一个新的将来崛起,它经过对过去的否定,即对那个已经过去了的现在的否定,而趋向一个新的现在,因此,历史时间是一个肯定和否定、死亡和诞生辩证统一的过程。由于人类精神是无限的,人类历史是无限的,那么,这个时间结构也是无限的,人发展到哪里,时间也就展开到哪里。

在《精神现象学》中,人和人的历史都不是抽象的,而是普遍的人类精神和客观的人类历史,历史时间毕竟只是精神的本质形式,它与精神的本质内容——历史主体性相与并生,离开主体性,历史时间也就荡然无存。历史时间和历史主体性是辩证统一的总体,因此,要理解历史时间,必须理解它的本质内容;要理解历史主体性,也同样必须理解历史时间。

从黑格尔的历史哲学到马克思的历史唯物主义,历史时间理论在新的原则之下得到了进一步的发展,与此相应,从德国古典哲学又演变出

---

① 《马克思恩格斯选集》第1卷,人民出版社1995年版,第589页。并参阅黑格尔《法哲学原理》序言,第12页。

一种新的时间——生存时间。生存时间问题是现代西方哲学的一个根本问题,从德国浪漫派开始,狄尔泰、胡塞尔、海德格尔等人都把时间视为哲学的一个中心问题,尽管他们的观点彼此有别,但从总体上看,他们所说的时间都属于生存时间。生存时间也是一种本质上区别于自然时间的人类时间,但这种时间又与历史时间有着重大的区别,它毋宁是一种深层的主观心理时间、个体时间。人类作为一种自觉的存在,当它意识到自己的本质和意义而又不能够在现实的人类历史和人类社会中将其展现出来,从而只能在其心灵的深处直观和体验那个虚无、动荡和冲突的灵魂时,它所显现的形式就是生存时间。生存时间是人类所特有的时间;它也是一种价值时间和生命时间,因为它在这一深邃的形式中直观和体验到了人的自由和自为,意识和感受到了人的无限本质和无限生命。

其实,生存时间作为历史时间的补充形式在《精神现象学》中也曾多次出现过。例如,在心灵冲突的苦恼意识那里,当个体自我面对着由自身的本质分裂而产生的对其痛苦的直观就是一种生存时间。在那里,自我意识到了它的无限本质,但这个本质对于它毋宁又是一个无,一个遥远的彼岸,而自我又不能或不愿在现实的劳作中实现这个无限本质,于是,它只能在自身的内心深处,在灵魂的默祷和冥想中体验那个无限的本质,幻想与那个无限生命的合一。生存时间多是苦恼的、悲剧性的,因为深邃的灵魂表面上可以宁静如一,其骨子里却是分裂冲突的,因为人的本质本身即是分裂冲突的。

生存时间只是《精神现象学》主体时间——历史时间的一种补充形式,但是,在德国哲学的另外一条线索那里,它却占有绝对的地位。康德哲学的时间和想像力理论,即已成为生存时间之发轫,在席勒那里,时间超越了认识论而进入价值论,在《论崇高》中,席勒即认为时间是决定人类生存的一个根本条件,而后的浪漫派诸如施勒格尔兄弟、谢林、诺瓦里斯等人,都把时间看成是人类生存的本质形式,时间在那里失去了历史的客观性,成为纯净心灵的直观,浪漫派作家们企图用艺术和诗歌来克服现实世界和自然时间的丑陋与鄙俗,在超越的美之王国达到与无限神性合一的永恒的宁静。在他们看来,这个永恒宁静的主观体验形式即是时间,作为时间之直观的对象即是艺术,而达到这一境界的手段即是想像力,时间、艺术和想像力这三者是统一的。

生存时间继浪漫派之后,在生命哲学、现象学和海德格尔哲学中得到了长足的发展,随着西方现实社会各种矛盾的日益加剧,随着上帝观念的死亡和理性权威的倒坍,人类本质的一系列矛盾冲突在现实社会和人类历史中并没有获得积极的和解,自我于是从社会和历史退回于内心,企图在超验的心灵深处去达到那永恒的宁静。可以说,现实社会的一切矛盾,人类历史的一切矛盾,人类本性的一切矛盾,都浓缩到自我那个内在灵魂的独白之中了,于是,生存时间作为灵魂的内在形式也就获得了举足轻重的意义。海德格尔在《存在与时间》一书中,认为时间是人生存在的先验结构,这种时间既不同于自然时间,也不同于历史时间,乃是生存时间;时间通过它的到时和绽出,就把自己表现为一个不断涌出、不断呈现的创造过程,通过它人获得了本真和世俗双重的生存意义。可以说,没有时间,人也就失去了生存的基础,失去了本真的形式。因此,海德格尔认为他的生存时间是比黑格尔的时间更为深邃的本质,他说:"对于黑格尔——存在(无限性)是时间的本质。对于我们——时间则是存在的原始本质。"①

历史时间和生存时间虽然同为人类时间,同为对自然时间的超越,但它们之间的本质差别却是显然的。历史时间是普遍的人类主体性的时间,是客观的、民族的、时代的、人类一体性的;生存时间是抽象的个体自我的时间,是主观的、心理的、体验的;历史时间的结构是将来→过去→现在(→将来),现在是其中心;生存时间的结构是现在→过去→将来,将来是其中心;因此,历史时间是现实的、行动的;生存时间则是缥缈的、静悟的。②

从总体上看,时间理论是与贯穿于《精神现象学》的中心论题相一致的,即三个世界,三种辩证法和三种时间形式的论题:自然世界→自然

---

① 海德格尔:《海德格尔全集》第32卷,《黑格尔的精神现象学》,美因河畔法兰克福1980年版,第211页。
② 参阅萨特《存在与虚无》,中文版,第176页,"因为它是现在,它并不是它所是的(过去),而它又是它所不是的(将来)。"海德格尔:《存在与时间》,中文版,第388页;"'向为它本身之故'筹划自身根据于将来,而这种自身筹划是生存性的本质特性。生存性的首要意义就是将来。"默尔林:《海德格尔与黑格尔或矛盾与冲突》,第92页:"在海德格尔那里,那个在存、在之隐秘中尚未呈现的将来处于主导地位,作为极度含糊不清言词的现在,则从未成为将来的主宰……"

辩证法→自然时间;人类世界→历史(社会)辩证法→历史时间;心灵世界→心灵辩证法、心理(生存)时间。应当看到,宇宙就是由这三个世界构成的,人类也是由这三个要素构成的,《精神现象学》所呈现和揭示的也就是这三个环节以及它们所构成的统一总体。因此,对上述的每一个环节,每一个问题都不能简单地肯定或否定,而应站在更高的角度去揭示其深邃的本质。

二、历史主体性

历史主体性是贯穿于《精神现象学》的主导原则,是精神的本质内容,是历史时间的内在生命。何为历史的主体? 其实就是那个在历史时间中不断展开和发展的自我意识,就是那个在历史进程中不断实现和创造的人类精神。一般说来,当自我意识在达到绝对精神的统一性之前,它总是处于不断震荡和冲突的矛盾之中,总是被纠缠于本质的各个方面的具体内容之中,还无暇把握自己的真实本质。只有到了绝对精神,它才得以从绝对的高度把握自己的本质形式和本质内容,自我意识着的精神的这个本质内容就是历史的主体性。

Subjekt 和 Subjektivität,在黑格尔的哲学中有多种意义,有时指主体性、本质性,有时指主观性、抽象性,但其基本的含义还是主体和主体性。主体是实体的内在本质;是精神的内在生命,是历史的终极目的。我们曾指出,黑格尔哲学的精神并不脱离于人,不是外在于人的一个什么绝对,它本质上就是人类精神,就是人类的普遍本质。因此,精神即人,人即精神。精神与人的统一性,在黑格尔的哲学中又是一个主客统一性,精神就其自在的意义来说,它是一个实体,一个沉睡着的普遍本质,因此,它的运动,就是把其固有的主体性和内在的自为性实现出来,而这一过程就是自我意识的运动过程。因此,当实体达到了精神的自我意识与自我意识着的精神这两个方面的统一时,它就成为绝对的主体,成为大写的人。但是,实体的主体化过程又是一个矛盾的、缓慢的历史过程,人作为主体是在历史中不断发展和成熟起来的。因此,主体又必须是一个历史的主体,它在历史时间中不断地从相对走向绝对,从自在走向自为,从偶然走向自由。

把人类视为世界的主体,视为历史的本质,这一点并不是黑格尔的独创,它是西方文化精神发展的主潮和大势。

希腊化时期的哲学已经把重心转向人类自身,基督教是欧洲文化史上的一次大变革,是人类主体性的一次大觉醒,它把人类本质高扬为宇宙的绝对本质;把人类自由看成是世界的终极目的。一部《圣经》即是一部人类的解放史。但是,基督教的大人类精神却是以一种极端异化的形式表现出来的,人的本质异化为非人的上帝,人的自由异化为人的依赖,人的解放异化为人的奴役。此后,欧洲文化的总体趋势即是在基督教异化了的大人类精神这一背景之下的新的解放运动。启蒙运动抛弃了基督教的虚幻形式,直接把现实的充满感性内容和理性知识的人作为宇宙的中心和世界的主体,在启蒙学者看来,人类现实的幸福和自由即是最大的善,理性、科学、民主和法律即是实现人类福祉的保证,此外不需要什么神、上帝或彼岸的东西。

19世纪初叶开始的德国古典文化运动是启蒙运动经过法国大革命洗礼之后在一个新的高度上的继续和发展,康德、歌德和黑格尔等大师们已经不能满足于启蒙运动所倡导的那种抽象、有限的人类主体性了,他们感到有必要进行一番新的创造和综合,在基督教大人类精神和启蒙运动现实理性的基础上,把明媚灿烂的希腊艺术精神和激烈阳刚的日耳曼神秘主义有机地结合起来,由此创造出一个绝对的人类精神。这个绝对精神不再是异己的、静止的、有限的、玄观的主体精神,而是真实的、历史的、无限的、创造性的主体精神,它是神人统一、物我统一、知行统一、情理统一、动静统一的绝对的自由精神和生命精神。

《精神现象学》的历史主体性从思想本质上讲不过是德国古典文化精神的再现,它的意义在于把文化精神中的那个隐藏于内的本质用哲学的概念和范畴明确地表述出来。绝对精神是贯穿整个德国古典文化发展的主导精神,但只有在《精神现象学》中,它才达到自身的自觉,成为自在自为的历史主体性。黑格尔在《精神现象学》中把人设定为主体,在他看来,宇宙中只有人才具有绝对的价值和意义,绝对精神就是人的精神。人之所以成为主体,就在于他具有精神,或者说,在于本质上是无限的,这种精神或无限性在人那里,首先表现为理性和思维等内在的东西。黑格尔哲学(乃至整个德国古典哲学)意义上的理性和思维,超出了一般经验科学的意义,是创造性的,充满生命力的无限理性和绝对思维,是一种否定的精灵,人类通过它们的创造和实现而成为自然世界和人类历史的主体,成为宇宙中最为本质的和最有价值的东西。

因此,主体是人,但人未必全是主体,只有当人处于精神发展的必然环节,肩负着历史的使命且能主动地创造和实现时,它才是历史的主体,一旦它的使命完成,它的生命衰退,它所具有的否定的积极性消失,那么它也就不再是主体了,从而下降为一般意义上的主观性。Subjectivität 之所以又有主观性这一含义,其原因也即在于此,主观性就是丧失了本质意义的主体,是过去了的或尚未达到的主体。从时间结构上来看,主体的形式即是现在的时间形式,现在是历史时间中的最为本质的环节,人只有存在于现在,才能成为主体,因为现在不是一个静止的点,毋宁是一个从无到有的否定过程,是一个起始于将来,通过对过去的否定,而趋向于现在的运动过程,人只有在这个时间形式中不断地创造和否定,不断地劳作和努力,不断地化理想为现实,化实有为虚无,化虚无为实有,它才能成为真正的主体。因此,主体是生命的存在,否定的存在,现在的存在。人作为主体,它才揭示和呈现出精神的内在真理和自我意识的本质规律。在现在之中,并作为现在,它才真正地克服自己的有限性,实现出一个无限性,扬弃自己的一己性,实现出一个永恒的神性。自然的永恒性是在神之中的,正像奥古斯丁所说,它存在于神之永永现在中。相反,历史的永恒性是在主体——人之中的,它存在于人的现实的否定过程之中,人的生命活动使现在化为永恒。

但是,一旦人从现在走出来,一旦人安于现状,不愿努力奋斗和辛苦劳作,一旦人耽于幻想,迷恋于将来,那么它就失去了主体的意义,而成为一些抽象的主观性。从时间结构上来看,主观性是与将来和过去这两个环节相联系的,主体本质的尚未到来和业已丧失,都是一种主观的东西,人处于这种情况下就降低为一些偶然的存在,或者自私自利,或者自高自大,或者抱残守缺,或者胡思乱想,总之,作为主观性的人的命运与历史的命运相脱离,它的本质与精神的本质相违背,于是,它便成为无生命的存在,一个死去了的主体。我们知道,历史时间是敞开着的,历史主体也是发展变化着的,旧的主体不断降为主观性,新的主体不断涌现。一部《精神现象学》就是这样一部否定的历史。

立足于现在,面向着将来,否定着过去的人即是主体。从内容上看,这个主体即是一个创造和实现着的否定的主体。对象化、超越化、现实化、外化和异化这一系列范畴在《精神现象学》中具有重要的意义,它们是《精神现象学》的中心概念,也是历史主体性的本质内容。德国古典哲学的一个本质特征就是一改过去的静观,把人把握为一个能动的创造性,人的本质即在于行,即在于创造和实践。在他们看来,道就是作为,就是运动,就是过程;而有所作为便是有所克服,有所否定,有所扬弃,只有在否定和毁灭的过程中,才能实现真正的肯定和生成。因此,德国古典哲学的主体性学说,集中地体现在它的对象化的双重规定之中,体现在否定和肯定的辩证统一之中。

费希特哲学的自我是一个绝对的主体,这个主体之所以是主体,即在于它不甘于静观,而努力践行,它自在地为自身设定了一个对象和限制,自我正是在克服阻碍和限制的否定活动中,实现了自己的无限本质,成就了自己的主体性。因此,费希特哲学已经从逻辑上展示了主体性的意义。主体是一个创造性的自我,创造就是设置,就是实现,它又具有双重的意义,它既是否定,又是肯定,既是毁灭,又是生成。正是在这个双重化了的活动中,自我成为真正的自我,成为主体。

黑格尔在《精神现象学》中进一步发展了费希特的主体性学说,对象化、外化、异化、客观化等过程在黑格尔哲学中获得了绝对的意义。黑格尔把自我提高为精神,而精神要想成为主体,它就必须对象化自身,即把自己实现出来。实现首先是一种超越活动,一种客观活动,它把内在于灵魂深处的东西、目的或理想等实现出来,由此,它超越了自身的自然直接性和有限性而客观化为无限的东西。因此,这个活动即是一个否定的活动,这个否定又是一个双重的否定,它既是对对象世界的否定,通过自我的客观化活动,原始的自然对象得到了开发,具有了文化的意义,它又是对自身内容的否定,因为自身直接存在的东西原是一个原始的、自然的东西,自我在对象化其超越性的同时,也就否定、扬弃了自己的粗糙性和僵硬性,成为一个生命灌注的主体。因此,前面我们所说的自我的客观化过程,其实又是一个返回于自身的主体化过程,一个肯定的过程。因为,原先的所谓主观的东西其实并不是真正的主体,目的和理想等主观的东西如果得不到现实的实现,便永远只是一些空想和幻想,没有多大的意义,所谓灵魂也只是一些地下的见不到阳光的东西,这一切主观的自我并不是真正的自我。只有自我把它的内在的东西实现于外,展现和创造出来,它才成为真正的主体,对象化即是自我化,客观化即是主体化,自我对象化得愈广阔、愈全面,客观化得愈丰富、愈坚实,那么,它的主体性或自我性便愈深邃、愈雄厚。

因此,从总体上看,《精神现象学》的主体性便是一个客观化与主体化、否定性与肯定性辩证统一的过程。但是,《精神现象学》主体性学说的意义并不仅仅在于它揭示了主体的内在逻辑结构,它本质上乃是一个历史的主体性,它的逻辑结构是在历史时间中展现的,或者说,它是一个历史的逻辑结构,这个历史结构又由两个层次构成。

首先,主体结构的第一个层次是抽象自我意识所展现的运动过程,在"主奴意识"一章已作了分析。现在,从主体性的角度看,这一环节仍具有重要意义,它是历史时间的起点,也是历史主体性的起点,自我意识经过生命搏斗、相互承认、死亡恐惧和奴隶劳动这四个环节所展示的矛盾运动,就把一个自然的存在变成了一个生命的存在,一个人类的存在,一个价值的存在。自我在这一生成过程中一直立足于现在,面向着将来(超越理想),否定着过去(对象和自身的自然性),一直在不断地活动、劳作和实现,因此,它成为一个主体,一个否定的活动性。主奴意识的具体内容从结构方面来看,也完全是一个主体的结构,它展示的是一个对象化、客观化的过程,自我企图通过它的现实活动(包括生命搏斗、劳动等形式),把它的内在理想和目的(相互承认、自由等)实现出来,通过这一系列活动,自我也就克服了它的抽象的主观性,而逐渐成长为一个现实的主体,一个独立的自我,因此,对象化的过程也是自我化的过程,客观化的过程也是主体化的过程。此外,从另一个方面看,自我意识的活动又是一个否定和肯定双重化了的过程,自我的主体化活动首先是对自然对象和自身自然的否定,通过生命搏斗和劳动,它不但克服和扬弃了外在的自然,而且克服和扬弃了自身的自然,使对象和自我都获得了超越的意义。但是,自我对自然和自身的否定,并不是排斥和逃避自然,在一个飘缈的想像王国建立起一个超越的价值世界,相反,自我的主体化活动又是一个现实的肯定活动,它立足于现实,它的超越就是它的现在,通过客观化的否定活动,它肯定和确立了自我真正的属人的本质,一个现实的人类历史和人类社会由此展开。马克思所说的《精神现象学》的伟大之处,其实就是历史主体性的这一结构,他说:"黑格尔把人的自我创造看作一个过程,把对象化看作非对象化,看作外化和这种外化的扬弃;因而,他抓住了劳动的本质,把对象性的人,真正的因而是现实的人理解为他自己的劳动的结果。"①

抽象自我意识的主体结构,固然揭示了人类诞生的本质规律,揭示了主体性的内在逻辑,但是,它还未从根本上解决人类的本质之谜。因为,人类是一个历史的和社会的存在,作为主体,它也是历史的和社会的,人类主体固然在主奴意识的活动中超越了自然而成为一个自由的存在,但是,它的真正本质并不是在对自然和自身的一次性否定中完成的。相反,人类一旦从自然界走出来,一旦作为主体进入历史和社会,那么,它即面临着一个更为严峻的问题,即人的本质异化问题,卢卡奇指出,异化是《精神现象学》的中心问题。"为了从悲剧冲突中使那个到此为止仍自在存在着的精神转变为自为存在着的作为认知的精神,个体意识的不断发展的历程越是趋向更高的形态,便越是导致日益严峻的个体与异化现实的悲剧性冲突。"② 由此,在这一悲剧冲突中,人类主体结构的第二个层次便展现出来,或者说,异化是继主奴意识之后的历史主体性的第二个本质环节。

人类历史是一个不断发展的过程,建立在主奴意识之上的人类世界还是一个抽象的世界,人还未成为现实的主体。现实的人类历史是从古希腊社会开始的,希腊是人类的童年时代,尽管美丽纯洁,但毕竟还未成熟,真正的主体意识和自由精神仍未觉醒,经过罗马法权状况和基督教意识,在近代社会,人类主体才真正觉醒,并且日趋成熟。近代社会首先是一个教化世界,在这里,文明得到发展,文化获得普及,每个人都置身于现实的社会关系和价值关系之中。但是,教化世界又是一个异化世界,人类本质在这个世界发生了彻底的颠倒,人作为主体成为一种虚幻的形式。所谓异化,即人所创造出来的一切现实的东西,无论是国家制度、物质财富,还是法律条文、道德伦常,都变成否定人、摧残人的毁

---

① 马克思:《1844 的经济学—哲学手稿》,第 116 页。
② 卢卡奇:《青年黑格尔》,苏黎世—维也纳 1984 年版,第 605 页。

灭力量,整个社会都成为与人性相背离的否定的东西。人感到在价值世界里他毫无价值,在自由世界里他备受奴役,他陷入了一个永劫不复的深渊,他的进步恰是他的倒退,他的诞生恰是他的死亡。

人类发展的二律背反就是第二个层次的主体结构,对此,黑格尔的看法是积极乐观的,他认为,异化是人类本质的必然,是人类主体继主奴意识之后的另一次蜕变和更生。人类的自由和价值并不是抽象和虚幻的,而是具体和现实的,是在历史时间中不断前进和发展的运动过程,异化不单纯是人类的倒退和否定,它本质上是人类的一次大跃进,文化的一次大发展,使抽象的自由原则一变为现实的活动和现实的创造,它挽狂澜于既倒,使自我在毁灭的危机中真正觉醒,并努力践行。通过异化,人类历史才进入一个新时期,人类社会才进入一个新世界,人类文明才进入一个新阶段,在那里,人类才成为真正自由的绝对的主体,才成为现实的绝对的精神。历史的主体性正是在这个生与死的搏斗和剧变中,经过血与剑的洗礼才产生和发展起来。考夫曼在引用了《浮士德》中"我是经常否定的精神……"的诗句之后指出,否定"是现象学的主旨,也是后来黑格尔哲学,特别是历史观的本质特征。每个有限存在皆遭否定,但是,不断否定的悲剧无疑在漫长的过程中通过引入一个更大的善而服务于一个肯定的目的。历史是罪过、邪恶和毁灭的王国,但是,正是从这些恐惧现象和人类的痛苦中,自由产生和发展起来了,牺牲并不全是徒劳,而是一个趋向得救和伟大前景的过程。没有毁灭和痛苦,这个前景便不能达到;没有否定,人类便不能得到无忧的宁静"①。

因此,《精神现象学》的历史的主体性就是由这两个层次结构的统一所展现出来的本质。从形式上看,这两个结构的逻辑是一致的,它们都是自我对象化和客观化过程中的主体化和内在化,都集否定和肯定于一身,都处于本质冲突的焦点上,都在大裂变中诞生和实现。但是,两者却不能简化为一,也不能相互替代,正是通过它们才构成了主体的历史性。人类的本质不是一次性实现的,主体自我也不是一次性完成的,它是一个产生、运动和发展的过程,它要经过两个决定性的关口,在那里,它恰好呈现为两个本质的结构,其实,这两个层次结构蕴含着两个根本

---

① 考夫曼:《黑格尔》,1965 年纽约版,第 136 页。

性的问题:人与自然、人与人的关系问题。我们看到,人要成为主体,他必须面对这两个根本问题并加以解决,也可以说,这两个问题是贯穿人类历史的两条主线,它们虽相互联系,但不能相互代替。人作为主体,他首先面对着的就是他与自然的关系问题,因为人本身直接地就是自然,但人又具有超越自然的本质特性,因此,这是一个内在的矛盾,主体结构的第一个环节由此展现出来。在人与自然的关系尚未彻底解决之际,另一个更为根本的关系——人与人的矛盾冲突产生出来了,人要扬弃自然,他必须作为人类在社会中完成。但人类社会一旦产生,它本身即又是一个比人与自然更为深刻和更为剧烈的人与人的冲突,于是,主体结构的第二个环节展现出来了。因此,这两个环节的统一构成了历史主体性的本质结构。

康德早在《断力批判》中已经提出自然向人生成的观点,在后期的历史和人类学著作中,他又揭示出人类历史发展中善与恶、进化与倒退的二律背反,指出了启蒙的必要性。费希特发展了康德的思想,他具体地划分了人类教养和进化的五个时代或五个阶段,它们是人类从受制于自然(外在的和内在的)到认识自然、改造自然,最后艺术地审视自然的发展过程,是人类理性从低级本能向科学理性和实践理性发展的过程。在《精神现象学》中,黑格尔发展了康德和费希特等人的思想,他把人类主体与历史时间内在地统一起来了,从而展现出一个以人为中心的历史哲学。在他看来,只有历史的,才是客观的;只有历史的,才是具体的;只有历史的,才是真实的。人类主体是什么,只有历史才能回答,反之,历史是什么,只有人类主体才能回答。

一般说来,历史主体在《精神现象学》中经历了主观精神、客观精神和绝对精神三个阶段。主观精神中的主体,虽然是人类历史的起点,但它还是抽象的、个别的主体,无论是玄思之我、苦恼之我,还是享乐之我,德行之我,他们都只是活动在一个虚幻的舞台上,真正的人类社会和人类历史还在他们之外。历史主体的现实本质是在客观精神中展开的,客观精神即是人类社会和人类历史所展现的世界,主体自我在此又有三种典型的形式。

第一种主体形式是伦理社会的自我。黑格尔认为,在古代希腊的伦理生活中,自我消融于伦理实体,只有到了罗马法权社会,主体才以现实的形式在社会生活中出现,它即是罗马时代的法人。法人是一个现实的而又有效准的独立人格,是一个主体的自我。但是,法人又是非主体,是独立自主性的丧失,它是一个空虚的毫无意义的点,在它之外,还有一个主宰它、支配它的绝对的否定势力——罗马皇帝。普遍的异化从此开始,因此,主体进入第二个形式。第二种主体形式是教化世界的自我。教化世界是一个现实和精神双重异化的社会,现实的国家制度和信仰的精神王国都是与个体自我相对抗的普遍势力。但是,正因为此,反而唤起了自由的主体意识,特别是经过启蒙运动和法国大革命,教化世界中的自我发展成为真正现实的主体,它奋起反抗各种异化势力,把俗世的功利、现实的幸福、普遍的理性、自由的意志,看成是社会和历史的中心内容,看成是人类主体的本质规定。第三种主体形式是道德世界的自我。教化世界的主体虽然在与现实社会的冲突中得到了发展,但是,它内在的个别与普遍、有限与无限的矛盾仍未真正克服,反而在法国大革命中导致了总的爆发,由此,产生出一个新的主体意识,即道德自我。道德自我克服了原子自我的抽象性和封闭性,克服了功利自我的有限性和特殊性,它把自己提高为一个包含一切特殊内容的无限的自由意志,因此,它是绝对主体,是世界的惟一内容,是历史的终极目的。

道德是转向宗教的桥梁,在绝对精神中,人类主体才实现了真正的自在自为的本质。绝对主体又有两种形式:一是宗教之我,一是哲学之我。自我在此既不是个别的小我,也不是抽象的大我,既不是有限的自我,也不是无限的自我,他即是小我与大我、有限与无限的绝对统一。宗教用表象启示出这一绝对的主体性,哲学用概念揭示出它的真理。

总之,通过上述的分析,我们可以最终得出这样一个结论:即人类主体是一个历史的主体,它诞生于主奴意识,现实地展开于客观精神世界,最后在绝对精神中达到完成。

附录　主要参考书目

上篇主要参考书目

一、黑格尔及其他经典作家原著

《精神现象学》上、下，贺麟、王玖兴译，商务印书馆1981年版。
《历史哲学》，王造时译，北京三联书店1956年版。
《法哲学原理》，范扬、张企泰译，商务印书馆1982年版。
《黑格尔政治著作选》，薛华译，商务印书馆1981年版。
Hegel, Early Theological Writings, University of Chicago 1948.
Hegel, The Philosophy of Right, translated by T. M. Knox, Oxford: Clarendon Press, 1967.
亚里士多德：《政治学》，吴寿彭译，商务印书馆1997年版。
霍布斯：《利维坦》，黎思复等译，商务印书馆1986年版。
孟德斯鸠：《论法的精神》，张雁深译，商务印书馆1997年版。
康德：《实践理性批判》，韩水法译，商务印书馆1999年版。
康德：《历史理性批判文集》，何兆武译，商务印书馆1997年版。
康德：《法的形而上学原理》，沈叔平译，商务印书馆1997年版。
贡斯当：《古代人的自由和现代人的自由》，阎克文等译，商务印书馆1999年版。
《马克思恩格斯全集》，中文版，第一卷。
马克思：《1844年经济学—哲学手稿》，人民出版社1979年版。
施米特：《政治的概念》，刘宗坤译，上海人民出版社2003年版。
施特劳斯：《自然权利与历史》，彭刚译，北京三联书店2003年版。

二、其他学术著作

Hans-Georg Gadamer, *Hegel's Dialectic*, New Haven and London: Yale University Press, 1976.
Quentin Lauer, *A Reading of Hegel's Phenomenology of Spirit*, New York: Fordham University Press, 1976.

Jean Hyppolite, "*The Human Situation in the Hegelian Phenomenology*" in *Studies on Marx and Hegel*, New York and London: Basic Books, 1969.

Alexandre Kojève, *Introduction to the Reading of Hegel*, New York and London: Basic Books, 1969.

Alexandre Kojève, *Outline of a Phenomenology of Right*, Translated, with an introductory essay and notes, Bryan-Paul Frost and Robert Howse, Published in the United States of America, 2000.

Maurice Merleau-Ponty, "*Hegel's Existentialism*" in *Sense and Non-Sense*, Evanston: Northwestern University Press, 1964.

Francis Fukuyama, *The End of History and the Last Man*, New York: The Free Press, 1992.

Friedrich Nietzsche, *The Use and Abuse of History*. Translated by Adrian Gollins. London: Macmillan, Library of the Liberal Arts, 1957.

Friedrich Nietzsche, *Beyond Good and Evil*. Translated by Walter Kaufmann. New York: Random House, 1966.

Judith Shklar, *Freedom and Independence: A Study of the Political Ideas of Hegel's Phenomenology of Mind*, Cambridge, Cambridge University Press, 1976.

Shadia. B. Drury, *Alexandre Kojève: The Roots of Postmodern Politics*, New York, St. Nartin Press 1994.

Eric Voegelin, *The New Science of Politics: An Introduction*, Chicago, University of Chicago Press, 1952.

George Armstrong Kelly, *Hegel's Retreat from Eleusis: Studies in Political Thought*, Princeton, Priceton University Press, 1978.

Richard Koebner and Helmut Dan Schmidt, *Imperialism: The Story and Significance of a Political Word*, Cambridge, Cambridge University Press, 1965.

F.C. Beiser, (ed), *The Cambridge Companion to Hegel*, Cambridge University Press, 1993.

J. Finnis, *Natural Law and Natural Rights*, Clarendon, Oxford, 1980.

C.J. Friedrich, *Tradition and Authority*, Macmillan, 1972.

M.O. Hardimon, *Hegel's Social Philosophy: The Project of Reconciliation*, Cambridge University Press, 1994.

R.W. Harris, *Romanticism and the Social Order: 1780—1830*, Batsford, 1969.

J. Ritter, *Hegel and the French Revolution: Essays on the Philosophy of Right*, Cambridge, Mass, 1982.

C. Taylor, *Hegel*, Cambridge University Press, 1989.

R. J. White, *The Conservative Tradition*, London, 1964.

A. Wood, *Hegel's Ethical Thought*, Cambridge University Press, Cambridge, 1990.

T. Burns, *Natural Law and Political Ideology in the Philosophy of Hegel*, Avebury, 1996.

Manfred Riedel, *Between Tradition and Revolution: The Hegelian Transformation of Political Philosophy*. Cambridge University Press, 1984.

Barry Cooper, *The End of History: An Essay on Modern Hegelianism*, University of Toronto Press 1984.

Stuart Barnett, (edit), *Hegel After Derrida*, Routledge 1998.

Leo Rauch and David Sherman, *Hegel's Phenomenology of Self-consciousness: Text and Commentary*, State University of New York, 1999.

Tony Burns, *Natural Law and Political Ideology in the Philosophy of Hegel*, Antony Rowe Ltd, Chippenham, Wiltshire 1996.

Z. A. Pelczynski, *The Hegelian Conception of the State in Hegel's Political Philosophy*, Cambridge University Press, 1971.

Z. A. Pelczynski, *The State and Civil Society*, Cambridge University Press, 1984.

Z. A. Pelczynski, *Hegel's Political Philosophy: Problems and Perspectives*, Cambridge University Press, 1971.

刘小枫编:《驯服欲望》,华夏出版社2002年版。

麦克莱伦著:《青年黑格尔与马克思》,商务印书馆1982年版。

《国外黑格尔哲学新论》,中国社会科学院哲学所西哲室编,中国社会科学出版社1982年版。

《施米特:政治的剩余价值》,上海人民出版社2002年版。

汪晖编:《文化与公共性》,北京三联书店1998年版。

卢卡奇著:《青年黑格尔》,商务印书馆1963年版。

马尔库塞著:《爱欲与文明》,黄勇等译,上海译文出版社1987年版。

布鲁姆著:《巨人与侏儒》,张辉编,华夏出版社2002年版。

迈尔著:《隐匿的对话》,朱雁冰等译,华夏出版社2002年版。

高全喜著:《法律秩序与自由正义——哈耶克的法律与宪政思想》,北京大学出版社2003年版。

高全喜著:《休谟的政治哲学》,北京大学出版社2004年版。

下篇主要参考书目

一、黑格尔及其他经典作家原著

(1)《精神现象学》上、下,商务印书馆 1981 年版。

(2)《历史哲学》,三联书店 1956 年版。

(3)《法哲学原理》,商务印书馆 1982 年版。

(4)《哲学史讲演录》第 1—4 卷,商务印书馆 1983 年版。

(5)《自然哲学》,商务印书馆 1980 年版。

(6)《小逻辑》,商务印书馆 1980 年版。

(7)《美学》第 1 卷,商务印书馆 1981 年版。

(8) *Early Theological Writings*, University of Chicago 1948.

(9) *Die Philosophie des Geistes*, Hegel Werk in Zwanzig Bändern 10, Frankfurt am Main 1970.

(10) 康德:《实践理性批判》,商务印书馆 1960 年版。

(11) 康德:《道德形而上学原理》,上海人民出版社 1986 年版。

(12) 费希特:《全部知识学的基础》,商务印书馆 1986 年版。

(13) 谢林:《先验唯心论体系》,商务印书馆 1981 年版。

(14) 歌德:《浮士德》第一部和第二部,郭沫若译,人民文学出版社 1983 年版。

(15) 席勒:《审美教育书简》,北京大学出版社 1985 年版。

二、其他学术著作

(1) Georg Lukacs, *Der Juner Hegel*, Zurichwien 1948.

(2) Georg Lukacs, *Goethe und Seiner Zeit*, Berlin 1953.

(3) Kojève, *Introduction to the Reading of Hegel*, University of Kornell 1969.

(4) Kojève, *Hegel: Eine Vergegenwartigung Seines Dekens*, Stuttgart 1958.

(5) H. A. Korff, *Geist der Goethezeit*, vol, 1.2, Leipzig 1927 und 1930.

(6) Bloch, *Ernst: Subjeck-objeck*, Berlin 1952.

(7) Kroner, *Von Kant Bis Hegel*, Vol 1, Tubingen 1977.

(8) Hans-Georg Gadamer, *Hegel's Dialectic Five Hermeneutical Studies*, University of Yale 1976.

(9) Otto Pägeler, *Hegels Idee einer Phänomenologie des Geistes*, Munchen 1973.

(10) *Materialien zu Hegels Phänomenologie des Geistes*, Frank furt am Main 1973.

(11) Martin Heidegger, *Hegels Phänomenologie des Geistes*, Gesamtausgabe 32, Frankfurt am main 1980.
(12) J. V. Meulen, *Heidegger und Hegel oder Widerstreit und Widerspruch*, Meisenheim-Glan 1959.
(13) Walter Kanfmann, *Hegel*, New York 1965.
(14) Joachim Ritter, *Hegel and the French Revolution*, London 1982.
(15) Loewenberg's Introduction, *Hegel Seletions*, Charles soribuers Sons 1929.
(16) D. P. Verene, *Hegel's Recollection: a Study of Images in the Phenomenology of Spirit*, New York 1985.
(17) George A. Kelly, Idealism, *Politics and History: Sources of Hegelian Thought*, Cambridge 1969.
(18) P. J. Kain, Schiller, *Hege1 and Marx*, Canada 1982.
(19) Herbert Marcuse, *Reason and Revolution: Hegel and the Rise of Social Theory*, Boston 1960.
(20) Bernard Cullen, *Hegel's Social and Political Thought: an Introductlon*, New York 1979.
(21) C. V. Dudeck, *Hegel's Phenomenology of Mind: Analysis and Commentary*, University Press of America 1981.
(22) *Methord and Speculatiou in Hegel's Phenomeenology*, Humanities press 1982.
(23) F. G. Nauen, *Revolution, Idealism and Human Freedom: Schiller, Hölderlin and Hegel and the Crisis of Early German Idealism*, Martinus Nijhoff—The Hague 1971.
(24) Merold Weslphal, *History and Truth in Hegel's Phenmenolgy*, Humaities Press 1979.
(25) Rudolf Haym, *Hegel und Seine Zeit*, Berlin 1857.
(26) 贺麟:《黑格尔哲学讲演集》,上海人民出版 1986 年版。
(27) 中国社会科学院哲学所编:《国外黑格尔哲学新论》,中国社会科学出版社 1982 年版。
(28) 朱亮编:《国外学者论黑格尔哲学》,南京大学出版社 1987 年版。
(29) 鲁一士:《黑格尔学述》,商务印书馆印行。
(30) 鲁一士:《近代哲学的精神》上、下,商务印书馆印行。
(31) 海涅:《论德国》,商务印书馆 1980 年版。
(32) 古留加:《赫尔德》,上海人民出版社 1985 年版。
(33) 斯达尔夫人:《德国的文学与艺术》,人民出版社 1981 年版。

(34) 李长之:《德国的古典精神》,东方书社印行。
(35) 杜科罕:《德国的精神》,中德学会1943年版。
(36) 保罗·享利·朗格:《十九世纪西方音乐文化史》,人民音乐出版社1984年版。
(37) 中国社会科学院哲学所编:《论康德黑格尔哲学》,上海人民出版社1981年版。
(38) 薛华:《自由意识的发展》,中国社会科学出版社1983年版。
(39) 王树人:《思辨哲学新探》,人民出版社1985年版。
(40) 费舍:《青年黑格尔的哲学思想》,吉林人民出版社1983年版。
(41) 宋祖良:《青年黑格尔的哲学思想》(博士论文,未刊稿)。